Christa Schroeder
Er war mein Chef

Christa Schroeder

Er war mein Chef

Aus dem Nachlaß der Sekretärin
von Adolf Hitler

Herausgegeben
von Anton Joachimsthaler

Mit 90 Fotos

Langen Müller

Hinweis

Die mit |——| versehenen Auslassungen im Text der Autorin bzw. in den Anmerkungen des Herausgebers sind sehr persönliche Meinungen von Frau Schroeder bzw. einer der Sekretärinnen von Martin Bormann, deren Abdruck vom Verlag im Einverständnis mit dem Herausgeber unterlassen wurde.

© 1985 by Albert Langen · Georg Müller Verlag GmbH
München · Wien
Alle Rechte vorbehalten
Umschlaggestaltung: Christel Aumann, München
Schutzumschlagmotiv: Christa Schroeder gratuliert Hitler
am 20. 4. 1939 zu seinem 50. Geburtstag
in der Reichskanzlei
Herstellung: Franz Nellissen
Satz: Filmsatz Schröter GmbH, München
Gesetzt aus: 10/12 Excelsior auf Linotron 202
Druck und Binden: Wiener Verlag
Printed in Austria
ISBN: 3-844-2059-1

Inhalt

Vorwort des Herausgebers
Seite 7

Genesis des Zoller'schen Buches »Hitler Privat«*
Seite 18

Wie ich zu Hitler als Sekretärin kam
Seite 25

Röhmputsch 1934
Seite 49

Hitlers Diktate und das Treppenzimmer
Seite 53

Mit Hitler auf Reisen
Seite 83

Hitlers Geburtstag
Seite 92

Polenfeldzug 1939
Seite 98

Frankreichfeldzug 1940
Seite 101

Rußlandfeldzug 1941 bis 1944
Seite 111

Frauen um Hitler
Seite 152

Ada Klein
Seite 157

Gretl Slezak
Seite 159

Eva Braun
Seite 163

Obersalzberg
Seite 170

Der Berghof
Seite 177

Befehl zum Verlassen Berlins
und Abschied von Hitler
Seite 197

Das Ende am Berghof
Seite 205

Meine Internierung
Seite 231

Anlagen
Seite 253

Anmerkungen und Hinweise
Seite 281

Personenregister
Seite 391

Bildnachweis
Seite 400

* Die Kapiteleinteilung einschließlich der Anlagen stammt von Frau Schroeder und wurde vom Herausgeber übernommen.

Vorwort des Herausgebers

Von Herrn Walter Frentz[1] wurde ich einmal gefragt, ob ich nicht eine Dame aus München zu ihm mitnehmen würde. So lernte ich Frau Christine Schroeder vor einigen Jahren durch einen Zufall kennen. Emilie Schroeder, wie ihr Vorname eigentlich lautete, war kein alltäglicher Mensch und paßte in kein Klischee. Gebildet, musisch veranlagt und immer auf der Suche nach der Wahrheit und dem Sinn der Dinge, war sie auch schwierig und äußerst kritisch den Menschen, der Umwelt und auch sich selbst sowie ihrer Vergangenheit gegenüber. Manchmal konnte die direkt verletzend in ihrer Art sein, die aber doch nur unter der rauhen Schale einen äußerst sensiblen, manchmal unsicheren und empfindsamen Menschen verbarg.
Da ich mich viel mit Zeitgeschichte beschäftigt hatte und gerade an meinem Buch über die Breitspurbahn Hitlers[2] arbeitete, fand sie im Laufe der Zeit wohl auch einen Gesprächspartner, mit dem sie sich über ihr Leben, ihre Vergangenheit, die »Ehemaligen« und Hitler unterhalten konnte. So ergab es sich, daß sie mir von ihren Erfahrungen mit dem »Zoller-Buch«[3] erzählte und auch davon sprach, die Entstehung dieses Buches aufzuzeigen und ihr Erleben der Zeit damals darzustellen, das sie nach 1945 aufgeschrieben hatte.[4]
Journalisten und Menschen, die sie ausnützen wollten, haßte sie geradezu. Sie konnte sich maßlos erregen, wenn sie Bücher oder Zeitschriften las und darin Darstellungen fand, die nicht den Tatsachen entsprachen. Manchmal glaube ich, daß sie direkt danach suchte, einfach etwas zu finden, was nicht der Wahrheit entsprach. Hermann Giesler[5] nannte sie nicht ohne Grund »die Oberverdachtschöpferin.«
Frau Schroeder war geradezu eine Wahrheitsfanatikerin. Auf einem Zeitungsausschnit, den ich in Ihrem Nachlaß fand, hatte sie die nachfolgende Passage zweimal rot unterstrichen und

daneben vermerkt: »Das ist die wirkliche Definition der Wahrheit«:
»Etwas Großes ist es mit der Wahrheit. Man kann sie biegen, verstecken, stutzen, zerpflücken und zerzausen. Aber man kann sie nicht umbringen. Sie kommt immer wieder zum Vorschein. Sie leuchtet eines Tages irgendwo durch. Ihre Kleider kann man noch so zerreißen, ihr Gesicht bleibt dennoch schön. Es gibt Zeiten, wo die Wahrheit – auch von Staats wegen – verdunkelt wurde; ja, wo man sie in manchen Fällen ganz zunichte machen will. Eines Tages aber kommt sie doch wieder ans Licht. So ist es auch in unserem privaten und beruflichen Lebensbereich. Man wird immer wieder einmal hinters Licht geführt. »Lug und Trug ist der Welt Acker und Pflug«, *heißt ein altes Sprichwort. Wir werden der Lüge also nicht auskommen. Aber es sollte uns nie die Geduld ausgehen, auf die Stunde der Wahrheit warten zu können.* »Die Wahrheit sinkt mitunter nieder und verliert doch nie den Atem«, *lautet eine Inschrift in einem Patrizierhaus. Auch der Volksspruch sollte uns immer wieder zu denken geben:* »Die Wahrheit muß einen harten Schädel haben, denn wie oft wird sie auf den Kopf gestellt.«
Christine Schroeder wollte den Dingen auf den Grund gehen, haßte Entstellungen und wurde im Grunde mit ihrer eigenen Vergangenheit nie ganz fertig. Ob man das nach 12 Jahren neben Hitler überhaupt kann, ist eine andere Frage.
Sie war keine Nationalsozialistin im Sinne des Wortes. Öfter sagte sie: »Wenn damals 1930 die Annonce nicht von der NSDAP sondern von der KPD gewesen wäre, wäre ich vielleicht Kommunistin geworden.« Frau Schroeder war eine Frau, die den Dingen kritisch gegenüberstand, sie auch aussprach, beobachtete und analysieren konnte und so hin- und hergerissen zwischen Hitler, dem Erlebten, den Freunden von damals, dem NS-System, den Folgen des Krieges und dem Greuel der Judenvernichtung stand.
Eine Notiz von Frau Schroeder vom 18. Februar 1979 erklärt vielleicht ihre innere Zerrissenheit, ihr sporadisches Arbeiten und ihre Suche nach der Wahrheit:
»Seit Jahren reden alle auf mich ein, nun endlich alles aufzuschreiben, was ich über Adolf Hitler[6] *weiß. Ich habe schon vor*

längerer Zeit damit begonnen, meine stenographischen Aufzeichnungen von 1945 abzutippen.[7] Aber anstatt mir die Aufgabe zu stellen, wenigstens 2–3 Stunden am Tag fleißig zu arbeiten, überfiel mich immer wieder das Wissen über die Vielschichtigkeit Hitlers Charakters. Sie stürzte mich in Depressionen.[8] Ich geriet in den Zustand jener psychischen Verfassung, die der russische Schriftsteller Iwan Gontscharow in seinem 1859 erschienenen Roman über Ilja Iljitsch Oblomow schildert, der sich stets für morgen oder übermorgen Großes vornimmt, aber dann doch weiterhin sein Leben »mit einer gewissen graziösen Trägheit«, vorzugsweise im Bett zubringt, jedesmal erschöpft und berauscht allein schon von seinen schönen Plänen, von seinen Absichten und Aussichten.

Es war ein Irrtum von mir, anzunehmen, ich könnte das »wahre Gesicht« von Adolf Hitler aufdecken. Das ist einfach unmöglich, weil er derer so viele hatte. Dies bestätigte mir heute morgen auch Anni Brandt.[9] Sie – Anni – wurde Anfang März 1945 von Eva Braun[10] zum Tee in die Reichskanzlei eingeladen, den sie zusammen mit Adolf Hitler einnahm. Als nach einiger Zeit ein Diener erschien und Anni Brandt zuflüsterte, ihr Mann sei gekommen und erwarte sie unten, wollte Hitler wissen, um was es gehe. Er war immer neugierig, wenn geflüstert wurde, und wenn man beabsichtigte, ihn von etwas in Kenntnis zu setzen, war es das einfachste, mit dem Nachbarn über die entsprechende Angelegenheit zu flüstern, man konnte dann ganz sicher sein, daß er unbedingt den Grund des Flüsterns wissen wollte. Prof. Dr. Karl Brandt[11] war kurze Zeit nach dem Attentat im Juli 1944 von Hitler in die Wüste geschickt worden, er mußte das Führerhauptquartier (FHQ) in Rastenburg verlassen und hatte Hitler seitdem nicht mehr gesehen. Nun aber ließ Hitler Prof. Brandt heraufbitten. Hitler war unsicher und konnte Dr. Brandt zuerst nicht in die Augen schauen. Dann aber unterhielt er sich mit ihm wie in alten Zeiten. Um so unbegreiflicher war es dann für mich, daß er ihn nur 4 Wochen später zum Tode verurteilte.

Und so ist es auch zu begreifen, daß mir Prof. Brandt in Ludwigsburg, beim Ärztetransport zum Prozeß nach Belgien, in einem kurzen Gespräch auf meine Frage: ›Was war der Chef,

war er ein guter oder ein böser Mensch?‹, spontan antwortete:
›Er war ein Teufel!‹
Soweit bin ich nun nach 33 Jahren gekommen. Ich war alles andere als ein politisch interessierter Mensch. Mich hat an Hitler damals immer nur der Mensch interessiert und was ich beim Diktat und im persönlichen Zusammensein beim nachmittäglichen Tee im »Treppenzimmer« im Radziwill-Palais oder im größeren Kreis im Berghof während der Mahlzeiten und mitternächtlich am Kamin oder später während des Krieges in den Hauptquartieren beim Tee, nach den nächtlichen Lagebesprechungen, erlebte und wie ich ›damals‹ alles gesehen habe. Nur das will ich aufschreiben.«
An ihren Aufzeichnungen arbeitete Frau Schroeder nur sporadisch. Sie hatte ein abgegriffenes Buch, auf dem »Stenographische Übungen« stand, und Leitzordner mit Manuskripten. In dem alten Buch waren ihre stenographischen Aufzeichnungen, die sie in der Zeit ihrer Internierung erstellt hatte. Die letzten Eintragungen datierten vom August 1948. Die stenographischen Notizen sind in der Stolze-Schrey Kurzschrift niedergeschrieben und nicht, wie eine Illustrierte behauptet, in einer Geheimschrift, die nur Frau Schroeder lesen konnte.[12] An dieser Stelle möchte ich mich auch bei dem Kurzschrifthistoriker Herrn Georg Schmidpeter bedanken, der die stenographischen Aufschreibungen übertrug, soweit sie nicht bereits von Frau Schroeder übertragen worden waren. Daneben hatte sie viele Notizen, Aufschreibungen und Zettel, die sie anfertigte, je nachdem, was ihr gerade einfiel oder mit was sie sich im Moment beschäftigte.
1982 fragte mich Frau Schroeder einmal, ob ich ihre Aufschreibungen herausgeben und kommentieren wollte. Ich war in diesem Moment von ihrer Frage überrascht. Ich kannte ihre Erfahrungen mit dem ›Zoller-Buch‹, für das sie sich bei den ›Ehemaligen‹ entschuldigt hatte, und daß sie ihre Aufzeichnungen nicht zu Lebzeiten veröffentlicht haben wollte. Das war in diesen Kreisen einfach nicht ›in‹. Jeder hatte zwar irgendwelche Aufzeichnungen, veröffentlicht haben sie jedoch nur wenige, da dadurch sofort die Kritik der anderen ausgelöst wurde.[13]
Frau Schroeder wollte auch kein Geld für ihre Aufschreibun-

gen. Geld und materielle Dinge lehnte sie ab. Immer wieder betonte sie, daß ihr ihre Rente ausreiche, sie keine besonderen Ansprüche stelle und mit dem zufrieden sei, was sie habe. Sie hatte kein Interesse daran, ihre Aufzeichnungen zu verkaufen. Dabei blieb sie bis zu ihrem Tode, obwohl es an entsprechenden Angeboten nicht gefehlt hatte.[14]
Nachdem ich damals auf ihre Frage nicht sofort geantwortet hatte, wurde über das Thema lange Zeit nicht mehr gesprochen. Es schien für sie damit erledigt. Als Frau Schroeder nach ihrer Operation aus dem Krankenhaus zurückkam – es wurde ihr ein Nierenkarzinom entfernt – kam sie wieder auf das Thema der Herausgabe ihrer Aufschreibungen zu sprechen, die ich entsprechend zusammenstellen und kommentieren sollte. Zu diesem Zeitpunkt war sie nur noch unter Mühen in der Lage, mit der Schreibmaschine umzugehen, da ihre Finger schon nicht mehr so recht funktionsfähig waren. Außerdem ermüdete sie auch sehr rasch.
Am Tag vor der Abfahrt in die Schloßberg-Klinik Oberstaufen lud sie mich mit ihrer Freundin, die sie am nächsten Tag nach Oberstaufen fahren sollte, zu sich ein, wobei nochmals detailliert über die Herausgabe ihrer Aufzeichnungen gesprochen wurde.
Als schwerkranker Mensch wurde sie mit einem Sanitätswagen von Oberstaufen in ihre Wohnung zurückgebracht. Einige Tage später rief sie mich an und bat mich, zu ihr zu kommen. Nachdem sie mir erklärt hatte, daß sie wieder ins Krankenhaus gehen müsse, übergab sie mir einen großen, alten, schwarzen Koffer. Er enthalte, was sie geschrieben und gesammelt habe. Auf keinen Fall möchte sie, »... daß ihr gesamter schriftlicher Nachlaß irgendwelchen Leuten oder Journalisten in die Hände fällt« und ich wüßte ja, was sie immer gesagt und gewollt habe.
Entsprechend dem Wunsch von Frau Schroeder, daß ihre Aufzeichnungen nach ihrem Tode veröffentlicht werden sollten und ihre Aufschreibungen viele interessante zeitgeschichtliche Aspekte enthalten, habe ich den schriftlichen Nachlaß von Frau Schroeder geordnet, zusammengestellt und kommentiert. Wenn das Buch nicht ausgefeilt in einem Fluß geschrieben ist, so liegt es daran, daß auch teilweise angefangene Manuskriptseiten und

einzelne Detailaufschreibungen benutzt werden mußten, wie sie Christine Schroeder hinterließ und veröffentlicht haben wollte.

Wer war Christa Schroeder?
Emilie Philippine Schroeder wurde am 19. März 1908 in Hannoversch Münden geboren. Zu ihrer Mutter, die sie allein aufzog, hatte sie kein besonderes Verhältnis, da sie eine sehr strenge Frau war und ihrer Tochter nicht die Zuneigung schenkte, die sich diese wohl immer ersehnte. Sie starb 1926, als Frau Schroeder 18 Jahre alt war und nun im Leben allein stand.
Nach dem Besuch der Volksschule und Mittelschule absolvierte sie ab dem 11. April 1922 eine dreijährige kaufmännische Ausbildung in der Fa. C. F. Schroeder Schmiergelwerke KG in Hannoversch Münden, die entfernten Verwandten gehörte. Nebenbei besuchte sie die Kaufmännische Berufs- und Handelsschule. Am 1. April 1925 schloß sie ihre Ausbildung ab.
Bis zum 19. Juli 1929 arbeitete sie als Stenotypistin bei der gleichen Firma in Hannoversch Münden weiter. Sie hatte viel Talent in Steno, was sie durch laufende und intensive Übung und Kurse immer weiter entwickelte. Sie nahm an verschiedenen stenographischen Wettschreiben teil, wobei sie öfter 1. Preise gewann.[15]
Im Oktober 1929 verließ sie Hannoversch Münden und ging nach Nagold (Wttgb.), wo sie bei einem Rechtsanwalt als Alleinkraft den Bürobetrieb erledigte. Dort blieb sie bis zum 20. Februar 1930 und fuhr dann nach München, wo sie sich eine bessere Stellung und berufliches Weiterkommen versprach.
In der damaligen schlechten Zeit, mit nahezu 7 Millionen Arbeitslosen, war es in München nicht einfach, eine Stellung zu bekommen. Sie bewarb sich bei verschiedenen Firmen, u. a. auch auf ein Inserat bei der Reichsleitung der NSDAP in der Schellingstraße 50.[16] Unter 87 Bewerberinnen wurde sie aufgrund ihrer hervorragenden Leistungen und ihres Könnens Anfang März 1939 eingestellt und blieb dort in verschiedenen Abteilungen bis 1933 tätig.
Nach der Machtübernahme durch Adolf Hitler am 30. Januar 1933 zogen verschiedene Stäbe der NSDAP und auch Frau

Schroeder am 4. März 1933 nach Berlin. Kurze Zeit später mußte sie in der Reichskanzlei aushelfen, wobei sie Hitler auffiel und als Sekretärin in die »Persönliche Adjutantur des Führers«[17] übernommen wurde. In der Reichskanzlei arbeitete sie bis zum Ausbruch des Zweiten Weltkrieges 1939 und war anschließend auf allen Reisen, in allen Führerhauptquartieren (FHQ's) als eine der Sekretärinnen Hitlers tätig. Wilhelm Brückner,[18] der damalige Chefadjutant Hitlers, beschrieb sie folgendermaßen:

»Ich kenne Fräulein Schroeder seit 1930. Sie war zuerst bis etwa 1933 in der Reichsleitung der Obersten SA-Führung (OSAF) als Sekretärin tätig, kam dann zum Leiter der Wirtschaftspolitischen Abteilung und wurde 1933 von München nach Berlin in den Verbindungsstab versetzt. Empfohlen durch ihre große Tüchtigkeit und ihre guten Umgangsformen kam sie schließlich in die Adjutantur Adolf Hitlers als meine Sekretärin. Unterstützt durch ihre Fähigkeiten an der Maschine und Stenogramm, verbunden mit ihrer Begabung zum selbstständigen Arbeiten, wurde sie dann Sekretärin von Adolf Hitler. In allen diesen Stellungen war ein absolutes Vertrauensverhältnis – besonders in der letzten Stellung – Grundbedingung. Frl. Schroeder hat durch ihre unentwegte Einsatzbereitschaft, ihre Tüchtigkeit, verbunden mit schneller Auffassungsgabe und durch ihr selbstständiges Mitdenken beim Diktat, alle in sie gesetzten Erwartungen restlos erfüllt. Durch ihren Takt, gute Umgangsformen und ihre Umsicht, bewährte sie sich besonders auch auf den Reisen und in den verschiedenen Hauptquartieren.«

Professor Dr. Karl Brandt schilderte Frau Schroeder bei seiner Einvernahme im Nürnberger Kriegsverbrecherprozeß folgendermaßen:[19]

»... Eine Frau die ihre Meinung sagte: Anderer Art als Fräulein Wolf[20] war Christa Schroeder, die zu Beginn des Krieges im wesentlichen allein mit Fräulein Wolf zusammen Hitlers Sekretariatsarbeiten besorgte. Klug, kritisch und intelligent, legte sie zudem auch eine Arbeitskraft an den Tag, die von keiner anderen Sekretärin je erreicht wurde. Sie konnte oft mehrere Tage und Nächte fast ununterbrochen bei ihrem Chef aufneh-

men. *Stets vertrat sie offen und überzeugt ihre eigene Meinung, und es kam deswegen einige Male zu deftigen Auseinandersetzungen. Aus dem privaten Kreis hielt sie sich fern oder wurde auch von Hitler absichtlich davon ferngehalten, weil er ihre kritischen Bemerkungen nicht ertragen konnte. Da Fräulein Schroeders Absichten jedoch durchaus ehrlich waren, schmerzte sie dies sehr und in letzter Zeit übte sie scharfe Kritik an Hitler selbst. Sie hat sich dabei durch ihre kühne Offenheit zweifellos in größte Lebensgefahr begeben.«*
Nach dem Zusammenbruch des Dritten Reiches wurde Frau Schroeder am 28. Mai 1945 in Hintersee bei Berchtesgaden durch die amerikanische Armee (CIC) verhaftet und bis zum 12. Mai 1948 in verschiedenen Lagern und Gefängnissen der Besatzungsmacht interniert. Im Internierungslager 77 in Ludwigsburg begann am 8. Dezember 1947 das Entnazifizierungsverfahren, wobei sie in der ersten Instanz, für alle überraschend, als Hauptschuldige eingestuft und zu 3 Jahren Internierungshaft verurteilt wurde.[21] In einem Revisionsverfahren am 7. Mai 1948 wurde sie dann als Mitläuferin (IV) eingestuft und am 12. Mai 1948 nach einer dreijährigen Haft aus dem Internierungslager in Ludwigsburg entlassen.
Anschließend arbeitete sie vom 1. August 1948 bis zum 1. November 1958 als Privatsekretärin für Herrn Schenk, dem Besitzer eines Leichtmetallwerkes in Schwäbisch Gmünd und anschließend im Hauptwerk Maulbronn derselben Firma bis zum 31. Oktober 1959.
Frau Schroeder zog es nun, wie schon einmal 1930, nach München. Sie nahm am 1. September 1959 eine Stelle bei einer Münchner Baubetreuungsfirma an, wo sie bis zum 26. Juni 1967 als Sachbearbeiterin arbeitete. Aufgrund ihres schlechten Gesundheitszustandes ging Frau Schroeder mit 59 Jahren in Rente und lebte bis zu ihrem Tode am 28. Juni 1984 zurückgezogen in München.
Beachtenswert ist, wie sich Christine Schroeder in den letzten Jahren ihres Lebens selbst sah. Sie schrieb einmal unter dem Titel: »Ich über mich selbst«, folgendes auf:
»Ich bin aufmerksam, urteilsfähig, kritisch, hilfsbereit. Ich besitze ein rasches Auffassungsvermögen, darüber hinaus die

Gabe der Intuition. Auch bilde ich mir ein, im Gesicht und aus den Bewegungen der Menschen viel lesen zu können. Mir ist selten ein Mensch sympathisch. Aber wenn, dann überspringe ich alle Grenzen. Leider! Meine Kritikfähigkeit ist gekoppelt mit einem unwiderstehlichen Drang zur Wahrhaftigkeit und Unabhängigkeit.
Ich verachte geltungsbedürftige Menschen, solche, die unbedingt dominieren wollen, die keine eigene Meinung haben, deren Ansichten ein Abklatsch fremder Urteile ist. Ich verachte materielle Menschen, Menschen die konventionell sind, Menschen, die lügen, die voller Vorurteile und nicht bereit sind, alles was dazu geführt hat, nochmals zu überdenken.«
Ein Privatleben, ein Leben, wie es sich eine junge Frau vorstellt, kannte Christine Schroeder in ihrer Zeit als Sekretärin Hitlers nicht. Nach einer nicht gerade schönen und freundlichen Jugend, fand sie auch später nicht die Ruhe und das Leben, wie es sich eine Frau wohl wünscht. Darin liegt vielleicht eine gewisse Tragik ihres Lebens, die sie prägte.
Im Jahre 1938 hatte sich Frau Schroeder mit dem jugoslawischen Diplomaten Lav Alkonic[22] verlobt, obwohl sie wußte, daß dies bei Hitlers Einstellung zu Ausländern Folgen haben konnte und Hitler dieser Verbindung nie zustimmen würde.[23] Außerdem hatte Alkonic Verbindung zu jugoslawischen Offizierskreisen und betrieb später in Belgrad zwielichtige Geschäfte. Er bezog sich dabei u. a. auf seine »Verbindung zur Reichskanzlei« in Berlin. Frau Schroeder wurde deswegen auch von der Gestapo[24] einvernommen und die Verlobung wurde 1941 gelöst.
Man mag hier anführen, daß es für die rd. 55 Millionen Opfer des Zweiten Weltkrieges, für die Menschen in den Gefängnissen und Konzentrationslagern des NS-Systems, auch keine Erfüllung gab und daß diese mehr litten als eine Sekretärin Hitlers. Darüber gibt es wohl keine Diskussion. Aber als menschliches Schicksal, als Einzelwesen betrachtet, kommt man nicht umhin, festzustellen, daß für Frau Schroeder die Jahre neben Hitler verloren waren, daß sie sich im Grunde ihres Wesens dort nie glücklich fühlte, ihre Gesundheit durch das Leben in den feuchten und muffigen Bunkerräumen der Hauptquartiere und

der anschließenden Internierung stark angegriffen wurde. Gewiß, nur ein Schicksal unter Millionen anderer.
Das Leben in der Nähe von Hitler war für Frau Schroeder geprägt durch ständige Präsenz, durch Reglements des Hofstaates, die durch Hitler bestimmt wurden, und durch einen eng begrenzten Lebensraum in der Reichskanzlei, auf dem Berghof oder in den verschiedenen Führerhauptquartieren. Es waren immer die gleichen Menschen und Gesichter aus Hitlers Umgebung, mit denen sie in der Klausur der Führerhauptquartiere – Generaloberst Jodl[25] bezeichnete sie in Nürnberg beim Kriegsverbrecherprozeß als »eine Kreuzung von Kloster und Konzentrationslager« – zusammenleben mußte. Ohne richtige Aufgabe und Tätigkeit, gehörte sie zum engsten Kreis um Hitler, der für ihn wohl eine Art Ersatzfamilie war. Hitlers Laune entsprechend, hörte sie in der Nacht, die zum Tage wurde, seine endlosen, dozierten Monologe bei den Teestunden an, mit denen Hitler oft erst in der Morgendämmerung seinen Arbeitstag abschloß.
In einer abschließenden Aufzeichnung zog Christine Schroeder ein Fazit, das als Resümee des Lebens einer Frau nicht gerade glücklich klingt:
»Eine fünfzehnjährige Tätigkeit, davon drei Jahre in der Obersten SA-Führung (OSAF) und der Wirtschaftspolitischen Abteilung, dazwischen ein paar Wochen in der Reichsleitung der Hitler-Jugend und zwölf Jahre in der Persönlichen Adjutantur des Führers und Reichskanzlers, waren für mich eigentlich eine fünfzehnjährige fast totale Abschirmung vom alltäglichen zivilen und normalen Dasein. Ein Leben hinter Absperrungen und bewachten Zäunen, ganz besonders während der Kriegsjahre in den verschiedenen Führerhauptquartieren.«
Am 30. August 1941 schrieb sie an ihre Freundin Johanna Nusser[26] aus dem Führerhauptquartier »Wolfsschanze«[27] bei Rastenburg in Ostpreußen:
»...hier im Gelände stoßen wir dauernd auf Posten, dauernd den Ausweis zeigen müssen, wodurch man sich höchst unfrei fühlt. Ich glaube, nach diesem Feldzug muß ich mich bemühen, recht viel mit stark lebensbejahenden Menschen, die außerhalb unseres Kreises leben, zusammen zu kommen, sonst werde ich

mit der Zeit menschenscheu und verliere den Kontakt mit dem wirklichen Leben.
Vor einiger Zeit ist mir dieses Eingesperrtsein so ganz deutlich zum Bewußtsein gekommen, dieses Abgeschlossensein von der übrigen Welt. Ich bin im Gelände am Zaun entlang gegangen, immer wieder an Posten vorbei, und da stiegen mir mancherlei Gedanken auf, daß es doch eigentlich immer so ist, wo wir auch sind, in Berlin, auf dem Berg[28] *oder unterwegs, immer ist es derselbe abgegrenzte Kreis, immer derselbe Rundlauf. Und darin liegt doch eine große Gefahr und ein mächtiger Zwiespalt, in den man sich heraussehnt und dann, wenn man draußen ist, doch nichts mehr mit sich anzufangen weiß, weil man sich so ganz und gar auf dieses Leben konzentrieren muß, eben weil keine Möglichkeit zu einem Leben außerhalb dieses Kreises gegeben ist...*
Als zum engeren Stabe Hitlers gehörend«, schrieb Frau Schroeder abschließend in ihren Aufzeichnungen weiter, *»immer als ›persona grata‹ behandelt, blieben alle kämpferischen Eigenschaften eines privaten Lebens unterentwickelt. Und wie sehr wären sie in der Situation bei Kriegsende, beim Zerfall des Dritten Reiches und während der nachfolgenden dreijährigen Internierung in Lagern und Gefängnissen notwendig gewesen. In solchem Zustand, vergleichbar einem Ei ohne Schale, wurde ich in der Nacht vom 20. auf 21. April 1945 von Adolf Hitler zusammen mit meiner älteren Kollegin Johanna Wolf*[29] *verabschiedet und angewiesen, Berlin zu verlassen, einem dunklen, ungewissen Schicksal entgegengehend, von dem ich nicht ahnte, daß sich in ihm diese vergangenen 15 Jahre und die noch vor mir liegenden 3 Jahre der Internierung zu einer physischen und psychischen Belastung auswachsen würden, die mich Zeit meines Lebens nicht mehr verlassen haben. Meine Vergangenheit hat mir viel Distanz abverlangt, und zwar schon damals, als die Vergangenheit noch Gegenwart war. Und sie tut es heute noch in viel härterem Maße!«*

München, im Juni 1985   Anton Joachimsthaler

Genesis des Zoller'schen Buches
›Hitler privat‹

In vielen zeitgeschichtlichen Büchern wurden immer wieder Passagen des Zoller-Buches ›Hitler privat‹ zitiert. In seiner Einleitung zu dem Buch ›Hitlers Zweites Buch‹ (Deutsche Verlagsanstalt, Stuttgart 1961) erwähnt Gerhard L. Weinberg (Seite 15, 18 und 19) den quellenhistorischen Wert des Zoller-Buches und schreibt u. a. folgendes: »Auch Zollers Buch bedarf einer quellenkritischen Untersuchung, die sich hier aber auf die angeführte Stelle beschränken muß.« In der folgenden Anmerkung wird weiter ausgeführt: »Der Herausgeber teilt die Ansicht Trevor Ropers, daß dies [das Zoller-Buch] nicht ohne Wert ist. So werden z. B. Einzelheiten, wie der angebliche Paratyphus des Fotografen Hoffmann[30] (S. 275) und die nichtarische Abstammung einer der Köchinnen Hitlers[31] (S. 135) durch die jetzt zugänglichen Morell-Akten belegt.«

Im Vorwort des Buches ›Hitlers Weg zum Krieg‹ läßt sich David Irving über die Unzuverlässigkeit mancher Bücher und Quellen aus und schreibt: »Die Memoiren einer Sekretärin Hitlers... ›Hitler privat‹ betitelt, im Jahre 1949 von Albert Zoller in Düsseldorf herausgegeben, sind (gleichermaßen) nicht zuverlässig; die betreffende Sekretärin – Christine Schroeder –, die im Gewahrsam der Alliierten ein Manuskript hatte verfassen müssen, bestreitet energisch die Urheberschaft von vielem, das, ohne ihr Wissen und Einverständnis in dem Buch veröffentlicht worden ist.«

Was ist nun an dem Zoller-Buch wahr und von wem sind die Ausführungen und wie ist es entstanden? Diese Fragen will ich beantworten.

Dem Buch ›Hitler privat‹, mit dem Untertitel, ›Erlebnisbericht seiner Geheimsekretärin‹, liegen tatsächlich meine Vernehmungen und Aufzeichnungen von 1945 zugrunde. In den ersten Tagen meiner Internierung wurde ich in dem Augsburger Internierungslager der 7. Amerikanischen Armee mit einem Capitaine konfrontiert, der als Interrogater fungierte.[32] Er mag damals Mitte 40 gewesen sein, war Franzose, in der amerikanischen Armee und sprach ein ausgezeichnetes Deutsch mit elsässischem Akzent. Er gab sich sehr jovial und hob sich, von der sonst auf mich so bedrohlich wirkenden Atmosphäre (vor jeder Tür, auf jedem Treppenabsatz standen wild die Augen rollende Portoricaner mit aufgepflanztem Bajonett), in erfreulich-sympathischer Weise ab.

Dieser Capitaine Bernhard, so nannte er sich damals, zeigte viel Entgegenkommen. Er hörte teilnahmsvoll zu, als ich ihm eines Tages, noch aufgewühlt von dem, was sich gerade ereignet hatte, erzählte, daß heute früh ein Amerikaner gekommen sei und allen Schmuck von mir verlangt hätte. Auf meine Erwiderung, daß ich keinen habe, zeigte dieser Amerikaner auf meine Perlohrringe: »Und was ist das?« Ich mußte es ihm aushändigen.

Capitaine Bernhard bekundete für meine Empörung Verständnis. Er unternahm zwar nichts, um mich wieder in den Besitz meiner Ohrringe zu bringen, erbot sich aber, meinen übrigen, in einem kleinen Lederbeutel am Körper versteckten Schmuck sowie mein restliches Geld (ein paar tausend Reichsmark) und einen Leinenumschlag mit rd. 100 Skizzen von Adolf Hitler, die ich am Berghof vor der Vernichtung gerettet hatte,[33] in Verwahrung zu nehmen. Zoller hat später einen Teil dieser Skizzen in seinem Buch veröffentlicht.

Capitaine Bernhard begann dann mit langen mündlichen Vernehmungen: Auf welche Weise ich zu meiner Tätigkeit gekommen sei, wie Hitler diktiert hätte, seine Gespräche, warum er nicht rauchte, warum er nicht trank, über seine Lebensweise, seine Einstellung zu seinen engsten Mitarbeitern, sein Verhältnis zu seiner verstorbenen Nichte Geli Raubal,[34] seine Beziehung zu Eva Braun und vieles mehr.

Er erschien alle paar Tage. Eines Morgens erteilte er mir den Auftrag, alles schriftlich niederzulegen.[35] Er war nett zu mir. Hin und wieder brachte er mir ein Päckchen Zigaretten mit, einmal auch eine Flasche Kognak. In der trostlosen Monotonie des Eingesperrtseins und unter den deprimierenden Umstän-

den, war er durch sein menschliches Verhalten so etwas wie ein Lichtblick für mich.
Ich schrieb also die verlangten Auskünfte nieder, klar, korrekt, knapp gefaßt und im stillen hoffend, ihn dadurch beeinflussen zu können, sich für meine baldige Freilassung einzusetzen. Im Lager war es damals schon zu der Entlassung einiger Internierter gekommen.
Eines Tages meinte er: »Hoffentlich müssen Sie nicht auch nach Nürnberg als Zeugin für den Prozeß!« Meine Kollegin Johanna Wolf und die Sekretärinnen von Ribbentrop[35a], Ley[35b] sowie Minister Frank[35c] seien bereits schon seit acht Tagen dort. Offensichtlich wußte Capitaine Bernhard bereits, was mir bevorstand und daß ich für mehrere Jahre in der Versenkung verschwinden würde. Er nannte mir eine Deckadresse, an die ich mich nach meiner Entlassung wegen Rückgabe der ihm übergebenen Gegenstände aus der Internierung wenden sollte.
Bis dahin vergingen drei lange Jahre. Im Mai 1948 wurde ich im Lager Ludwigsburg entnazifiziert und bald darauf nach Hoheneck bei Ludwigsburg entlassen. Ich verständigte nun Capitaine Bernhard von meinem Aufenthalt. Kurze Zeit darauf kreuzte er in Hoheneck, buchstäblich nur auf der Durchfahrt, auf. Er hatte es sehr eilig und stieg nicht einmal aus dem Auto, weil er eine Dame bei sich hatte. Er reichte mir aus dem Auto heraus meinen Lederbeutel mit dem Schmuck. Das ihm anvertraute Geld sei ihm abgenommen worden, »...man hätte mich beinahe als Devisenschieber festgenommen«, sagte er. Von den rd. 100 Zeichnungen Hitlers in dem Leinenbeutel, gab er mir nur ca. 50 Stück zurück, die anderen hat er behalten. Capitaine Bernhard nannte sich jetzt übrigens Albert Zoller.
1949 unterrichtete er mich, daß er beabsichtige, meine seinerzeitigen Aufzeichnungen unter meinem Namen zu veröffentlichen. Da mir Zoller das Manuskript trotz mehrmaliger Bitten nicht überließ, lehnte ich die Verwendung meines Namens ab.[36]
So erschien 1949 eine französische Ausgabe des Zoller-Buches unter dem Titel: »Douze ans auprès d'Hitler« im Verlag Libraire Arthème Fayard, 18–20, Rue du Saint-Gothard, Paris 1949, und kurze Zeit später in deutscher Übersetzung: »Hitler privat«, bei einem Düsseldorfer Verlag. Obwohl es nie eine Geheimsekretä-

rin gegeben hatte, wählte Zoller den Untertitel: »Erlebnisbericht einer Geheimsekretärin.«
Zoller respektierte und umging meinen Einspruch gleichermaßen. Er ließ zwar meinen Namen weg, brachte aber im Vorwort eine so prägnante Schilderung meiner Person und Tätigkeit, daß bei Eingeweihten über die Identität kein Zweifel bestehen konnte. Zollers Buch erweckte den Eindruck, als sei es in dieser Form in meinem Beisein bzw. mit meinem Einverständnis geschrieben worden.
In Wirklichkeit fand ich meine sachlich abgefaßt gewesenen Aufzeichnungen der Zeit entsprechend kommentiert vor. Es waren Worte eingefügt, die ich nie verwendet hatte. Durch die Übersetzung ins Französische und dann zurück ins Deutsche, hatten sich Wortprägungen ergeben, die nicht in meinem Sinne waren. Außerdem wurden mir aber auch Sachen in den Mund gelegt, von denen ich gar nichts gewußt hatte. So z. B. Dinge militärisch-technischer Art, Gespräche bei Lagebesprechungen usw.[37]
Mir war sofort klar, daß diese Aussagen von anderen, im Internierungslager Augsburg inhaftierten Prominenten stammen müssen, die Zoller ebenfalls als Interrogater einvernommen hatte. An dem Wahrheitsgehalt dieser Informationen zweifelte ich nicht, nur waren sie eben nicht von mir.[38]
Ich war erschrocken, als ich das Buch las, da ich damals noch völlig unerfahren mit den Gepflogenheiten derartiger »geistiger Raubritter« war. Ich stellte fest, daß die von mir absolut sachlich dargestellten Aufzeichnungen nicht nur an Umfang zugenommen, sondern auch z. T. stilistisch eine Umwandlung auf Illustrierten-Niveau erfahren hatten. Ich war erschrocken über das, was hier als von mir kommend deklariert vor mir lag, so daß ich es weit weg schob, daß ich es als nicht existent zu ignorieren versuchte.
Krank aus dem Internierungslager in die Freiheit zurückgekommen, völlig alleinstehend und bar jeglichen Besitzes, ich hatte in Berlin alles verloren, konzentrierten sich alle meine Gedanken auf das nackte Überleben. Der Vertrieb des Buches währte nicht lange und wurde – so glaube ich jedenfalls von Herrn Zoller seinerzeit gehört zu haben – von Regierungsseite

unterbunden. Ich habe damals angeblich 50% der Einnahmen von Herrn Zoller erhalten. Ich hatte aber keine Möglichkeit, mir darüber einen Einblick zu verschaffen und kann mich auch nicht mehr erinnern, wieviel ich von Zoller bekommen habe. Dies ist aber auch jetzt wohl ohne Belang für den Fall.
Aufgrund der damals gemachten Erfahrungen habe ich alle späteren Versuche von Herrn Zoller, daß ich an einem neuen Buch mitarbeiten möchte, abgelehnt. Die letzte Anfrage dieser Art erfolgte im Februar 1963, die ich genau wie alle anderen von verschiedenen Seiten an mich ergangenen Aufforderungen, eindeutig ablehnte.
In den folgenden Jahren ließ ich Briefe von Journalisten und Historikern, die mich auf das Buch hin ansprachen, unbeantwortet. Auch den Brief von dem englischen Journalisten Heinrich Fraenkel, der u. a. schrieb:»Ich würde es nicht für eine Anstandspflicht Ihnen gegenüber halten, sondern auch für eine Pflicht der zeitgeschichtlichen Forschung gegenüber..., die wahre Genesis dieses immerhin in der zeitgeschichtlichen Literatur sehr viel zitierten Werkes zu erklären. Aber dafür brauche ich natürlich Ihre Erklärung der wirklichen Vorgänge...usw.«
Ich sah inzwischen in allem Journalistischen eine Vermarktung und schwieg deshalb. Ein paar Jahre später brachte eine im ›Corriere della Sera‹ erschienene Serie, betitelt ›Christa Schroeder exklusiv‹, Bewegung in meine Erstarrung. Ich vermutete, daß der italienischen Artikelserie das Zoller'sche Buch zugrunde lag. Auf jeden Fall habe ich Herrn Zoller am 26. Januar 1964 mitgeteilt, daß ich Kenntnis von dieser Artikelserie hätte, und ihm somit Gelegenheit geboten, sich dazu zu äußern, was dieser jedoch nicht tat.
Jeder Ausgabe der Wochenendausgabe war ein Foto vorangestellt, das im Jahre 1939, in der Nacht[39] bei der Ankunft Adolf Hitlers im Prager Hradschin, aufgenommen war. Ich hatte das Foto bis dahin noch nicht gesehen. Es zeigte mich hinter der Schreibmaschine stehend in Erwartung, ob das bereits Geschriebene, das im gleichen Moment von Innenminister Frick[40] vorgelesen wurde, noch einer Änderung bzw. Ergänzung bedürfe. Anwesende wichtige Personen auf dem Foto waren noch Minister Lammers[41] und Staatssekretär Stuckart.[42]

Diese Geschäftemacherei mit meinem Namen ging mir nun doch zu weit, und ich griff die Sache auf. Aber ich griff ins Dunkle! Der ›Corriere della Sera‹, den ich um Aufklärung bat, verwies mich an eine Mailänder Agentur, diese wiederum an eine solche in Paris. Ich kam nicht weiter. Ein einer meiner Freundinnen bekannter Rechtsanwalt sagte,»...daß man einer Frau wie Sie helfen muß«. Also stellte ich ihm alle Unterlagen zur Verfügung. Doch sein Angebot war keineswegs so altruistisch, wie es mir am Anfang erschien, sondern, wie der Rechtsanwalt später freimütig bekannte, sehr realer Natur. Er hoffte, für ähnlich gelagerte Fälle praktische Erfahrungen sammeln zu können.

Er schrieb an Gott und die Welt. An alle Zeitungen und Illustrierten, die irgendwann einmal angebliche Äußerungen von mir zitiert hatten. Auch an den ehemaligen Psychiater des Nürnberger Gefängnisses, Dr. Kelley. Dieser hatte inzwischen ein Buch, ›22 Männer um Hitler‹, herausgegeben, in dem er einen, unter falschen Angaben von mir geschriebenen Aufsatz über Adolf Hitler brachte, den er als die beste Charakterisierung Hitlers, die je in die Geschichte eingehen würde, bezeichnete.

Aber vergebens. Mr. Kelley hatte sich inzwischen das Leben genommen. Der Rechtsanwalt kam nicht weiter, als auch ich bereits selbst gekommen war. Im Gegenteil, statt zu klären, stiftete er noch mehr Verwirrung. Er hatte der Pariser Agentur zugesagt, mich zu einem Interview von einer Stunde zu veranlassen. 50 000 Fr. sollte ich damals dafür bekommen. Ich sagte: »Ich will keine 50 000 Fr., ich will, daß der Initiator dieser Serie namhaft gemacht wird.« Dieser war jedoch nicht auffindbar. Der Aufklärungsversuch verlief also nicht nur völlig negativ, sondern machte mich auch noch um vier Zeichnungen Hitlers ärmer, die ich dem Rechtsanwalt überließ.

Erst die Argumente von Eduard Baumgarten, Professor für Soziologie und Philosophie an deutschen und amerikanischen Universitäten, aktivierten mich wieder in der Angelegenheit tätig zu werden. Er schrieb mir am 11. März 1974 u. a.:»...Dieser Mann [Zoller] mag sich hie und da in Ihrem Bericht – ihn etwas ändernd – eingemischt haben. Ohne Einmischung von seiner Seite konnte es natürlich nicht von ihm niedergeschrieben werden... Aber den Kern hat er nicht berührt, so scheint es mir. Im Kern ist es doch der Bericht einer Frau, die, erschrokken, aber doch noch im Schrecken sich ruhig und gewissenhaft besinnend, den Menschen, in dessen merkwürdiger Nähe sie so lange gearbeitet und gelebt hat, ins Gedächtnis zurückrief. Kurzum, ich bin Ihnen, Ihrer Person, sehr dankbar, gesonnen dafür, daß Sie geholfen haben, ein menschliches Porträt aufzubewahren, wie es nur von einem Menschen stammen konnte, der diesen anderen Menschen wirklich aus der Nähe und in vielen Situationen und immer verständnisvoll zugleich, aber mit eigener persönlicher Distanz und freiem eigenen Urteil (und voller Besinnlichkeit) gekannt hat.«

Da immer wieder neue Bücher erschienen und darin oft auf das Zoller-Buch Bezug genommen wurde, regte mich diese Analyse von Prof. Baumgarten an, über meine Jahre in Hitlers Nähe mit eigenen Worten zu berichten und Lügen und Entstellungen, auch in anderen ›Werken‹, aufzugreifen bzw. zu bereinigen. So entschloß ich mich, meinen Bericht, als Unterlage dienten mir meine stenographischen Aufzeichnungen aus der Internierung und meine Passagen im Zoller-Buch, ohne jede Hilfe von Historikern und Journalisten zu erstellen.

Wie ich zu Hitler als Sekretärin kam

Ich wollte als junges Mädchen Bayern kennenlernen. Da sei es ganz anders, sagte man in Mitteldeutschland, wo ich aufgewachsen und 22 Jahre meines Lebens zugebracht hatte. So traf ich im Frühling 1930 in München ein und begab mich auf Stellungssuche. Die wirtschaftliche Lage in München hatte ich vorher allerdings nicht studiert. Ich war deshalb überrascht, daß es nur wenige freie Stellen gab und München den schlechtesten Großhandelstarif hatte. Die Arbeitslosigkeit, die bald die Siebenmillionengrenze erreichen sollte, machte sich in München damals besonders ungünstig bemerkbar.
Zunächst schlug ich einige Angebote aus und hoffte, es könnte noch etwas Günstigeres auf mich zukommen. Aber bald wurde meine Lage brenzlig, meine kleinen Ersparnisse schmolzen merklich zusammen. Da ich meine vorhergehende Stellung bei einem Rechtsanwalt in Nagold, die ich sozusagen als Sprungbrett nach Bayern benutzte, auf eigenen Wunsch verlassen hatte, bestand auch kein Anspruch auf Arbeitslosenunterstützung.
Als ich dann auf eine unscheinbare kleine Anzeige, die unter Chiffre in den ›Münchner Neuesten Nachrichten‹ erschienen war, antwortete, ahnte ich nicht, daß ich damit das größte Abenteuer einleitete, das mein Leben fortan bestimmen sollte und dessen Auswirkungen ich auch heute noch nicht abzuschütteln vermag.
Zur Vorstellung wurde ich von einer mir völlig unbekannten Organisation, der ›Obersten SA-Führung‹ (OSAF), in die Schellingstraße gebeten. In dieser damals eigentlich recht öden Straße, mit nur wenigen Geschäften, befand sich im Hause Nr. 50 im Rückgebäude die Reichsleitung der NSDAP und in der vierten Etage unterm Dach die Oberste SA-Führung. Ehemals hatte in diesen Räumen der spätere Fotograf

Hitlers, Heinrich Hoffmann,[43] seine skurrilen Filme hergestellt. Nun saßen in dem früheren Atelierraum, das ein riesengroßes schräges Atelierfenster hatte, der Oberste SA-Führer, Franz Pfeffer von Salomon[44], und sein Stabschef, Dr. h. c. Otto Wagener.[45]

Später erfuhr ich, daß ich die letzte von 87 Bewerberinnen gewesen war, die zur Vorstellung kamen. Daß die Wahl auf mich fiel, ich war weder Mitglied der NSDAP[46] noch an Politik interessiert und Adolf Hitler war mir unbekannt, mag daran gelegen haben, daß ich, obwohl erst 22 Jahre alt, mich schon einige Jahre als Stenotypistin bewährt hatte und gute Zeugnisse besaß. Außerdem hatte ich einige Diplome vorzuweisen, die aussagten, daß ich bei stenographischen Wettschreiben öfters den 1. Preis erhalten hatte.

Es war ein sehr militärisch anmutender Betrieb oben unter dem Dach. Ein ewiges Kommen und Gehen von hochgewachsenen schlanken Männern, denen man den ehemaligen Offizier ansah. Es befanden sich nur wenige Bayern unter ihnen, im Gegensatz zu den in den unteren Etagen des Hauses tätigen, in den anderen Dienststellen der NSDAP. Das waren vorwiegend kernige Bayern. Mir erschienen die Männer in der OSAF wie eine Elite-Truppe. Und damit lag ich wohl auch richtig. Die meisten waren Baltikumkämpfer gewesen.[47]

Der eleganteste und schneidigste von ihnen war der Oberste SA-Führer, Hauptmann a. D. Franz Pfeffer von Salomon. Nach dem Ersten Weltkrieg war er Freikorpskämpfer im Baltikum, in Litauen, Oberschlesien und an der Ruhr gewesen. 1924 wurde er Gauleiter der NSDAP in Westfalen und dann an der Ruhr. Hauptmann a. D. Fritz Pfeffer von Salomon, ein Bruder von Franz Pfeffer, der beinamputiert und frühzeitig ergraut war, fungierte als IIa (Personalchef).

1926 betraute Hitler Franz Pfeffer von Salomon mit der Aufgabe, die SA-Männer aller Gaue zentral zu erfassen. Anfangs hatte jeder Gauleiter ›seine SA‹ und auch eigene Vorstellungen.[48] Viele fühlten sich als kleiner Hitler, was der Einheit der Bewegung sicher nicht dienlich war. Da Hitler sich ja bei allen Entscheidungen vom ›Nützlichkeitsgrad‹ leiten ließ, machte er es zweckmäßig, die Gauleiter durch die zentrale Zusammenfas-

sung der SA ein wenig zu dämpfen. Ein kluger Schachzug, sah er doch in der SA das Schwert für die Durchsetzung der politischen Weisungen der Partei.
Damit sich der Kampf um die SA aber nicht zwischen Hitler und den Gauleitern abspielte, übertrug er diese keineswegs erfreuliche Aufgabe dem Hauptmann Pfeffer. Dieses Sich-Heraushalten war eine später von Hitler oft praktizierte, kluge Entscheidung gewesen. Die Gauleiter nahmen natürlich die Machtbeschneidung sehr übel, kreideten sie Franz Pfeffer von Salomon persönlich an und hetzten Verdächtigungen ausstreuend, ständig bei Hitler gegen ihn.[49] Hitler nahm diese, von ihm richtig vorausgesehenen und von ihm abgelenkten Schwierigkeiten sicherlich innerlich schmunzelnd zur Kenntnis.
Im August 1930 mußte Hitler anscheinend dem Druck der Aufwiegler nachgeben und Pfeffer opfern, was er aber allem Anschein nach nicht ungern tat. Bei dieser Gelegenheit übernahm Hitler auch selbst gleich die Oberste SA-Führung. Er war dem ihm nicht angenehmen Pfeffer auf elegante Weise losgeworden, der dann im August 1930 auch seinen Rücktritt erklärte.
Franz Pfeffer von Salomon war eine kritische Persönlichkeit. Dieses festzustellen hatte ich öfters Gelegenheit. Eines Tages sah ich z. B. auf seinem Schreibtisch einen ›Völkischen Beobachter‹ liegen, der ein Foto von Hitler zeigte. Pfeffer hatte versucht, mit Bleistiftstrichen die salopp und leger fallende Uniformjacke Hitlers in eine schlanke, taillierte Form zu bringen. Dem gepflegten schlanken Pfeffer schien Hitlers Figur und die Art, wie er sich kleidete, ganz offensichtlich nicht zu gefallen, wie vieles andere wohl auch nicht.
Stabschef der OSAF war Hauptmann a. D. Dr. h. c. Otto Wagener. Ein ehemaliger Generalstäbler und Freikorpskämpfer, wie Pfeffer aus vermögendem Haus, der erfüllt war von dem Bestreben, an dem Wiederaufbau Deutschlands mit zu arbeiten. Er hatte einen Direktorenposten in der Wirtschaft aufgegeben und war auf Veranlassung seines Kameraden Pfeffer dem Ruf Hitlers zur Mitarbeit gefolgt.[50]
Dr. Wagener verfügte über große Erfahrungen auf vielen wirtschaftlichen Gebieten und hatte Vorlesungen an der Universität

in Würzburg gehalten. Er war ein universalgebildeter Mann mit weitreichenden Beziehungen zu Politikern, Industriellen und zum Adel, was sich in der sehr umfangreichen Korrespondenz, die ich für ihn zu schreiben hatte, niederschlug. Dr. Wagener gab während seiner Tätigkeit als Stabschef des OSAF auch die ›Wirtschaftspolitischen Briefe‹ heraus, deren Länge und Vervielfältigung mir damals viel Arbeit verursachte.

Meine Arbeit für Dr. Wagener wurde gegen Ende 1930 ein paar Wochen unterbrochen, als dieser auf Hitlers Anordnung im September 1930 die Leitung der SA bis zum Eintreffen des von Hitler aus Bolivien zurückgerufenen Hauptmanns a. D. Ernst Röhm übernahm.[51]

Ernst Röhm[52] wurde als Sohn eines Eisenbahnoberinspektors in München geboren. 1908 wurde er Offizier und erlebte im Weltkrieg die erste große Schlacht bei Flaival. Dreimal wurde er schwer verwundet, ein Geschoßsplitter riß ihm das Oberteil der Nase weg. 1919 als Reichswehrhauptmann in München tätig, traf er mit Hitler zusammen. Röhm war als Verbindungsmann zur Reichswehr ein wichtiges Mitglied der NS-Bewegung und Duzfreund Hitlers. Wegen seiner Mitwirkung am Putsch 1923 aus der Reichswehr entlassen, war er 1924 schon wieder in der Deutsch-völkischen Freiheitspartei tätig (Reichstagsabgeordneter) und organisierte den NS-Wehrverband ›Frontbann‹, dessen Führung er allerdings nach Hitlers Rückkehr aus Landsberg niederlegen mußte. Ende 1928 ging er als Militärinstrukteur im Range eines Oberstleutnants im Generalstab nach La Paz (Bolivien). 1930 rief ihn Hitler zurück und bot ihm die Führung der SA an.

Ich war dann ein paar Wochen in der Reichsleitung der Hitler Jugend tätig, die damals in einer Privatwohnung untergebracht war,[53] was ich nach der lebhaften Tätigkeit bei der OSAF fast wie eine Strafe empfand. Als Dr. Otto Wagener am 1. Januar 1931 Leiter des Wirtschaftspolitischen Amtes der NSDAP (WPA) wurde, forderte er mich wieder als Sekretärin an. Die Diensträume des WPA mit den verschiedenen Unterabteilungen für Handel, Gewerbe und Landwirtschaft befanden sich in dem zum ›Braunen Haus‹[54] umgebauten Barlow-Palais in der Briennerstraße Nr. 54, gegenüber der Nuntiatur.

Dr. Wagener diktierte mir damals u. a. lange Berichte über stattgehabte Unterredungen, ohne die Namen der Gesprächspartner zu erwähnen. Auch unternahm er des öfteren Reisen, um nach seiner Rückkehr Aktennotizen zu diktieren, die in seinem Schreibtisch verschwanden. Oft ärgerte ich mich über diese, wie mir damals schien, unnötige Schreiberei. Außerdem sah mir dies oft nach einer gewissen Geheimniskrämerei aus. Erst als ich im Jahr 1978 die ›Aufzeichnungen eines Vertrauten, Dr. h. c. Wagener, 1929–1932‹, die von H. A. Turner jr. herausgegeben wurden, sah, durchzuckte mich die Erkenntnis wie ein Blitz. Der geheimnisvolle Partner Wageners, sowohl auf den Reisen wie bei den Gesprächen, war Adolf Hitler gewesen. Seine anderen Gesprächspartner[55] waren Franz Pfeffer von Salomon und Gregor Strasser.[56] Dr. Wagener, Franz Pfeffer v. Salomon und Gregor Strasser fanden m. E. das seherische Genie in Hitler einzigartig. Sie erkannten aber auch die Gefahr einer solchen Genialität, die, verstärkt durch die suggestive Kraft seiner Beredsamkeit, fast jeden Menschen in seinen Bann zog. Diese drei, weit über dem Durchschnitt stehenden Männer, waren sich wohl darüber einig, daß sie die Gelegenheit der häufigen und langen Besprechungen nutzend, Hitlers Unfehlbarkeit durch Gegenfragen und Einwände so zu sagen prüften, was Hitler sicher nicht angenehm war. Und da Hitlers Intuitionen an sich nicht mit Logik zu bekämpfen waren, weil sie aus einer seherischen Vorstellung heraus entstanden, aber einer logischen Basis entbehrten, hat er sie als Nörgler und Besserwisser und als unbelehrbar empfunden und mit der Zeit abgelehnt.

Wie folgerichtig Wagener, Strasser und Pfeffer ihr Schicksal vorausgeahnt hatten, ist ja später eingetreten. Der OSAF Franz Pfeffer von Salomon wurde bereits im August 1930 seines Amtes als OSAF enthoben und kaltgestellt. Bei Gregor Strasser führten Ende 1932 Verhandlungen über eine ihm von Schleicher[57] angetragene Vizekanzlerschaft, die er vor Hitler geheimgehalten haben soll, zum Zerwürfnis mit Hitler. 1934 kam er beim Röhmputsch ›versehentlich‹ ums Leben. Dr. Otto Wagener zog 1932 nach Berlin und wurde im Sommer 1933 von allen seinen Ämtern enthoben. Angeblich wollten ihn seine engsten Mitarbeiter als Wirtschaftsminister sehen. Ich hörte nie wieder

etwas von Dr. Wagener. Kein Wunder, daß kaum jemand seinen Namen kennt, nachdem er sich auch nie hervorgedrängt hatte und nach 1933 offensichtlich nicht mehr erwünscht war. Wahrscheinlich waren Dr. Wagener, Pfeffer und Strasser zu starke eigenständige Persönlichkeiten und deshalb für Hitler unbequem. Jedenfalls wurde nach der Machtergreifung Hitlers über keinen der drei Männer mehr gesprochen.
Nur einem, der damals auch in der OSAF tätig war, ist ein kometenhafter Aufstieg beschieden worden, Martin Bormann.[58] Ihm gilt noch heute das Interesse von Autoren und Historikern. Die schlechtesten Eigenschaften wurden ihm angedichtet, da alle Entscheidungen, die er durchführte, ›nur ihm allein‹ angelastet wurden. Dies nicht nur von Journalisten und Historikern, sondern vor allem auch durch die überlebenden Führer der NSDAP, Gauleiter, Minister und auch von Leuten aus der Umgebung von Hitler, die es eigentlich hätten besser wissen müssen.
Martin Bormann war einfach einer der ergebensten und treuesten Untertanen Hitlers, der oft rücksichtslos, manchmal auch brutal, für die Durchführung der ihm von Hitler erteilten Anordnungen und Befehle sorgte. So gesehen erlitt Martin Bormann ein ähnliches Schicksal wie Franz Pfeffer von Salomon. Laufende Anfeindungen von seiten der Gauleiter, Minister, Parteigrößen u. a. waren die Regel.
Damals im Frühjahr 1930 in der OSAF war Martin Bormann noch unbelastet von den tiefgreifenden und unangenehmen Aufträgen Hitlers, die er später erhielt. Bormann fiel keineswegs irgendwie auf. Er hatte Gerda Buch,[59] die schöne Tochter des Parteirichters Major a. D. Walter Buch[60] geheiratet, der als Reichs-USCHLA[61] in der NSDAP großes Ansehen und das Vertrauen Hitlers genoß. Buch war aktiver Offizier und dann Lehrer an einer Unteroffiziersschule gewesen. Im Ersten Weltkrieg war er Rgt.-Adjutant und später Kommandeur einer MG-Scharfschützenabteilung. 1918 übernahm er als Kommandeur ein Offiziers-Aspiranten Btl. in Döberitz. Nach dem Krieg nahm Buch als Major seinen Abschied und schloß sich der NSDAP an. 1925 wurde er Vorsitzender des ›Untersuchungs- und Schlichtungsausschusses der NSDAP‹, kurz USCHLA

genannt. Diese Position erforderte viel Verständnis für menschliche Unzulänglichkeiten, sehr viel Takt, Energie und Autorität. Er war prädestiniert für dieses Amt, da sein Vater Senatspräsident am Oberlandgericht in Baden war. Mit seinem schmalen Gesicht, seiner hochgewachsenen schlanken Figur wirkte er immer sehr elegant. Hitler hatte auch an der Heirat von Buchs Tochter mit Martin Bormann teilgenommen, was dem Ansehen Bormanns natürlich sehr förderlich gewesen war.
In der OSAF leitete Martin Bormann die von Dr. Wagener ins Leben gerufene SA-Versicherung, die später ›Hilfskasse der NSDAP‹[62] genannt wurde. In dieser Versicherung waren alle SA-Männer versichert. Bei Versammlungen kam es häufig zu Saal- und Straßenschlachten, die oft mit Körperverletzungen endeten. Die Versicherung hatte sich als notwendig und nützlich erwiesen. Alles, was mit dieser Versicherung im Zusammenhang stand, war eine an und für sich primitive Tätigkeit, die die Schaffenskraft eines Martin Bormanns nicht ausfüllte. Erst mit Beginn seiner Tätigkeit im Stabe des Stellvertreters des Führers, gelang es Bormann später, seine außerordentlichen Fähigkeiten, die er zweifellos hatte, unter Beweis zu stellen.[63]
Im Laufe der dreißiger Jahre nahm seine Karriere einen steilen Aufstieg. Vom Stabsleiter bei Rudolf Heß stieg er zum Reichsleiter der NSDAP und dann bis zum Sekretär Hitlers auf. Den ungeheuren Fleiß, der ihn auszeichnete,[64] verlangte und erwartete er auch von den Angehörigen seines Stabes, was ihn dort auch nicht sehr beliebt machte. »Beeilung, Beeilung«, wurde zu einem geflügelten Wort von ihm. Hitler, immer voll des Lobes über Martin Bormann, sagte einmal: »Wozu andere einen ganzen Tag benötigen, das schaffe ich mit Bormann in zwei Stunden, und er vergißt nie etwas!« »Bormanns Verträge«, so sagte er, »sind so präzise ausgearbeitet, daß ich nur ja oder nein zu sagen brauche. Mit ihm erledige ich in zehn Minuten einen Haufen Akten, für den ich mit anderen Herren Stunden brauchen würde. Wenn ich ihm sage: Erinnern Sie mich in einem halben Jahr an diese oder jene Sache, dann kann ich sicher sein, daß dies auch wirklich geschieht. Er ist das gerade Gegenteil von seinem Bruder,[65] der alles vergißt, was ich ihm auftrage.«
Bormann kam eben nicht nur wohlvorbereitet mit seinen Akten

zu Hitler, sondern war auch derart mit Hitlers Gedankengängen vertraut, so daß dieser sich langatmige Erklärungen sparen konnte. Dies war, wer die Arbeitsweise Hitlers kannte, für Hitler entscheidend!

Vieles, was an Gerüchten über Martin Bormann im Umlauf ist, entbehrt m. E. jeglicher Grundlage. Er war weder machthungrig, noch die ›graue Eminenz‹ in Hitlers Umgebung. Er war in meinen Augen einer der wenigen sauberen Nationalsozialisten,[66] wenn man es einmal so formulieren darf, die unbestechlich und hart gegen jede Korruption vorgingen. Durch sein konsequentes Verhalten wurde Martin Bormann bei korrupten Parteigenossen und vielen anderen immer mehr zum umbequemen und lästigen Mahner.

Ich bin heute der Ansicht, daß kein anderer aus der Umgebung Hitlers imstande gewesen wäre, dieses schwierige Amt durchzuführen. Hitler konnte sich schon aus Zeitmangel nicht selbst mit all den Dingen befassen, die täglich anfielen. Vielleicht, das darf nicht unterschätzt werden, vermied es Hitler auch, sich mit diesen Sachen zu befassen, um sich ›nicht selbst‹ unbeliebt zu machen! So blieb natürlich alles unangenehme an Martin Bormann hängen, und er war immer der Sündenbock. Minister und Gauleiter und viele andere waren der Meinung, Bormann handle aus eigenem Machtstreben. Ich erinnere mich z. B., daß Hitler im Führerhauptquartier Wolfsschanze öfters zu Bormann gesagt hatte: »Bormann, tun Sie mir einen Gefallen und halten Sie mir die Gauleiter vom Leibe.« Bormann tat dies und schirmte Hitler ab. Die Gauleiter waren in der Regel alte Kämpfer, sie kannten Hitler länger als Bormann und fühlten sich über diesen erhaben. Wenn aber Hitler einer der Gauleiter zufällig über den Weg lief, sagte er scheinheilig: »Ach, ... Sie sind hier.« Wenn sich der Gauleiter dann über Bormann beschwerte, spielte Hitler den Überraschten.

»Ich weiß, daß Bormann brutal ist«, sagte Hitler einmal, »aber was er anfaßt, hat Hand und Fuß, und ich kann mich unbedingt und absolut darauf verlassen, daß meine Befehle sofort und über alle Hindernisse hinweg durch Bormann zur Ausführung kommen.« Für Hitler war Martin Bormann ein besserer und angenehmerer Mitarbeiter, als es vorher Rudolf Heß[67] gewesen

Emilie Christine Schroeder, geb. am 19. März 1908 in Hannoversch Münden, war von 1933 bis 1945 Sekretärin Hitlers.
Die 20jährige Stenotypistin, deren Eltern verstorben waren, hielt nichts in ihrer Geburtsstadt.

Vom Oktober 1929 an arbeitete Frau Schroeder bis zum 20. Februar 1930 bei einem Rechtsanwalt in Nagold und ging dann nach München, wo sie eine Stellung suchte.

Im Mai 1930 bewarb sich die 22jährige Christa Schroeder bei der Obersten SA-Führung in München als Stenotypistin und bekam unter 87 Bewerberinnen eine Stellung bei der OSAF. Hitler hatte am 1. 11. 1926 den ehemaligen Offizier und Freikorpskämpfer Franz Felix Pfeffer v. Salomon mit der Führung der SA als Oberster SA-Führer (OSAF) beauftragt.

Das Bild zeigt Pfeffer, Heß, Hitler und Rosenberg auf dem Parteitag der NSDAP am 19. 8. 1927 in Nürnberg. Als Pfeffer die SA mit ehemaligen Offizieren immer mehr zu einer selbständigen Organisation in der Partei ausbaute, entließ ihn Hitler am 1. 9. 1930 und übernahm selbst die Führung der SA.

Am 5. 7. 1930 kaufte Hitler das ehemalige Barlow-Palais an der Briennerstraße 45, das zum ›Braunen Haus‹ der NSDAP-Zentrale ausgebaut wurde (Bild oben).

Hitler 1931 in seinem Arbeitszimmer an der Vorderfront des ›Braunen Hauses‹ im 1. Stock (Bild links).

Christa Schroeder mit einer Kollegin während ihres Urlaubs am 19. 10. 1932 auf dem Markusplatz in Venedig.

Hitler mit Magda und Josef Goebbels sowie einer Förderin Hitlers, Frau Viktoria von Dirksen, 1934 im Garten der Reichskanzlei.

Angela Raubal, die Nichte Hitlers, mit einer Hitler-Förderin, Helene Bechstein, 1930 als Gäste der Wagner-Festspiele in Bayreuth.

Hitlers Halbschwester, Angela Raubal, überreicht Hitler vor dem Haus Wachenfeld am Obersalzberg 1935 ein Telegramm.

war, von dem Hitler einmal sagte: »Ich hoffe nur, daß er niemals mein Nachfolger wird, ich wüßte nicht, wer mir mehr leid täte, Heß oder die Partei.«
Rudolf Heß wurde in Alexandrien als Sohn eines Großkaufmanns geboren. Die Familie war väterlicherseits fränkischer und mütterlicherseits schweizerischer Abstammung. Bis zum 14. Lebensjahr wurde Heß in Alexandrien erzogen und besuchte dann ein Pädagogium in Godesberg am Rhein. Er machte dort das einjährige Examen. Anschließend absolvierte er eine kaufmännische Lehre, die ihn zuerst in die französische Schweiz und dann nach Hamburg führte.
Beim Ausbruch des Ersten Weltkrieges meldete sich Heß freiwillig zum Militärdienst und war zum Schluß als Leutnant bei der Jagdstaffel 35 im Westen. Nach der Revolution wurde Heß in München Mitglied der Thule-Gesellschaft[68] und nahm an der Befreiung Münchens von der Räteherrschaft teil, wobei er einen Beinschuß erhielt. Dann wurde er Kaufmann und studierte Volkswirtschaft und Geschichte. 1921 kam er durch Zufall in einen Sprechabend der NSDAP und trat spontan der Partei als SA-Mann bei. Im November 1923 führte Heß die Studentengruppe der SA und in der Nacht auf den 9. November 1923 befand er sich an Hitlers Seite. Er war an der Festnahme der Minister im Saal des Bürgerbräukellers beteiligt. Nach dem mißglückten Putsch führte er ein halbes Jahr lang ein abenteuerliches Leben in den bayerischen Bergen. Zwei Tage vor der Aufhebung des bayerischen Volksgerichtes stellte er sich der Polizei, wurde sofort abgeurteilt und kam auf die Festung Landsberg, wo er mit Hitler bis Silvester 1924 blieb. Später wurde er Assistent an der Deutschen Akademie bei dem Professor für Geopolitik Haushofer[69] an der Universität München. Ab 1925 war er dann als Sekretär Hitlers tätig.
Martin Bormann war über den Flug von Rudolf Heß 1941 nach England sicher nicht traurig. Ich erinnere mich, daß er am Abend des 10. Mai 1941 einige ihm sympathische Gäste des Berghofes, nachdem sich Hitler und Eva Braun in das obere Stockwerk zurückgezogen hatten, in sein Landhaus zu einem gemütlichen Beisammensein einlud. An diesem Abend wirkte er auf alle auffallend gelöst!

Die Wirtschaftspolitische Abteilung der NSDAP in München blieb bestehen, wechselte aber nach dem Weggang von Dr. Wagener häufig den Leiter. Kurze Zeit war es Walter Funk[70] der spätere Reichswirtschaftsminister, zum Schluß meiner Tätigkeit in München, Bernhard Köhler,[71] bekannt durch seine These: »Arbeit und Brot«, mir persönlich in Erinnerung geblieben durch ein an mich gerichtetes Wort: »Wer sich verteidigt, klagt sich an!« Mit diesem Wort hielt er mich davon ab, ein Reichs-USCHLA-Verfahren[72] gegen mich selbst einzuleiten, das Licht in eine Verleumdungsgeschichte bringen sollte, die über mich in Umlauf gesetzt worden war und die mir das Leben in München zur Hölle werden ließ. Das ganze beruhte auf einem Hörfehler!

Der Telefonist im Braunen Haus hatte den Namen meines Bekannten, der mich zu sprechen wünschte, mißverstanden. Statt Vierthaler, ein rein bayuwarischer Name, hatte er Fürtheimer verstanden. Kurz vorher, im Oktober 1932, hatte ich in Begleitung einer älteren Kollegin eine Busfahrt durch die Dolomiten nach Venedig gemacht. Der Veranstalter dieser Fahrt, ein Herr Kroiss mit Frau aus Rosenheim, der den Bus selbst steuerte, hatte anscheinend Gefallen an mir gefunden. Sobald wir irgendwo Station machten, baten mich Herr Kroiss und seine Frau an ihren Tisch, allerdings ohne meine Kollegin. Herr Kroiss, der diese Route schon sehr oft gefahren war, wurde unterwegs zweimal von drei Herren, die einen großen Mercedes fuhren, um Rat nach dem besten Weg, Übernachtungsmöglichkeiten usw. gefragt. Und wie es das Schicksal so wollte, ergab es sich, daß diese drei Herren mit uns in Venedig im gleichen Hotel abstiegen und sich auch zu uns an den Tisch setzten. Einer der Herren lud mich Nachmittag zu einer Gondelfahrt ein, der ich freudig zustimmte, nicht ahnend, was aus den neidischen Gefühlen der sich vernachlässigt fühlenden Kollegin und dem Hörfehler des Telefonisten im Braunen Haus entstehen sollte. Wieder zurück in München, überraschte mich eine Freundin, sie war die Nichte des Reichsschatzmeisters Xaver Schwarz,[73] mit der Frage: »Christa hast Du denn wirklich ein Verhältnis mit einem Juden?« Auf meine Frage, wer so etwas behaupte, antwortete sie: »Ein SS-Führer!« Ich bat sie, den SS-Führer doch

kommen zu lassen, damit ich die Sache aufklären könne. Ein paar Tage später erschien der SS-Führer, seinen Namen habe ich vergessen, und sagte: »Wollen Sie vielleicht leugnen, daß Sie ein Verhältnis mit dem Juden Fürtheimer haben und mit ihm in Italien waren?«
Meine Beteuerungen und Erklärungen des Sachverhalts nutzten nichts. Auch nicht, daß ich eine Eidesstattliche Versicherung meines Bekannten Vierthaler vorlegte, in der er seine rein arische Abstammung nachwies, brachte mich nicht weiter. Auch die Bestätigung von Herrn Kroiss, daß er seine Fahrten so organisiert habe, daß niemand sich absentieren könne, halfen nicht die Beschuldigungen auszuräumen.
Bernhard Köhler, mein damaliger Chef in der Wirtschaftspolitischen Abteilung, dem ich die Eidesstaatlichen Erklärungen vorlegte, meinte »Wer sich verteidigt, klagt sich an!« Diese Einstellung begriff ich nicht, wohl aber, daß er kein USCHLA-Verfahren gegen mich wünschte. Trotz dieses Vertrauensbeweis meines Chefs, schwelte das Mißtrauen der alten Pg's weiter, und ich litt sehr darunter.
Als mich in jener Zeit eines Abends ein Verehrer in meiner Pension abgeholt hatte, sagte am anderen Tage der Sohn meiner Wirtin zu mir: »Fräulein Schroeder, seien Sie vorsichtig!« Weiter sagte er nichts. Offensichtlich hatte die SS dem Pensionsinhaber zur Auflage gemacht, meine Bekannten unter die Lupe zu nehmen. Man vermutete anscheinend in dem dunkeläugigen schwarzhaarigen Staatsanwalt, der mich zu einem Vortrag abgeholt hatte, einen Juden. Vielleicht war er sogar Jude, ich weiß es nicht. Ich hatte ihn auch nicht gefragt.
Um jeglichen Verdächtigungen aus dem Wege zu gehen, nahm ich mir vor, künftig alle Einladungen zu meiden. Statt dessen belegte ich in der Berlitz-Scoole und in der Volkshochschule alle möglichen Kurse.
Waren die eingefleischten Bayern anfangs der dreißiger Jahre sowieso schon von dem sprichwörtlichen Haß auf die Preußen erfüllt (Preußen waren alle Menschen, die hochdeutsch sprachen), so mieden sie mich noch dazu mit einem beleidigenden Mißtrauen, das mir die Luft zum Atmen nahm. Aber gerade dieser Haß auf die Preußen lenkte mein Leben in eine Richtung,

die es sonst sicher nicht genommen hätte. Als nach der Machtergreifung Hitlers, der für Personalien zuständige Reichsschatzmeister Schwarz Stenotypistinnen des Braunen Hauses aufforderte, sich für eine Versetzung nach Berlin in den Verbindungsstab[74] zu melden, hielten sich die Münchnerinnen zurück. Sie wollten nicht nach Berlin. Um so größer war meine Bereitschaft. Ich ließ dies den Reichsschatzmeister wissen. Schon am Tage darauf teilte er mir meine sofortige Versetzung nach Berlin in den »Verbindungsstab der NSDAP« mit. So kam ich im März 1933 nach Berlin.

Das Palais, in dem der Verbindungsstab der NSDAP in Berlin untergebracht war, befand sich in der Wilhelmstraße 64, schräg gegenüber der Reichskanzlei.[75] Er stand unter der Leitung von Rudolf Heß und hatte die Aufgabe, den Kontakt zwischen den Parteidienststellen und den Ministern herzustellen. Bei meiner Ankunft unterrichtete mich der elegante und lebenslustige Konsul Reiner,[76] der früher Adjutant von Röhm in Bolivien gewesen war, daß sich meine Tätigkeit zwar überwiegend im Verbindungsstab abspielen würde, daß ich aber auch von Fall zu Fall dem Chefadjutanten Hitlers, dem SA-Gruppenführer Wilhelm Brückner[77], in der Reichskanzlei zur Verfügung stehen müsse. Hitler hatte 1933 in der Reichskanzlei nur ein Arbeitszimmer und ein Zimmer für seine Adjutanten zur Verfügung. Es war also dort kein Platz für eine Schreibkraft vorhanden.

War es die sprichwörtlich gute Berliner Luft, oder war es die gute Kameradschaft mit den aufgeschlosseneren Berliner Kollegen und Kolleginnen, ich fühlte mich von dem Druck des Mißtrauens, der in München auf mir gelastet hatte, befreit. Obgleich: die Auswirkung der Verleumdungsaffäre vermochte ich nie mehr von mir abzuschütteln. Die Erfahrung, wie bereitwillig Denunzianten geglaubt wurde und wie leicht man dadurch unschuldig zwischen Mühlsteine kommen konnte, hatte sich tief in mir eingegraben. Ich sah nach diesen trüben Erfahrungen wohl nun auch alles mit etwas kritischeren Augen und war fortan mit Mißtrauen erfüllt.

Die Arbeit im Verbindungsstab war zum großen Teil mehr als stupide. Fast alle eingehenden Schreiben wurden ›zuständigkeitshalber‹ an die entsprechenden SA-Dienststellen weiterge-

leitet. Da war die Arbeit für Hitlers Chefadjutanten Wilhelm Brückner bei weitem interessanter. In Abständen von höchstens zwei Tagen bestellte er mich telefonisch in die Reichskanzlei, wo er mir das diktierte, was inzwischen angefallen war. Ich tippte die Briefe dann im Verbindungsstab, brachte sie in Postmappen zurück und legte sie Brückner zur Unterschrift vor.
Wilhelm Brückner war gebürtig aus Baden-Baden, sein Vater stammte aus Schlesien, die Mutter aus thüringischem Adel. Er war ein ›normannischer Kleiderschrank‹. Von Beruf war er Ingenieur, später studierte er Volkswirtschaft. Im Ersten Weltkrieg avancierte er zum Oberleutnant. Er blieb bis 1919 bei der Reichswehr und trat dann in das Freikorps Epp ein und war an der Niederschlagung der Räterepublik in München beteiligt. Anschließend studierte Brückner wieder und war drei Jahre lang als Ingenieur beim Film auf dem Gebiet der Aufnahmetechnik tätig. 1922 kam er zur NSDAP und führte 1923 das SA-Regiment München. Dafür wurde er 4½ Monate und Ende 1924 wegen Teilnahme am Frontbann nochmals 2 Monate inhaftiert. Im Verein Deutscher im Ausland war er dann als 3. Generalsekretär in München tätig. Ende 1930 kam Brückner als SA-Adjutant zu Hitler, seine Tätigkeit bestand jedoch mehr in der eines persönlichen Adjutanten (Chefadjutant) und ständigen Begleiters Hitlers.
Brückner war nicht nur einer der bestaussehendsten Männer in Hitlers Umgebung, sehr groß, blond und blauäugig, sondern auch von gewinnendem Wesen. Er war immer liebenswürdig und gewandt, selbst wenn er schimpfte, konnte man ihm nicht böse sein. Einmal kam z. B. ein Brief von einem Schüler, in dem stand: »Solange er – Brückner – neben Hitler stehe, brauche man sich um Hitlers Sicherheit keine Sorgen zu machen.«
Nach der Machtübernahme 1933 kam zu den bisher ausgeübten Pflichten als Chefadjutant Hitlers, noch eine ganze Anzahl neuer Aufgaben hinzu. Eine ganz besonders wichtige Tätigkeit Brückners war es, all jene Menschen zu empfangen, die Bitten, Beschwerden, Anregungen und Vorschläge etc. persönlich an Hitler herantragen wollten. Sie kamen in die Reichskanzlei in der Hoffnung, Adolf Hitler persönlich sprechen zu können. Brückner hatte für alle ein offenes Ohr und half, soweit möglich,

auch in finanzieller Hinsicht, sofort und in unbürokratischer Weise. Brückner notierte sich die vorgetragenen Bitten, Beschwerden etc. auf kleinen weißen Karten in Postkartenformat und steckte diese immer in den Ärmelaufschlag seiner SA-Uniform.

Brückner geriet im Laufe der Jahre bei Hitler immer mehr in Ungnade. Nach seinem Autounfall im Sommer 1933 bei Reit im Winkl, wo er neben diversen Knochenbrüchen auch ein Auge verlor, fiel er längere Zeit aus. Seine, bei ihm im Auto sitzende Freundin Sophie Stork,[78] trug auch erhebliche Verletzungen davon. Sophie Stork war häufig zu Gast am Obersalzberg. Sie war die Tochter des Besitzers eines bekannten Sportgeschäftes in München und künstlerisch sehr begabt. Sie bemalte z. B. für Eva Braun ein Kaffeeservice, für die Anrichte im Speisezimmer des umgebauten Berghofs Kacheln mit lebensnahen Motiven der Bewohner, und sie gestaltete ebenso den großen gemütlichen Kachelofen im Wohnzimmer.

Hitler nahm es Brückner – vor allem nach dem Unfall – übel, daß er Sophie Stork nicht geheiratet hatte und entschädigte sie von sich aus sehr großzügig. Brückner, der gut aussah und immer ein Optimist war, liebte fröhliche, unbeschwerte Menschen und sah gern schöne Frauen. Sophie Stork war sehr eifersüchtig und zeigte dies auch offen, was Brückner offensichtlich unangenehm war. Als er sich dann in ein junges Mädchen verliebte, das ausgerechnet die Tochter jener Frau war, die mit ein Scheidungsgrund von Magda Quandt[79] wurde, als diese noch nicht Goebbels Frau war, vertiefte sich Hitlers Groll auf Brückner.

Als Brückner seine Gisela einmal abends auf den Berghof brachte, um sie Hitler vorzustellen, begrüßte er sie nur kurz. Man begab sich in den Speisesaal zum Essen. Anschließend, an der Tür des Speisesaals, blieb Hitler stehen und sagte zu Brückner: »Sie wollen ja sicher Fräulein Gisela wieder runter nach Berchtesgaden begleiten«, was sozusagen einem Rausschmiß gleichkam.

Mehr als ein Jahrzehnt hatte Brückner Tag und Nacht, auch in schweren Zeiten, an Hitlers Seite gestanden und ihm treu gedient. Es traf ihn deshalb sehr hart, als Hitler ihn im Oktober

1940, hervorgerufen durch eine Intrige Kannenbergs,[80] sang- und klanglos entließ. Im besetzten Frankreich übernahm er anschließend den Posten eines Stadtkommandanten.
Nach dem Krieg war Brückner lange Zeit interniert und lebte einige Jahre nach seiner Freilassung in Traunstein, wo ihm sein Feldwebel aus dem Ersten Weltkrieg zwei kleine Zimmer überlassen hatte. Möglicherweise hat Brückner manche Dinge im Leben zu leicht genommen, aber »er war ein Herr« und verbreitete mit seinem Charme in Hitlers Umgebung immer eine gute Atmosphäre. Nach Brückners Entlassung 1940 wurde Schaub[81] Chefadjutant, der aber kein Ersatz für Brückner war.
Die Brückner damals in der Reichskanzlei vorgetragenen Anliegen waren für die Betreffenden und Betroffenen von größter Wichtigkeit. Es war daher immer Eile geboten. So war ich ewig auf Trab und pendelte eifrig zwischen dem Verbindungsstab der NSDAP und der Reichskanzlei hin und her. Eines Tages, als ich Brückner wieder mal die Post zum Unterschreiben vorlegte, kam gerade Hitler in das Zimmer. Er blieb stehen, sah mich fragend an und sagte: »Wir kennen uns doch?« Worauf ich entgegnete: »Ja, Herr Hitler, ich habe einmal in München für Sie geschrieben.«
Das hatte sich im Jahre 1930 an einem Sonntag ereignet. Hitler war aus dem Gebirge zurückgekommen und hatte dringend etwas zu diktieren, doch das Fräulein Frey, die damals als Schreibkraft für ihn arbeitete, war nicht erreichbar. Herr Hölsken,[82] der damals im Sekretariat von Rudolf Heß tätig war, wurde beauftragt, eine versierte Schreibkraft zu besorgen. Sich an mein ihm aufgefallenes Schreibtempo in der OSAF erinnernd, suchte mich Hölsken in meiner Wohnung auf und sagte: »Herr Hitler sei aus dem Gebirge zurückgekommen, er müsse etwas diktieren, seine Sekretärin sei aber nicht erreichbar und ich möchte mitkommen.« Im Braunen Haus wurde ich zunächst im Vorraum von Rudolf Heß in Empfang genommen und zu Hitler ins Zimmer geführt, dem ich jetzt zum ersten Mal direkt gegenüberstand. Er kam mir freundlich entgegen und sagte: »Es ist schön, daß Sie für mich schreiben wollen. Da es sich nur um einen Entwurf handelt, spielt es keine Rolle, wenn Sie sich mal vertippen.«

Die Tatsache, daß ich mir damals Hitlers Bedeutung noch nicht so richtig bewußt und Diktate in die Maschine gewohnt war, ließ mich ohne Hemmungen munter drauflosschreiben. Ich entledigte mich des Auftrags wohl zu seiner Zufriedenheit, denn er überreichte mir zum Abschied eine Bonbonniere.

Wenn ich ihn in der Folgezeit im Terrain des Braunen Hauses manchmal begegnete, grüßte er immer als Erster sehr freundlich. Er hatte ein überdurchschnittliches Gedächtnis für Gesichter und Gelegenheiten, das, nachdem er mich jetzt in Berlin wiedersah, sich so auswirkte, daß ich nun nicht mehr nur für Brückner schrieb, sondern bei Bedarf auch für Hitler persönlich.

Als ich im Dezember 1933, einen Tag vor Heiligabend, wieder einmal für Hitler geschrieben hatte, bat ich ihn anschließend um ein Foto mit Unterschrift. Ich war überrascht, als er mich fragte, wie ich heiße. Etwas schockiert sagte ich: »Schroeder!« »Na, das weiß ich«, entgegnete er, »ich meine den Vornamen.« Als ich verlegen antwortete einen häßlichen Namen zu haben, nämlich Emilie (Christine als Zweitnamen) widersprach er: »sagen Sie nicht, daß das ein häßlicher Name ist, das ist ein sehr schöner Name, so hieß meine erste Geliebte.«

Diese Begebenheit hatte ich einmal naiverweise Henriette von Schirach[83] erzählt, nicht ahnend, daß sie diese ungefragt in ihren ›Anekdoten‹[84] bringen würde. Die an sich nette Geschichte hat sie jedoch völlig entstellt wiedergegeben. Ich führe dies hier nicht wegen der Richtigstellung an, sondern deshalb, weil aus Hitlers Antwort für mich eindeutig hervorging, daß er als junger Mann ein normales Liebesleben geführt hatte.

Dem Reichskanzler Adolf Hitler standen von Amtswegen zwei Beamtinnen der Reichskanzlei als Sekretärinnen zur Verfügung. Es waren dies damals die Damen Bügge und Frobenius. Vielleicht störte Hitler die Tatsache, daß diese Sekretärinnen bereits bei mehreren seiner Vorgänger gearbeitet hatten und beamtet gewesen waren. Jedenfalls nahm er ihre Dienste nie in Anspruch.

Im Jahre 1930 hatte Hitler im Braunen Haus als seine Sekretärin Fräulein Herta Frey (später verheiratete Oldenburg) aus der Kanzlei Heß beschäftigt. Ab 1931 oder 1932 Johanna Wolf,[85] die im Gau Niederbayern der NSDAP tätig gewesen war und 1923 ein Jahr lang für Dietrich Eckart[86] gearbeitet hatte. Seine zwei Privatsekretärinnen, Fräulein Wolf und Fräulein Wittmann, die er 1933 beschäftigte, hatten keinen Arbeitsplatz in der Reichskanzlei. Die beiden Damen arbeiteten abwechselnd vier Wochen in München in der Kanzlei von Rudolf Heß und vier Wochen in der Privatkanzlei Hitlers[87] in Berlin, die von Albert Bormann[88] geleitet wurde und sich außerhalb der Reichskanzlei befand.

Albert Bormann war von seinem Bruder Martin 1931 in die Hilfskasse der SA geholt worden, von wo aus er nach kurzer Zeit von Rudolf Heß in die Privatkanzlei Hitlers übernommen wurde. 1933 übernahm Albert Bormann dann die Leitung der Privatkanzlei Hitlers. Als Albert Bormann 1933 eine Frau geheiratet hatte, die seinem Bruder Martin nicht genehm war (unnordisch) verfeindeten sich die beiden Brüder tödlich. Die Brüder Bormann konnten dicht nebeneinander stehen, ohne daß der eine von dem anderen Notiz nahm. Gab Hitler z. B. einem Bormann einen Auftrag zur Weiterleitung an den anderen, holte sich dieser eine Ordonnanz zur Weiterleitung des Auftrages an den Bruder im gleichen Zimmer. Erzählte einer der Brüder eine spaßige Geschichte, lachten alle Anwesenden, nur der eigene Bruder blieb todernst. Als Albert Bormann sich nach einigen Jahren scheiden ließ und die Cousine seiner ersten Frau heiratete, wollte er dies seinem Bruder sagen. Dieser empfing ihn jedoch nicht und ließ ihm ausrichten: »Von mir aus kann er seine eigene Großmutter heiraten!«

Da ich im Gegensatz zu Johanna Wolf ständig in Berlin war und in kürzester Zeit zur Verfügung stehen konnte – ich brauchte nur die Wilhelmstraße schräg zu überqueren – ergab es sich, daß ich öfters zu Hitler in die Reichskanzlei befohlen wurde als Johanna Wolf.

Bevor Hitler als Reichskanzler seine Wohnung im Radziwill-Palais beziehen konnte, mußte das alte Gemäuer gründlich renoviert werden.[89] Ganz besonders notwendig war dies bei dem historischen Kongreßsaal, in dem Bismarck im Jahre 1878 den berühmt gewordenen Berliner Kongreß abgehalten hatte. In diesem Saal wurde auch Hitler von Hindenburg

empfangen und zum Reichskanzler ernannt. »Der alte Herr«, so äußerte sich Hitler, wenn er von Hindenburg erzählte, hatte damals gesagt: »Gehen Sie möglichst an den Wänden entlang, Herr Hitler, der Boden hält nicht mehr lange.«
So hatte Hitler nach seiner Ernennung zum Reichskanzler gleich die Renovierung des alten Palais in Auftrag gegeben. Bis zur Fertigstellung überließ ihm der damalige Staatssekretär Dr. Lammers[90] seine unter dem Dach der alten Reichskanzlei gelegene Dienstwohnung an der Ecke Wilhelm- und Voßstraße. Ich pendelte so eine ganze Zeit zwischen dem Verbindungsstab und der Reichskanzlei hin und her.
Nach der Renovierung des Radziwill-Palais kam die ›Persönliche Adjutantur des Führers und Reichskanzlers‹ in die ab Januar 1934 Hitler nun zusätzlich zur Verfügung stehenden Räume. Die Adjutantur war in einem großen Raum neben dem sogenannten »Bismarckzimmer« untergebracht, in das ich als Brückners Sekretärin einzog. Die meiste Zeit saß ich allein in dem großen Raum mit Blick auf den alten Park.
Die Persönliche Adjutantur des Führers wurde damals erst aufgebaut. Im Zimmer der Adjutantur stand auch der Schreibtisch von Julius Schaub.[91] Er war das Faktotum von Hitler und begleitete ihn seit 1925 wie ein Schatten. Er war ein typischer Bayer und dürfte der einzige Mensch gewesen sein, der über alle intimen und persönlichen Angelegenheiten Hitlers informiert gewesen war.
Schaub machte keine besonders gute Figur. Er hatte etwas vorquellende Augen, und da ihm im Ersten Weltkrieg einige Zehen erfroren waren, hatte er zuweilen einen etwas humpelnden Gang. Diese Behinderung war vielleicht die Ursache dafür, daß er fast dauernd »grantelte.« Immer mißtrauisch, zudem sehr neugierig und darauf aus, alles, was ihm nicht genehm war, zu boykottieren, hielt sich seine Beliebtheit in Hitlers Umgebung sehr in Grenzen.
Schaub besuchte die Drogistenschule und arbeitete nach dem Ersten Weltkrieg im Hauptversorgungsamt in München. Er stieß früh zur NSDAP und fiel Hitler auf, als er bei den Veranstaltungen der NSDAP mithumpelte. Er beteiligte sich am Putsch 1923 und wurde wegen dieser Beteiligung auch zur

Festungshaft verurteilt. Er kam mit Hitler in die Festung Landsberg am Lech. Nach seiner gnadenweisen Entlassung aus der Festungshaft wurde er im Januar 1925 der persönliche und ständige Begleiter Hitlers. Er war Hitler so treu ergeben, daß er ihm zuliebe sogar das Rauchen aufgab, während er das Trinken beibehielt. Hitler wußte, daß Schaub gern trank, aber er resignierte schließlich. Wenn man ihm erzählte, daß Schaub sich wieder einmal bei einem Empfang unmöglich benommen hatte, machte Hitler eine verzweifelte Armbewegung und seufzte: »Ja, ich weiß, es ist traurig. Aber was wollt ihr denn, ich habe keinen anderen Adjutanten.«

Als Hitler nach der Machtübernahme einen qualifizierten Kammerdiener benötigte, blieb es Schaub vorbehalten, weiterhin alle vertraulichen Dinge für Hitler zu erledigen. So hielt er z. B. alle Geheimakten Hitlers im Panzerschrank[92] unter Verschluß und führte Listen über die Geburtstage sowie die Geschenklisten.[93] Da Hitler selbst nie einen Bleistift o. ä. bei sich trug, hieß es in den ersten Jahren nach der Machtübernahme immer: »Schaub, schreiben Sie!« D. h. bevor Martin Bormann in die nähere Umgebung Hitlers aufrückte, war Schaub Hitlers Notizbuch gewesen.

Schaub mußte auch einen Teil von Hitlers Geldgeschäften erledigen (Rechnungen bezahlen usw.). Er hatte immer genügend Bargeld für Hitler parat, da dieser selbst nie Geld bei sich trug. Ein junges hübsches Mädchen hatte z. B. einmal Hitler persönlich einen Brief ins Braune Haus gebracht, indem sie ihre Not schilderte. Ich glaube dies war im Dezember 1936. Ihr Bräutigam, ein Österreicher, hatte viel für die Bewegung getan und hätte fliehen müssen, weil er sonst verhaftet worden wäre. Sie bat Hitler, ihrem Verlobten eine Arbeit zu vermitteln, da sie selbst sehr wenig verdiente und sie gerne heiraten wollten. Hitler ließ diesen Fall überprüfen und, nachdem die Angaben stimmten, dem Mann eine Stellung besorgen. Schaub mußte für das mittellose Paar, natürlich ohne deren Wissen, eine 2-Zimmerwohnung mieten und vollkommen einrichten lassen (mit Möbeln, Wäsche, Gardinen, Teppichen usw). Dann wurde in die Wohnung ein geschmückter Weihnachtsbaum hineingestellt, die Kerzen angezündet und Schaub mußte die jungen Leute im

Wagen in die Wohnung holen. Das die beiden Menschen überglücklich waren, ist verständlich.

Weiterhin oblag es Schaub, bei Programmwechsel die Varietes und Theater zu besuchen, um Hitler zu berichten, ob sich ein Besuch lohnen würde. Voller Stolz erzählte Schaub immer, daß seine Mutter Tänzerin gewesen sei und 1908 bei dem Erdbeben in Messina ums Leben gekommen wäre. Daher kam wohl auch seine Vorliebe speziell für Tänzerinnen und Artistinnen. Wenn er damit beschäftigt war, telefonisch Schauspielerinnen und Tänzerinnen für den Abend zu einer Plauderstunde in die Führerwohnung zu bitten,[94] konnte er sogar eine umwerfende Liebenswürdigkeit entwickeln. Der Cronique-Scandaleuse gegenüber war er sehr aufgeschlossen, konnte er doch damit immer einen Pluspunkt bei Hitler erreichen.

Nach der Entlassung von Wilhelm Brückner durch Hitler 1940 genoß Schaub den Titel ›Persönlicher Adjutant‹ im Range eines SS-Gruppenführers und ab 1943 eines SS-Obergruppenführers. Diese Position brachte ihn aber auch oft in Situationen, denen er nicht ganz gewachsen war. Das tat jedoch Hitlers Zuneigung für ihn keinen Abbruch. Im April 1945 wurde er von Hitler noch mit der Vernichtung aller persönlichen Dinge, die im Berghof an eine Frau erinnern hätten können, sowie aller Akten in Hitlers Münchner Wohnung und am Berghof beauftragt, was er auch durchführte.

Aus dem Begleitkommando,[95] das in der Führerwohnung stationiert war, wurde ein kaufmännisch geschulter, älterer SS-Führer[96] zum Dienst in die Persönliche Adjutantur ausgewählt, dem ich auch den großen Telefontisch anvertraute. Der SS-Führer verfügte über entsprechende Büroerfahrung, war gewandt und anstellig und wurde alsbald auch für Brückner und Schaub unentbehrlich, so daß er mit der Zeit ein wichtiger und zuverlässiger Mitarbeiter in der Adjutantur wurde. Dies war auch notwendig, da weder Brückner noch Schaub einen geordneten Bürobetrieb kannten. Da die beiden auch anderweitig ausgelastet waren, ließen sie ihm und mir freie Hand und so spielte sich damals der Bürobetrieb in der Persönlichen Adjutantur flexibel und ziemlich unbürokratisch ab. Dies änderte sich erst, mit der Ernennung von Hauptmann Wiedemann[97] zum Adjutanten Hitlers.

Als Regiments-Adjutant des 16. bayer. Res. Inf. Rgts., des Rgts. List, in dem Hitler als Meldegänger gedient hatte, war Wiedemann Hitlers unmittelbarer Vorgesetzter gewesen. 1919 aus der Reichswehr entlassen, studierte Wiedemann in München Volkswirtschaft. In den 20er Jahren traf er bei einer Zusammenkunft ehemaliger Angehöriger des 16. Inf. Rgt. Hitler wieder. Dieser machte ihm das Angebot, die Führung der SA zu übernehmen. Wiedemann lehnte ab. Als er aber im Dezember 1933 wieder zufällig mit Hitler zusammentraf und diesem auf dessen Frage nach seinem Ergehen wahrheitsgemäß antwortete: »Schlecht«, fragte ihn Hitler, ob er nicht als sein Adjutant zu ihm kommen wolle. Wiedemann, der durch Beteiligung an einer Molkerei finanziell in Schwierigkeiten geraten war, sagte diesmal spontan zu.

Nach einer elfmonatigen Einarbeitung im Stabe des Stellvertreters des Führers im Braunen Haus in München, trat Wiedemann am 1. Januar 1935 seinen Posten als Adjutant bei Hitler in der Reichskanzlei in Berlin an. Ihm oblagen hier die gleichen Aufgaben wie Brückner. Da Brückner kein Büromensch und etwas phlegmatisch war, lag der ganze Schriftverkehr und die Aktenführung der Adjutantur sehr im argen. Wiedemann begann neben seiner Adjutantenarbeit vor allem den Bürobetrieb und Büroablauf in der Persönlichen Adjutantur zu organisieren und personell auszubauen.

Wiedemann machte mehrere Reisen. Er flog einige Male nach Amerika und häufig nach England. Die dort erlebten Eindrücke sowie geführten Gespräche und Erfahrungen bewirkten wohl, daß er Hitler gegenüber immer kritischer wurde. Im Gegensatz zu der positiven Charakterisierung Brückners, den Hitler immer seinen »Ultra-Optimisten« nannte, erfand Hitler später für seinen Adjutanten Wiedemann die Bezeichnung »Ultra-Pessimist«.

Im Januar 1939 sagte ihm Hitler dann auch, »daß er Menschen, die mit seiner Politik nicht einverstanden wären, in seiner nächsten Umgebung nicht gebrauchen könne«. Aus diesem Grund ernannte er Wiedemann zum Generalkonsul in San Francisco.[98] Nach der Kriegserklärung Hitlers an die USA kam Wiedemann nach Deutschland zurück um jedoch bereits nach

kurzer Zeit als Generalkonsul nach Tientsin (China) geschickt zu werden. Aus China holten ihn die Amerikaner 1945 als Zeugen nach Nürnberg zurück.
Wie schon erwähnt, war für Hitler nach der Machtübernahme ein fachlich ausgebildeter Kammerdiener notwendig geworden, den er zunächst in Karl Krause[99] fand. Dieser wurde nach einigen Jahren (1939) durch Hans Junge[100] und Heinz Linge[101] abgelöst, denen noch Ordonnanzen beigeordnet waren.
Hitlers Diener und Ordonnanzen kamen aus der SS-Leibstandarte Adolf Hitler,[102] wo sie von Sepp Dietrich,[103] dem Kommandeur der LAH[104] für den Dienst bei Hitler ausgewählt worden waren. Sie mußten gut aussehen, möglichst groß, blond und blauäugig sowie gewandt und intelligent sein. Aus diesen von Sepp Dietrich Hitler dann vorgestellten SS-Männern suchte sich Hitler persönlich diejenigen heraus, die ihm am sympathischsten waren. Darauf kamen die Betreffenden für ein paar Monate auf die Dienerschule nach München-Pasing,[105] wo sie zu perfekten Kammerdienern ausgebildet wurden.
Die Aufgaben der Diener bestanden darin, sich um die persönlichen Dinge Hitlers zu kümmern. Morgens wurde Hitler zur vereinbarten Zeit durch ein Klopfzeichen an seiner Schlafzimmertür geweckt. Der Diener legte Zeitungen und Nachrichten vor die Tür nieder und zog sich wieder zurück. Während Hitler die Lektüre studierte, richtete der Diener das Bad und legte die entsprechenden Kleidungsstücke für den Tag zurecht. Beim Ankleiden selbst ließ sich Hitler von dem Diener nie helfen.
Dem Diener oblag es u. a. auch, Hitler zu melden, wenn alle Gäste versammelt waren, die am Essen teilnehmen sollten. Auf dem Berghof hieß es dann z. B. immer: »Mein Führer, es ist angerichtet, Sie führen Frau sowieso...« Während des Krieges luden die Diener im Führerhauptquartier telefonisch die Teilnehmer zum nächtlichen Tee Hitlers nach den Lagebesprechungen ein. Außerdem hatten die Diener für alle Personen, die zu Hitler bestellt wurden, eine sehr wichtige Funktion: Man erkundigte sich bei ihnen über die Stimmung Hitlers!
Von meinem Arbeitsplatz in der Adjutantur sah ich auf die schönen alten Bäume im Park der Reichskanzlei, unter denen Bismarck schon entlang gegangen ist. Auf der anderen Zimmer-

seite waren die hohen Flügeltüren, die zu dem Zimmer Hitlers und dann weiter zu dem durch ihn berühmt gewordenen Kongreßsaal führten.
Aus der hohen Flügeltür hinter meinem Rücken trat jeden Morgen gegen 10 Uhr Hitler von seiner im Radziwill-Palais gelegenen Wohnung kommend. Er ging durch unser Zimmer hindurch, um sich in sein Arbeitszimmer in der Reichskanzlei zu begeben. Dort fanden nach einem von Staatssekretär Dr. Lammers am Vortage aufgestellten Arbeitsplan, Besprechungen auf höchster Ebene statt.
Beim Kommen, d. h. auf dem Wege zu den Besprechungen, hatte es Hitler immer sehr eilig, auf dem Rückweg dagegen ließ er sich Zeit. Er blieb meist vor dem großen Tisch stehen und betrachtete die dort für ihn ausgebreiteten Gegenstände, wie neu eingetroffene Ehrenbürgerurkunden, Geschenke von Anhängern und Verehrerinnen, z. B. Bilder, Bücher, Handarbeiten, Kunstgegenstände u. a. m.. Manchmal erteilte er eine kurze Anweisung oder gab Unterschriften in eiligen Angelegenheiten.
In dieser Zeit sah ich Hitler täglich, ausgenommen die Wochenenden, die er damals noch regelmäßig in München verbrachte. Hitler sagte dabei immer ein paar freundliche Worte zu mir, die aber meist nicht über das stereotype: »Wie geht es Ihnen?« hinausgingen.
Die jeweils am Nachmittag angesetzten Besprechungen hielt Hitler, da er weder ein Büro- noch Schreibtischmensch war, im Wintergarten seiner Wohnung ab. Dabei pflegte er mit seinem jeweiligen Gesprächspartner auf- und abzugehen. Bei schönem Wetter wurde der große helle Raum, dessen Glastüren dann weit offen standen, nur als Durchgang zum Park der Reichskanzlei benutzt.
Die Persönliche Adjutantur war lediglich eine Verbindungs- und Vermittlungsstelle. Mir, die ich in der Persönlichen Adjutantur saß, wurde es z. B. nur in den seltensten Fällen bekannt, mit wem Hitler gerade eine Besprechung hatte, so daß es unmöglich war, darin einen Einblick zu erlangen. Alle Schriftsachen von Bedeutung verwahrte Hitler persönlich in seinem Privatzimmer, manches hatte Schaub im Panzerschrank in

Verwahrung. Zu Hitlers Arbeitszimmer hatten wir Sekretärinnen nur immer beim Diktat Zugang.

Alle politischen-, d. h. innen- und außenpolitischen Anordnungen sowie Befehle erteilte Hitler den Reichsleitern, dem RFSS Heinrich Himmler,[106] den Ministern, bzw. deren Vertretern als auch dem Minister des Auswärtigen Amtes selbst mündlich. Die Besprechungen waren bei Hitler an keine Zeit gebunden und dauerten oft bis in die Nacht hinein. Von seinen jeweiligen Gesprächspartnern wurden dann die empfangenen Anordnungen und Befehle durchgeführt, bzw. schriftlich festgehalten und ihm später zur Unterschrift vorgelegt.

Ich erfuhr nie etwas von eingeleiteten Maßnahmen und den laufenden Vorgängen, auf jeden Fall weniger als die Sekretärinnen der Reichsleiter, Minister usw. Wenn Hitlers ›Grundsätzlicher Befehl‹[107] strikt befolgt wurde, dann war das in der Persönlichen Adjutantur Hitlers. Es war immer nur zu erahnen, wenn sich etwas besonderes ereignet hatte oder sich ereignen sollte. Das löste oft eine beklemmende Atmosphäre aus, jedenfalls wirkte es so auf mich.

Ein Geheimniskrämer par exellence in der Adjutantur war Julius Schaub. Er war natürlich informiert über das, was gerade anstand, und genoß solche Situationen ganz offensichtlich. Hatte man durch irgendeinen Zufall von einer Sache Wind bekommen und war so unvorsichtig, auch nur den Anfang einer Frage in dieser Richtung an Schaub zu wagen, so warf dieser einem einen mißtrauischen, wenn nicht gar bösartigen Blick, aus seiner auf die Nase heruntergerutschten Brille, von der Seite her zu. In arge Bedrängnis geriet man, wenn er dann den Dingen mit, »wieso, was ist los«, auf den Grund ging. Da beschlich mich immer ein kräftiges Unbehagen und mit der Ausrede, »daß ich ja nur vermutet hätte«, versuchte ich mich schleunigst aus der Affaire zu ziehen. Ich mußte alles immer mehr ertasten und erfühlen, als daß ich etwas konkret zu wissen bekam. Selbst die Reisen wurden immer erst kurz vor deren Antritt bekanntgegeben. Solange ich noch in Wilmersdorf wohnte und bei plötzlich angesetzten Reisen erst dorthin fahren mußte, um zu packen, entstand durch die Geheimniskrämerei immer ein Wirbel, der mich ganz nervös machte.

Röhmputsch 1934

So war z. B. auch viel Geheimnistuerei Ende Juni 1934 im Spiel. Hitler war in den letzten Tagen des Juni 1934 nach Essen gefahren, um dort als Trauzeuge bei der Hochzeit von Gauleiter Terboven[108] zu fungieren.[109] Am Abend des 28. Juni 1934 erhielt ich in Berlin den telefonischen Auftrag, in der Nacht mit einer Ju 52[110] vom Flughafen Tempelhof nach Godesberg zu kommen. Gegen 3 Uhr in der Früh startete die Maschine, in der sich auch Minister Goebbels[111] mit einigen Herren seines Stabes befand. Ich war von diesem, meinem ersten Flug hoch über den Wolken, die unter mir wie ein weißschäumendes Meer hin und her wogten, fasziniert.
Dieses Erlebnis noch in meinem Inneren nachgenießend, gelangte ich ins Hotel Dreesen, um dort ganz schnell in die rauhe Wirklichkeit zurückgeholt zu werden. Der Chefadjutant Brückner erteilte mir den Auftrag, sofort telefonisch für den nächsten Tag einige hohe SA-Führer nach Bad Wiessee ins Hotel Hanselbauer zu bestellen. Ein Grund für die Einberufung wurde nicht angegeben.[112] Etwas Konkretes war nicht wahrnehmbar, aber es lag Unruhe in der Atmosphäre. Hitler war nicht sichtbar, er hatte unterwegs Besprechungen.
Am 30. Juni 1934 in aller Frühe erhielten wir ohne vorherige Ankündigung den Auftrag zum Flug nach München. In der ersten Maschine, die abflog, waren Hitler mit seinem engsten Stab, also Brückner, Schaub, Dr. Dietrich,[113] Minister Goebbels und die Kriminalbeamten[114] unter Rattenhuber.[115] In dem zweiten Flugzeug saß ich als einziges weibliches Wesen inmitten des Begleitkommandos unter Gesche,[116] das wie üblich immer etwas später als die Führermaschine startete.
Als wir in München ankamen, ist etwas Unvorhergesehenes geschehen. Der Führer des Begleitkommandos, Conny Gesche,[117] wurde nicht verständigt, wohin die Fahrt von München

aus weitergehen sollte. Es ist einfach von den Adjutanten vergessen worden, ihn zu informieren. Gesche rätselte herum, und ich erwähnte die für den heutigen Tag in Wiessee angesetzte Besprechung, ihm damit vielleicht einen Hinweis gebend. Aber vorher versuchte Gesche doch noch – allerdings ergebnislos – einen Befehl in Hitlers Wohnung am Prinzregentenplatz vorzufinden.[118]
Unter dem Schleier der Unkenntnis gelangten wir nach einer längeren Fahrt nach Bad Wiessee in die Halle des Hotels Hanselbauer und fanden dort die gleiche bedrückende Atmosphäre vor, wie sie bereits in Godesberg spürbar gewesen war. Etwas mit dem Verstand nicht wahrnehmbares lag in der Luft. Überrascht schauten mich die Kriminalbeamten an, als ich auf den in einem Ohrenbackensessel sitzenden SA-Stabschef Röhm, neben dem sein schöner Schäferhund lag, zuging und ihn freundlichst mit Handschlag und »Heil Hitler, Stabschef!«, begrüßte. Was mag er, was mögen die Kriminalbeamten gedacht haben? Ich konnte ja nicht wissen, was sich inzwischen ereignet hatte und daß Hitler seinen ehemaligen Freund Ernst Röhm vor einer halben Stunde eigenhändig aus dem Bett heraus verhaftet hatte.
Wir, die Insassen des zweiten Flugzeuges, hatten von dem Hauptdrama, das sich im Hanselbauer abgespielt hatte, lediglich das Bild in der Empfangshalle mitbekommen. Nachdem Kriminalkommissar Rattenhuber den Führer des Begleitkommandos Gesche nur kurz und hastig über das Vorgefallene unterrichtet hatte, mußten wir uns quasi auf dem Absatz herumdrehen und wieder in den Wagen steigen. Röhm und andere verhaftete SA-Führer wurden in Hitlers sofort nach München zurückfahrende Wagenkolonne untergebracht.[119] Hitler, im ersten Wagen fahrend, hielt alle uns entgegenkommenden Fahrzeuge an (in denen u. a. auch die von mir nach Wiessee bestellten SA-Führer saßen), ließ sie aussteigen und riß ihnen persönlich die Achselstücke von den Uniformen. Dies alles konnte ich, in einem der hinteren Wagen sitzend, deutlich sehen. Die Verhafteten wurden in ihrem eigenen Wagen unter Bewachung in Hitlers Wagenkolonne eingeschert.
Die auf solche Weise durch einige Stopps unterbrochene Fahrt

endete im Hof des Braunen Hauses in der Briennerstraße 45, wo eine Kompanie der Reichswehr angetreten war und vor Hitler salutierte. Hitler, sichtlich bewegt, hielt eine kurze Ansprache, von der ein Satz sinngemäß in mir haften geblieben ist: »Ich freue mich – oder ich bin stolz, daß ich Euch habe!«
Inzwischen sickerten erregende Nachrichten durch, von Erschießungen in Stadelheim[120] war die Rede u. a. m. Aber von all den Geschehen dieses Tages ist mir eines gravierend in Erinnerung geblieben, eine Begegnung mit Hitler unter vier Augen, die sich im Speisezimmer des Begleitkommandos im Radziwill-Palais abspielte. Ich hatte mich nach der Ankunft in Berlin[121] nach einiger Zeit in den Speiseraum der Reichskanzlei begeben, um einen Imbiß einzunehmen. Ich saß allein an einem Tisch, als sich die Tür öffnete und Hitler erschien. Er schaute mich kurz an und setzte sich neben mich an den ovalen Eßtisch und sagte, tief aufatmend, so wie von einem schweren Druck befreit: »So, ich habe inzwischen gebadet und nun fühle ich mich wie neugeboren!«
Ich war sehr überrascht über Hitlers Erscheinen in diesem Raum, in einem Bereich des Küchentraktes, in dem ich ihn bisher noch nie gesehen hatte. Dieser Teil der Küche lag doch gar nicht auf dem Wege zu seinem Privaträumen im ersten Stock des Palais. Was trieb ihn hierher? Was bewegte ihn, mir zu sagen, daß er sich nun »wie neugeboren fühle«?
In seinem, nach der Parkseite zu gelegenen Speisesaal, warteten bereits Minister Goebbels und die anderen Herren des Stabes auf ihn. Doch er setzte sich hin zu mir, gleich einem Menschen, der nach Bewältigung einer schrecklichen Situation zu irgendjemand sagen muß: »Gottseidank...« Dieses »Sich wie neugeboren fühlen« war ein solches »Gottseidank«, ein erlöstes Aufatmen von Hitler gewesen, wenn auch einem Menschen gegenüber, der von den wirklichen Hintergründen des Geschehens nichts wußte.
Es ist nach dem 30. Juni 1934 viel daran herumgerätselt worden, ob Röhm wirklich einen Putsch geplant hatte. Rein subjektiv gesehen meine ich, daß Röhm keinen Putsch geplant hatte, aber nachdem Himmler seine SS-Leute in die Polizei aufgenommen hatte, wollte Röhm wohl für seine unruhig gewordenen, z. T.

arbeitslosen SA-Männer, zumindest den Status einer Volksmiliz erreichen. Das hätte aber der politischen Absprache mit Frankreich widersprochen. Hitler wollte Schwierigkeiten mit Frankreich vermeiden und fürchtete, daß Röhm auf eigene Faust Politik machen wollte.

Nach den mir später zugänglich gewordenen Unterlagen und Befehl des Stabschef Röhm an die SA vom 10. Juni 1934 ist aber auch nicht auszuschließen, daß dies wirklich seine Absicht gewesen ist. Im letzten Absatz des Befehls des Stabschefs heißt es: »Ich erwarte, daß am 1. August die SA wieder voll ausgeruht und gekräftigt bereitsteht, um ihren ehrenvollen und schweren Aufgaben zu dienen, die Volk und Vaterland von ihr erwarten dürfen. Wenn die Feinde der SA sich in der Hoffnung wiegen, die SA werde aus ihrem Urlaub nicht mehr oder nur zum Teil wieder einrücken, so wollen wir ihnen diese kurze Hoffnungsfreude lassen. Sie werden zu der Zeit und in der Form, in der es notwendig erscheint, darauf die gebührende Antwort erhalten. Die SA ist und bleibt das Schicksal Deutschlands.«

D. h. der Stabschef Röhm schickte seine 4½ Millionen SA-Männer in Urlaub, drohte aber noch beim Wegtreten mächtig mit der Pranke. Er sprach von »Feinden der SA«. Laut diesem Befehl des Stabschefs Röhm vom 9. Juni 1934 sollte die SA »vollausgeruht« auch nicht »Führer und Reich« dienen, wie es damals allgemein hieß, sondern dem »Volk und Vaterland« zur Verfügung stehen. Auch fehlt in diesem Befehl, was mir auffiel, das sonst bei allen dienstlichen Schreiben abschließend übliche »Heil Hitler!«

Hitlers Diktate
und das Treppenzimmer

Hitlers Diktate fanden meistens am späteren Abend bzw. in der Nacht statt, »weil er dann«, so sagte er, »die besten Ideen hätte.« Damit die Schreibkraft (oft auch deren zwei) am Abend ausgeruht zur Verfügung stand, wurde die bevorstehende Arbeit von Schaub angekündigt. Oft verschob sich aber das Diktat tagelang. Schaub sagte dann immer: »Der Chef wartet noch eine Nachricht ab.«
Also fing der Bereitschaftsdienst an, der meist in der Nähe von Hitlers Arbeitszimmer, dem sogenannten ›Treppenzimmer‹ abgesessen wurde. Daß wir nicht verhungerten, dafür sorgte der Hausintendant Kannenberg.[122] In der ersten Zeit meiner Tätigkeit in Berlin, als ich noch »auf Abruf« aus dem Verbindungsstab zum Arbeiten in die Führerwohnung kam, war allein schon der Anblick der Obstschalen mit den Williams Birnen, blauen Brüsseler Trauben, Äpfeln, Orangen und den Platten mit belegten Broten eine Köstlichkeit für mich.
Der Führerhaushalt wurde durch den Hausintendanten Arthur Kannenberg und seiner Frau Freda[123] betreut. Da mittags und abends immer Gäste eingeladen waren, konnte man den Führerhaushalt mit einem gut geführten Restaurant vergleichen. Arthur Kannenberg stammte aus einer alten Berliner Gastronomenfamilie. Der Vater von Kannenberg besaß in Berlin ein renommiertes Schlemmerlokal. Sein Sohn Arthur war in den 20iger Jahren Eigentümer eines bekannten und beliebten Berliner Ausflugslokals ›Onkel Toms Hütte‹.
Ich selbst bin nie dort gewesen. Aber eine alte Berlinerin, Frau Magdalene Haberstock[123a], die Witwe des von Hitler mit Ankäufen alter Gemälde beauftragten und versierten Kunsthändlers Karl Haberstock, erzählte mir einmal: »Bis Hundekehle fuhr man mit der Straßenbahnlinie 76 und pilgerte dann zu Fuß in das sehr schön gelegene Gartenlokal, wo es nicht nur

Kaffee und Kuchen, sondern am Abend auch Speisen für gehobene Ansprüche gab.«

Kannenberg machte mit seinem Gartenlokal pleite, er eröffnete jedoch anschließend sofort wieder ein kleines Speiselokal in der Nähe des Anhalter Bahnhofs in Berlin. Es war Dr. Goebbels, der zu dieser Zeit Hitler auf das Lokal von Kannenberg aufmerksam machte. Von da ab kehrte Hitler, wenn er mit seiner Begleitung mit dem D-Zug von München am Anhalter Bahnhof in Berlin ankam, immer gerne in Kannenbergs Speiselokal ein und labte sich an den hervorragenden Gemüse- und Salatplatten, die eine Kannenberg'sche Spezialität waren.

Kannenberg war aber nicht nur ein ausgezeichneter Gastronom, sondern auch ein exzellenter Alleinunterhalter, der mit dem sprichwörtlichen Berliner Witz und Humor gesegnet war. Er erschmeichelte sich durch seine volksliederhaften Vorträge und Clownerien,[124] zu denen er sich auf dem Akkordeon begleitete, Hitlers Sympathie, die so weit führte, daß ihn Hitler Anfang 1932 mit der Leitung der Kantine in dem zum Braunen Haus umgebauten Palais Barlow in München betraute.

Nach der Machtübername 1933 holte Hitler Kannenberg und dessen sympathische stille Frau Freda (Tochter eines Försters aus Norddeutschland) in seine im Radziwill-Palais gelegene Wohnung nach Berlin, wo ihm bis 1945 als Hausintendant die Leitung des Führerhaushalts oblag. Im besonderen waren Kannenberg und seine Frau zuständig für Einstellungs-, Bekleidungs-, Besoldungs- und Unterkunftsangelegenheiten des Haus- und Küchenpersonals, Einkauf und Verwaltung der Lebensmittel, Getränke, der Haushaltswäsche sowie die Aufstellung des täglichen Speisezettels. Auch bei Staatsempfängen, sowie alle mit diesen Empfängen zusammenhängenden Organisationsangelegenheiten in bezug auf Blumendekorationen der Tafel, der Empfangs- und Gesellschaftsräume gehörten zu Kannenbergs Aufgabengebiet als auch die Anforderung von zusätzlichen Dienern (bei großen Staatsempfängen traten außer den aus der LAH hervorgegangenen Dienern, solche aus der Präsidialkanzlei (in Livree) in Funktion). Von der Präsidialkanzlei wurde dann auch der Majordomus abgestellt, der mit dem Stab auf den Fußboden klopfend, die Gäste namentlich ankündigte.

Eine ganz besondere Angst hatte Hitler vor einem faux-pas bei Empfängen. Es plagte ihn auch immer der Gedanke, von seinem Personal könnten Fehler gemacht werden, die seinem Ansehen schadeten. Er drohte dem Hausintendanten Kannenberg mit Bestrafung für den Fall, daß während eines Empfanges Schnitzer gemacht würden. Ehe die Gäste kamen, warf Hitler immer noch selbst einen Blick auf die gedeckte Tafel, ob auch wirklich nichts versäumt worden war.

1939 sprach er z. B. im engeren Stab mit einem Ordonnanzoffizier, der Ribbentrop nach Moskau begleitet hatte.[125] Als der Offizier erzählte, daß Stalin vor Beginn des Essens prüfend die Tafel überblickt hatte, um festzustellen, ob auch nichts fehlte, sagte ich: »Stalin scheint die gleiche Angst wie Sie zu haben, daß etwas nicht in Ordnung sein könnte.« Hitler antwortete: »Meine Diener sind in Ordnung.«

Eine wichtige Funktion hatte Kannenberg in der Vorweihnachtszeit. Hitler machte es immer eine große Freude, Menschen, die er mochte und denen er sich verbunden fühlte, zu beschenken. Zu den Geburtstagen und vor allem zu Weihnachten vergaß es Hitler nie, für diesen Personenkreis Geschenke auszuwählen. Zu diesen Kreisen gehörten nicht nur die engsten Mitarbeiter Hitlers und deren Frauen oder die von ihm verehrten Künstler und Künstlerinnen, sondern auch Bekannte sowie Freunde aus der Kampfzeit. Besonders gehörten dazu auch die Frauen, mit denen er vor der Machtübernahme befreundet war bzw. die zu seinen Freundeskreis gehört hatten.

Hitler bedauerte es des öfteren, wenn er mit uns Sekretärinnen im Treppenzimmer seinen Tee einnahm, daß es ihm jetzt als Reichskanzler nicht mehr wie früher möglich sei, selbst in die Geschäfte Berlins gehen zu können und die Geschenke einzukaufen. »Dies«, so sagte er, »hätte ihm früher immer sehr viel Freude bereitet.«

Da aber Hitler die Geschenke doch selbst aussuchen wollte, brachte der geschickte Hausintendant Kannenberg das Kunststück fertig, aus Berlins exclusivsten Geschäften die schönsten

Gegenstände als Auswahlsendung für Hitler in die Reichskanzlei kommen zu lassen. Ich durfte Hitler einige Male bei der Auswahl der Geschenke helfen.
In der Privatbibliothek und im Arbeitszimmer Hitlers ließ Kannenberg dann vor Weihnachten die Gegenstände auf den Tischen, Stühlen und am Boden ausbreiten, die sich Hitler ansehen wollte. Diese Geschenke, ich sehe sie noch heute vor mir, waren Gemälde, Meissner Porzellan, silberne Tabletts und Schalen, Reise-Necessaire, Gliederketten, Abendhandtaschen, Operngläser, Frisiergarnituren, Reiseplaids, Tischlampen, Kaffee- und Teeservice, silberne Löffel, goldene Uhren, Bücher und Bildbände, Schreibtischgarnituren, Lederkoffer, Autodecken usw.
Hitler suchte dann aus, was jeweils den einzelnen, auf einer langen Liste verzeichneten Personen, in diesem Jahr geschenkt werden sollte. Die namentliche Liste befand sich in Julius Schaubs Obhut und wies auch aus, was die betreffenden Personen in den vergangenen Jahren von Hitler erhalten hatten.
Es war ein kleines Reich für sich, das Kannenberg unterstand. Hitler sagte einmal von Kannenberg: »In der Küche herrscht er wie ein Pascha!« Kannenberg war sich seiner Macht auch absolut bewußt, herrschte souverän und scheute auch nicht davor zurück, vor allem während des Krieges, aus den Vorräten des Führerhaushaltes großzügige Geschenke an Prominente zu machen, um sich bei diesen anzubieten. Im Kriege bekam Hitler z.B. jedes Jahr vor Weihnachten vom Imen und Yemen[126] ein paar Säcke rohen Kaffees zum Geschenk. Jeder, der auf Hitlers Geschenkliste verzeichnet war, bekam nun im Krieg ein paar Pfund Kaffee, was in der damaligen Zeit ein willkommenes Geschenk war. Auch wer sich mit Kannenberg gut stellte, war nie ohne Kaffee oder andere Sachen, die der Rationierung unterlagen.
Frau Magda Haberstock,[127] die während des Krieges bei ihren Freunden Kluges auf einem schlesischen Gut zu Gast war, erinnerte sich im Gespräch über Kannenberg: »Er kam dort mit einem Wagen mit Lebensmitteln und Sachen an, da stand einem der Verstand still, kann ich Ihnen sagen. Das war alles beiseite gebracht.« Auf meine Frage, ob Kannenberg dafür Geld genom-

men hätte, antwortete Frau Haberstock verneinend: »Nein, das nicht, er wollte sich halt Liebkind machen!« Meine Bemerkung: »Er war schon ein kleiner Schieber«, korregierte Frau Haberstock: »Klein ist milde!«
Kannenbergs Frau Freda hatte eine glückliche Hand und ein gutes Auge für attraktive Plazierung der kostbaren Tischdekorationen und Blumenarrangements, die vom ersten Blumengeschäft Berlins, der Firma Rothe, im Hotel Adlon Unter den Linden, in die Reichskanzlei geliefert wurden.
Kannenbergs wurden auch oft auf den Berghof beordert, wenn der Besuch eines prominenten Gastes anstand, um für den reibungslosen Ablauf des Staatsdiners zu sorgen. Hier hatte Frau Kannenberg immer Gelegenheit, die in der großen Halle herrschenden museale Kühle, durch lebende Blumenstöcke aufzulockern. So gelang es ihr z. B. immer, eine beglückende Übereinstimmung zwischen den Farben eines Gemäldes und den Farben der Blumen herzustellen, die in der Nähe standen.
Freda Kannenberg traf mit ihren Arrangements völlig den Geschmack Hitlers, für den sie das Idealbild der deutschen Hausfrau war. Mit ihrer immer gleichen Frisur, der damals modernen Olympia-Rolle, gepflegt, umsichtig und stillen ausgleichenden Gemüts, war sie zweifelsohne die sympathischere Hälfte des Ehepaares Kannenberg.
Kannenberg selbst war klein und rundlich, aber trotzdem ungemein beweglich, ja springlebendig. Ich mußte immer an einen dicken rollenden Gummiball denken. Er hatte etwas hervorquellende Augen (womöglich Basedow?) und war vielleicht daher in bezug auf seine Gemütsverfassung ziemlich labil. Kannenberg war leider nicht ganz frei von der Lust am Intrigieren und das Wortspiel: Hausintendant – Hausintrigant, drängte sich mir damals immer auf. So ist z. B. Kannenbergs Konto letztendlich auch der endgültige Sturz von Hitlers langjährigen Chefadjutanten Wilhelm Brückner und die zeitweilige Versetzung des Ordonnanzoffiziers Max Wünsche[128] an die Front anzulasten. Beide fielen einer Intrige Kannenbergs zum Opfer.[129]
In der Führerwohnung und auch am Berg fungierten als Diener, Ordonnanzen oder wie man es nennen mag, gut aussehende

junge Männer, die ein weißes Dinnerjackett mit Kragenspiegel und schwarzer Hose trugen. Sie wurden von der LAH abgestellt und nach einem Lehrgang in der Dienerschule Pasing in Hitlers Haushalt zum Servierdienst übernommen. Dadurch gerieten sie in den Machtbereich Kannenbergs, obwohl sie nicht von ihm und nicht bei ihm angestellt waren, also für diese Leute eine etwas zweischneidige Position. Kannenberg fühlte sich bemüßigt, sie genauso zu reglementieren, wie er es mit seinem Personal gern tat. Dies gefiel den SS-Männern aus der LAH natürlich gar nicht und gab dem Adjutanten Max Wünsche öfters Veranlassung, Partei für sie zu ergreifen. Er hatte mit Kannenberg eine heftige Auseinandersetzung, auch wegen anderen Personalangelegenheiten, die ihm dieser nicht vergaß.
Beim Besuch der italienischen Prinzessin Mafalda[130] 1940 wurde Kannenberg auf den Berg befohlen, er kam aber erst oben an, als von Adjutant Wünsche und der Haushälterin Josefa alles geregelt war. Auch Brückner hat dazu nichts beigetragen. Hitler war bester Laune, daß alles so gut geklappt hatte und er lobte Kannenberg für seine gute Arbeit, die dieser gar nicht getan hatte. Kannenberg ergriff nun die Gelegenheit, um seinen aufgestauten Groll gegen Wünsche loszuwerden. Hitler ließ sich beeinflussen und Brückner als Chefadjutant wurde zu Hitler zitiert. Als dieser dann zu Wünsche hielt und ihn gegen Kannenberg in Schutz nahm, entließ Hitler Brückner auf der Stelle und der Adjutant Wünsche wurde sofort an die Front versetzt.[131]
Hitler sah wohl später ein, daß er Kannenbergs Intrigenspiel aufgesessen war, aber das minderte nicht seine Wertschätzung, die er Kannenberg entgegenbrachte. Da Hitler stets darauf bedacht war, daß es bei den Staatsbanketten oder bei den jährlich einmal stattfindenden Künstlerfesten alles reibungslos ablief, und Kannenberg dies zu seiner vollsten Zufriedenheit erledigte, war es nicht verwunderlich, daß Kannenberg mit der Zeit eine gewissen Narrenfreiheit genoß.
Hitler schätzte Kannenbergs fachliche Fähigkeiten und mochte seine Clownerien, die Kannenberg schon anfangs der 30iger Jahre sehr gut anzubringen verstanden hatte, als Hitler zuweilen noch Ausflüge unternahm, bei denen Kannenberg für die Picknicks sorgte. Bei diesen Gelegenheiten ergab es sich immer,

daß Kannenberg Hitler und dessen Gäste mit musikalischen Vorträgen und seinen Mätzchen ergötzen konnte. In einem 1937 im Heinrich Hoffman-Verlag erschienenen Bildbuch, ›Hitler abseits vom Alltag‹, sind hierüber einige Bilder enthalten (z. B. ›Sorglose Stunde im Harz‹), die einen völlig gelösten Hitler zeigen, wie man ihn später nur noch sehr selten sah.
Kannenberg verließ 1945, kurz vor dem Zusammenbruch, die Reichskanzlei und flüchtete an den Thumsee. Er eröffnete später in Düsseldorf wieder ein Schlemmerlokal, die ›Schneider Wibbel-Stuben‹, das sich lebhaften Zuspruchs erfreute, vielleicht auch deswegen, weil es Kannenberg auch dort wieder verstand, seine Gäste zu amüsieren und zu unterhalten.
Doch zurück in die Reichskanzlei. Direkt gegenüber der Tür zu Hitlers Arbeitszimmer, führten ein paar Stufen zu einem langen Gang, dem sogenannten Adjutantenflügel, von dem man in die Räume von Hitlers Adjutanten kam. Das erste Zimmer war das ›Treppenzimmer‹, von dem noch öfters die Rede sein wird. Dann kamen die Zimmer von Schaub, Dr. Dietrich, Sepp Dietrich und Brückner (später Alwin-Broder Albrecht[132]). Ging man die nach unten führende Treppe hinab, stieß man auf den sogenannten Damensalon, eigentlich war es das Empfangszimmer, von dem links große, immer offenstehende Flügeltüren in den Kinosaal mit Kamin führten. Rechts lag das Bismarckzimmer, das auch Rauchzimmer genannt wurde. Daneben war das Speisezimmer. Diesem schloß sich der langgestreckte hintere ›Wintergarten‹ mit seinen chintzbezogenen Sesseln an. Der Wintergarten endete in einem schönen Halbrund mit hohen Glastüren, die einen Blick auf die alten Bäume im Park freigaben. Im Wintergarten wurde morgens auch gefrühstückt. Wilhelm Brückner hielt sich hier nach seiner Devise: »Das Frühstück ist die schönste Jahreszeit«, gern etwas länger auf. Nachmittags absolvierte Hitler im Wintergarten meist seine Besprechungen. Seine amtlichen Diensträume suchte er nur auf, wenn Staatssekretär Dr. Lammers dort einen Termin für ihn festgelegt hatte. Als ich im Frühjahr 1934 endgültig in die Persönliche Adjutantur des Führers kam, sind am Anfang die regelmäßigen Mahlzeiten zusammen mit Sepp Dietrich, Dr. Dietrich, den SS-Führern und SS-Männern des Begleitkommandos sowie den Adjutanten

und Dienern, im Souterrain des Wirtschaftstraktes im Radziwill-Palais eingenommen worden. Auf Anordnung Hitlers erhielten Gäste und Personal im Souterrain das gleiche Essen, wie im Speisesaal der Führerwohnung. Es gab keinen Unterschied in der Speisekarte. In den späteren Jahren aßen wir Sekretärinnen dann vorwiegend im Treppenzimmer, das, wie schon erwähnt, am Anfang des Adjutantenflügels lag. Dort tranken wir auch Nachmittags unseren Tee.

Eines Tages kam Hitler zufällig an dem Treppenzimmer vorbei, sah uns dort sitzen und fragte, ob er sich zu uns setzen dürfe. Diese Stunde der leichten Plauderei, die sich völlig zwanglos ergeben hatte, gefiel ihm so gut, daß er immer öfters um diese Zeit und später fast täglich zum Tee vorbei kam. Die Teestunden am Nachmittag im Treppenzimmer wurden zu einem ziemlich regelmäßigen Ritual. Manchmal waren wir zwei Sekretärinnen, die Hitler Gesellschaft leisteten, später aber auch zuweilen alle drei, also Johanna Wolf, Gerda Daranowski[133] und ich.

Dabei war das Treppenzimmer gar nicht gemütlich. Der Raum war sehr hoch, er diente, da er ohne Bad war, nur aushilfsweise als Fremdenzimmer. Es gab nur ein Waschbecken mit darüberhängendem Spiegel. Die übrige Einrichtung bestand aus einer chintzbezogenen Couch, einem Kleider- und einem Panzerschrank sowie einem Schreibmaschinentisch. Eine Stehlampe, ein achteckiger Tisch mit strohgeflochtenen Stühlen rundeten die einfache Ausstattung ab.

Ab Kriegsbeginn 1939 waren wir Sekretärinnen meist, bzw. auch manchmal abwechselnd, im jeweiligen FHQ. Das Treppenzimmer wurde bei unserer Anwesenheit in Berlin nun zu unserem ständigen Büro, da die für uns vorgesehenen Arbeitszimmer in der Neuen Reichskanzlei viel zu weit entfernt waren. Es gab für uns ja auch keinen regulären Bürodienst im Sinne eines Achtstundentages. Wir waren rund um die Uhr im Dienst und mußten dem Chef permanent zur Verfügung stehen. Und da sich Hitler, abgesehen von den offiziellen Besprechungen, immer in seiner Wohnung aufhielt, waren wir im Treppenzimmer näher als in der Neuen Reichskanzlei und sofort erreichbar. Auf dem gleichen Flur im 1. Stockwerk des Radziwill-Palais

befanden sich sein Arbeitszimmer, die Bibliothek, sein Schlafzimmer und später daneben das Appartement von Eva Braun.
Trotz der einfachen Ausstattung des Treppenzimmers fühlte sich Hitler hier sehr wohl. Er entspannte sich da offensichtlich sehr, und ich hatte immer das Gefühl, daß er in diesen Stunden ganz gelöst war. Er erzählte von seinen privaten Erlebnissen aus der Jugend und der Vergangenheit, Themen, die er später bei den abendlichen Tees und den Mahlzeiten im Kasino der FHQ's nie mehr erwähnte oder anschnitt. Man spürte einfach, daß das, was er hier sagte, aus einem Geheimfach kam, das er sonst verschlossen hielt.
So bedauerte er es z. B. sehr, daß er nicht mehr allein durch die Stadt bummeln und daß er nichts mehr persönlich einkaufen könne. »Wie schön war das doch damals mit Geli«,[134] sagte er manchmal. Sie schleppte ihn in einen Hutsalon, probierte alle Hüte auf, um dann festzustellen, daß ihr keiner richtig gefiel. Wenn er dann sagte: »Aber Du kannst das doch nicht machen und jetzt gehen, ohne etwas zu kaufen«, sagte sie lachend: »Aber dafür sind die Verkäuferinnen doch da.«
Hier im Treppenzimmer erzählte er uns auch von den in seiner frühen Jugend verübten Streichen. Einmal sagte Hitler, daß seine Aversion gegen Pfarrer aus frühester Jugend herrührt. Er erzählte von einem Professor, der den Religionsunterricht[135] abhielt und der immer sehr ungepflegt war. Er hatte immer Speiseflecke auf seinem Rock und unglaublich schmutzige Taschentücher, die er immer erst auseinanderziehen mußte, wenn er sie gebrauchen wollte, so verkrustet waren sie.
Dieser Professor hatte den Jungen vorgehalten, daß sie in der Kirche nicht richtig knien würden. Worauf Hitler mit völlig ernster Miene entgegnete, er wüßte nicht, wie man es richtig machen sollte und der Professor möchte es doch mal vormachen.
Der Professor, angenehm berührt, daß es den Jungen so ernst war mit der richtigen Ausführung der vorgeschriebenen Stellung, zog darauf sein verkrustetes Taschentuch hervor, zupfte es auseinander, breitete es am Boden aus und kniete darauf nieder. Als gleich darauf das Pausenzeichen ertönte, stand er auf, legte sein Taschentuch auf einen kleinen Hocker auf dem

die Waschschüssel stand und ging hinaus auf den Flur, wo er die Pause im Gespräch mit seinen Kollegen zu verbringen pflegte. Die Buben besprachen sich, daß man den Professor wegen seiner unglaublich schmutzigen Taschentücher mal ruhig blamieren sollte. Hitler erklärte sich bereit, faßte voll Ekel das Taschentuch am äußersten Zipfel an und hielt es hinter seinem Rücken versteckt, während er direkt auf die im Flur stehenden Lehrer zuging. Er machte unmittelbar vor dem Professor halt, zog das bis dahin nicht sichtbare Taschentuch hervor und sagte lächelnd zu dem Professor: »Herr Professor haben das Taschentuch vergessen.«

Ein beliebtes Spiel in der Schule war auch damals schon das Spiegeln. Hitler hatte dies eifrig betrieben und seinen Lehrer so nervös gemacht, daß sich dieser zu einem Eintrag in das Klassenbuch bemüßigt fühlte. In der Pause fielen die Buben über das Klassenbuch her, um den Eintrag ihres Lehrers zu lesen. Zu ihrer größten Freude fanden sie, daß der Lehrer, natürlich unbeabsichtigt, gereimt hatte. Sie lasen: »Hitler ist ein Bösewicht, er spiegelt mit dem Sonnenlicht!« Und johlend wiederholte die Bande den Reim, als der Lehrer das nächste Mal die Schulstube betrat.

Weiter erzählte Hitler, daß er als Zwölfjähriger mit seinen Kameraden gewettet hatte, daß er während des Gottesdienstes mit den Mädchen, diese zum Lachen bringen würde. Hitler erreichte dies dann auch tatsächlich dadurch, daß er eine Schnurbartbürste herauszog und jedesmal, wenn die Mädchen herschauten, den nicht vorhandenen Bart bürstete.

Er gab die ersten Rauchversuche[136] und auch das erste schmachvolle Besäufnis zum Besten: »Als kleiner Junge hatte ich eine Zigarette geraucht, d. h. ich schaffte nur die Hälfte. Mir wurde furchtbar schlecht, ich lief nach Hause und mußte mich dauernd erbrechen. Der Mutter, die in furchtbarer Sorge war, sagte ich, daß ich eine Tollkirsche gegessen hätte, worauf sie den Arzt kommen ließ. Er untersuchte mich, schaute mir in den Mund wurde sehr mißtrauisch und kontrollierte dann meine Hosentasche, aus der er den Zigarettenstummel hervorholte. Später kaufte ich mir eine lange Porzellanpfeife. Ich rauchte wie ein Schlot, selbst dann, wenn ich im Bett lag. Einmal bin ich

darüber eingeschlafen und erst aufgewacht, als das Bett bereits brannte. In diesem Augenblick habe ich mir geschworen, nie wieder zu rauchen, und habe das auch gehalten.«
Weiter sagte er: »Nach unserer Abschlußprüfung ging ich mit meinen Schulkameraden in eine Bauernschenke, um das Ereignis mit einer ungeheueren Menge Schnaps zu begießen. Mir wurde übel davon, und ich mußte mehrmals den Misthaufen hinter dem Haus aufsuchen. Am nächsten Morgen suchte ich vergeblich mein Abgangszeugnis, das mein Vater sehen wollte. Meine Nachforschungen blieben erfolglos, und ich ging zum Schuldirektor und bat ihn um eine Abschrift. Da erlebte ich denn nun die größte Schmach meiner Jugendzeit. Der Direktor gab mir mein ganz zerknittertes Zeugnis in die Hand. Der Wirt der Bauernschenke hatte es auf dem Misthaufen gefunden und es an die Schule geschickt. Ich war so niedergeschlagen, daß ich mir vornahm, nie wieder einen Tropfen Schnaps zu trinken.«
Er sprach auch von der Liebe seiner Mutter,[137] an der er sehr hing und von der Strenge seines Vaters.[138] »Meinen Vater habe ich nicht geliebt«, pflegte er zu sagen, »dafür aber um so mehr gefürchtet. Er war jähzornig und schlug sofort zu.[139] Meine arme Mutter hatte dann immer Angst um mich. Als ich eines Tages im Karl May gelesen hatte, daß es ein Zeichen von Mut sei, seinen Schmerz nicht zu zeigen, nahm ich mir vor, bei der nächsten Tracht Prügel keinen Laut von mir zu geben. Und als dies soweit war – ich weiß noch meine Mutter stand draußen ängstlich an der Tür –, habe ich jeden Schlag mitgezählt. Die Mutter dachte, ich sei verrückt geworden, als ich ihr stolz strahlend berichtete: ›Zweiunddreißig Schläge hat mir Vater gegeben!‹ Merkwürdig, von diesem Tag an brauchte ich mein Experiment nicht mehr zu wiederholen; mein Vater hat mich nicht mehr angerührt.« Später aber, als ihn das Leben hart anpackte, hat Hitler, wie er erzählte, vor seinem Vater den größten Respekt gehabt, weil er sich vom Waisenknaben zum Zollbeamten hinaufgearbeitet hatte. Hitler liebte es auch, von der Hausfrauentüchtigkeit seiner Mutter zu sprechen, die den Familienbesitz nach und nach vermehrte.
Er erinnerte sich manchmal an seine Schwestern, die für ihn nur »Gänse« waren. Er grollte ihnen zum Beispiel, daß sie kein

Verständnis dafür gehabt hätten, wenn er sich seinem Lieblingssport widmete und mit dem Flobert auf die Ratten schoß, die den Friedhof der kleinen Gemeinde bevölkerten. Er gestand uns, daß er, als sich seine Schwester Angela[140] verlobte, dem ihm an sich sehr sympathischen Bräutigam[141] am liebsten geraten hätte, das Verlöbnis zu brechen und »die dumme Gans« doch laufen zu lassen.
Hitler besaß keinen Familiensinn. Als »Familie« betrachtete er seinen engeren Stab. Seine Schwester Paula[142] war ein paar Jahre jünger als er. Sie war ein stilles, verschlossenes Kind gewesen und schon in jungen Jahren machte sich Hitler nicht viel aus dieser Schwester. Es mag wohl vor allem an dem Altersunterschied gelegen haben, daß er sie aus seinem Leben ausschloß. Paula lebte bis Kriegsende in Wien und dann bis zu ihrem Tode in Berchtesgaden.
In einem ihrer Briefe vom 29. 8. 1956 schrieb Paula Hitler: »... hinausgewachsen über Wien bin ich erst, und das im wahrsten Sinne des Wortes, nach Kriegsende.« In einem anderen Brief vom 7. Februar 1957 heißt es: »Ich mußte meiner Stiefschwester[143] die viel älter und energischer war als ich, überall den Vorrang lassen, obwohl mein Bruder Adolf und ich die gleichen Eltern gehabt haben, aber es war für mich klar, wir konnten der Welt nicht das Schauspiel liefern, daß wir uns streiten um das Recht auf den Bruder. Ich blieb daher in Wien und meine Schwester Angela führte am Obersalzberg meinem Bruder den Haushalt. Im Herbst 1935 war diese Aera zu Ende. Er wollte nach jeder Richtung hin frei und ungebunden sein. Nach jeder Richtung in privater Beziehung.« Und in einem weiteren Brief vom 5. Februar 1957 führte sie aus: »Wir Schwestern waren in seinen Augen viel zu eifersüchtig auf den Bruder, er wollte lieber fremde Menschen um sich haben, die er bezahlen konnte für ihre Dienstleistungen...«
Alois Hitler,[144] sein sieben Jahre älterer Halbbruder, hat in seinem Leben nie eine Rolle gespielt. Aus der ersten Ehe dieses Halbbruders entstammte aus der Heirat mit einer Irländerin ein Sohn, William Patrik Hitler, der 1939 im Gespräch war, weil er ein Buch, ›Mon oncle Adolphe‹, herausgebracht hatte. Der zweite Sohn fiel im Osten als Offizier. Über den Stiefbruder

Die lebenslustige Nichte Hitlers, Angela Raubal, genannt ›Geli‹, war die Tochter seiner Halbschwester Angela Raubal. Sie kam 1927 als 19jährige nach München, wo sich ›Onkel Adi‹ sehr um sie kümmerte und 1929 in seine Wohnung am Prinzregentenplatz 16/II aufnahm.

Hitler verliebte sich in seine Nichte und bewachte sie eifersüchtig, ohne daß er sich dem Mädchen näherte. Am 18. 9. 1931 verübte die 23jährige in Hitlers Wohnung in einem Moment der Ausweglosigkeit Selbstmord.

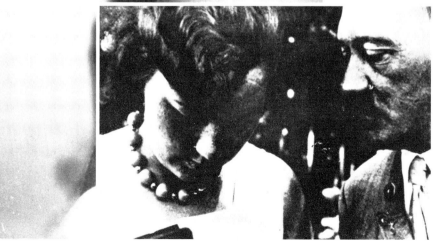

Am 5. 1. 1931 ernannte Hitler Ernst Röhm zum Stabschef der SA. Das Bild zeigt Hitler mit Röhm und den Obersten Parteirichter Walter Buch 1934. Am 30. 6. 1934 ließ Hitler Röhm im Gefängnis Stadelheim erschießen.

An der Hochzeit seines Begleitarztes Dr. Karl Brandt mit Anni Rehborn am 17. 3. 1934 nahm Hitler als Trauzeuge teil (v.l.n.r. Hitler, Anni Rehborn, Dr. Brandt, Brückner und Göring).

Teilansicht des Verbindungsganges zwischen der am 7. 1. 1939 fertiggestellten ›Neuen Reichskanzlei‹ an der Voßstraße und der Wohnung Hitlers im Reichskanzler-Palais in der Wilhelmstraße, an dessen Ende auch das »Treppenzimmer« lag, von dem Christa Schroeder berichtet.

Wilhelm Brückner, Hitlers Chefadjutant, 1939 mit den Sekretärinnen Gerda Daranowski und Christa Schroeder: »Das Frühstück ist die schönste Jahreszeit«, meinte Brückner. Er wurde von Hitler am 18. 10. 1940 durch eine Intrige des Hausintendanten Kannenberg als Adjutant entlassen.

In den Jahren 1934 bis 1940 gab Hitler in der Reichskanzlei viele Diplomaten- und Künstlerempfänge. Das Bild oben zeigt Hitler 1940 bei einem seiner letzten Empfänge in der Reichskanzlei.

Hitler 1938 bei einem Künstlerempfang mit der Tänzerin Manon Erfuhr und der Schauspielerin Doris Kreysler.

Alois, der während des Dritten Reiches am Wittenbergplatz ein Restaurant betrieb, wurde in Hitlers Gegenwart genau so wenig gesprochen (d. h. überhaupt nicht) wie über die Verwandtschaft in Spittal.
Hitler sprach sehr oft von der Kampfzeit und von Dietrich Eckart.[145] Er erzählte einmal, »...daß diese Freundschaft zu dem Schönsten gehörte, was ihm in den Zwanziger Jahren zuteil geworden war!« Dietrich Eckart, als Sohn eines Notars in Neumarkt in der Oberpfalz geboren, war Journalist und Dichter. Er ist als Theaterkritiker in Bayreuth bekannt geworden und war mit Henrik Ibsen befreundet. Eckart übersetzte dann den ›Peer Gynth‹ ins Deutsche, was ihm viel Anerkennung einbrachte.[146]
Eckart hatte Hitler im Jahre 1920 bei einer Versammlung kennengelernt. Er war Hitler ein väterlicher Freund und half ihm oft aus finanziellen Nöten. Dies erzählte Hilter in allen Einzelheiten immer sehr bewegt. 1923 war Eckart mit Hitler zusammen auf der Festung Landsberg, von wo er Weihnachten des gleichen Jahres, da er todkrank war, entlassen wurde. Er verbrachte seine letzten Tage bei einem Freund, dem Besitzer des Brüggenlehens im Berchtesgadener Land, wo er 1923 starb. Man begrub ihn auf den alten Teil des Berchtesgadener Friedhofs. Sein Wort: »Deutschland erwache«, wurde durch Hitler zum Kampfruf der NS-Bewegung erhoben.
Eckarts Tod ist für Hitler ein schwerer Schlag gewesen. »Nie mehr hat er in seinem späteren Leben einen Freund gefunden«, so sagte er, »mit dem ihn eine ähnliche Harmonie des Denkens und Fühlens verbunden hätte.« So oft er von Dietrich Eckart erzählte, trübten sich seine Augen. Wiederholt bedauerte er in der Zeit nach der Machtergreifung, daß dieser »getreue Ekkehard« nicht mehr lebte und vor allem, daß er ihm jetzt, da es möglich wäre, nicht vergelten könnte, was er ihm Gutes getan hatte.
Alles, was mit Dietrich Eckart in Zusammenhang stand, rührte Hitler. Als ich ihm eines Tages von einer Freundin erzählte, die in einer ihr von er Witwe Ernst von Wolzogens zugefallenen Erbschaft einige handgeschriebene Gedichte Dietrich Eckarts gefunden hatte, wollte er sie sofort kaufen. Und, da er sie als

Eckarts Erstlingsgedichte erkannte, deren größter Teil von Eckarts eifersüchtiger Frau vernichtet worden waren, erhöhte er spontan den Kaufpreis. So groß war seine Freude, etwas Handgeschriebenes von diesem Freund in den Händen zu haben. Auf dieser Treue Dietrich Eckart gegenüber basierte auch eine gewissen Anhänglichkeit Hitlers an Johanna Wolf, die er oft »das Wolferl« nannte.

Viel sprach er auch von den Reisen in der Kampfzeit. Im Sommer wurde immer im offenen Mercedes gefahren. Hitler saß immer neben dem Fahrer Julius Schreck,[147] der 1936 starb. Es folgte der Fahrer Erich Kempka.[148] Sehr oft wurde in Lambach am Chiemsee[149] Rast gemacht. Lambach liebte Hitler sehr, hier hatte ihn 1932 die Einladung Hindenburgs erreicht, die ihn nach Berlin rief. Hitler erzählte auch von den Schwierigkeiten, bei den langen Autoreisen unterwegs mal zu verschwinden. Als ihn Schaub einmal ein Stichwort gab, erzählte er von Weimar, dem Hotel Elephanten: »... daß er dort seine ständigen Zimmer hatte, zwar mit fließendem Wasser, aber ohne Bad, und die Toilette lag am Gangende. Es wurde jedesmal ein Gang nach Canossa, denn wenn er sein Zimmer verließ, ging die Nachricht wie ein Lauffeuer durch das ganze Haus und beim Verlassen des delikaten Kabinetts, stand der Gang inzwischen voll Menschen und er mußte mit erhobenen Arm und etwas peinlichem Lächeln den Weg bis zu seinem Zimmer Spießruten laufen.«

Er sprach von den Spielen unterwegs bei den Autofahrten, die man des Zeitvertreibs wegen erfand. Z. B. das vom ›Dr. Steinschneider‹. Es hatte keine festen Regeln, und daß es ein Spiel war, merkte man erst, wenn man bereits verloren hatte. Es kam darauf an, frei erfundene Dinge derart glaubhaft zu erzählen, daß die Zuhörer fragten: »Ja, wer war denn das?« Hieß die Antwort ›Dr. Steinschneider‹, so wurde jedem bewußt, daß die Geschichte erfunden und der Frager hereingefallen war. Dann gab es noch das ›Biberspiel‹. Einen Mann mit Vollbart hatten sie ›Biber‹ getauft und wer nun zuerst einen solchen ›Biber‹ auf der Fahrt entdeckte, konnte einen Punkt für sich verbuchen.

Solche und ähnliche Spiele versetzten Hitler in beste Laune. Er begann dann zuweilen, seine alten Kameraden in der Sprechweise und in ihren Gebärden nachzuahmen. Er war ein ausgezeichneter Mimiker. Ein Glanzstück seines Repertoires war es z. B., wenn er den hastig sprechenden und sich auf bayrische Art in jedem Satz mehrfach wiederholenden Verlagsdirektor Amann[150] nachahmte. Man sah Amann förmlich vor sich, wie er seine armlose Schulter zuckte und sehr lebhaft mit der rechten Hand gestikulierte. Auch der schwerhörige, furchtbar laut sprechende Druckereibesitzer Müller[151] war oft das Opfer von Hitlers mimischen Künsten. Er machte auch gern die Eigentümlichkeiten ausländischer Politiker nach. So imitierte er vollendet die spitze Lache des Königs Viktor Emanuel v. Italien[152] und machte mit großer Geschicklichkeit vor, wie der König, der ein Sitzriese war, aufstand und dennoch nicht größer wurde.

In dieser Zeit vor dem Kriege konnte Hitler noch heiter und humorvoll sein und wußte, wie wertvoll diese Eigenschaften sein konnten. »Ein humorvolles Wort in schwieriger Situation hat schon oft Wunder gewirkt«, meinte er, »das war nicht nur im Weltkrieg so, sondern auch in der Kampfzeit.« Das änderte sich jedoch ganz und gar, als 1941/42 die ersten Rückschläge hereinbrachen. Hitler wurde ab da immer verschlossener und fast unzugänglich.

Er sprach auch oft von den finanziellen Nöten, in der die Partei früher steckte, wenn ein Wechsel fällig wurde, der von ihm unterschrieben war, und wie sich dann in letzter Minute doch noch ein Retter fand. Er erzählte gern folgendes Beispiel: »Ich hatte für die Partei einen Wechsel über 40 000 Mark unterschrieben. Gelder, die ich erwartete, blieben aus, die Parteikasse war leer und der Fälligkeitstermin rückte immer näher, ohne daß ich die Hoffnung hatte, das Geld noch zusammenzubringen. Ich erwog bereits den Gedanken, mich zu erschießen, denn mir blieb kein anderer Ausweg. Vier Tage vor dem Fälligkeitstermin erzählte ich Frau Geheimrat Bruckmann[153] von meiner mißlichen Lage, die sofort die Sache in die Hand nahm, Geheimrat Kirdorf[154] anrief und mich veranlaßte, zu ihm zu fahren. Kirdorf erzählte ich von meinen Plänen und gewann ihn sofort für mich. Er stellte mir das Geld zur Verfügung und so konnte ich den Wechsel noch rechtzeitig einlösen.«

Hitler erzählte auch, daß er in Landsberg an seinem Buch ›Mein Kampf‹ selbst tippte oder Heß diktiert habe.[155] Er teilte dort seinen Tag ganz genau ein und reduzierte seinen Lesestoff auf Geschichte, Philosophie und Biographien. Er beschäftigte sich auch in Landsberg mit Plänen für den Straßenbau und den Bau eines für jeden Volksgenossen erschwinglichen Autos, das 990,- Mark kosten und vier Personen Platz bieten sollte. Wie der Maikäfer, der seine Garage gleich dabei hat, sollte das Auto aussehen. Der Plan zur Autobahn entstand, wie seine Idee zum Volkswagen,[156] bei Hitler schon 1922 und er sagte, daß er in Landsberg bereits Pläne dafür gezeichnet habe. Auch die Deutsche Alpenstraße wäre seine Idee. Hierdurch sollten den Menschen die Schönheit der Gebirgswelt erschlossen werden. Die Queralpenstraße von Lindau bis Berchtesgaden war sein 2. Programmpunkt.

Es gab eigentlich kein Thema, das nicht berührt wurde: Architektur, Malerei, Bildhauerei, Theater, Film, Künstler etc. waren ein unerschöpflicher Gesprächsstoff. Trat wirklich einmal eine etwas beklemmende Pause ein, so brauchte man nur eines der vielen Themen anzutippen, und schon war Hitler wieder in seinem Fahrwasser.

Ein beliebtes Thema war immer die Kirche. Hitler hatte keine Bindung an die Kirche. Er hielt die christliche Religion für eine überlebte heuchlerische und menschenfängerische Einrichtung. Seine Religion waren die Naturgesetze. »Die Wissenschaft ist sich noch nicht darüber im klaren«, meinte er, »aus welcher Wurzel das Geschlecht der Menschen entspringt. Wir sind wohl das höchste Entwicklungsstadium irgendeines Säugetieres, das sich vom Reptil zum Säugetier, vielleicht über den Affen zum Menschen entwickelt hat. Wir sind ein Glied der Schöpfung und Kinder der Natur und für uns gelten die gleichen Gesetze wie für alle Lebewesen. Und in der Natur herrschte das Gesetz des Kampfes von Anfang an. Alles Lebensunfähige und alles Schwache wird ausgemerzt. Erst der Mensch und vor allem die Kirche haben zum Ziel gesetzt, gerade das Schwache, das Lebensuntüchtige und Minderwertige künstlich am Leben zu erhalten.«

Hilter war klug genug zu wissen, daß er den moralischen Halt, den der religiöse Glaube bot, nicht rücksichtslos beseitigen konnte, und er ist bis zum Schluß Mitglied der katholischen

Kirche geblieben, wollte aber nach dem Krieg sofort austreten. Dieser Akt sollte dann vor der Welt symbolische Bedeutung haben: Für Deutschland sollte er den Abschluß einer geschichtlichen Epoche und für das Dritte Reich den Beginn einer neuen Ära bilden.

Über den Schlußkongreß in Nürnberg bei den Reichsparteitagen äußerte er einmal: »Der Schlußkongreß muß so feierlich aufgezogen werden wie eine katholische Messe. Das Hereintragen der Standarten, der ganze Ablauf des Kongresses muß wie ein Ritual in der katholischen Kirche vor sich gehen.« Auch plante er Massentrauungen mit 50 oder 100 Paaren. »Durch die Massentrauungen wird es möglich, die Feiern sehr festlich zu gestalten.« Große Musikkapellen, dekorativer Blumenschmuck etc.

Er erzählte auch von den fürsorglich-mütterlichen sich für ihn aufopfernden Frauen der guten Gesellschaft, in deren Salons sich für ihn oft neue Verbindung erschlossen. Er sagte aber auch, daß sich in ihm oft der Eindruck verstärkte, »... daß er wie ein Affe im Zoo vorgeführt wurde!«

Eines Tages nach der Renovierung des Radziwill-Palais, wurde ich schon am Vormittag, so gegen 10 bis 11 Uhr, nach drüben in die Kanzlerwohnung gerufen. Im Eßzimmer saß Hitler mit seinen Adjutanten beim Frühstück. Ich durfte am Tisch Platz nehmen. Kaum hatte ich mich hingesetzt, führte der Diener Karl Krause eine sehr junge und hübsche Blondine in das Zimmer. Es war die Baroneß Sigrid von Laffert,[156a] deren Foto zu der Zeit gerade das Titelbild der Berliner Illustrierten mit der Unterschrift: »Ein deutsches Mädchen!« schmückte.

Sie war die Tochter eines Offiziers aus Doberan in Mecklenburg, bekannter jedoch als Nichte der Exzellenz Viktoria von Dirksen,[157] über die David Irving in seiner wirklich sehr oberflächlich hingehauenen Analyse, ›Wie krank war Hitler wirklich‹, erschienen 1980 im Wilhelm Heyne-Verlag München, auf Seite 27 folgendes Märchen erzählt: »Da war zum Beispiel Viktoria von Dirksen, eine ehrgeizige ›Hundertfünfzigprozentige‹ Nationalsozialistin, die es schaffte, dem Führer einmal eine einundzwanzigjährige bildhübsche Verwandte nackt in sein Bett in der Reichskanzlei zu praktizieren. Dort fand Hitler

sie; er hat die junge Dame nur höflich gebeten, sich anzuziehen und den Raum zu verlassen.« Wie gesagt, ein Märchen...
Viktoria von Dirksen führte einen politischen Salon, dessen Glanzstück oft Hitler war. In späteren Jahren machte Hitler im Treppenzimmer Bemerkungen über die Einladungen, und sagte: »...daß er sich dort wie ein exotisches Tier im Zoo vorgekommen sei, das neugierig von allen als Attraktion betrachtet wurde!« Zu dieser Zeit genoß er aber wohl noch die Einladungen der Exzellenz. Ihrer hübschen Nichte ging er jedenfalls sichtlich erfreut über ihr Erscheinen ein paar Schritte entgegen. Entweder sagte er dabei: »Da kommt mein Sonnenschein« oder »Die Sonne geht auf!«, das weiß ich nicht mehr sicher. Auf jeden Fall war Hitlers Schwärmerei für Sigrid von Laffert nicht zu übersehen, was auch wohl Eva Braun in München nicht verborgen blieb.
Hier möchte ich noch einiges über Hitler anführen. Hitlers Kleidung war von reiner Zweckmäßigkeit bestimmt. Jede Anprobe von Kleidungsstücken war Hitler lästig. Da er seine Reden durch lebhafte Hand- und Armbewegungen unterstrich und es auch liebte, beim Auf- und Abgehen während des Sprechens, besonders bei ihn erregenden Themen, seinen Körper zu dehnen, was vorwiegend durch das Hochziehen der rechten Schulter geschah, hatte er eine Aversion gegen enganliegende Kleidung. Der Schneider[158] war angewiesen, alle Anzüge und Uniformen so bequem zu arbeiten, daß er in seiner Bewegungsfreiheit nicht behindert wurde.
Sein zeitweiliges Hochziehen der rechtenSchulter mag darauf zurückzuführen gewesen sein, daß seine linke Schulter steif war.[159] Beim Putsch am 9. November 1923 war Hitler gestürzt. Der Sturz auf das Straßenpflaster hatte die Gelenkpfanne der linken Schulter gesprengt. Dr. Walter Schultze,[160] der Mann von Ada Klein, der zu dieser Zeit Leiter des Sanitätstrupps der SA gewesen war, gelang es nicht, Hitler zu bewegen, sich im Krankenhaus röntgen zu lassen. Hitler fürchtete »dort um die Ecke gebracht zu werden«. So wurde die Schulter nie richtig behandelt und blieb seit dieser Zeit etwas steif, was mir bei ihm oft aufgefallen ist.
Obwohl Hitler mit den etwas hängenden Schultern und dem

weiten Rock eine nicht gerade elegante Figur bot, wirkte er doch irgendwie respektgebietend. Sobald er einen Raum betrat, blickten alle Anwesenden auf ihn. Mir erscheint es im nachhinein noch so, als sei dies darauf zurückzuführen, daß er nie schnell ausschritt. Sein Gang war eigentlich immer gemessen, fast feierlich gewesen, wenn er zur Begrüßung auf einen Menschen zuging. Dieses Verhalten wirkte sich auf den anderen, der sich sonst wahrscheinlich viel freier und ungezwungener zu bewegen pflegte, dämpfend aus. Hitler wollte immer der Überlegene sein! Des öfteren sprach er davon, »...daß es Besucher unsicher mache, wenn sie in der Neuen Reichskanzlei die lange spiegelglatte Marmorhalle und dann sein großes Arbeitszimmer durchqueren müßten, bis sie an seinen Schreibtisch gelangten.«
Hitlers Augen fand ich ausdrucksvoll. Sie blickten meistens interessiert-forschend und belebten sich zusehends während des Sprechens. Sie konnten warmherzig blicken oder Entrüstung ausdrücken, aber auch Gleichgültigkeit und Verachtung. In den letzten Monaten vor Kriegsende verloren sie an Ausdruckskraft, sie waren von einem verschwommenen, ausgebleicht wirkenden hellen Blaßblau und etwas vorgequollen.
Aus der Stimme Hitlers war seine jeweilige Stimmung genau herauszuhören. Sie konnte ungemein ruhig, klar, prägnant und überzeugend sein, aber auch erregt, sich immer mehr steigernd und überschlagend vor Aggression. Manchmal war sie auch eiskalt. »Eiskalt«, oder »da bin ich eiskalt«, war übrigens ein vielgebrauchtes Wort von ihm. »Es ist mir völlig gleichgültig, was mal die Nachwelt von den Methoden sagen wird«, sagte er öfters, »die ich anwenden mußte.« Auch »rücksichtslos« war ein viel gebrauchtes Wort von ihm: »rücksichtslos durchgegriffen«, meinte er oft, »koste es, was es will!« Weitere viel zitierte Worte waren noch »mit brutaler Gewalt« und »mit brutaler Energie« sowie die Feststellung: »...einfach idiotisch!«
Hitlers Nase war sehr groß und ziemlich spitz. Ich weiß nicht, ob seine Zähne jemals schön gewesen sind. Zum Schluß 1945 waren sie jedenfalls gelb, und er roch aus dem Mund. Sicher war es günstig, seinen sehr schmalen Mund durch ein Bärtchen zu verdecken. Zu Ada Klein meinte er in den Jahren ihrer Freundschaft: »Viele sagen, ich solle mir den Bart abnehmen. Aber das

ist unmöglich. Stell Dir mein Gesicht ohne Bart vor!« Dabei hielt er seine Hand wie einen Teller unter seine Nase. »Ich habe doch eine viel zu große Nase. Das muß ich durch den Bart abmildern!«
Schön fand ich Hitlers Hände, sowohl in Bewegung wie in Ruhelage. Obwohl sie nicht manikürt waren, wirkten sie mit den kurzgeschnitten Nägeln gepflegt. An den Gelenken zeigten sich im Laufe der Jahre eine zunehmende Verdickung. Einem Fotografen von Heinrich Hoffmann, vielleicht war es Hoffmann auch selbst, gelang während eines Fluges einmal eine sehr schöne Aufnahme, wie Hitlers Hände an seiner Sitzlehne Halt suchen.
Schmuck lehnte Hitler ab. Selbst seine goldene Uhr trug er lose in der Rocktasche. Sie war immer um ein paar Minuten vorgestellt, damit er pünktlich zu Veranstaltungen und Besprechungen kam. Er mißtraute der Zuverlässigkeit seiner Diener bzw. Adjutanten, obwohl er sie immer nach der Zeit fragte.
Ab 1933 mied Hitler die persönliche Berührung mit Geld, dies schien ihm unangenehm zu sein. Er überließ die Bezahlung seinem Adjutanten Schaub. Bis 1933 führte er eine Brieftasche bei sich und trug das Hartgeld lose in der Jackentasche. Laut Ada Kleins[161] Erzählung gab er z. B. beim Bezahlen des Taxis immer sehr noble Trinkgelder, »...fast genau so viel, wie die Fahrt ausgemacht hatte.« Ada wiederholte seine oft geäußerte Meinung: »Reiche Leute sind geizig, am Trinkgeld sparen sie!«
Daß es Männer gab, die ewig auf der Suche nach neuen Krawatten waren, amüsierte Hitler. »Ich kaufte mir, wenn mir eine Krawatte gefiel, gleich mehrere von der gleichen Sorte«, sagte er einmal. Später trug er sowieso nur noch schwarze Krawatten zur Uniform. Auf Abwechslung in seiner Kleidung legte er keinen Wert.
Über die Mode sprach Hitler selten. Dennoch konnte er sich mit überraschendem Geschmack über ein Kleid unterhalten und seiner Trägerin Komplimente machen. Über gewisse Modetorheiten, wie z. B. Schuhe mit hohen Korksohlen, machte er sich lustig. Aber ich bin überzeugt, daß alles nur Berechnung war. Ich habe oft gehört, wie Hitler bewundernd zu Eva Braun sagte: »Ach, Du hast ja ein neues Kleid an!«, worauf sie empört

erwiderte: »Geh, das kennst Du doch schon, das habe ich doch schon oft angehabt.«
Großen Wert legte Hitler auf Hygiene. Er badete täglich, oft mehrmals am Tage, vor allem nach Versammlungen und Reden, von denen er ganz verschwitzt zurückkam. Seine Haut wirkte sehr zart. Wahrscheinlich rasierte er sich deshalb auch immer selbst. Viel Arbeit hatte ein Diener nicht mit ihm. Anfang der 30er Jahre wurde Hitlers Wäsche einer großen Berliner Wäscherei übergeben, die die Oberhemden, damit sie in Form blieben, mit Nadeln feststeckten. Wenn Hitler auch kaum Anstände mit seinen Dienern hatte, aber darüber konnte er sich sehr ärgern, wenn sein damaliger Diener Karl Krause vergessen hatte, die Nadeln zu entfernen.
Hitler war ein ausgesprochener Willensmensch. Während des Parteitags 1933 wurde ich überraschend nach Nürnberg in den Deutschen Hof beordert. Hitler diktierte Johanna Wolf und mir nachts die Reden, die er am anderen Tage hielt. Wir blieben tagsüber meist im Hotel und sahen vom Fenster aus zu, wie Hitler den Vorbeimarsch der SA, SS und des Arbeitsdienstes abnahm. Es war für mich überraschend, wie Hitler stundenlang mit ausgestrecktem Arm stehen konnte. Während einer Teestunde sagte er, »...daß ihm ein tägliches Training mit dem Expander zu dieser Leistung befähige, daß aber außerdem ein starker Wille dazu gehöre. Zumal versuche er, jedem vorbeimarschierenden Mann in die Augen zu sehen, um ihm das Gefühl zu geben, gerade ihn habe er angesehen.« Und das war damals tatsächlich oft zu hören: »Der Führer hat mich gesehen, er hat mich ganz fest angeblickt.«
Es ist noch zu erwähnen, daß Hitler keinerlei Sport betrieb. Pferde mochte er nicht, den Schnee haßte er (besonders nach dem Winter 1941/42) und der Sonnenschein bereitete ihm Übelkeit. Hitler, der die Sonne nicht liebte, hatte den Berghof gerade deswegen gekauft, wie er einmal sagte, weil er auf der Nordseite des Obersalzberg lag. Das Haus befand sich den ganzen Tag über im Schatten und die dicken Mauern verhinderten das Eindringen der Tageswärme. Es war selbst im Sommer meist kühl darin und bei Regenwetter empfindlich kalt. Hitler liebte diese Kälte, aber seinen Gästen war sie unangenehm. Vor dem

Wasser hatte Hitler große Scheu. Ich glaube nicht, daß er schwimmen konnte. Eines Tages sagte er: »Die Bewegung, die ein Mensch in der Ausübung seiner Tagesarbeit tut, reicht aus, um den Körper in Form zu halten.«

Hitler verstand es zweifellos, seine Mitmenschen während einer Unterhaltung durch einen unbestreitbaren Charme, in seinen Bann zu ziehen. Selbst die verwickeltsten Themen konnte er klar und einfach erläutern. Außerdem trug er sie mit so großer Überzeugungskraft vor, daß seine Zuhörer fasziniert waren. Er besaß eine außergewöhnliche Suggestivkraft, der es wohl auch zuzuschreiben war, daß Menschen, die verzweifelt zu ihm kamen, vertrauensvoll wieder fortgingen.

Ich erinnere mich z. B., daß im März 1945 der Gauleiter Forster[162] von Danzig völlig verzweifelt nach Berlin kam. Er erzählte mir, daß 1100 russische Panzer vor Danzig stünden, denen die Wehrmacht alles in allem nur vier Tiger[162a] entgegenzusetzen hätte, die dazu nicht einmal über den nötigen Brennstoff verfügten. Forster war entschlossen, mit seiner Auffassung nicht zurückzuhalten und Hitler die ganze Wahrheit über die Lage in Danzig zu sagen.

Ich bestärkte Forster, nun auch wirklich die ganze Wahrheit zu sagen. Er gab mir zur Antwort: »Darauf können Sie sich verlassen, ich sage ihm alles, selbst auf die Gefahr hin, daß er mich rausschmeißt.« Wie groß war meine Überraschung, als er nach der Unterredung mit Hitler völlig verwandelt zurückkehrte. »Der Führer hat mir für Danzig neue Divisionen versprochen«, sagte er erleichtert. Mein skeptisches Lächeln bemerkend erwiderte er: »Freilich, ich weiß nicht, woher er sie nehmen soll. Aber er hat mir erklärt, daß er Danzig retten wird, und da gibt's nichts mehr zu zweifeln.« So wirkte Hitlers Suggestivkraft.

Hart und unbeugsam, wie Hitler oft gegen andere vorging, war er auch gegen sich selbst. Er schonte seine Kräfte in keiner Weise. Er verwarf jede Müdigkeit und mutete sich ununterbrochene Anstrengungen zu. Er war von dem Wahn befallen, daß ein eiserner Wille alles vermöge. Kein Wunder, daß ihm das Zittern seiner linken Hand äußerst peinlich war. Das Bewußtsein, ab 1944 nicht mehr völlig Herr seines Körpers zu sein, belastete ihn sehr. Wenn überraschte Besucher auf seine zitternde Hand blickten, bedeckte Hitler sie instinktiv mit seiner anderen Hand. Trotz aller Willensanstrengung konnte er das Zittern nicht verhindern.

Hitler blieb aber bis zum Schluß Herr über seine Gefühle. Traf z. B. im Laufe einer privaten Unterhaltung eine Hiobsbotschaft ein, so verriet nur die Bewegung seiner Kinnbacken innere Bewegung, und er setzte die Unterhaltung mit Ruhe fort. Ich erinnere mich z. B. an die Nachricht von der Zerstörung der Möhne- und der Edertalsperre, durch die große Teile des Ruhrgebiets überschwemmt wurden. Hitlers Gesicht war beim Lesen der Meldung zu Stein geworden, aber das war auch alles. Niemand hätte wahrnehmen können, wie tief dieser harte Schlag ihn beeindruckte. Erst nach Stunden oder Tagen kam er auf solch einen Vorgang zurück, gab aber dann seinen Gefühlen Ausdruck.

Mit ebenso erstaunlicher Beherrschung konnte Hitler Geheimnisse bewahren. Er war überzeugt davon, daß ein jeder nur das zu wissen hat, was er unbedingt zur Ausübung seines Amtes braucht. Oft sagte er: »Ein Geheimnis, das zwei wissen, ist kein Geheimnis mehr.« Niemals hat er über seine geheimen Absichten und Pläne gesprochen und hat auch niemals eine Andeutung über eine bevorstehende Operation oder dergleichen gemacht.

Von seiner Jugend an hatte Hitler einen gewaltigen Lesehunger. Er erzählte eines Tages, »...daß er während seiner Wiener Jugendzeit die ganzen fünfhundert Bände, die den Bestand einer städtischen Bücherei bildeten, verschlungen habe.« Diese Leidenschaft, Bücher zu lesen und sich ihre verschiedensten Stoffe anzueignen, brachte ihn dazu, seine Kenntnisse auf fast alle Gebiete der Literatur und Wissenschaft auszudehnen. Ich war jedesmal erstaunt, mit welcher Genauigkeit er sich in der geographischen Beschreibung eines Gebietes erging oder über Kunstgeschichte sprach oder sich gar über komplizierte technische Gegenstände ausließ.

In der gleichen Weise konnte er mit einer Unzahl verblüffender Einzelheiten über die Bauart von Theatern, Kirchen, Klöstern und Schlösser sprechen. Selbst noch in der Zeit seiner Festungshaft in Landsberg hat er unermüdlich die historischen Bauwerke der verschiedensten europäischen Länder studiert. Er

rühmte sich oft,»...ihre architektonischen Schönheiten besser zu kennen als selbst die Experten jener Länder.«
Der Oberbürgermeister von München,[163] mit dem er gern die bauliche Erweiterung und Verschönerung der Stadt besprach, erzählte, wie überrascht er war, wenn Hitler sich noch der kleinsten, vor Monaten besprochenen Einzelheiten entsann. Es kam vor, daß Hitler ihm vorwurfsvoll erklärte:»Vor sechs Monaten sagte ich Ihnen doch, daß ich dies so gestaltet haben wollte!« Und Hitler wiederholte dann Wort für Wort den über diesen Punkt geführten Gedankenaustausch.[164]
Hitler behielt nicht nur Namen, Bücher und Zahlen, sondern besonders leicht auch die Gesichter seiner Mitmenschen in der Erinnerung. Er entsann sich genau der Zeit, des Raums und der Umstände, unter denen er einem Menschen begegnet war. In seiner Erinnerung hafteten alle Menschen, die er im Laufe seines bewegten Lebens kennengelernt hatte, wobei ihm häufig noch überraschende persönliche Einzelheiten einfielen. Ebenso konnte er bis ins kleinste die Atmosphäre und den Verlauf von Massenversammlungen beschreiben, in denen er gesprochen hatte. Die Kameraden seiner Jugend, der Wiener Zeit, des Weltkrieges, der Kampfzeit und der Jahre der Machtergreifung hatten sich mit allen ihren Eigentümlichkeiten in seinem Gedächtnis tief eingeprägt.
War Hitler z. B. guter Laune, so machte es ihm Spaß die großen Empfänge in der Reichskanzlei zu beschreiben. Er hatte genau im Gedächtnis behalten, welches Kleid die eine oder andere Künstlerin getragen hatte. Und ebenso konnte er noch die ernsten oder heiteren Gespräche wiedergeben, die er mit seinen Gästen geführt hatte.
Mit seinen Eindrücken von Theaterstücken oder Filmen war es nicht anders. Bis in die letzte Einzelheit erzählte er uns von Stücken, die er als junger Mann in Wien gesehen hatte. Er erwähnte die Namen der Schauspieler und wußte noch genau, wenn sie von der Kritik jener Zeit abfällig behandelt worden waren. Sehr oft habe ich mich gefragt, wie ein menschliches Gehirn so viele Dinge und Tatsachen aufspeichern konnte.
Es steht fest, daß Hitler von Jugend auf mit einem ungewöhnlichen Gedächtnis begabt war, aber sein Geheimnis lag darin, daß

er es Tag für Tag schulte und erweiterte. Er erklärte uns, daß er sich beim Lesen bemühe, das Wesentliche zu erfassen und sich einzuprägen. Er hatte die Gewohnheit oder die Methode, während der Teestunden und bei den Plaudereien am Kamin über ein Thema, das er aus einer Lektüre behalten hatte, mehrere Male zu sprechen, um es auf diese Weise immer fester in sein Gedächtnis zu verankern.
Hitler schien in der Lage zu sein, einer nicht allzu rasch geführten englischen und französischen Unterhaltung folgen zu können, aber er erklärte: »Ich bemühe mich nicht, eine fremde Sprache zu sprechen, denn es kommt bei den Unterredungen mit Ausländern auf jedes Wort an. Während mein Dolmetscher übersetzt, gewinne ich Zeit über neue treffende Formulierungen nachzudenken.«
Doch so sehr Hitler bestrebt war, seine Mitmenschen mit seinem reichen Wissen zu überraschen und ihnen damit seine Überlegenheit zu zeigen, so sehr hütete er sich, ihnen die Quellen seiner Kenntnisse zu verraten. Er verstand es glänzend, seine Zuhörer glauben zu machen, daß alles, was er sagte, das Ergebnis eigener Überlegungen und eigenen kritischen Denkens sei. Er konnte ganze Buchseiten hersagen und damit den Eindruck erwecken, daß seine Darlegungen aus eigener Erkenntnis kämen. Fast alle, mit denen ich darüber gesprochen habe, waren überzeugt, daß Hitler ein tiefer Denker wäre, ein wunderbar scharfsinniger und analytischer Geist.
Am Anfang meiner Tätigkeit wollte ich mir eines Tages Klarheit darüber verschaffen. Hitler hatte uns mit einer geradezu philosophischen Abhandlung über eines seiner Lieblingsthemen überrascht. Zu meinem Erstaunen stellte ich fest, daß das nur die Wiedergabe einer Seite von Schopenhauer war, die ich kurz vorher selber gelesen hatte. Ich nahm meinen ganzen Mut zusammen und machte ihn auf die Übereinstimmung aufmerksam. Hitler, ein wenig überrascht, warf mir einen Blick zu und antwortete dann in einem väterlichen Ton: »Vergessen Sie nicht, mein Kind, daß alles Wissen nur von anderen stammt und daß jeder Mensch nur einen winzigen Teil selber dazu beiträgt.«
In der gleichen überzeugenden Art sprach Hitler über berühmte Männer, fremde Länder, über Städte, Bauwerke, Theater-

stücke, ohne sie jemals gekannt oder gesehen zu haben. Die sichere und entschiedene Art, sich auszudrücken, und die klare Dialektik, mit der er seine Gedanken formulierte, mußten seine Zuhörer überzeugen, daß er tatsächlich alles aus eigenem Erleben kannte. Man mußte glauben, daß er alles, was er in seinen Erzählungen mit so erstaunlicher Genauigkeit vortrug, er wirklich selbst gedacht oder erlebt hatte. Z. B. gab er uns eines Tages eine strenge Kritik über ein Theaterstück, das er, wie ich wußte, gar nicht gesehen hatte. Ich fragte ihn deshalb, wie er Regie und Schauspieler so verurteilen könne, ohne das Stück gesehen zu haben. Er antwortete: »Sie haben recht, aber Fräulein Braun war im Theater und hat mir alles erzählt.«

Nach diesem gedanklichen Ausflug zurück ins Treppenzimmer, wo ich damals den Bereitschaftsdienst absaß, bis ein Diener durch die Flügeltür ins Zimmer rief: »Der Chef läßt zum Diktat bitten!« Also auf, dem Diener nach. Er öffnete die Tür zur Bibliothek und schloß sie von draußen. Anschließend hing der Diener ein Schild an die Türklinke »Nicht stören«.

Der Chef war in der Regel nebenan in seinem Arbeitszimmer, meist im Stehen über den Schreibtisch gebeugt und mit dem Festhalten von Stichworten für seine Rede beschäftigt. Oft nahm er von meiner Anwesenheit gar keine Notiz. Vor dem Diktat existierte ich für ihn nicht, und ich bezweifle, daß er mich oft am Schreibmaschinentisch sitzend sah.

Eine Weile tat sich so meist gar nichts. Dann stellte er sich neben die Maschine und begann mit ruhiger Stimme, meist weit ausholend zu diktieren. Allmählich in Form gekommen, wurde Hitler schneller. Pausenlos folgte ein Satz dem andern, wobei er im Zimmer auf- und abging. Manchmal hielt er im Gehen inne, blieb eine Weile versonnen vor Lenbachs Bismarck-Portrait stehen, gleichsam sich selbst sammelnd, um dann seine Wanderung wieder aufzunehmen. Bis er dann seinen Wortfluß wieder unterbrach, z. B. vor der Kommode stehen blieb und eine der kleinen Broncefiguren in die Hand nahm. Er betrachtete sie eine Zeit lang und stellte sie dann wieder auf ihren Platz zurück.

Sobald er sich in seiner Rede mit dem Bolschewismus beschäftigte, nahm Erregung von ihm Besitz. Seine Stimme überschlug sich oft. Das geschah auch, wenn er Churchill[165] oder Roose-

velt[166] erwähnte. Da war er in der Wahl seiner Worte nicht zimperlich. Wiederholten sich die erläuternden Bezeichnungen, wie »Whiskysäufer« (bei Churchill) und »Bluthund« (bei Stalin[167]) zu oft, unterschlug ich sie einfach. Merkwürdigerweise hat er das bei der Korrektur niemals beanstandet, ein Zeichen dafür, wie echt seine Erregung war!
Seine Stimme konnte in solchen Situationen bis zur höchsten Lautstärke anschwellen, sie überschlug sich quasi, und er gestikulierte dabei lebhaft mit den Händen. Röte stieg in sein Gesicht und zornig glänzten seine Augen. Wie angewurzelt blieb er dann stehen, so als habe er den betreffenden Gegner direkt vor sich. Ich bekam während des Diktates manchmal rasendes Herzklopfen, so übertrug sich Hitlers Erregung auf mich. Sicher wäre es leichter gewesen, die Diktate stenographisch festzuhalten, doch das wollte Hitler nicht. Offensichtlich fühlte sich Hitler beflügelt, wenn er das rhythmische Maschinengeklapper hörte. Außerdem hatte er es auch immer gleich schriftlich vor den Augen, was er gerade gesagt hatte. Während des Diktats sprach er kein privates Wort.
Bei den Diktaten handelte es sich in der Regel um die Reden für den Reichstag, für Versammlungen, für den Reichsparteitag, zur Eröffnung der verschiedensten Ausstellungen, wie z. B. Automobilausstellung, Kunst-Ausstellungen, Landwirtschaftsausstellungen, Technische Ausstellungen sowie Reden zur Grundsteinlegung öffentlicher Gebäude, zur Eröffnung von fertiggestellten Strecken der Reichsautobahn, beim Neujahrsempfang der Diplomaten usw. Auch Briefe an fremde Staatsoberhäupter, wie Mussolini,[168] Antonescu,[169] Horthy,[170] Innonü,[171] Marschall Mannerheim[172] u. a. wurden diktiert.
Private Briefe diktierte er nur, wenn wirklich ein Anlaß vorlag, wenn es also darum ging, einen Dank abzustatten oder zu kondulieren. Zu Geburtstagen gratulierte er Frau Goebbels,[173] Frau Göring,[174] Frau Ley,[175] Frau Winifred Wagner[176] u. a. nur handschriftlich auf weißen Karten, die links oben das Hoheitszeichen mit seinem Namen in Gold trugen.
Dieses Diktieren in die Maschine erforderte äußerste Konzentration, Mitdenken und auch Intuition, da manche Satzteile Hitlers einfach verloren gingen. Zunächst sprach er nicht

immer allzu deutlich und beim Auf- und Abgehen in dem großen Raum verwandelte sich seine Stimme oft in ein Echo. Dazu kam das mechanische Maschinengeräusch. Elektrische Schreibmaschinen hatten wir damals noch nicht. Da Hitler in der Öffentlichkeit nie eine Brille trug, wurden später Schreibmaschinen mit 12 mm großen Typen angefertigt, die Hitler ein Lesen seiner Reden in der Öffentlichkeit ohne Brille ermöglichten.

Die Silenta-Maschinen hatten zwar den Vorteil, nicht sehr laut zu klappern, dafür aber auch den Nachteil, daß sich die Typen bei allzu schnellem Schreiben gerne verhedderten. Da Hitler so etwas anscheinend nicht bemerkte oder auch nicht bemerken wollte und in seinem Diktat fortfuhr, war das natürlich für die Schreiberin fatal und löste oft eine innere Nervosität aus. Man bekam Angst, daß man durch das Inordnungbringen der Typen den Anschluß verpassen könnte, daß der Text Lücken bekommt. Deshalb hatte ich auch immer ein bißchen Herzklopfen bei der anschließenden Korrektur durch Hitler.

Das spielte sich dann so ab. Mit dem Diktat fertig, nahm Hitler ausnahmsweise an seinem Schreibtisch Platz, setzte seine goldgeränderte Brille auf, nahm den altmodischen schwarzen Federhalter mit der Redisfeder in die Hand und tauschte Wörter aus, strich welche oder fügte neue hinzu, und zwar alles in seiner Frakturschrift. Von Zeit zu Zeit schaute er zu mir hoch und sagte: »Schauen Sie her, Kind, ob Sie das lesen können!« Wenn ich bejahte, klang seine Stimme fast ein wenig resigniert: »Ja, ihr könnt meine Schrift besser lesen als ich selbst!«

Mit der Korrektur allein war es aber niemals abgetan. Nach jeder vorgenommenen Verbesserung mußte alles noch mal neu geschrieben werden. Und es ist nicht nur einmal passiert, daß ihm die letzten Blätter ans Auto gebracht werden mußten, in dem er bereits Platz genommen hatte. Zu jener Zeit gab es noch den persönlichen Kontakt mit ihm. So bat ich ihn einmal bei der Übergabe der letzten Blätter vor der Fahrt in den Reichstag, er möge nicht so laut sprechen, das Mikrofon würde bei zu großer Lautstärke seine Stimme verzerren. So etwas hörte sich Hitler in den Jahren bis 1937/38 ohne Murren an. Zu dem hatte jede Sekretärin »ihre Zeit«, wo sie von ihm eine Zeitlang bevorzugt wurde.

Einmal ist es z. B. vorgekommen, daß mir eine seiner Formulierungen gar nicht gefiel. Ich wagte es zu sagen, worauf er mich anschaute und gar nicht böse oder beleidigt sagte: »Sie sind der einzige Mensch, von dem ich mich korrigieren lasse!« Ich war so perplex, vielleicht aber auch ungläubig, daß ich vergaß Dankeschön zu sagen.

Seit Beginn des Krieges hielt Hitler keine Rede mehr ohne ein Manuskript. »Ich spreche am liebsten und am besten frei aus dem Kopf«, sagte er einmal, »aber jetzt im Krieg muß ich jedes Wort auf die Goldwaage legen, denn die Welt ist aufmerksam und hellhörig. Wenn ich aus einer spontanen Stimmung heraus einmal ein unrechtes Wort sagen würde, könnte das zu schweren Verwicklungen führen!« Nur bei internen Anlässen, z. B. vor Gauleitern, Offizieren oder Industriellen sprach Hitler frei und ohne Vorlage.

War Hitler mit dem Entwurf seiner Rede fertig, schien er wie von einer Last befreit. Hatte er z. B. die Rede bei einem Aufenthalt am Berghof fertig diktiert, so verkündete er am anderen Tag beim Mittagessen, daß er mit seiner Rede fertig sei und er sich davon einen großen Erfolg erwarte. Stets lobte er dann auch die Tüchtigkeit seiner Sekretärinnen oder, wie er uns anfänglich nannte, seiner »Schreibkräfte«. Manchmal traten wir ja zu zweit an, d. h. eine löste die andere nach ein paar Stunden Diktates ab. Der Chef sagte oft: »Sie schreiben schneller, als ich diktiere, sie sind halt wahre Königinnen auf der Schreibmaschine!«

Hieran schloß sich meistens seine Erzählung, welche Schwierigkeiten sich in früheren Jahren immer ergeben hatten, wenn er z. B. zu Besuch auf einer Gauleitung etwas diktieren wollte. »Meistens«, so erzählte er, »waren die Mädchen, wenn sie mich sahen, so aufgeregt, daß Ihnen das Blut ins Gesicht stieg und sie nichts zuwege brachten. Ich habe dann, wenn ich das merkte, das Diktat unter irgendeinem Vorwand, z. B. ich müsse noch eine Nachricht abwarten, abgebrochen.« Ich fand dies taktvoll von Hitler, denn es war nicht einfach, für ihn zu arbeiten.

»Soll ich mal meine eigenen Schreibkünste zeigen?« fuhr er dann manchmal im Scherz fort. »Das sieht bei mir ungefähr so aus.« Und dann tat er so, als ob eine Schreibmaschine vor ihm stünde, auf der er schreiben wolle. Er spannte einen Bogen Papier ein, zupfte ihn gerade, drehte an der Walze und begann dann abwechselnd unter dem Beifall spendenden Gelächter der Gäste mit dem rechten und linken Zeigefinger zu tippen, vergaß dabei auch nicht, den Transporthebel zu betätigen bzw. die Umschalt- und Leertaste zu drücken. Er führte die Bewegungen so plastisch aus, wie es kein Pantomime von Beruf hätte besser machen können. Er hatte ohne Zweifel großes schauspielerisches Talent und die Fähigkeit, Menschen zu imitieren.

Mit Hitler auf Reisen

Bis zum Jahr 1937 hatte Hitler jeweils nur eine Sekretärin auf seinen Reisen dabei, und zwar abwechselnd Frl. Wolf oder mich. Unser Privatleben kam immer zu kurz und fand nur am Rande statt. Wenn wir schon einmal frei hatten, mußten wir immer hinterlassen, wo wir telefonisch zu erreichen waren.
Hitler wußte, daß er uns mit seiner Arbeitsweise stark belastete, aber er wollte keine weiteren Sekretärinnen einstellen, weil er keine neuen Gesichter in seiner Umgebung ertragen konnte. Aus diesem Grunde hatten wir so gut wie keinerlei persönliche Freiheit, Tag und Nacht standen wir in Bereitschaft.
Einmal wurde ich durch Funk im Zug auf dem Weg nach Hamburg aufgefordert, sofort mit dem nächsten Zug nach Berlin zurückzukommen, ein anderesmal beim Oktoberfestzug 1937 auf einer Tribüne am Odeonsplatz sitzend, hörte ich eine Durchsage durch die Lautsprecher, »daß sich Frl. Schroeder sofort zum Prinzregentenplatz [Wohnung von Hitler] begeben möchte.« Auch Kuraufenthalte mußte ich mehrfach unterbrechen, oft nur wegen eines Diktates von Hitler.
Hitlers Prinzip, eine geplante Sache bis zum Augenblick ihrer Ausführung geheim zu halten, übte ebenfalls einen stetigen Druck auf uns aus. Die Reisen und Fahrten waren wohl immer schon vorher angesetzt, aber Hitler gab die Stunde der Abreise immer erst in der letzten Minute bekannt. Während dieser langen Wartezeit waren wir jedesmal aufs äußerste gespannt. Machte man einmal eine Andeutung darüber, wie wenig Freiheit er uns ließ, spielte Hitler den Erstaunten und versicherte: »Ich lasse doch wirklich jedem aus meiner Umgebung seine Freiheit.« In Wirklichkeit aber duldete er nicht, daß jemand seine eigenen Wege zu gehen wagte.
Als ich 1934 mehrere Wochen in der Universitätsklinik in Berlin lag, besuchte mich Hitler einen Tag vor Heiligabend in Beglei-

tung von Dr. Brandt und des Chefadjutanten Brückner. Er überreichte mir einen Strauß langstieliger rosa Rosen, die er immer zu verschenken pflegte, und ein Buch mit seiner Widmung. Gutgelaunt erzählte er, daß sich, als er dem Auto entstieg, vor der Frauenklinik in der Ziegelstraße gleich ein kleiner Volksauflauf gebildet habe. Lächelnd meinte er: »Alle, die mich jetzt in die Frauenklinik gehen sahen, werden denken, daß ich eine Freundin besuche, die von mir ein Kind kriegt.«
Dem bei den Besuch anwesenden Chefarzt, Geheimrat Prof. Dr. Stoeckel, legte er ans Herz, alles zu tun, mich schnell wieder gesund zu machen, da er mich dringend brauche. Damals war er ganz offensichtlich auf mich als Schreibkraft fixiert. Jede Sekretärin hatte »ihre Zeit« bei Hitler. Meine »Zeit« dauerte ungetrübt bis 1941/42, etwas über den Anfang des Rußlandfeldzuges hinaus.
1937 wurde dann doch eine neue Sekretärin eingestellt. Nun teilte ich Hitlers Gunst mit Gerda Daranowski,[177] die in der Privat-Kanzlei Hitlers tätig gewesen war. Bisweilen wurde sie zum Abschreiben von Reden in die Persönliche Adjutantur abkommandiert, weil meine Kollegin Johanna Wolf häufig krank war. Sie wurde nun in die Persönliche Adjutantur des Führers versetzt. Die junge Berlinerin, die nicht nur sehr tüchtig, sondern auch attraktiv und immer guter Laune war, verstand es, Hitlers Sprechlust beim Tee oder bei den Reisen im Salonwagen und im Treppenzimmer anzufachen.
Aus ihrer Tätigkeit bei Elisabeth Arden hatte Dara, so wurde sie genannt, die Fähigkeit mitgebracht, ihrem Gesicht jenen Schmelz zu verleihen, der auf fast jeden Mann reizvoll wirkte. Hitler labte sich ganz offensichtlich an dem gekonnten Make-up und machte ihr darüber unverblümt Komplimente. Da ich mit Kosmetika eher sparsam umging, sagte er dann anschließend mit einem Blick auf mich (wahrscheinlich meinte er, ich müsse ein Trostpflästerchen abbekommen), ». . . und die Schroeder hat den Verstand eines Mannes über dem Durchschnitt.« Auf diese Weise der gleichen Behandlung waren wir beide in jenen Jahren ein gutes Gespann.
Dara und ich begleiteten Hitler auch auf seiner Reise beim Anschluß von Österreich im März 1938. Nach 1945 wurden

Stimmen laut, Hitler habe Österreich gegen den Willen der Bevölkerung »heim ins Reich« geholt. Dem stand die Begeisterung, mit der Hitler und die deutschen Soldaten in Österreich empfanden wurden, entgegen.

Die fast hysterischen Freudensausbrüche waren nervenzerrüttend. Ich erinnere mich besonders an die Linzer, die bis in die tiefe Nacht hinein vor dem Hotel Weinzinger ausharrend, unentwegt riefen: »Ein Volk, ein Reich, ein Führer« oder »Wir wollen unseren Führer sehen.« Sprechchöre riefen dazwischen: »Lieber Führer sei so nett und zeig dich mal am Fensterbrett.«

Und Hitler zeigte sich ihnen immer und immer wieder. Als aber die Begeisterung auch nach Mitternacht nicht aufhören wollte, wurden die Menschen vom Begleitkommando aufgefordert, Ruhe zu geben und nach Hause zu gehen. Es wurde dann allmählich still und stiller. Die Stille hielt auch am anderen Morgen noch an. Das schien nun aber Hitler auch wieder nicht recht zu sein. Als er das Hotel verließ und ihn keine Ovation empfing, war er offensichtlich verärgert. Schaub wisperte daraufhin: »Er braucht eben einfach die Jubelrufe wie ein Künstler den Applaus.«

Von Linz fuhren wir nach Wien ins Hotel Imperial. Hitler wohnte nicht in den Fürstenzimmern, diese benutzte er nur dienstlich. Er selbst bewohnte ein kleines Appartement im 1. Stock, das im Schönbrunner Barock eingerichtet und mit märchenhaft schönen Blumenarrangements vollgestellt war.

Laufend wurden die herrlichsten Blumengebinde für Hitler im Hotel abgegeben, typische ›Wiener Sträuße‹, bestehend aus weißem Flieder mit rosa Rosen. Und dann die kostbaren Orchideen. Es war überwältigend. Dara und ich hatten uns, der Haltbarkeit wegen, lediglich der seltenen Orchideen angenommen und sie bei der Abfahrt im Auto verstaut, das dadurch zu einem Blütenmeer wurde.

Zu Tausenden hatten die Wiener vor dem Hotel gestanden, sie wurden nicht müde, nach Hitler zu rufen, er mußte zu ihnen sprechen. Am zweiten Tag unseres Aufenthaltes im Hotel besuchte Kardinal Innitzer[178] Hitler, der von diesem Besuch

offenbar sehr beeindruckt war, denn bei den Teegesprächen kam er des öfteren hierauf zurück.
Bei der Heimkehr nach Berlin umbrauste uns, ohrenbetäubend, der Jubel der Bevölkerung. Hitler-Jungen hatte alle Bäume auf dem Wilhelmsplatz bis in die höchsten Äste hinauf besetzt, schwenkten Fähnchen und jubelten stürmisch, als Hitler vorbeifuhr. Für mich war das damals alles überwältigend. Und solche Empfänge wiederholten sich 1938 bei der Rückkehr aus Italien, 1939 von Prag und später vom Polen- und Frankreichfeldzug, als Hitler auf der Spitze seiner Macht stand.
Beim Italienbesuch Hitlers vom 2. bis 9. Mai 1938 war ich die einzige Sekretärin, die im Sonderzug[179] des Führers mitfuhr. Meine Kollegin Johanna Wolf befand sich während der Romfahrt im Sonderzug von Heß, in dessen Stab sie zeitweise arbeitete. Meine jüngere Kollegin Gerda Daranowski kam per Flugzeug nach. Johanna Wolf und ich wohnten im Quirinal in Gemächern, die zwischen Parterre und ersten Stock lagen und offensichtlich für das Personal bestimmt waren. Ich erinnere mich, daß sich die halbrunden mit Holzstreben unterteilten Fenster, ganz niedrig über dem Fußboden befanden. Wir wurden betreut von einer schwarzgekleideten rundlichen Signora, die vor uns immer knickste und für unser leibliches Wohl sorgte. Es gab köstliche, mit Öl zubereitete Gemüseplatten, die den Magen gar nicht belasteten.
Von den zu Hitlers Ehren in Rom veranstalteten Paraden haben wir nichts gesehen. Wir gingen im Park des Quirinal spazieren und sahen uns Rom an. Einmal wurden wir vom Kammerdiener des italienischen Kronprinzen Umberto[180] nach Tivoli geführt, der uns den wunderschönen Garten der Villa D'Este zeigte.
Der Vatikan war in den Tagen, wahrscheinlich wegen Hitlers Besuch (?) geschlossen, aber es gab in Rom soviel Schönes zu sehen, daß wir auch auf die Mitfahrt zur Flottenparade nach Neapel verzichteten. Dafür fuhren wir dann aber mit nach Florenz, weil von dort sowieso die Rückfahrt erfolgen sollte. Als wir über die Ponte Vecchio schlenderten, kam uns eine von schönen Pferden gezogene Kutsche entgegen, in der der Duce

und Hitler saßen. Wir winkten, lachten und grüßten zu den beiden hinauf. Hitler pflegte diesen Vorgang dann später wie folgt wiederzugeben: »Ich wollte gerade zum Duce sagen, was hat Florenz doch für schöne Frauen, als ich meine Sekretärinnen (Dara war auch dabei) erkannte.«

Kaum hatten wir von Florenz aus in Hitlers Sonderzug die Heimreise angetreten, als mir Hitler in Gegenwart von Ribbentrop[181] Danktelegramme an den italienischen König und den Duce diktierte. Hitler sagte zu Ribbentrop: »Ribbentrop, wenn Sie eine bessere Formulierung finden, dann ändern Sie die Telegramme ab.« Ribbentrop diktierte dann die Telegramme mindestens zehnmal um. Er strengte sich sehr an, aber nach längerem Bemühen wiesen die Telegramme wieder den gleichen Wortlaut auf.

Die Italienreise schlug sich noch lange Zeit in vielen Gesprächen nieder, in positiven sowohl auch im negativen. Von der italienischen Kunst, den Bauwerken und den militärischen Vorführungen war Hitler begeistert, weniger von dem Hofzeremoniell. Das verstaubte Hofzeremoniell und der Dünkel des Hofadels reizten Hitler maßlos und stellten größte Anforderungen an seine Selbstbeherrschung. Der Duce spielte in Italien nicht die erste Rolle wie Hitler in Deutschland und hatte deshalb auf das Protokoll keinen Einfluß. Die dem Duce angetane unwürdige Behandlung durch das italienische Protokoll (»diese Hofschranzen«) erboste Hitler sehr. Wie er sagte, hatte er sich angesichts der dauernden Demütigungen Mussolinis bezähmen müssen, seinen Staatsbesuch nicht vorzeitig abzubrechen. Bei der militärischen Vorführung in Rom waren auf der Tribüne Sitze für die Mitglieder des Königshauses und für Hitler aufgestellt worden, während man Mussolini zumutete, die ganze Zeit über zu stehen. »Das hat mich derart empört, daß ich beinahe einen öffentlichen Skandal gemacht hätte. Nur dem Duce zuliebe habe ich mich zurückgehalten.« Der Keim zu seinem Groll auf Italien wurde bereits bei diesem Besuch in Rom gelegt und nicht erst durch die Überraschungen, die ihm die Italiener im Kriege bereiteten.

Kurz bevor die Tschechoslowakei 1939 dem Reich einverleibt wurde, war der tschechische Staatspräsident Hacha[182] zu einer

Besprechung nach Berlin gekommen. Die Unterredung fand in der Nacht vom 14. zum 15. März 1939 im Arbeitszimmer Hitlers in der Neuen Reichskanzlei statt. Bevor Hacha das Arbeitszimmer Hitlers betrat, mußten Gerda Daranowski und ich in einem kleinen Kabinett Platz nehmen, zu dem eine Tür direkt hinter Hitlers Schreibtisch führte. Für eventuell während der Besprechung notwendig werdende Diktate sollten wir sofort verfügbar sein.

Wir saßen und saßen, die Stunden vergingen. Kurz nach ½ 5 Uhr morgens öffnete sich endlich die Tür. Hitler trat beschwingten Schrittes über die Schwelle, mit einem glücklichen Ausdruck in seinem Gesicht. Mitten im Raum stehenbleibend sagte er im Überschwang eines unendlichen Glücksgefühls: »So, Kinder, jetzt gebt mir mal da und da«, wobei er auf seine rechte und linke Wange zeigte, »jede einen Kuß!« Da er ein solches Ansinnen noch nie an uns gestellt hatte, waren wir etwas perplex, faßten uns aber schnell und kamen beherzt seinem Wunsch nach. »Dies ist der schönste Tag in meinem Leben«, fuhr er fort, »was seit Jahrhunderten immer vergeblich angestrebt wurde, ist mir geglückt.[183] Die Vereinigung der Tschechei mit dem Reich ist mir gelungen. Hacha hat das Abkommen unterzeichnet. Ich werde als der größte Deutsche in die Geschichte eingehen.«

Schon ein paar Stunden später saßen wir in Hitlers Sonderzug auf dem Weg in die Tschechoslowakei. Wir fuhren bis Böhmisch Leipa. Dort erwartete uns die graue Mercedes-Kolonne aus Hitlers Fahrzeugpark. Dann fuhren wir, an Kolonnen deutscher Soldaten vorbei, weiter bis nach Prag. Es schneite stark. Aber das Schneegestöber schien Hitler nichts auszumachen. Er stand die meiste Zeit grüßend im Wagen.

In Prag fuhren wir auf die Burg hinauf, den Hradschin, die tief verschneit und märchenhaft schön über den Häusern der Stadt lag. Aber irgend etwas schien nicht in Ordnung zu sein. Das große schmiedeeiserne Tor der Burg war verschlossen. Es mußte erst vom Begleitkommando geöffnet werden. Für mich ein deutliches Zeichen unseres Unerwünschtseins hier.

Im Hradschin selbst ging es dann zu wie in einem Heerlager. Hitler erarbeitete in Zusammenarbeit mit Innenminister

Frick[184] und Staatssekretär Stuckardt[185] bis spät in die Nacht hinein Erlasse, die mir in die Maschine diktiert wurden. Es ging so hektisch zu, daß ich gar nicht merkte, daß auch fotografiert wurde. Erst nach vielen Jahren fiel mir durch einen Zufall ein Bild in die Hände, das als Kopf der von mir schon genannten Serie ›Christa Schroeder exclusiv‹ im Corriere della Sera erschien.

Den tschechischen Beamten im Hradschin fiel es schwer, ihre gegen uns bestehenden Antipathie zu verbergen. Kein Wunder! So war es ihnen z. B. unmöglich, uns einen Imbiß anzubieten. Um zwei Uhr nachts gelang es unserem Begleitkommando endlich, aus dem Deutschen Haus in Prag Schinken, Weißbrot und Pilsner zu besorgen. Begeistert sprachen wir den Spezialitäten zu und lobten die herbe Frische des Bieres. Neugierig geworden, ließ sich auch Hitler ein Glas geben. Doch es schmeckte ihm nicht, er verzog das Gesicht und sagte: »... daß ihm das Bier zu bitter sei«.

Die Rückfahrt nach Berlin erfolgte wieder im Sonderzug Hitlers. Da ich an diesem Tag Geburtstag hatte, lud Hitler den engeren Stab nachmittags zum Geburtstagskaffee in seinen Salonwagen ein. Er war bester Stimmung und überreichte mir einen Strauß langstieliger rosa Rosen, der telegrafisch an eine Station bestellt worden war. Außerdem schenkte er mir einen goldenen Füllfederhalter und Bleistift, auf denen mein Geburtsdatum und sein Namenszug eingraviert waren. Ich ahnte damals nicht, daß dieses Geschenk die souvenirsüchtigen Amerikaner 1946 im Internierungslager Mannheim-Seckenheim wohl sehr erfreut hat.

Seit 1937 hatte ein erhöhter Reisebetrieb eingesetzt. Im Gegensatz zu den vergangenen Jahren, da Hitler fast alle Fahrten im Auto zurücklegte, fing er jetzt an, Gefallen an den viel bequemeren Reisen in seinem schönen und geschmackvoll eingerichteten Sonderzug[186] zu finden. Es wurde ihm auch zur Gewohnheit, auf diesen Fahrten nachmittags und abends seinen engeren Stab in seinem Salonwagen um sich zu versammeln, wo gemeinsam die Mahlzeiten und der Tee eingenommen wurden. Seine Sekretärinnen durften hierbei nicht fehlen. Wollte sich mal die eine oder andere vor diesen oft stundenlangen Sitzungen drük-

ken, so stellte er so beharrlich Fragen nach ihrem Verbleib, daß der Diener, der zu diesen Tees aufforderte, schon von vornherein keine Entschuldigung gelten ließ. Einen guten Teil meines Daseins verbrachte ich so im Sonderzug des Führers.
Hitlers Salonwagen war mit Mahagoni getäfelt, darin stand ein großer rechteckiger Tisch mit rotbezogenen Lederstühlen und hatte indirekte Beleuchtung. Ein Musikschrank und Radio waren ebenfalls vorhanden. Bei Aufenthalten auf Bahnhöfen schlossen die Nachrichtenmänner Telefonleitungen an, sonst war Funkverbindung möglich.
Auf seinen Reisen verlangte Hitler immer, daß selbst bei strahlendem Sonnenschein, die Jalousien seines Salonwagens geschlossen blieben. Er wollte nur elektrisches Licht, weil ihm das helle Sonnenlicht unangenehm war. Aber vielleicht fand er auch das ›Make-up‹ von Dara bei künstlicher Beleuchtung schöner. Hitler machte ihr deswegen dauernd Komplimente, was offenbar die übrigen Männer seiner Umgebung zur Nachahmung veranlaßte.
Während der Unterhaltung im Sonderzug sprach Hitler häufig von seinen Autofahrten. Nur aus Bequemlichkeit benutzte er den Sonderzug. Die Fahrten im Auto quer durch Deutschland waren ihm lieber gewesen, nicht nur der Schnelligkeit wegen, sondern auch weil sie Gelegenheit gaben, mit der Bevölkerung in unmittelbare Berührung zu kommen.
Hitler, der ein glühender Automobilist war, hatte verschiedene Verbesserungen angeregt, die von der Firma Daimler-Benz erfolgreich verwertet wurden. Der Generaldirektor dieser Firma, Jakob Werlin,[187] hatte ihm in den Kampfzeit einen Wagen auf Kredit geliefert, was die Firma Horch abgelehnt hatte, und Hitler war ihm deswegen besonders dankbar. Er sagte einmal scherzend zu ihm:
»Wissen Sie übrigens, daß Sie der eigentliche Eroberer Deutschlands sind? Wenn Sie mir damals den Wagen nicht gegeben hätten, wäre es mir unmöglich gewesen, Deutschland zu erobern. Also sind Sie der eigentliche Eroberer. Sie müssen sich nur bald überlegen, ob Sie ihre Ansprüche noch geltend machen wollen!«
Werlin, der anschließend in den Schlafwagen kam, wo ich am

Gang noch eine Zigarette rauchte, sagte zu mir: »Fräulein Schroeder, haben Sie gehört, was der Führer gesagt hat, das muß ich meiner Mutter erzählen.«

Hitlers Geburtstag

Hitlers Geburtstag begann in den Friedensjahren bis 1939 damit, daß ihm die Kapelle der Leibstandarte morgens ein Ständchen brachte. Wenn Hitler dann aus dem ersten Stock seiner Wohnung im Radziwill-Palais die Treppe herunterkam, begrüßten ihn unten am Fuße der Treppe eine Schar festlich gekleideter Kinder der Minister und Adjutanten mit bunten Blumensträußen. Hitler genoß es sichtlich, im Kreise der Kinder zu frühstücken. Für die Fotografen war das immer ein hochwillkommener Anlaß, Hitler mit den Kindern im Bild festzuhalten. Anschließend erfolgte die offizielle Gratulations-Cour und die Parade der Wehrmacht im Tiergarten.

Der historische Kongreßsaal, der Hitlers Wohnung im ersten Stock mit den Diensträumen der Reichskanzlei verband, war schon einige Wochen vor seinem Geburtstag zweckentfremdet worden. Auf dem langen Verhandlungstisch und den zusätzlich aufgestellten Behelfstischen wurden alle für Hitler eingegangenen Geschenke aufgebaut. Der Duft von Mandelbäumchen, Nelken, Rosen, arrangiert zu schönen Dekorationen, erfüllte den Raum.

An Geschenken war alles vertreten: Wertvolles, Nützliches, Schönes und auch viel Kitschiges. Gemälde, Skulpturen, Gobelins, Teppiche, alte Waffen, seltene Münzen, Uhren, Schreibtischgarnituren, Aktenmappen, Bücher, alte Partituren von Noten u. v. m. Und dann die Handarbeiten: Kissen und Decken mit NS-Emblemen oder mit Aufschriften wie: »Heil mein Führer!« usw. Wieviel Gedanken schwärmerischer Verehrerinnen wurden in diese Handarbeiten investiert.

Berge von Baby-Ausstattungen, Bettwäsche, Frotté-Garnituren landeten später im Archiv der Privaten Kanzlei, wo sie in Regalen sauber sortiert auf den Bedarf bedürftiger Ehepaare warteten. Torten mit kunstvollen Aufbauten und Aufschriften,

Delikateßkörbe und überhaupt alle Lebensmittel wurden auf Anordnungen Hitlers sofort den verschiedenen Krankenhäusern zugeführt. Wertvolle Gegenstände fanden Platz in den Vitrinen und Schränken der Führerwohnungen, Handarbeiten ohne NS-Embleme in den Fremdenzimmern. Später im Kriege türmten sich dann die von den NS-Frauenschaften selbstgestrickten feldgrauen Socken in den vier Ecken des Kongreßsaals zu hohen Bergen.

Meine Freundin Johanna Nusser gab mir in den 50er Jahren meine aus Berlin, dem Berghof und den Führerhauptquartieren an sie gerichteten Briefe zurück. Aus diesen stammen die nachfolgenden Auszüge. Einen Teil davon hatte ich einmal leichtsinnigerweise David Irving[188] zur Verfügung gestellt. Die darin ausgesprochenen Urteile über die Mentalität der Russen u.a. hatte ich aus Hitlers Gesprächen aufgegriffen und weitergegeben (nachgeplappert). Heute bin ich über diese bedenkenlos von Hitler übernommenen Ansichten entsetzt. Wie konnte ich Urteile weitergeben über Menschen, die aus eigenem Erleben kennenzulernen, ich nie Gelegenheit gehabt habe! Ist es auch für mich blamabel, so lasse ich's trotzdem stehen.

Am 21. April 1939 schrieb ich an meine Freundin aus Berlin: »All meine Pläne von Kur und Erholung sind wieder mal zu Essig geworden. Ich wollte an sich ja schon im März – und dann als das nicht ging – im April fort. Aber das ist nun nicht mehr möglich und ich habe vorläufig alle Pläne aufgegeben. Am 28. ds. Mts. steigt nun erst mal die Reichstagsrede[189] und bis dahin haben wir mal auf alle Fälle Bereitschaftsdienst.

Dara ist schon seit der letzten Woche in München. Ich hatte gehofft, daß die Wolfen nun nach Berlin käme. Inzwischen hat der Chef aber bestimmt, daß sie die in München eintreffenden Geburtstagsgeschenke gleich von dort aus bearbeitet und beantwortet. Es bleibt mir nun nichts anderes übrig, als erst mal die Reichstagsrede abzuwarten und zu sehen, ob sich die allgemeine Lage danach etwas klärt.

Ich habe inzwischen wieder mächtig Speck angesetzt, es ist einfach gräßlich. Wenn ich in dieser Beziehung nur die Hälfte der Willenskraft von unserem Chef hätte, wäre mir geholfen. Sowie er einige Pfunde zugenommen hat, stellt er verschiedene

Sachen mit einem Schlage ein, er hungert dann regelrecht drei Wochen und hat dann alles wieder runter.
Der Geburtstag war übrigens für ihn [Hitler] eine rechte Strapaze. Zwei Tage hat die Chose gedauert. Empfänge und nochmals Empfänge. Die Parade gestern war ja ganz groß, aber dauerte entsetzlich lange. Wir sind um ½ 10 Uhr hingefahren und waren um ½ 5 Uhr nachmittags wieder im Büro. Das waren sieben Stunden, die sich aufteilten in drei Stunden Weg bzw. Wartezeit und vier Stunden Vorführdauer. Na, Du wirst ja die Wochenschau sehen. Ich wundere mich bloß immer wieder, wo er die Kraft hernimmt. Denn vier Stunden dauernd stehen und grüßen, ist doch eine verdammte Anstrengung. Wir waren vom bloßen Zuschauen schon hundemüde, ich jedenfalls.
Überwältigend sind in diesem Jahr die Geschenke an Zahl und Wert. Gemälde (Defregger, Waldmüller, Lenbach und sogar ein herrlicher Tizian), dann wunderbare Meissner Porzellanplastiken, silberne Tafelaufsätze, prachtvolle Bücher, Vasen, Zeichnungen, Teppiche, Handarbeiten, Globusse, Radios, Uhren, usw. Dann kistenweise Eier, große Torten, Bonbonnieren, Obstsäfte, Liköre, ein wunderschönes Segelschiff ganz aus Blumen, ein Jammer, daß diese Schönheit so bald vergehen wird. Und dann natürlich Flugzeugmodelle, Schiffsmodelle und ähnliche militärische Dinge, über die er die meiste Freude empfindet. Da ist er wie ein Bub.
Die Berliner sind wie immer sehr mitgegangen und waren den ganzen Tag auf den Beinen. Herrlich ist die Charlottenburger Chaussee geworden, die eine mächtige Weite hat und sehr schöne solide Beleuchtungskörper. Die Ausschmückung fand ich, genau wie unter den Linden, ein bißchen zu theatermäßig. Aber wenn diese Theaterrequisiten entfernt sind, wird die Straße richtig zur Geltung kommen und viel vornehmer wirken als zur Zeit. Die Linden sind auch zu überladen mit den vielen schlanken revuemäßigen Säulen. Aber vielleicht habe ich keinen guten Geschmack und es ist in Wirklichkeit schön. Den meisten scheint es recht gut zu gefallen.
Wir sind, ehe wir nach Berlin kamen, in Österreich zur Truppenbesichtigung gewesen. Der Chef war mit dem Wagen davongefahren und wir saßen mehrere Stunden im Sonderzug, den der

Chef übrigens auf den Namen ›Hotel zum rasenden Reichskanzler‹ getauft hat, drei oder vier Stunden fest und das nur ca. 7 km von Wien entfernt.

In der letzten Zeit habe ich einige schöne Theateraufführungen gesehen, und zwar vorwiegend in München. Ich weiß da immer nicht recht, wo ich abends hin soll und da gehe ich, das ist mir jetzt schon zur Gewohnheit geworden, immer in die Kammerspiele im Schauspielhaus, wo fast alles, was ich bis jetzt dort gesehen habe, ausgezeichnet inszeniert und gespielt war. So sah ich u. a. eine wunderbare Aufführung von ›Cäsar und Kleopatra‹ und vor kurzem in der Festspielwoche ›Kabale und Liebe‹. Ich hatte mir schon so lange gewünscht, das letztere Schauspiel zu sehen und war in Berlin nie dazu gekommen. Es ist ja eine lange Angelegenheit und unser Chef hatte gesagt, man könne es sich nur noch in Berlin anschauen, wo es fabelhaft inszeniert sei und erstklassig besetzt, so z. B. den alten Stadtmusiker Miller mit Heinrich George usw.

... So hat unser ›Alter‹ z. B. neulich abends sehr interessant über die Kirchenfrage gesprochen. So klar und eindeutig war alles, daß ich bedauert habe, mir hinterher nicht gleich Notizen gemacht zu haben.

Er ging von der Gotik aus, deren Stil er als etwas Fremdes und Unnatürliches ablehnt. Das ist natürlich Geschmackssache. So sagte er ungefähr: ›Warum einen natürlichen schönen Bogen plötzlich unterbrechen, und ihn in eine nichtnotwendige, keinen Sinn und Zweck habende Spitze auslaufen zu lassen! Und warum die vielen spitzen Türme und Türmchen, die nur für das Auge da sind, zu denen man keinen Zugang hat, die innen ausgemauert sind.‹

In der gotischen Zeit hätte die Mystik ihren Ursprung. Die Dunkelheit in den Gebäuden hätte sie begünstigt. Diese Zeit wäre voller Dunkelheit und Unaufrichtigkeit gewesen. Schon wie die weiblichen Körper dargestellt seien, mit Bäuchen und alles so verhüllt. Wenn ein Maler nicht gerade verheiratet gewesen wäre, hätte er nie einen weiblichen Körper zu Gesicht bekommen, und daher rühre die falsche und häßliche Darstellung. In dieser Zeit hätten sich eben der Kult und die Mystik so sehr entwickeln können. Das Christentum fuße auf der Erkenntnis, die 2000 Jahre zurückliegt und diese Erkenntnis sei durch Mystik, Kult (Bibelmärchen) verworren und verschwommen. Die Frage ist die: Warum soll es nicht möglich sein, den Begriff des Christentums auf der Erkenntnis von heute festzulegen? Luther hätte eine Reformation angestrebt, er sei aber mißverstanden worden, denn eine Reformation wäre nichts Einmaliges, sondern reformieren heißt, sich ewig erneuern, kein Stehenbleiben, sondern Mitgehen, Mitentwickeln usw. Der Chef weiß genau, daß die Kirchenfrage sehr heikel ist und sich im Falle eines Krieges eventuell im Inneren sehr ungünstig auswirken könne. Ich habe das Gefühl, er wäre glücklich, sie in einem anständigen Sinn gelöst zu sehen.

Es gäbe noch sehr Vieles, Dir mein Herz auszuschütten. So z. B. daß ich eingesehen habe, daß zwischen meiner jüngeren Kollegin und mir doch eine große Wesensverschiedenheit besteht. Sie ist zu sehr darauf aus, um jeden Preis zu gefallen und zu diesem Zweck ist ihr jedes Mittel recht. Daß sie meine Urteile über Bücher als die ihren weitergibt, daß sie meine Überlegungen über irgendwelche Probleme nach einer halben Stunde, selbst in meiner Gegenwart, ganz selbstverständlich als ihr geistiges Produkt verzapft, daran habe ich mich schon gewöhnt.

Als sie aber bei unserem letzten Aufenthalt auf dem Berg anfing das Wort für mich zu ergreifen, d. h., wenn ich direkt gefragt war, sofort einzufallen und für mich zu antworten, ehe ich überhaupt den Mund aufmachen konnte (wenn es sich um dienstliche Sachen gehandelt hätte, würde mich das nicht weiter tangiert haben, es waren aber privateste Dinge) oder wenn ich mit jemand zusammensaß und mich ernsthaft unterhielt, sie dazwischenkam und nun die Unterhaltung unbedingt stören mußte, durch ihre lauten Zwischenbemerkungen und so alles kaputt machte, da platzte die Bombe bei mir. Es kam dann noch hinzu, daß sie in ihrer Selbstherrlichkeit, in dem ›Von sich überzeugt sein‹, einen derart überlegnen Ton anschlug mit sehr gedehnten ›Nicht wahr's‹ usw., daß mich die Wut packte und ich mich seitdem sehr zurückhalte und nur das Nötigste mit ihr rede.

Das Verderben ist, daß der Chef sie mit Wohlgefallen betrachtet und darauf pocht sie nun natürlich und nimmt sich viel heraus.

In dem Wohngebäude Hermann-Göring-Straße 16 hatte Christa Schroeder eine Wohnung. Das Bild von 1939 zeigt einen Ausschnitt aus ihrem Wohnzimmer, auf dem Flügel Fotos von Wilhelm Brückner und Hitler mit Widmungen.

1936 ließ Hitler durch Speer in der Hermann-Göring-Straße zwei Wohngebäude für das SS-Begleitkommando sowie unterirdische Garagen bauen.

Im März 1939 verlobte sich Christa Schroeder ohne Wissen Hitlers mit dem 41jährigen jugoslawischen Diplomaten (Professor und Offizier) Lav Alkonic aus Belgrad. Die Verlobung wurde 1940 durch die Kriegsereignisse gelöst.

Couch-Ecke im Wohnzimmer von Christa Schroeder 1939 ihrer Wohnung Hermann-Göring-Straße 16 in Berlin.

Christa Schroeder war mit der Opernsängerin und Schauspielerin Margarete Slezak, die am Städtischen Opernhaus in Berlin-Charlottenburg engagiert war, seit 1935 befreundet. Sie wurde von Hitler, der sie von München her kannte, oft in die Reichskanzlei eingeladen. Hitler hielt die Freundschaft mit ihr bis in die Kriegsjahre aufrecht.

Christa Schroeder mit Bekannten beim Besuch der Wagner-Festspiele in Bayreuth vom 23. 7. bis 28. 7. 1937 (v.l.n.r. Frau Meiner, Johanna Wolf, Christa Schroeder, Frau Bockelmann und Frau Haberstock).

Hitler fuhr am 2. Mai 1938 als Gast Mussolinis mit seinem Sonderzug zu einem Staatsbesuch nach Italien (Italienbesuch vom 3. 5. bis 9. 5. 1938). In seiner Begleitung war auch die Sekretärin Schroeder.

Am 5. 5. 1938 wurde für Hitler in Neapel eine große Flottenparade und am 6. 5. 1938 eine große Truppenparade in Rom abgehalten. Am 6. 5. nachmittags besuchte Hitler in Begleitung des Gouverneurs von Rom, Fürst Colonna, u. a. das Kolosseum in Rom. In Hitlers Begleitung die Adjutanten Wiedemann und Albert Bormann.

Du weißt ja selbst am besten, wie unangenehm sich solche Dinge dann auswirken können. So ist das Leben ein ewiger Kampf und ein ewiges Sichbehauptenmüssen, und das liegt mir so gar nicht. Aber es ist nun mal heute so, daß die Männer (und vor allem bei uns) am liebsten hübsch zurechtgemachte, jugendliche, vollkommen unproblematische Geschöpfe um sich sehen wollen. Nur keine Belastung durch ein ernstes Gesicht! Ach, mir stand in den letzten Tagen auf dem Berg alles bis oben. Aber ich habe mir dann gesagt, ich darf die Flinte nicht ins Korn werfen. Von vorn kann ich doch nicht mehr anfangen und es gibt ja überall Kämpfe und Widerstände. Ich freue mich ja nur, wenn es endlich soweit ist, daß ich meine Koffer packen und meine Kur antreten kann...«

Polenfeldzug 1939

Am 1. September 1939 begann für uns alle überraschend der Krieg mit Polen und schon am Abend des 3. September 1939 befanden wir uns in Hitlers Sonderzug auf der Fahrt nach Polen, der gegen 21 Uhr in Berlin abfuhr. Für große Reisevorbereitungen war wie immer keine Zeit gewesen. »In ein paar Stunden verlassen wir Berlin«, schrieb ich am 3. September 1939 nachmittags kurz an meine Freundin: »Vorerst sollst du noch einen Gruß von mir haben. Für mich heißt es nun, mit dem Chef durch Dick und Dünn zu gehen. Daß es zum Letzten kommt, daran will ich noch nicht denken, aber wenn – dann liegt mir an meinem Leben nichts mehr. Wenn Du mir schreibst, dann bitte an die obige Adresse, ich schreibe über dieselbe zurück...«
Zu Beginn des Polenfeldzuges leitete Hitler die Operationen von seinem Sonderzug aus, der in der Nähe von Gogolin stand. Jeden Morgen fuhr er im Wagen an die Front, wo er sich bis in die vorderste Linie vorwagte. Abends kehrte er staubig und verschmutzt zurück. Vor seiner Abfahrt diktierte er Aufrufe und Tagesbefehle an die Soldaten. Während der Belagerung von Warschau richtete er Aufrufe an die Bevölkerung, die Stadt zu verlassen. Erst gegen Ende des Polenfeldzuges nahm er Quartier im Casino-Hotel in Zoppot.
Aus meinem Brief vom 11. September 1939 aus dem Führerhauptquartier in Polen an meine Feundin:
»Wir leben nun schon seit 10 Tagen im Zuge, der Standort wechselt dauernd, aber dadurch, daß wir – die Dara und ich – nie herauskommen, bleibt für uns nur eine große Eintönigkeit. Die Hitze ist kaum auszuhalten, einfach fürchterlich. Die Sonne prallt den ganzen Tag auf die Abteile und man ist machtlos gegen die tropische Hitze. Ich bin richtig aufgequollen, einfach gräßlich. Zu all dem kommt, daß man sich so gar nicht nützlich

betätigen kann. Es ist wie es immer war: Der Chef fährt morgens mit seinen Herren im Wagen fort und wir sind dazu verurteilt, zu warten und nochmals zu warten. Wir haben schon alles mögliche versucht, irgendwo zu helfen, aber es wird uns einfach unmöglich gemacht dadurch, daß wir nicht lange genug an einem Ort bleiben.
Neulich lagen wir eine Nacht in der Nähe eines Durchgangslazaretts, es kam gerade ein großer Transport Verwundeter an. Dr. Brandt hat die ganze Nacht mit operiert, unsere Leute vom Kommando haben mitgeholfen. Wir, Dara und ich, wollten am andern Tag Briefe für die Verwundeten an ihre Angehörigen schreiben, freuten uns, wenigstens auf diese Weise ein wenig helfen zu können. Aber es war wieder nichts, der Oberarzt tat zwar sehr erfreut und bedankte sich, aber da das Lazarett nur für den Durchgangsverkehr eingerichtet ist, kam ihm unser Angebot nicht sehr gelegen. Wie neidvoll las ich von Euerer Kohlenschipperei, da hätte ich dabei sein mögen, da sieht man doch wenigstens, was man tut.
Unsere Leute, die mit dem Chef nach Polen reinfahren, sehen natürlich allerhand, aber ihre Aufgabe ist nicht leicht, denn es fallen immer wieder Schüsse aus dem Hinterhalt. Der Chef ist nicht davon abzubringen, genau so wie in Deutschland stehend im Wagen zu fahren und zwar an die exponiertesten Stellen. Ich finde das zu leichtsinnig, aber da kann ihn niemand von abbringen. Am ersten Tag ist er durch ein Wäldchen gefahren, in dem Partisanen versteckt waren. $\frac{1}{2}$ Stunde vorher war eine deutsche unbewaffnete Sanitätstruppe abgemurkst worden. Ein einziger Sanitäter hatte sich durch die Flucht retten können und erstattete ihm selbst Bericht.
Ebenfalls nicht weit davon warfen polnische Flieger Bomben ab. Man nimmt an, daß die Polen die Führerkolonne gesichtet hatten. Schön sichtbar stand der Chef auf einem Hügel, die Soldaten liefen heilrufend von allen Seiten kommend auf ihn zu – und in der Mulde lag polnische Artillerie. Die sahen natürlich den Menschenauflauf und – da es kein Geheimnis ist, daß der Führer an der Front weilt – konnten sie sich ja denken, wer sich dort befindet. Eine halbe Stunde später flogen Bomben auf ihn herab. Es ist natürlich ein großer Ansporn für die Soldaten und

eine kolossale moralische Wirkung, den Führer zu sehen in der Gefahrenzone. Aber ich bin trotzdem der Meinung, daß die Gefahr zu groß ist für ihn.
Wie sich die Sache weiter mit den Engländern und Franzosen entwickelt, darauf bin ich sehr gespannt. Hoffentlich sehen die Franzosen bald ein, daß es sich nicht lohnt, für England Millionen Menschen zu opfern.[190] Wenn es mit Polen schnell geht, ist ja an sich auch der Grund entfallen, – so denke ich mir jedenfalls.
Einer unserer Ordonnanzoffiziere[191] ist vorgestern auch ganz plötzlich gestorben an Hirnhautentzündung, dieselbe Krankheit, an der auch der Fahrer des Führers starb, wenn Du Dich an Schreck erinnerst. Ich hörte SS-Kameraden von dem Ordonnanzoffizier sagen, der erst 24 Jahre alt war: »Wenn er doch wenigstens gefallen wäre.« Aber so ist es nun einmal, die Art und Weise, wie man stirbt, kann man sich nicht aussuchen. Es wird so mancher unter den Gefallenen sein, die man kennt. Hans Junge's[192] Bruder, der bei der Leibstandarte kämpfte, ist auch gefallen...«
Am 26. September 1939 fuhren wir wieder nach Berlin zurück.

Frankreichfeldzug 1940

Hitler hatte im April und Mai 1940 viele Besprechungen mit den Militärs. Aber nichts sickerte davon in das Treppenzimmer. Man konnte wieder nur mal vermuten, daß irgend etwas im Gange war. Am Nachmittag des 9. Mai 1940 tat sich dann was. Wir, der engere Kreis, wurden davon in Kenntnis gesetzt, daß noch am gleichen Abend eine Reise angetreten wird. Ein Ziel wurde nicht genannt. Auch über die Dauer der Reise konnten wir nichts erfahren. Auf eine diesbezügliche Frage von mir antwortete Obergruppenführer Schaub ebenso wichtigtuerisch wie geheimnisvoll: »Es kann 8 Tage, es kann 14 Tage, es kann einen Monat, es kann aber auch Jahre dauern!«
Gegen Abend, wir hatten uns in der Führerwohnung versammelt, wurde der Befehl zur Abfahrt gegeben. Unser Wagen, in dem ich zusammen mit meiner Kollegin Daranowski und dem Stellvertreter des Reichspressechefs[193] saß, fuhr weit aus Berlin hinaus in Richtung Staaken, so daß wir annahmen, daß wir von Staaken aus abfliegen würden. Aber das war ein Irrtum. Der Wagen fuhr an Staaken vorbei und hielt schließlich auf einem kleinen Bahnhof, wo der Führersonderzug bereitstand.
Niemand außer den militärischen Adjutanten schien über das Ziel der Fahrt orientiert zu sein. Es war alles sehr geheimnisvoll. Beim Abendessen im Speisewagen ulkte Schmundt:[194] »Haben Sie auch ›sick-sick‹ dabei[195]?« Sollte es vielleicht nach Norwegen gehen, denn der Zug fuhr zunächst in nördlicher Richtung? Der Chef unterstützte diese Vermutung geschickt: »Wenn Ihr brav seid, dürft Ihr Euch ein Seehundfell als Trophäe mit heimnehmen.«
Nach Mitternacht – hinter Hannover – nahm der Zug plötzlich die westliche Richtung ein, was aber nur von einigen sehr aufmerksamen Teilnehmern bemerkt wurde.[196] Es war noch dämmrig, als der Führerzug auf einer kleinen Bahnstation ein-

lief, auf der die Namensschilder entfernt waren. In den bereit stehenden geländegängigen Wagen wurde die Fahrt in den beginnenden Morgen hinein fortgesetzt. In allen Dörfern, die wir durchfuhren, waren ebenfalls die Namensschilder umfunktioniert, d. h. sie sind durch gelbe Schilder mit militärischen Bezeichnungen ersetzt worden. Schließlich landeten wir in einer hügligen, bewaldeten Landschaft vor einem Regiments-Gefechtsbunker, den der Chef zu seinem Hauptquartier bestimmt hatte. Als wir im Morgengrauen vor seinem Bunker standen, hörten wir in der Ferne schwere Artillerieeinschläge. Hitler wies mit der Hand nach Westen und sagte: »Meine Herren, soeben ist die Offensive gegen die Westmächte eingeleitet worden.«

Allmählich stellte sich dann heraus, daß wir uns in der Nähe von Münstereifel befanden. Das FHQ wurde ›Felsennest‹ genannt. Der Gefechtsstand (Bunker) war sehr klein, einfach mit rohem Holz ausgekleidet und hatte Stühle mit Bastgeflecht. Es bot nur Unterkunfsmöglichkeit für Hitler, Keitel,[197] Jodl, Schmundt, Schaub und einen Diener. Er hatte noch einen Speiseraum für einen kleinen Stab. Alle übrigen Angehörigen des Stabes erhielten Quartier im nahegelegenen Dorf zugewiesen. Es war das landschaftlich schönstgelegene von allen Hauptquartieren. Der frühlingsfrische Wald war erfüllt von Vogelgezwitscher, Hitler nannte es das ›Vogelparadies‹. Er fühlte sich in dieser Landschaft sehr wohl, und da sein Bunkerraum sehr klein war, hielt er die Besprechungen meistens im Freien ab. Nie ist er soviel in frischer Luft gewesen wie hier. Er war immer wieder begeistert über die schöne Landschaft und äußerte den Plan, nach Beendigung des Krieges in jedem Jahr einmal mit der gleichen Besetzung eine Erinnerungsfahrt hierher zu machen.

Am 5. oder 6. Juni 1940 wurde das Führerhauptquartier nach Bruly de Pêsche verlegt, nicht sehr weit von Brüssel entfernt, um näher an der Front zu sein. Es war ein Dorf mit einer alten Kirche und einem behäbigen Schulhaus, inmitten üppig blühender Wiesen. Niemals wieder sah ich Wiesen derart überwuchert von saftvoll-kräftigen Margeriten und einem Wald mit so wunderschön ausladenden uralten Eichen. Am 13. Juni 1940 schrieb ich von dort an meine Freundin:

»Wir sind seit einer Woche weiter nach vorn gegangen und liegen nun in einem Dorf, das von der Bevölkerung geräumt wurde. Die ersten Nächte schlief ich zusammen mit einer Kollegin in einem ehemaligen Kuh- und Schweinestall, der mit Brettern ausgelegt und mit Stuck beworfen, schrecklich feucht war. Gestern wurde Gott sei dank die Baracke fertig und nun wohnen wir im Trockenen.
In den ersten Tagen gab es hier kein Wasser, da habe ich zum ersten Mal gemerkt, wie lebensnotwendig dieses nasse Element ist. Wir putzten uns die Zähne mit Selterswasser, was aber absolut nicht erfrischend war. In der ersten Nacht hatten wir in unserem Stallzimmer einen Brand. Telefon und Lichtleitungen lagen eng nebeneinander und hatten sich durch die Feuchtigkeit entzündet. Ich werde nachts durch das Knistern und Knakken der Flammen wach, springe auf und haue mit der Hand traumhappet in die Flamme hinein, um zu löschen. Als das nicht gelang, nahm ich ein nasses Handtuch zuhilfe und kriegte natürlich einen dollen Schlag. So wie mir ging es aber in derselben Nacht noch verschiedenen Herren. Die ganze Nacht hindurch schmorte die Leitung weiter, ein unangenehmes Gefühl, mit dem Bett darunter zu liegen. Na, aber die Mißstände sind vorüber und wir haben uns ganz gut eingelebt.
Bei unseren Erfolgen, jetzt wo ich diesen Brief schreibe, sind unsere Truppen in Fourges (Flugplatz von Paris) eingerückt, glaube ich, daß wir auch hier keine Wurzeln schlagen werden. Neulich bin ich durch Sedan, Namur, Philippville, Dinant etc. gekommen. Dort sind große Verheerungen angerichtet. Ganze Häuserblocks bilden einen Trümmerhaufen. Noch furchtbarer sehen die großen Aufmarschstraßen aus, von denen rechts und links im Graben Kanonen, Tanks, Fahrzeuge aller Art, Uniformen, Sanitätswagen, Munition etc. umgestürzt, die Fahrzeuge ausgebrannt liegen. Ein süßlicher Verwesungsgeruch liegt über diesen Städten und über dem Ganzen ziehen große Scharen krächzender Raben ihre Kreise. Ein trostloses Bild der Zerstörung. Herrenlos laufen Kühe, Pferde und Hunde zwischen den ausgebrannten Häusern herum. In den ersten Tagen, als noch nicht alle Kühe zum Melken erfaßt werden konnten, hörte man sie nachts vor Schmerzen brüllen.

Traurig ist auch das Bild der Flüchtlinge. Große Familien hausen in ausgebrannten Autos, alte Frauen werden in Kinderwagen gefahren; der Krieg ist doch das Entsetzlichste, was es geben kann! Unser Chef tut, was er kann, für die Armen. Hilgenfeldt[198] ist mit ihrer Betreuung beauftrag worden.
Jede Nacht erleben wir das gleiche Schauspiel, wir haben Besuch von ›oben‹. Pünktlich um 12.20 Uhr kommen Feindflieger und kreisen 3 Stunden über unserem Dorf. Vor einigen Nächten haben sie ein Haus zertrümmert, in dem einige Kripoleute[199] von uns wohnten. Den Leuten ist aber Gottlob nichts passiert, sie hatten sich rechtzeitig in Sicherheit gebracht. Wir wissen nicht, ob die Flieger uns oder die Aufmarschstraße suchen. Zu fassen sind sie angeblich nicht, weil sie zu hoch fliegen. Kommen sie mal nicht, fragt der Chef: »Wo bleibt denn heute unser Hausflieger?«
Auf jeden Fall standen wir jede Nacht bis 3, ½ 4 Uhr mit dem Chef und einigen Herren des Stabes im Freien und verfolgten die nächtlichen Manöver am Himmel solange, bis die Aufklärer im Morgengrauen wieder verschwanden. Die Landschaft erinnerte mich um diese Zeit an ein Bild von Caspar David Friedrich.
Unsere Verpflegung ist prima, wir haben genügend Butter und Milch, auch Tomaten und Obst bekommen wir jetzt ab und zu. Uns fehlt es wirklich an nichts. Gestern war ich zusammen mit Schaub auf ein Schlachtefest geladen. In der Nähe, ca. 20 Min. Autofahrt von hier, liegt unsere Flugstaffel und unsere Flieger hatten 2 Schweine geschlachtet. Es waren ungefähr 50 Personen beieinander, die an festlich gedeckten mit hohen französischen Petroleumlampen beleuchteten Tischen in einem ehem. Vereinshaus (sicher christlicher junger Männer) zusammenkamen und sich nun an Blut- und Leberwurst und an Wellfleisch gütlich taten. Später gab es dann einen alten französischen Rotwein, der einfach wundervoll war, von den Schnäpsen ganz abgesehen. Du siehst also, es geht mir nichts ab.
Für morgen abend haben wir schon wieder eine Einladung zum Eierpfannkuchenessen bei unserer Kripo. Die Männer wohnen in Bauernhäusern, essen mittags aus der Gulaschkanone und abends beköstigen sie sich selbst. Viel hausfrauliches Talent

kommt jetzt bei den Männern zutage, das sie natürlich auch bewundert wissen wollen, deshalb gehen wir also morgen zu den Pfannkuchen.
Es gibt noch vieles, was ich Dir erzählen möchte, aber vorläufig nicht kann. Doch wird ja die Zeit nicht mehr allzu fern sein, wo wir gemütlich zusammensitzen werden. Ich persönlich kann mir nicht denken, daß der Krieg noch über den Juni hinausgeht. Gestern war in Paris Kriegsrat. Weygand[200] erklärte die Schlacht um Paris als verloren und schlug einen Sonderfrieden vor, worin ihn Pétain unterstützte. Reynaud[201] und einige andere Mitglieder widersprachen aber stürmisch.«
In einem weiteren Brief aus dem FHQ in Bruly de Pêsche (Wolfsschlucht) vom 20. Juni 1940 schrieb ich an meine Freundin:
»... Der Waffenstillstand tritt heute Nacht 1.35 Uhr in Kraft. Wieviel Mütter und Frauen werden Gott danken, daß der Krieg gegen Frankreich so schnell beendet wurde. Der Chef will demnächst im Reichstag sprechen. Wahrscheinlich wird es sein letzter Appell an die Engländer sein. »Wenn sie auch dann nicht parieren«, so sein Ausspruch, »wird er unbarmherzig vorgehen!« Ich glaube, bis jetzt tut es ihm immer noch leid, den Engländern auf den Leib zu rücken, und es wäre ihm offensichtlich viel angenehmer, wenn sie von selbst Vernunft annehmen würden. Wenn sie wüßten, daß der Chef weiter nichts von ihnen will als unsere ehemaligen Kolonien, würden sie vielleicht zugänglicher sein. Ich bin sehr gespannt, wie sich England verhalten wird. München war übrigens sehr schön, große Begeisterung. Dara und ich wurden in unseren feldgrauen Kostümen und Armbinden ›Deutsche Wehrmacht‹ sehr angestaunt... Zwischendurch war der Chef im Zimmer und diktierte mir den Aufruf für die Zeitung. Er setzte selbst das Rundfunkprogramm zusammen...«
Darüber, daß Hitler bei Dünkirchen den Engländern nicht nachsetzte, sagte er im kleinen Kreise: »Die Armee ist das Rückgrat Englands und des Empires. Zerschlagen wir das Invasionskorps, geht das Empire zugrunde. Da wir sein Erbe weder antreten wollen noch können, müssen wir ihm die Chance lassen. Meine Generale haben das ja nicht kapiert.« Hitler ist

sozusagen gescheitert an seiner unerwiderten Liebe zu England.
An diesem Tag in Bruly de Pêsche war Hitler sehr gelöst und glücklich. Auf dem Weg zwischen Kirche und Schulhaus inmitten seiner Offiziere stehend, wurde ihm das Friedensangebot Frankreichs zur Kenntnis gebracht. Lebhaft schlug er sich auf den Oberschenkel und sein befreiendes Lachen klang zu uns beiden Sekretärinnen herüber. Etwas abseits stehend beobachteten wir die Szene, die Walter Frentz damals filmte. Keitel hielt anschließend eine Rede, in der er Hitler als den größten Feldherrn aller Zeiten hochleben ließ.
Hitler besuchte dann die Stellungen, in denen er im Ersten Weltkrieg gelegen hatte.[202] Er fand sie völlig unverändert wieder. Später fuhr er nach Paris und besuchte den Invalidendom, die Oper und andere Stätten.[203] Nach seiner Rückkehr erzählte er stolz, daß er sich in den Gängen der Oper besser ausgekannt habe als seine Führer. Während seiner Jugendjahre in Wien hatte er die bauliche Konstruktion der Oper gründlich studiert und von damals noch alle architektonischen Einzelheiten im Gedächtnis behalten.
Ein paar Tage später fuhren Dara und ich mit einem Wehrmachtsfahrer, den uns Oberst Schmundt zur Verfügung stellte, nach Brüssel, wo wir einen kleinen Unfall hatten. Es war nichts schwerwiegendes, aber Dara war wohl mit dem Kopf gegen das Autodach geschleudert worden und hatte eine kleine Gehirnerschütterung. Ich besorgte ein Hotelzimmer und machte ihr Umschläge, so daß wir nach ein paar Stunden wieder zurück konnten. Hitler hatte von diesem Unfall erfahren und ordnete an, daß wir nie wieder mit einem Wagen der Wehrmacht fahren dürften. So besorgt war er damals noch um uns, es war ein gutes Verhältnis. Man fühlte sich geborgen, auch noch am Anfang des Rußlandfeldzuges, doch dann änderte sich vieles.
Bei Ausbruch des Krieges ließ ich einen großen Schrankkoffer anfertigen, mit Unterteilungen für das Büromaterial und für alle Briefbögen. Diese trugen das Hoheitsabzeichen (Adler mit Hakenkreuz) darunter ›Der Führer‹ in Gold. Bei den Privatbogen stand unter dem Hoheitsabzeichen ›Adolf Hitler‹, und es gab auch noch Karten mit der gleichen Beschriftung.

Da wir nun ständig in den FHQ waren, wollte Hitler, daß auch wir eine Uniform trügen. Der Präsident der Künstlerschaft der Bühnenbildner, Benno von Arent,[204] entwarf auf Hitlers Anordnung für uns Sekretärinnen eine entsprechende Uniform. Die ›Uniform‹ war ein Kostüm aus grauem italienischen Offiziersstoff mit goldenen Knöpfen und Litzen. Auf dessen linken Revers trugen Dara und ich, mit Erlaubnis von Hitler, statt des runden Parteiabzeichens, das von Hitler selbst entworfene und von Goldschmid Gahr[205] angefertigte silberne Hoheitsabzeichen, einen schlanken Adler darstellend, der in seinen Fängen das Hakenkreuz hält. Dieses Abzeichen wurde nur wenigen von Hitler zuerkannt.

Benno von Arent besuchte Hitler später auch öfters in den Führerhauptquartieren und war auch zu den abendlichen Teestunden eingeladen. Hitler unterhielt sich mit ihm über die ihm bekannten Künstler und Künstlerinnen und fragte nach ihrem Ergehen. Wenn Arent sich verabschiedete drückte ihm Hitler jedesmal herzlich die Hand und sagte: »Ich bin glücklich, daß Sie mich von Zeit zu Zeit in meiner Einsamkeit aufsuchen. Sie sind für mich die Brücke in eine schönere Welt.«

Am 22. Februar schrieb ich an meine Freundin vom Berghof: »An sich sind wir seit dem 21. Dezember 1940 dauernd unterwegs. Weihnachten an der französischen Küste, Calais, Dünkirchen usw. Als wir am 23. Dezember in Boulogne im Speisewagen unseres Sonderzuges beim Abendessen saßen, ließen die Engländer ihre Bomben niedersausen und unsere Flak antwortete bellend. Trotzdem wir im sicheren Tunnel standen, bewegten mich doch ›komische Gefühle‹. Über Heiligabend habe ich Dir ja bereits berichtet, auch über Silvester, wo die Stimmung mehr als gequält war.

Unbeschwert waren die 6 Tage, die ich mit Schaub, Dara und Kempka zusammen in Paris verlebte. Fast waren die Einladungen, die uns von der Deutschen Botschaft und vom Stabe des Generals Hanesse zugingen, zu zahlreich, so daß wir kaum zum Verschnaufen kamen. Man hätte jeweils einen Ruhetag anschließen müssen, dann wäre es richtig gewesen...

Allzulange werden wir wohl nicht hier oben bleiben. Augenblicklich pausiert die Daranowski; ich bin mit der Wolfen hier.

Da wir das ganze Jahr über doch wieder im Bunker sitzen werden, wo es Tag um Tag nichts als dicken pappigen Eintopf geben wird, möchte ich vorher nochmal, und selbst wenn es nur 14 Tage sind, nach Niederlindenwiese zur Kur gehen.
Hier oben ist unfreundliches Tauwetter mit einem trüben verhangenen Himmel. Der Chef ist heut nach München rein und so ist es einfach trostlos...«
Berghof den 7. März 1941, Brief an meine Freundin:
»... Es freut mich, daß Dein Urlaub so harmonisch verlaufen ist und daß Du mit so lieben Menschen zusammen sein konntest. Ich glaube, das täte mir auch gut, mal ein paar Wochen mit natürlichen Menschen zu verleben, darum beneide ich Dich wirklich. Man soll auch unbedingt solche Bindungen pflegen. Dadurch, daß ich so von allem abgeschlossen bin, komme ich mir einsam, ungelenk und verknöchert vor. Es wird Zeit, daß wir nach Berlin zurückgehen, wir sind ja nun auch lange genug hier gewesen.
Wahrscheinlich sind wir Mitte des Monats in Berlin. Augenblicklich sieht es so aus, als ob es mit Niederlindenwiese doch nichts wird. Wir sollen nämlich jetzt schon geimpft werden gegen Cholera und Typhus (dies geschah vor allen unseren großen Reisen). Na, wenn's eben nicht geht, ist mir's auch recht. Krieg ist Krieg. Ich habe heute gerade gehört, welch schwere Arbeit die Frauen in den Bombenfabriken leisten müssen, da wird man ganz klein.
Meine Karte aus Wien hast Du hoffentlich erhalten. Wir waren Samstag dort zur Unterzeichnung des Bulgaren-Paktes.[206] Sonntag rollten wir, so daß ich Dich nicht anrufen konnte. Inzwischen hat es wieder tüchtig geschneit und die ganze Frühlingsstimmung ist wieder zugeschüttet. Lange wird aber der Schnee nicht liegenbleiben, dazu ist es zu naß und die Sonne gibt sich Mühe, ihn wegzuschmelzen.
Lav's[207] Brief an Dich füge ich in der Anlage wieder bei. Sehr zufrieden scheint er auch nicht zu sein, aber dieser pessimistische Unterton zieht sich ja durch seine sämtlichen Briefe. An mich direkt hat er inzwischen auch ein paar kurze Zeilen durch einen Geschäftsfreund, der ihn dort besucht hat, geschickt. Er scheint schwer enttäuscht zu sein, daß er nichts von mir hört. An

sich müßte er das ja verstehen können, aber er weiß natürlich gar nichts von den Anfragen des OKW[208] und der Gestapo.[209]
... Und hast Du meinen Aquamarin-Ring nicht drangeben müssen, es freut mich, wenn ich das Andenken an Brückner[210] behalten kann. Stell Dir vor, Wernicke[211] ist auch mit noch einem anderen Kollegen[211a] im Wirbel der Aufräumungs- und Reorganisationsarbeiten hinweggefegt worden. Ich habe erst davon gehört, als er bereits fort war. Mich wundert gar nichts mehr. Das Wort vom ›Pulverfaß‹ ist nirgendwo mehr angebracht.«
Berlin, den 28. April 1941, Brief an meine Freundin:
»Ich hatte ja gehofft, daß der Chef nicht so schnell zurückkommen[212] würde, (auf dieser letzten Fahrt war ausnahmsweise die Wolfen[213] mal mit), aber nun ist er doch schon wieder eingetrudelt, und wahrscheinlich gehen wir in den nächsten Tagen wieder nach Süden. Die 14 Tage, die ich allein in Berlin war, sind wahnsinnig schnell vergangen...«
»... Gretl Slezak[214] hat ganz im Geheimen, ihre Eltern wissen es noch nicht, vor 3 Monaten geheiratet, einen 6 Jahre jüngeren Mann, der Kapellmeister war, ernste und heitere Sachen komponiert, ein ungeheures Temperament hat und jetzt bei den Fliegern steht. Sie ist glücklich, sieht um einige Jahre verjüngt aus und rät mir dringend, ein gleiches zu tun. Mir fehlt leider das geeignete Objekt.
Von L.[215] bekam ich vor kurzem ein Päckchen, das irgend jemand in seinem Auftrag mir nach Berlin sandte. Ahrens[216] schickte es mir nach Niederlindewiese nach und jetzt kam es über diesen Umweg bei mir an. Es enthält 12 Paar Strümpfe und 1 kl. Päckchen Tee mit einer Karte: »Im Auftrag v. Herrn L. A. mit den herzlichsten Grüßen.« Ohne Datum und ohne jeden weiteren Zusatz. Wahrscheinlich wird er das Päckchen schon im Februar mitgegeben haben. Es wird wohl das letzte Lebenszeichen von ihm gewesen sein, denn jetzt wird er sich kaum getrauen, zu schreiben.
Owambo[217] hat jetzt endgültig sein Zimmer geräumt in der letzten Woche. Ich leistete ihm Gesellschaft und bekam in diesen Stunden den letzten Einblick, der mir noch fehlte und die Gewißheit, daß es in unserem Kreise keinen Menschen gibt, der

auch nur den Finger rühren würde, wenn man in Ungnade gefallen ist. Owambo tut mir sehr leid, nach außen hin ist nichts geregelt. Materiell ist er gänzlich im Unklaren, niemand von seinen Kameraden, die ihm einstmals Bilder unterschrieben mit: ›In unwandelbarer Freundschaft‹, kümmert sich um ihn, vor allem meine ich hier denjenigen, der selbst einmal degradiert war.[218] Aber das ist ja alles vergessen. Es ist abscheulich, wenn Menschen so egoistisch sind und für fremdes Leid kein Gefühl mehr haben, ja nicht einmal den Willen aufbringen, sich in ihre Lage gedanklich zu versetzen. Na, darüber gibt es noch viel zu reden. O weh, jetzt muß ich aufhören, es wird gerade der Tisch gedeckt. Der Chef kommt jeden Nachmittag zu uns zum Kaffee...«

Berghof den 20. Mai 1941, Brief an meine Freundin:

»...Der Chef ist heute nach München reingefahren, ich bin hier geblieben... Da sie nun Geld braucht, kam sie auf die Idee, handgeschriebene Gedichte von Dietrich Eckart, die dieser dem alten von Wolzogen geschenkt hatte, zu verkaufen. Ich übernahm die Anfrage bei meinem Chef, der ja auch mit Eckart sehr befreundet war und siehe da, er kaufte sie für 10 000,- Mark. Solch ein Betrag hätte M. natürlich nirgends anders erzielt...«

Rußlandfeldzug 1941–1944

Am 22. Juni 1941 begann der Krieg mit Rußland und schon am 23. Juni verließen wir nach einer kurzen Vorbereitung Berlin. Am 28. Juni 1941 schrieb ich an meine Freundin vom neuen Führerhauptquartier ›Wolfsschanze‹,[219] das 8 km entfernt im Stadtwald von der trostlosen Kleinstadt Rastenburg in Ostpreußen lag:

»Nachdem wir schon 5 Tage hier im Quartier sind, kann ich Dir schon einen kleinen Stimmungsbericht geben. ... Die Bunker liegen im Walde verstreut, nach Arbeitsgebieten eingeteilt. Jede Abteilung gesondert für sich. Unser Schlafbunker hat die Größe eines Eisenbahnabteils und ist freundlich mit hellem Holz verkleidet. Er enthält eine verdeckte Waschtoilette, darüber einen Spiegel, ein kleines Siemens-Radio, mit dem man aber sehr viele Stationen hören kann. Der Bunkerraum besitzt sogar eine elektrische Heizung, die allerdings nicht angestellt ist, hat formschöne Wandlampen und ein schmales hartes Lager mit Seegras gefüllt. Der Raum ist eng, macht jedoch alles in allem, nachdem ich einige Bilder an der Bunkerkwand befestigt habe, einen artigen Eindruck.

Allgemeine Duschräume sind auch vorhanden, die wir aber bis jetzt noch nicht benutzt haben. Zunächst gab es kein warmes Wasser und dann schlafen wir auch wie üblich bis auf die letzte Minute. Da uns das Geräusch des Ventilators im Bunker störte und die Zugluft dauernd um unseren Kopf strich, was ich besonders fürchte, wegen der schon so oft gehabten rheumatischen Schmerzen, so veranlaßten wir seine Ausschaltung über Nacht, was zur Folge hat, daß wir in der nun weniger guten Luft schlafen und dafür aber den ganzen Tag über eine bleierne Schwere in den Gliedern mit uns herumtragen.

Es ist aber alles trotzdem schön bis auf eine ganz verdammte Mückenplage. Meine Beine sind schon total zerstochen und mit

dicken Quaddeln bespickt. Die uns zugeteilten Mücken-Abwehrmittel wirken leider immer nur kurze Zeit. Die Männer sind durch ihre langen Lederstiefel und die dicke Uniform vor den infamen Stichen besser geschützt als wir. Ihre einzige verwundbare Stelle ist der Nacken. Einige laufen daher ständig mit einem Moskitonetz herum. Ich habe es einen Nachmittag lang auch getragen, finde es aber auf die Dauer zu lästig. In den Räumen ist es nicht so schlimm mit den kleinen Biestern. Wo sich eine Mücke zeigt, wird sofort Jagd auf sie gemacht...«
Die schreckliche Mückenplage machte auch Hitler sehr zu schaffen. Er meinte: »Man habe das sumpfigste, mückenreichste und klimatisch ungüstigste Gebiet für ihn ausgesucht.« Trotzdem zeigte er damals aber noch Humor, er deutete ›Kompetenzschwierigkeiten‹ an und meinte, nachdem jeder Jagd auf die Mücken machte: »Hier sei nur die Luftwaffe zuständig.«
Überhaupt war Hitler in der ersten Zeit des Rußlandfeldzuges fast immer noch gut gelaunt und zu Scherzen aufgelegt. Als z. B. eines Nachts die übliche Teestunde in der Wolfsschanze zu Ende gegangen war, die sich immer an die Lagebesprechung anschloß und zu der je ein persönlicher und ein militärischer Adjutant, einer der Ärzte und zwei Sekretärinnen eingeladen waren, begleitete uns Hitler hinaus bis vor die Türe des Bunkers. Dort blieben wir in der dunklen Nacht (es wurde immer sehr streng auf die Verdunkelung geachtet) noch eine Weile plaudernd stehen. Plötzlich fiel mir ein, daß ich meine Taschenlampe in seinem Zimmer liegen gelassen hatte. Ich bat den Diener sie mir zu holen. Er kam jedoch ohne sie zurück, da er sie an dem von mir bezeichneten Platz nicht gefunden hatte. »Na nu«, sagte ich, »wo ist sie denn geblieben?«, worauf Hitler, er war in jener Nacht sehr zum Scherzen aufgelegt, sich lächelnd verteidigte: »Ich hab sie fei nicht gestohlen. Ich bin wohl ein Ländledieb, aber kein Lämpledieb. Und das ist gut so, denn die Kleinen hängt man, aber die Großen läßt man laufen!«
In meinem Brief vom FHQ ›Wolfsschanze‹ an meine Freundin vom 28. Juni 1941 schrieb ich weiter:
»Inzwischen sind auch Fliegenklatschen aus Draht eingetroffen, und wer nicht gerade anderweitig beschäftigt ist, geht auf Mückenjagd. Man sagt, daß die kleinen Mücken Ende Juni von

einer weit unangenehmeren Sorte abgelöst werden sollen. Die Stiche sollen noch heftiger wirken. Gnade uns Gott! Angenehm überrascht bin ich aber von der Temperatur. Es ist fast zu kühl in den Räumen. Das Bett muß man immer erst durch die eigene Körperwärme trocknen, es fühlt sich ständig feucht an. Der Wald hält die ganze Hitze ab. Wie sehr, das merkt man erst, wenn man auf die freie Straße hinaustritt. Dort schlägt einem die Hitze dumpf entgegen. Nun sollst Du auch wissen, wie ›arbeitsreich‹ mein Tag verläuft. Also: Kurz nach 10 Uhr begeben wir uns (Dara und ich) in den Kasino-Bunker, Speiseraum I, einen langgestreckten, weiß getünchten Raum, der etwas in die Erde eingebaut ist, so daß die kleinen mit Gaze versehenen Fenster sehr hoch liegen. An den Wänden hängen Holzschnitte, der eine stellt Hutten dar, der andere Heinrich den I. Einige Tage später wurde eine erbeutete sowjetische Fahne an der Wand befestigt.

In diesem Raum, dessen ganze Länge die für 20 Personen Platz bietende Tafel einnimmt, speist der Chef mit seinen Generalen, Generalstabsoffizieren, Adjutanten und Ärzten zu Mittag und Abend. Beim Frühstück sind wir zwei Mädchen dabei. Der Chef sitzt so, daß er die auf der gegenüberliegenden Wand aufgehängten Karten von Rußland vor Augen hat, was ihn natürlich zu immer wieder neuen Ausführungen über Sowjet-Rußland und die Gefahren des Bolschewismus anregt. Er muß in der letzten Zeit, seit dem der sogenannte Freundschaftspakt mit Rußland abgeschlossen wurde, sehr gelitten haben. Jetzt redet er sich seine Befürchtungen von der Seele, immer wieder betonend, welch große Gefahr der Bolschewismus für Europa bedeutet und daß, wenn er noch ein Jahr gewartet hätte, es wahrscheinlich schon zu spät gewesen sei.

Neulich sagte er noch in Berlin während der üblichen Kaffeestunde, die er täglich in unserem Zimmer verbringt, ihm käme Rußland unheimlich vor, so ungefähr wie das Gespensterschiff im ›Fliegenden Holländer‹. Auf meine Frage, warum er immer betone, daß dies sein schwerster Entschluß sei (nämlich gegen Rußland vorzugehen) antwortete er: deshalb, weil man so gar nichts über Rußland wisse, es könne eine große Seifenblase sein, es könne aber auch ebensogut anders sein...«[220]

Der Anfang war ja auch so verheißungsvoll gewesen. In den ersten 2 Tagen in der Wolfsschanze waren Dara und ich sogar bei den Lagebesprechungen dabei, wo die improvisierten Lagebesprechungen im Kasino stattfanden. So hörten wir den Chef vor einer großen Karte von Europa stehend und auf Moskau zeigend, sagen: »In vier Wochen sind wir in Moskau. Moskau wird dem Erdboden gleich gemacht.«[221]
Ich schrieb in meinem Brief vom 28. 6. 1941 an meine Freundin weiter:
»Ja, nun bin ich ganz vom Thema abgekommen. Also im Speiseraum I warten wir morgens solange, bis der Chef aus dem Kartenraum (wo ihm inzwischen über die Lage Bericht erstattet wurde) kommend, zum Frühstück eintrifft, das nebenbei bemerkt für ihn aus einer Tasse Milch und einem geriebnen Apfel besteht. Genügsam und bescheiden ist er, was? Wir Mädchen dagegen können den Hals nicht vollkriegen und wechseln – nachdem wir die uns zugeteilte Portion (kl. Stückchen Butter) verschlungen haben, unmerklich die Gedecke aus, so daß wir meistens auf 3 Portionen kommen. Nebenbei lassen wir uns erst mal vom Chef über die neue Lage berichten. Anschließend gehen wir um 1 Uhr zur allgemeinen Lagebesprechung, die im Kartenraum stattfindet und wo entweder Oberst Schmundt oder Major Engel Vortrag halten. Diese Lagevorträge sind außerordentlich interessant. Es werden Zahlen der vernichteten feindlichen Flugzeuge und Panzer bekanntgeben (die Russen scheinen ungeheure Massen zu haben, bis jetzt sind allein über 3500 Flugzeuge vernichtet und über 1000 Tanks, darunter ganz schwere 40 Tonner), das Vorgehen unserer Truppen wird verfolgt an Hand der Karten usw.
Es wird einem hier so richtig klar, wie wütend der Russe kämpft, daß es ein Kampf 1:1 sein würde, wenn sich die Russen unter planmäßiger Führung befänden, was aber Gott sei dank nicht der Fall ist. So nach all' den bisherigen Erfahrungen kann man sagen, daß es ein Kampf gegen wilde Tiere ist.[222] Wenn man sich fragt, wieso es kommt, daß wir so wenig Gefangene gemacht haben, so muß man wissen, daß die Russen verhetzt sind von ihren Kommissären, die ihnen Greuelmärchen über unsere ›Unmenschlichkeit‹ erzählt haben, die sie spüren wer-

den, wenn sie in unsere Gefangenschaft gerieten. Sie sind angewiesen, sich bis zum Äußersten zu verteidigen und sich notfalls selbst zu erschießen. So geschieht es auch und bei Kowno hat sich folgendes ereignet: Ein russischer Gefangener, der von unseren Soldaten in einen russischen Bunker geschickt wurde, um die im Bunker befindlichen Russen aufzufordern, sich zu ergeben, wurde wahrscheinlich von dem darin befindlichen Kommissar selbst erschossen, weil er sich überhaupt zu dieser Vermittlung hergegeben hatte. Sodann sprengte sich die gesamte Bunkerbesatzung anschließend in die Luft. Also lieber sterben, als sich ergeben.

Jeder Truppe ist ein Kommissar der GPU beigegeben, dem sich der Kommandeur zu beugen hat. Die Führung abgetrennt, bleibt ein wilder Haufen zurück. Sie sind vollkommen primitiv, kämpfen aber stur, was natürlich auch eine Gefahr in sich birgt und noch zu harten Kämpfen führen wird. Die Franzosen, Belgier usw. waren intelligent und haben den Kampf aufgegeben, wenn sie die Zwecklosigkeit eingesehen, aber die Russen kämpfen, vor Angst zitternd, daß ihren Familien etwas geschieht, wenn sie sich ergeben – so hat es ihnen jedenfalls Moskau angedroht – wie irrsinnig weiter.

Es nützt ihnen aber gar nichts, daß sie so viele Flugzeuge besitzen, da ihnen der Verstand mangelt.[223] Bei den russischen Flugzeuggeschwadern war es z. B. so, daß der Geschwaderführer vorausflog, die anderen folgten, ohne das Ziel zu kennen, sie flogen ihm einfach nach. Wurde er nun abgeschossen, fanden sie nicht einmal den Weg zurück, weil sie meistenteils nicht in der Lage waren, den Kompaß lesen zu können. Inzwischen haben wir – aber das schrieb ich Dir wohl schon – 3500 russische Maschinen vernichtet.

So nun wieder zurück zum Tagesablauf: Nach Beendigung des Lagevortrags wird es so langsam Zeit zum Mittagessen, das für uns im Speiseraum II stattfindet. Da es sehr oft Eintopf gibt, drücken wir uns ab und zu davor. Auf jeden Fall aber bei Erbsen und Bohnen. Wenn nichts Wichtigeres zu tun ist, schlafen wir nach Tisch ein paar Stunden, damit für den übrigen Rest des Tages, der sich gewöhnlich bis in die Puppen hinzieht, genügend Frische vorhanden ist.

So gegen 5 Uhr werden wir zum Chef zum Kaffee befohlen, wo er uns mit Kuchen traktiert. Wer die meiste Anzahl von Kuchen verschlingt, wird belobigt! Die Kaffeestunde dehnt sich meistens bis 7 Uhr, manchmal noch etwas länger aus. Dann gehen wir wieder in den Speiseraum II zum Abendessen. Anschließend drücken wir uns in der Gegend herum oder sehen uns einen Film an. Damit schlagen wir die Zeit tot, bis wir nach der Abendlagebesprechung wieder zum ›Tee‹ gebeten werden…«

Im Arbeitszimmer Hitlers, gegenüber der Fensterfront, war ein breiter Kamin und um den davor stehenden runden Tisch standen Sessel mit Binsengeflecht. Hier versammeln sich zum Tee in der Regel um den Chef ein Arzt, ein militärischer und ein persönlicher Adjutant, Martin Bormann, wir zwei Mädchen und Heim,[224] Bormanns Adjutant. Dieser war von Bormann beauftragt, ›heimlich‹ Hitlers Gespräche nach dem Tee zu Papier zu bringen. 1980 sind sie unter dem Titel ›Monologe im Führerhauptquartier 1941–1944‹ von Werner Jochmann herausgegeben worden.

Hier muß ich eine Anmerkung über Dr. Henry Picker[225], |————|
|——————————| machen. An der Wiege von Henry Picker schüttete eine ›gütige‹ Fee eine Fülle von |——————| Gaben aus, deren hervorstechendste ein Voraussahnen zukünftiger Geschehnisse |————————————————|
|————————————————————|
|————————————————————|
|————————————————————|

So erkannte Picker schon 1942 bei seinem kurzen vertretungsweisen Einsatz als Adjutant Marin Bormanns im Führerhauptquartier, wo er ohne Wissen Hitlers, jedoch auf Anordnung Bormanns die Tischgespräche Hitlers unbemerkt aufzuzeichnen hatte, welcher Wert einstmals aus diesen Aufzeichnungen erwachsen könnte.[226] |————————————|
|————————————————————|
|————————————————————|
|————————————————————|
|————————————————————|
|————————————————————|
|————|

Nun mag man denken, was man will: Die Monologe[227] bzw. Tischgespräche[228] Hitlers sind wertvolle Quellen für die Aufspürung der Gedankenwelt Hitlers. Und viele Historiker haben sich ihrer bereits bedient und viele werden es weiterhin tun. Allerdings wissen sie nicht, daß sich durch Vorwort und Kommentare der ›Tischgespräche‹ ein roter Faden zieht, |————————|
|————————————————————|
|————————————————————|
Da ist z. B.:
1. |————————| die Rede, nach der Adolf Hitler im Jahre 1942 Herrn Picker die alleinigen Autorenrechte für die Tischgespäche übertragen habe.[229]
Die Wahrheit ist:
Adolf Hitler hatte keine Ahnung, daß seine Monologe heimlich schriftlich festgehalten wurden. Daß er nichts davon gewußt hat und ein Aufschreiben nicht wünschte, beweisen
    a) ein nach 1945 stattgefundenes Gespräch Heims mit Schaub [sh. Anlage 3, Auszug aus ›Klüterblätter‹]
    b) beil. Auszug eines Briefes von Gerda Christian vom 19. März 1975 an Christa Schroeder. [sh. Anlage 4]
    c) Adolf Hitler hat des öfteren erwähnt, daß er nach dem Krieg den beiden alten Sekretärinnen Wolf und Schroeder seine Memoiren diktieren würde. Naturgemäß wären die in den Tischgesprächen erwähnten Geschehnisse, Erlebnisse und Gedanken Hauptbestandteil seiner Lebensbeschreibung geworden. Beweis, daß er diese Memoiren-Absicht hatte: Beil. Erklärung von Traudl Junge ohne Datum. [sh. Anlage 5]
2. Eine weitere Legende ist, daß Adolf Hitler angeblich Martin Bormann angewiesen habe, zu veranlassen, daß Pickers Gepäck beim Verlassen des FHQ's nicht zu untersuchen ist.
Die Wahrheit jedoch ist, daß in Wirklichkeit das Gepäck der FHQ-Angehörigen niemals untersucht wurde. Beweis: Beil. Eidesstattliche Erklärung von Otto Günsche, einem ehemaligen Adjutanten Hitlers. [sh. Anlage 6]
3. Auf Seite 491 seines Buches stellt er die frei erfundene Behauptung auf, Johanna Wolf habe ihm die nicht veröffentlichte Geheimrede Hitlers vom 30. Mai 1942 gegeben. Johan-

na Wolf widerlegte diese Behauptung auf Seite 491 mit dem Vermerk: »Ich habe Dr. Picker niemals eine Rede gegeben. 5. III. 80. Johanna Wolf.« [sh. Anlage 7]
Alle |————| Behauptungen Pickers zu widerlegen, würde den Rahmen dieser Aufzeichnungen sprengen. Ich verweise hier lediglich noch auf drei Beispiele:
Picker behauptet zu Unrecht:
a) Eva Braun sei Hausdame im Berghof und
b) Hitlers ›große Liebe‹ gewesen.
c) Hitler habe seine freundschaftlichen Beziehungen zu Gretl Slezak 1932 wegen ihrer jüdischen Abstammung gelöst.
Alle drei Behauptungen entbehren jeder Grundlage, an anderer Stelle spreche ich ausführlich darüber.
Dr. Picker gibt jedes Jahr anläßlich seines Geburtstages Empfänge |————————————————————|
|————————————————————|
|——————————|
|————————————————————|
|————————————————————|
|————————————————————|
|————————————————————| Er bezeichnet im Gespräch irgendeinen nicht anwesenden Prominenten als seinen ›lieben alten Freund‹, was auf den Angesprochenen natürlich Eindruck macht und ihn zur Zusage seiner Einladung veranlaßt.[230] Beispiel: Brief an einen berühmten Bildhauer.[231] Einige Tage vor seinem Tode weihte mich General Engel[232] bei einem Besuch im Schwabinger Künstlerhaus in diese Gepflogenheit Pickers ein.
Um seinen Behauptungen im Vorwort der ›Tischgespräche‹ Nachdruck und Wahrheitsgehalt zu verleihen, lädt er auch die noch verbliebenen Veteranen aus Hitlers einstiger Umgebung ein. |————————————————————|
|————————————————————|
|————————————————————|
|————————————————————|
|—————————| Es ist leider so, daß kaum einer von ihnen Vorwort und Kommentar der Tischgespräche gelesen hat. Als ich die Ehefrau eines solchen Veteranen danach fragte, antwortete sie

offenherzig: »Ach, weißt du, Christa, wir lesen so was nicht. Wir stellen die Bücher halt in den Schrank!«[233]
Auf diese Weise ist es möglich, daß die Historiker sich der ›Tischgespräche‹ Pickers als Quellenangabe[234] bedienen und im besten Glauben die |————| Behauptungen Pickers weiterverbreiten.
In meinem Brief an meine Freundin vom 28. Juni 1941 schrieb ich weiter:
»Es ist ein gemütliches Zusammensein im kleinen Kreis, wieder mit Kaffee und Kuchen etc. Du kannst Dir nach dieser Aufzählung sicher vorstellen, daß wir nicht schlanker zurückkommen. Zwischendurch besuchen wir zudem noch unseren Koch,[235] der an sich zur Mitropa gehört, uns auf unseren Fahrten bekocht und uns während des Krieges in alle Hauptquartiere folgte, in seiner hochherrschaftlichen, weiß gekachelten, mit modernsten elektrischen Geräten versehenen Küche und stiebitzen hier noch, was uns gerade in die Augen sticht.
Wir wollten ihm neulich so gerne helfen, Brot schneiden, Butter abteilen oder Salat garnieren, aber der Kerl läßt sich einfach nicht helfen. Er ist ein kleiner, schlanker, wendiger Mann, der – ich weiß nicht warum – von unseren Jungens des Begleitkommandos ›Krümel‹ getauft wurde, der desto lustiger wird, je mehr er zu tun hat und sich am wohlsten fühlt, wenn es drunter und drüber geht. Er ist sozusagen ein Koch aus Leidenschaft, und es ist eine Freude, ihm zuzusehen, wie flott und geschickt ihm alles von der Hand geht. Im Nu hat er etwas arrangiert, aber beileibe nicht hingepatzt, sondern immer hübsch garniert.
Wenn man den zufriedenen ›Krümel‹ sieht, wird es einem klar, daß von der Arbeit doch sehr viel abhängt, ein Erfülltsein irgendwie, daß im Glücksgefühl ausfließt. Ich komme mir dagegen oft so unnütz und überflüssig vor. Wenn ich mir überlege, was ich eigentlich so den ganzen Tag über tue, so komme ich zu dem vernichtenden Resultat: gar nichts. Ein Plutokratenweibchen ist nichts dagegen. Man schläft, ißt, trinkt, läßt sich unterhalten, wenn man zum Reden grad selbst zu faul ist. Man nimmt sich dann in einem lichten Moment vor – da man ja nichts Wesentliches an seinem Leben ändern kann, da es der Dienst nun mal so mit sich bringt, zum Warten und zu ewiger Bereit-

schaft verdammt zu sein, bis wieder einmal ein Stoßbetrieb einsetzt – an sich selbst zu arbeiten (ich habe 1000 Worte französisch mit) – aber bei diesen Vorsätzen bleibt es aber auch. Es fehlt der Schwung und der Auftrieb. Ich habe mich heute richtiggehend aufraffen müssen, um Dir endlich mal wieder einen längeren Bericht zu geben...
Inzwischen hast Du ja die von einer ganzen Woche aufgestapelten Sondermeldungen gehört. Der Chef meinte heute morgen, wenn der deutsche Soldat einen Lorbeerkranz verdiene, dann für diesen Feldzug. Es geht ja alles viel besser, als man dachte. Viele Glücksfälle haben sich ereignet, so z. B. daß sich der Russe an der Grenze stellte und uns nicht erst weit ins Land hineinlockte, was doch sicher zu Schwierigkeiten mit dem ganzen Nachschub geführt hätte, und dann, daß er die zwei Brücken bei Dünaburg nicht zerstört hatte.[236] Das wäre ein großer Zeitverlust gewesen, wenn wir die Brücken erst wieder hätten bauen müssen. Ich glaube, daß, wenn wir erst Minsk besetzt haben, es dann rasend schnell vorwärts geht. Wenn unter unseren Soldaten noch der eine oder andere Kommunist versteckt sein sollte, dann wird er sicher restlos bekehrt, wenn er den ›Segen‹ da drüben sieht. Ich habe mit verschiedenen Herren gesprochen, die in Moskau Gelegenheit hatten, sich ein wenig umzusehen.[237] Es muß ein trostloses grauenvolles Leben sein, was die Menschen dort führen, bzw. geführt haben. Ihre Unwissenheit hat man dazu benutzt, sie auszubeuten, sie irrezuführen. Es wäre interessant, einmal mehr Authentisches darüber zu erfahren...«
Brief an meine Freundin vom FHQ ›Wolfsschanze‹ vom 13. Juli 1941:
»Bei unseren abendlichen Diskussionen beim Chef spielt die Kirche eine große Rolle. Schade, daß Du da nicht mal dabei sein kannst. Es ist alles so einleuchtend, was der Chef sagt, wenn er z. B. ausführt, daß das Christentum durch seine Verlogenheit und Heuchelei die Menschheit in ihrer Entwicklung – kulturell gesehen – um 2000 Jahre zurückgebracht hat. Ich muß doch wirklich endlich mal anfangen, mir hinterher Notizen über die Ausführungen des Chefs zu machen.
Nur dauern diese Sitzungen immer wahnsinnig lange und man

ist dann – wenn auch nicht gerade zum Umfallen müde, so aber doch so schlapp und ohne alle Energie, um noch zu schreiben. Vorgestern nacht, als wir vom Chef rauskamen, war es schon hell. Da haben wir uns nicht etwa schlafen gelegt, wie das solide Menschen getan hätten, sondern wir sind in die Küche gegangen, haben ein paar Stullen gegessen und sind dann anschließend 2 Stunden gelaufen, direkt in den Sonnenaufgang hinein. Vorbei an Rinder- und Pferdekoppeln, an Hügeln, die mit rotem und weißem Klee in der Morgensonne einfach märchenhaft aussahen und an denen ich mich nicht satt sehen konnte und dann zurück ins Bett.
Vor 2, 3 Uhr sind wir einfach unfähig aufzustehen. Ein verrücktes Leben, was? So einen komischen Beruf, wie die Daranowski und ich ihn haben, wird es auch kaum noch einmal geben. Essen, trinken, schlafen, ab und zu mal etwas schreiben und zwischendurch stundenlang Gesellschaft leisten. Neuerdings machen wir uns insofern nützlich, als wir für den Chef Blumen pflücken, damit der Bunker nicht allzu kahl ausschaut...«
Brief an meine Freundin aus dem Führerhauptquartier ›Wolfsschanze‹ vom 28. Juli 1941:
»...Ich bin die letzten Tage wieder so unglücklich gewesen. Gewissen Leuten ist es ein Dorn im Auge, daß der Chef auch im Kriege seinen persönlichen Stab um sich hat, insbesondere natürlich, daß darunter zwei weibliche Wesen sind. Eine Ordonnanz erzählte mir von diesbezüglichen Äußerungen, die in vorgerückter Stunde (im Suff) im Kasino I gefallen sind und die mich maßlos erbost haben. Ich wollte die Sache zuerst aufgreifen, denn schließlich ist das ja Meuterei gegen unseren Chef, ein Kritisieren seiner Anordnungen und Befehle. Denn wir sind ja nicht aus freien Stücken hier, sondern nur deshalb weil der Chef es wünscht und behauptet, er könne nur mit uns arbeiten. Er hat mehr als einmal in Gegenwart dieser Herren betont, daß er ohne uns (Dara und mich) aufgeschmissen wäre. Und da finde ich es anmaßend und dumm von diesen Herren, unsere Existenz anzugreifen.
Ich bin nun von einer eisernen Zurückhaltung gegen die Betreffenden und nun plagt sie das böse Gewissen. Wahrscheinlich war es für sie keine angenehme Situation, als gerade ein paar

Tage nach der gefallenen Äußerung, der Chef den Wehrmachtsadjutanten[238] fragte, ob für das nächste Quartier für seine Damen auch ein Zelt vorgesehen sei. Auf die Antwort: ›Nein!‹ ordnete der Führer entrüstet an, daß sofort noch eine Möglichkeit geschaffen werden müsse für unsere Unterkunft. ›Ja, sie hätten gedacht, es handle sich doch nur um einen kurzen Aufenthalt von wenigen Tagen im Zeltlager, so daß wir nicht benötigt seien.‹ Aus all' diesen Ausflüchten sprach der Wunsch, uns abzuservieren. Aber der Chef denkt gar nicht daran, sich dreinreden zu lassen. Es mußte sofort ein Omnibus zum Schlafen und Arbeiten für uns hergerichtet werden.
Früher, als ich noch an Saufgelagen teilnahm, gab ich mich der Illusion hin, daß es sich bei den Betreffenden, die nun zusammensaßen, um Freundschaft handele. Inzwischen ist mir aber die Erkenntnis gekommen, daß die Gespräche, die in solchen Stunden zustandekamen, nicht der Ausfluß kameradschaftlichen Empfindens waren, sondern lediglich die Wirkung des verdammten Alkohols.
Durch solcherlei Zusammensein ändert sich rein gar nichts, es kam keine Freundschaft zustande. Am anderen Tage stieß man wieder auf undurchdringliches Fremdsein. Also Hand davon. Warum sich erst Täuschungen hingeben. Die Erkenntnis ist bitter, daß man so ganz allein auf sich gestellt ist und daß beim besten Willen und bei den lautersten Absichten keine Freundschaft möglich ist.
Die Männer sind alle nur von einem Gedanken besessen, möglichst viel Vorteile zu erwischen und sich immer ins beste Licht zu stellen. Sie wollen alle mehr scheinen und merken gar nicht, wie lächerlich sie wirken, bei denen, die sie durchschauen. Am lächerlichsten finde ich die Blase, wenn der Chef mit einigen Herren zusammensteht. Greift in diesem Moment der Fotograf zu seiner Leica, dann strömen sie blitzschnell alle zum Chef, wie die Motten zum Licht, nur, damit sie ja auch aufs Bild kommen. Einfach ekelhaft dieses krankhafte Geltungsbedürfnis. Na, nun habe ich ja mal wieder genug gemeckert. Aber Du wirst mich verstehen, wie diese hohle Gesellschaft mich abstößt und deshalb mußte ich meinem Herzen mal wieder Luft machen...«

Brief an meine Freundin aus dem Führerhauptquartier ›Wolfsschanze‹ vom 20. August 1941:
»... Das Leben bei uns ist ziemlich eintönig geworden. Wir sitzen nun schon 9 Wochen hier, und wie man hört, werden wir bis Ende Oktober noch hier bleiben.[239] Das ist doch wirklich eine lange grauslige Zeit: Wenig Arbeit, manchmal tagelang überhaupt nichts, immer dieselben Gesichter, dieselben Gespräche. Ich habe dieses zur Untätigkeit-verurteilt-sein-müssen so satt, daß ich neulich dem Chef klarzumachen versuchte, es genüge doch eigentlich eine Kraft für ihn, da ich doch jahrelang den Laden allein geschmissen hätte. Aber er bremste sofort ab, sodaß ich mein Anliegen, mich für die Dauer des Krieges irgendwo – entweder in einem Krankenhaus oder Rüstungsbetrieb – nützlich zu betätigen, gar nicht erst anbringen konnte. Ja, nun bleibt mir nichts anderes übrig, als weiter zu machen.
Wir haben vor einigen Tagen eine engl. Wochenschau gesehen, die aus Amerika kam und die grauenhaften Verwüstungen ganzer Straßenzüge Londons zeigte. All' die großen Warenhäuser, das Parlament etc. sind vernichtet. Die Kamera zeigte, über ganze Stadtviertel wandernd, die riesigen Brände, Lagerhaus an Lagerhaus ein Flammenmeer. Im Text sagte man, daß die Engländer dies alles leicht ertrügen in dem Bewußtsein, daß es in Berlin ja genau so aussähe. Na, wenn die armen Engländer eine Ahnung hätten, daß die Schäden, die sic in Berlin anrichten, im Vergleich zu denen in London nur Lappalien sind, würden sie gewiß nicht mehr mitmachen. Die gefangenen engl. Offiziere sagen selbst, daß ihre Regierung unverantwortlich handelc. Und dazu gehört schon allerhand, wenn dies die Engländer selbst – und noch dazu Offiziere – zugeben. Hoffen wir also das Beste.
Ich wünschte ja nichts sehnlicher, als daß die Engländer, wenn wir Rußland erledigt haben, mit Friedensvorschlägen kommen würden. Der Krieg mit England kann nur noch dazu führen, daß wir uns gegenseitig die Städte zertrümmern. Und Herr Roosevelt lacht und freut sich schon darauf, Englands Erbe anzutreten. Mir ist es wirklich unverständlich, daß die Engländer keine Vernunft annehmen. Nachdem wir uns nach dem Osten ausbrei-

ten, brauchen wir ihre Kolonien nicht. Ich finde es ja auch viel praktischer, wenn wir alles schön beieinander haben. Die Ukraine und die Krim sind so fruchtbar, da können wir alles anbauen, was wir gebrauchen, und das übrige (Kaffee, Tee, Kakao usw.) können wir im Austausch mit Südamerika hereinholen. Es ist an sich alles so einfach und klar. Gebe Gott, daß den Engländern bald die Vernunft kommt...«[240]
Brief an meine Freundin aus dem Führerhauptquartier ›Wolfsschanze‹ vom 30. August 1941:
»...Wir waren ein paar Tage in Galizien und bei der Rückkehr fand ich Deinen Brief vor... Unser Aufenthalt hier im Quartier zieht sich immer mehr in die Länge. Zuerst dachten wir, Ende Juli wieder in Berlin sein zu können, dann redete man von Mitte Oktober und jetzt spricht man bereits davon, daß wir vor Ende Oktober – evtl. sogar noch später – hier nicht wegkommen. Es ist schon sichtlich herbstlich kühl hier und wenn es unserem Chef einfallen sollte, den Winter über hier zu bleiben, werden wir mächtig frieren. Gesund ist dieses lange im-Bunker-leben bestimmt für keinen von uns. Der Chef sieht auch gar nicht gut aus, er kommt halt zu wenig an die frische Luft und ist nun überempfindlich gegen Sonne und Wind, wenn er wirklich mal ein paar Stunden Auto fährt.
Ich wäre ja furchtbar gern in Galizien geblieben, eigentlich waren fast alle dafür, aber die Sicherheit ist dort nicht so gewährleistet. Täglich soll es zu Zwischenfällen kommen, und da man das dortige Gebiet nicht so gut absperren kann wie in unserem jetzigen Quartier, ist die Gefahr zu groß. Aber die Landschaft ist von einer Lieblichkeit, die mich überraschte. Auf der einen Seite Waldungen und auf der anderen sanft ansteigende Hügel. Auf dem Bergrücken hoben sich Rinder silhouettenhaft von dem blauen Himmel ab und die Bauern gingen hinter dem Pflug her. Ganz romantisch sehen die Hütten der Panjes aus, buckelig und windschief mit Schilfdächern und kaum einem Fenster drin. Davor ein Ziehbrunnen mit rostiger Kette, ein paar Sonnenblumen; die Frauen braun gebrannt und alle barfuß, mit einem großen dunklen Tuch über den Kopf, das bis zu den Hüften reicht. So stehen sie neben ihrer Kuh, ein wenig düster, ein wenig geheimnisvoll, aber absolut in das

Landschaftsbild hineinpassend, das mich irgendwie anheimelte.
Die ganze Landschaft dort ist freier, hier im Wald ist die Atmosphäre auf die Dauer drückend. Und vielleicht kommt noch etwas hinzu, was mich so ansprach, und das war, daß man dort nicht so das Gefühl von Eingesperrtsein hatte, man sah die Bauern auf den Feldern arbeiten und fühlte sich dadurch frei, während wir hier im Gelände dauernd auf Posten stoßen, dauernd den Ausweis zeigen müssen. Aber wir sind ja dauernd von der Welt abgeschlossen, wo wir auch sind: in Berlin, auf dem Berg oder unterwegs auf Reisen, immer ist es derselbe abgegrenzte Kreis, immer derselbe Rundlauf innerhalb des Zaunes. Und darin liegt die große Gefahr, menschenscheu zu werden und den Kontakt mit dem wirklichen Leben zu verlieren, und... ein mächtiger Zwiespalt: man sehnt sich heraus und wenn man draußen ist, weiß man nichts mehr mit sich anzufangen, weil man so ganz und gar auf dieses eingesperrte Leben festgelegt und weil keine Mögichkeit zu einem Leben außerhalb dieses Kreises gegeben ist. Dabei wird der Kreis um den Chef nur durch das gemeinsame Erleben zusammengehalten, aber wehe, wenn er nicht mehr da ist, dann fliegt alles auseinander (dies ist auch die Ansicht von Dr. Brandt) und schlimm ist es dann für denjenigen, der den Kontakt zu der übrigen Welt verlor. Entschuldige, daß ich so ausführlich geworden bin, aber ich sehe hier ein nicht leicht zu nehmendes Problem für später...«
Als die deutschen Armeen von dem furchtbaren Winter 1941/42 überrascht, im russischen Eis stecken blieben, war Hitler häufig niedergeschlagen, aber nach wie vor hoffte er auf einen baldigen Sieg: »Es ist nur noch ein ganz dünner Schleier, den wir durchstoßen müssen«, sagte er, »wir müssen etwas Geduld haben. Der russische Widerstand wird nicht anhalten.« Aber der Schleier wurde nicht zerrissen und unser Aufenthalt in der ›Wolfsschanze‹ zog sich immer mehr in die Länge.[241]
Brief an meine Freundin aus dem Führerhauptquartier ›Wolfsschanze‹ vom 6. Januar 1942:
»...Deine übrigen Ausführungen über die Stimmung im Reich, die Kirche usw. haben mich sehr interessiert. Ich glaube, daß sich die Stimmung sehr bald wieder heben wird, wenn erst mal

wieder große Erfolge verkündet werden, so z. B. wenn Leningrad gefallen ist. In den nächsten 10 Tagen wird so allerhand zur Ernte reifen. Der Chef hat das Prinzip, nicht eher Sondermeldungen herauszugeben, bis eine Schlacht auch wirklich gewonnen ist, weil nämlich durch voreilige Bekanntgabe der Feind aufmerksam werden könnte und dadurch unnötige Menschenleben in Gefahr kommen könnten. Er befindet sich hierüber sehr oft in einem Zwiespalt: Einesteils möchte er die Heimat beruhigen, andernteils will er aber auch dem Feind keine Anhaltspunkte geben.

Daß die Kirchen voll sind, kann ich mir denken, bin aber auch ganz Deiner Ansicht (die auch die des Chefs ist), daß man zur Zeit nichts unternehmen kann. Das kann erst nach dem Kriege...

...Wir haben übrigens seit 14 Tagen ein Grammophon im Führer-Bunker stehen und hören nun fast jeden Abend Lieder von Strauß, Hugo Wolf und vor allem natürlich Wagner. Ganz besonders angetan hat es mir die ›Heimliche Aufforderung‹ von Strauß, die die Schlusnuss singt und ein andermal ein Grazer Tenor, der mehr zum Bariton neigt: Peter Anders (den Namen mußt Du Dir merken, wenn Du Platten kaufst!), er hat eine sehr weiche, einschmeichelnde Stimme, dabei aber eine sehr deutliche Aussprache. Wunderschön sind diese Lieder, man ist ganz eingehüllt in Liebe und Wärme, was sich anscheinend auch auf den Chef auswirkt, denn gestern abend sagte er zu uns Mädchen: ›Kinder, ihr müßt jede Stunde nützen!‹ Ich hätte am liebsten gesagt, |————————————————| |————————————————| ich möchte gerne wissen, wie er sich das bei mir vorstellt, was ich machen solle, um die Jugend zu nützen, da wir nun doch schon jahrelang Tag für Tag bei ihm hocken und nicht wegkommen. Ja, ja Theorie und Praxis...«

Brief an meine Freundin, Führerhauptquartier ›Wolfsschanze‹ vom 15. Januar 1942:

»...Kaum war mein Mahnbrief an Dich abgegangen, da traf Dein lieber Brief ein, den ich hungrig verschlang. Ich schrieb Dir sofort einen langen, langen Brief, den ich aber einige Tage liegen ließ, weil Dich mein Erguß sicherlich bedrückt haben würde. Einesteils tut mir das nun leid, aber es ist besser, ich hebe all' diese Sachen für meinen Besuch im März auf. Ich habe nämlich mit meinen Kolleginnen vereinbart, daß wir uns von nun an regelmäßig ablösen werden, damit wir wenigstens noch etwas Persönliches haben. Heute ist nun die Daranowski in Urlaub gefahren und mich trifft dieses Glück im März. Nur so viel will ich Dir heute sagen, daß die Festtage hier einfach trostlos waren. Gerade in die Vorweihnachtstage hinein fiel die Übernahme des Oberbefehls durch den Führer.[242] Seine Arbeit stieg dadurch ins Unermeßliche und von geregelten Mahlzeiten kann nun überhaupt keine Rede mehr sein.

Das Mittagessen soll an sich um 2 Uhr steigen, verschiebt sich aber immer mehr auf eine Zeit, wo normale Menschen zu Abend essen. Der Höchstrekord war vor einigen Tagen erreicht, an dem das Mittagessen vom Chef um 6 Uhr eingenommen wurde. Das Abendessen verschiebt sich demzufolge entsprechend und unsere Teeabende im Führerbunker, die sonst gegen 10 Uhr begannen, fangen jetzt gewöhnlich erst nach 12 Uhr (Höchstrekord bisher 2 Uhr) an, was gleichbedeutend ist mit einem Zubettgehen von 4 bis 5 Uhr.

Einen natürlichen Rhythmus, der für die Gesundheit doch sehr wichtig ist, gibt es einfach nicht mehr. Und das Herausreißen von einer Stimmung in die andere ohne Übergang, kann ich mir ohne seelische Schädigung auch nicht vorstellen. Silvester waren wir z. B. im Kasino II beim Abendbrot in einer recht vergnügten Stimmung. Anschließend wurden wir zum üblichen Tee befohlen, wo wir einen sehr müden Chef antrafen, der nach einer Weile einnickte, so daß wir uns dementsprechend ruhig verhalten mußten, also die angefachte Lustigkeit zu ersticken gezwungen waren.

Zwischendurch war der Chef 3 Stunden in der Lagebesprechung, und die zur Gratulationscour angetretenen Herren verharrten in diesen Stunden mit schicksalsschwangeren Gesichtern und wagten nicht, das Gesicht zu einem Lächeln zu verziehen. Ich kann Dir das gar nicht schildern, jedenfalls war es so, daß ich in meinem Bunker das heulende Elend kriegte und nochmal ins Kasino ging, wo ich auf ein paar wackere Jungens vom Begleitkommando stieß, die natürlich feststellten, daß ich geheult hatte. Worauf ich prompt gleich nochmals anfing und sie mich mit Worten und Alkohol zu trösten versuchten, was ihnen denn auch gelang. Dann sangen wir unentwegt das herzbewegende Lied: ›Wir lagen vor Madagaskar und hatten die Pest an Bord...‹ Da kann man sich noch so oft vornehmen, nichts mehr zu trinken, aber bei diesem trostlosen Leben scheint es mir manchmal wirklich der einzige Ausweg, um die Depressionen zu überwinden.

Zum Laufen komme ich jetzt auch nicht viel. Das eine Mal ist es zu kalt, das andere Mal liegt zuviel Schnee, und dann sind die Straßen derart vereist, daß das Laufen zur Nervenbelastung wird, so daß ich mich lieber im warmen Bunker verkrieche. Unser Büro, das ein öder, kahler Raum war, habe ich zu einem wirklich gemütlichen Wohnraum umgestaltet. Allerdings hat mich das viel Überredungskunst gekostet. Überall, wo ich ein Stück sah, das mir gefiel, habe ich nicht eher Ruhe gegeben, bis man es mir opferte. Ich schlafe nun auch im Büro. Im Bunker konnte ich es einfach nicht mehr aushalten. Die ganze Nacht läuft der Ventilator und umspielt dauernd den Kopf, so daß mir jedes einzelne Haar wehtat. Ideal ist das Schlafen auf der sogenannten Couch ja auch gerade nicht, aber ich habe doch wenigstens ein Fenster im Raum...

...Die Frauen, die in Munitionsfabriken arbeiten müssen oder zum Straßenbahn- oder U-Bahndienst eingezogen sind, haben es ja verdammt schwer, aber sie haben uns das große Plus voraus, daß sie – wenn ihre Arbeitszeit vorüber – sich frei bewegen können und das tun können, was sie möchten. Jetzt fange ich schon wieder an zu jammern. Also Schluß damit...
Vor einigen Tagen waren Sepp Dietrich[243] und General Dietl[244] für 2 Tage hier. Zwei kernige Gestalten, die die eintönige Etappen-Atmosphäre wundersam belebten...«

In einer Notiz habe ich später folgendes notiert: Kabine im Bunker mit Ventilator. Wenn er in Betrieb war, kam wohl frische Luft herein, er machte jedoch schrecklichen Lärm. War er abgestellt, meinte man, ersticken zu müssen. Ich schlief deshalb im Arbeitsraum, der im vorderen Raum des Bunkers lag und ein Fenster hatte. Keine Büroatmosphäre, keine feste Arbeitszeit. Hitler behauptete oft, man habe das sumpfigste,

Am 12. März 1938 überschritten deutsche Truppen die österreichische Grenze zu einem ›Freundschaftsbesuch‹ und schon am 15. 3. 1938 um . Uhr verkündete Hitler auf dem Wiener Heldenplatz unter dem Jubel der Bevölkerung »vor der Geschichte den Eintritt seiner Heimat in das Deutsche Reich«.

Christa Schroeder und Gerda Daranowski bei der Abfahrt vom Hotel Imperial in Wien am 15. März 1938 in den von Blumen überfüllten Auto, die für Hitler abgegeben wurden.

Am 14. März 1939 kam der tschechoslowakische Staatspräsident Dr. Emil Hacha nach Berlin, um mit Hitler über die Tschechoslowakei zu sprechen. Erst am 15. 3. 1939 um 1 Uhr empfing ihn Hitler. Unter Druck gesetzt, unterschrieb Hacha am 15. 3. 1939 um 3.55 Uhr ein Abkommen, das die Tschechoslowakei »unter den Schutz des Deutschen Reiches« stellte.

Schon am 16. 3. 1939 unterzeichnete Hitler auf dem Hradschin in Prag den Erlaß über die Bildung eines Protektorats Böhmen und Mähren (v.l.n.r. Schaub, Hitler, Dr. Frick, Dr. Lammers, Adjutant, Dr. Stuckart und Christa Schroeder).

r 50. Geburtstag Hitlers am 20. April 1939
r der letzte Geburtstag des Diktators, der
ß gefeiert wurde. Die Geschenke für Hitler
rden im historischen Kongreßsaal der
chskanzlei auf Tischen aufgestellt.

Die Kinder von Hitlers Adjutanten gratulierten Hitler am 20. April 1939 bereits in der Früh (v.l.n.r.: Adjutant Albert Bormann, Ordonnanzoffizier Heinz Linge, Hitler und die Tochter des Wehrmachtsadjutanten Gerhard Engel mit Mutter).

Zu Hitlers 50. Geburtstag am 20. 4. 1939 gratulierten Christa Schroeder und Gerda Daranowski Hitler in der Reichskanzlei in Berlin (v.l.n.r.: Diener Karl Krause, Gerda Daranowski, Christa Schroeder, Hitler).

Der Leibarzt Hitlers, Dr. Theo Morell, Wilhelm Brückner, Gerda Daranowski und Christa Schroeder Sylvester 1940 im Gespräch mit Hitler am Berghof.

mückenreichste und klimatisch ungünstigste Gebiet für ihn ausgesucht. Aber ich fand Ostpreußen sehr reizvoll. Die riesigen roten Kleefelder bei Sonnenaufgang, die Weite, der blaue Himmel und im Winter die unberührte Schneelandschaft.
Brief an meine Freundin, Führerhauptquartier ›Wolfsschanze‹ vom 27. Februar 1942:
»... Und das ist notwendig in dieser Einöde. Meine Kollegin, die eigentlich früher immer einen ziemlich ausgeglichenen Eindruck machte, ist jetzt auch furchtbar deprimiert über das unbefriedigte Leben. Alle guten Vorsätze, das Unvermeidliche mit guter Haltung zu tragen, brechen doch immer nach ein paar Tagen zusammen. Es ist in unserer Stimmung ein ewiges Auf und Ab, was aber wirklich nichts mit Disziplinlosigkeit zu tun hat, sondern mit Vielem zusammenhängt, über das ich ja im März mit Dir sprechen zu können hoffe...
... Es ist nach 2 Tagen warmen Wetters plötzlich wieder sehr kalt geworden, d. h. es sind am Tage an sich nur 17°, aber der scharfe Ostwind läßt einen die Kälte sehr stark empfinden. Die Kälte an sich macht uns eigentlich nicht mehr so viel aus, so abgehärtet sind wir nun doch schon, es ist nur der verfluchte Wind. Trotzdem laufen wir aber doch jeden Tag jetzt wenigstens 1 Stunde durch die Gegend, gewöhnlich bis ins nächste Dorf, dessen Verkommenheit im Sommer äußerst deprimierend wirkte, unter der weichen Schneedecke nimmt es sich jetzt aber ganz romantisch aus.
Die übrigen Stunden am Tage hockt man dann mehr oder weniger müßig herum. Obwohl der Chef immer sehr müde ist, findet er doch nicht ins Bett, und das ist oft qualvoll. Früher spielten wir öfter Schallplatten am Abend, und man konnte dabei seinen eigenen Gedanken nachhängen, aber seit Todt's[245] unglücklichem Ende sind die Musikabende sehr selten geworden. Da der Teekreis ja immer aus denselben Menschen besteht und von außen keine Anregungen kommen sowie niemand etwas Persönliches erlebt, ist demzufolge die Unterhaltung oft recht lau und schleppend, ermüdend und belastend. Die Gespräche laufen eigentlich nur noch in denselben Bahnen...«
Ich habe mir darüber später folgendes notiert: Unterhaltung: Jeden Abend Kino, nachmittags Teehaus. Es wurde nie über

Politik gesprochen. Hitlers Einfluß war überall spürbar, entweder hatte niemand eine eigene Meinung oder wagte sie nicht zu äußern. Wer eine eigene Meinung zu haben wagte, war aus dem Kreis ausgeschlossen. Hitler war die Triebkraft für alle Menschen in seiner Umgebung.

Vor der Katastrophe von Stalingrad[246] veranstaltete Hitler von Zeit zu Zeit noch Schallplattenabende. Er hörte dabei gern Beethoven-Sinfonien, Partien aus Wagner-Opern oder Lieder von Hugo Wolf. Hitler konnte dann mit geschlossenen Augen dasitzen und der Musik lauschen. Es wurden immer dieselben Platten gespielt und gewöhnlich kannten die Teilnehmer an der Teestunde die Nummern der Platten schon auswendig. Wenn Hitler z. B. sagte:»Aida, letzter Akt: Es hat der Stein sich über uns geschlossen«, dann rief einer der Gäste dem Diener die Katalognummer zu:»Platte einhundertsowieso.«

Nach Stalingrad konnte Hitler keine Musik mehr hören. Wir verbrachten nunmehr die Abende damit, ihn monologisieren zu hören. Aber es waren auch immer wieder die gleichen Gespräche: seine Jugendzeit in Wien, die Kampfzeit, die Geschichte der Menschheit, der Mikrokosmos und der Makrokosmos usw. Bei den meisten Themen wußten wir schon im voraus, was er sagen würde, und so wurden die Abende oft zu einer recht anstrengenden Angelegenheit. Die Ereignisse in der Welt und an der Front durften während der Teestunden nicht berührt werden, alles, was mit dem Krieg zusammenhing, war tabu.

So war es dann meist ratsam, ein ganz unverfängliches Thema anzuschneiden, wie z. B. Blondis[247] Ausgelassenheit und Ungehorsam oder die Abenteuer eines Katers, der plötzlich eines Tages in der Wolfsschanze aufgetaucht war. An sich mochte Hitler Katzen nicht, angeblich weil sie den Vögeln nachstellten. Aber an ›Peter‹ hatte er sich nach und nach gewöhnt. Und nicht allein das: er wurde am Ende geradezu eifersüchtig, wenn sich der Kater einem von uns auf den Schoß setzte. Seiner Eifersucht in bezug auf seine Schäferhündin Blondi gab er lautstark Ausdruck. Er wurde böse und ärgerlich auf den, dem sich Blondi vertraulich schnuppernd näherte. Er argwöhnte immer gleich, daß man sie mit einem Bissen Fleisch geködert hätte, was er streng untersagt hatte. Seiner Überzeugung nach, wäre es ver-

gebliche Liebesmüh, Blondis Sympathie zu suchen, ihre Anhänglichkeit beschränke sich allein auf ihn.
Nach dem Frühstück ging Hitler jeden Morgen mit Blondi in dem kleinen Gelände um seinen Bunker spazieren. Er war sehr stolz auf den Hund, den ein eigener Hundeführer (Tarnow?) betreute. Blondi war auch ein sehr gelehriger und gewandter Hund. Er konnte einige Kunststücke vorführen, wie z. B. Balancieren auf einer Stange, Überspringen einer zwei Meter hohen Wand und auf Leitern klettern. Kleinere Hunde lehnte Hitler ab. ›Negus‹ und ›Stasi‹, die beiden Scotch-Terrier von Eva Braun, bezeichnete Hitler immer als »Handfeger«, worauf Eva konterte: »Blondi ist ein Kalb.«
»Ein Glück«, schrieb ich damals an meine Freundin, »daß wir einen Kater haben, der oft dasitzt und dessen anmutige Spielerei – das gegenseitige Aufmerksammachen auf eine Veränderung seiner Lage etc. – immer wieder ein dankbares Objekt ist, um eine qualvolle Gesprächspause zu überbrücken. Ich habe ihn besonders gern, denn wenn er auf meinen Schoß springt, stecke ich meine schmerzenden Hände unter sein weiches warmes Fell, das tut ausgesprochen wohl. Ein Scotch-Terrier ist auch da, der sich aber keiner großen Beliebtheit erfreut, da er überaus störrisch und eigensinnig ist (außerdem hat der Chef gesagt, daß er wie ein ›Handfeger‹ aussehe und daß er sich nie mit ihm fotografieren lassen würde). Er darf wegen der Katze auch nicht mit in der Runde sitzen, ist aber doch immerhin von einiger Wichtigkeit, da er – wenn auch abwesend – das Gespräch häufig beleben hilft...«
Es gab auch manche interessante Gesprächsthemen, die man heute z. T. bei Heim nachlesen kann. Manchmal sprach Hitler an den Teeabenden z. B. auch über die Japaner: »Man wirft mir vor«, meinte er, »daß ich mit den Japanern sympathisiere. Was heißt sympathisieren? Die Japaner sind gelbhäutig und schlitzäugig, aber sie kämpfen gegen die Amerikaner und Engländer und damit sind sie Deutschland nützlich.[248] Also sind sie mir sympathisch.« Nach dem Fall von Singapur war Ribbentrop zum Vortrag beim Führer erschienen. Er hatte die Absicht, den Fall von Singapur in ganz großer Aufmachung durch Rundfunk und Presse bekanntzugeben. In dem kleinen Bunkerarbeitszim-

mer stand Hitler Ribbentrop gegenüber und sagte abwehrend: »Ich bin nicht dafür, diese Sache so groß aufzuziehen, Ribbentrop. Man muß in Jahrhunderten denken: Eines Tages wird noch die Auseinandersetzung mit der gelben Rasse kommen!«
Öfters sprach Hitler auch über Menschen aus seiner Umgebung. Von Speer[249] sagte er einmal: »Er ist ein Künstler und hat eine mir verwandte Seele. Ich habe zu ihm die wärmsten menschlichen Beziehungen, weil ich ihn so gut verstehe. Er ist ein Baumensch wie ich, intelligent und bescheiden und kein sturer Militärkopf. Ich habe nicht geglaubt, daß er seiner großen Aufgabe so gut Herr wird. Aber er hat große organisatorische Talente und ist immer seiner Aufgabe gewachsen. Wenn ich dem Speer einen Plan entwickle und ihm einen Auftrag gebe, dann überlegt er eine Weile und sagt dann: ›Ja, mein Führer, ich glaube das ist wohl zu machen‹ oder er entgegnet auch: ›Nein, das läßt sich so nicht durchführen‹ und dann haben seine Beweise aber Hand und Fuß.«
Speer war damals überzeugter Anhänger Hitlers gewesen und selbst nach seiner Internierung fand ich Beweise dafür, wie tief Hitlers Worte: »Ich trage für alles die Verantwortung!« in Speer noch nachwirkten! Dieses Wort Hitlers hatte in allen seinen Anhängern das »Verantwortungsgefühl« ausgelöscht. An seine Stelle war ein durch nichts zu erschütterndes Gefühl des Vertrauens zu Hitler getreten, vergleichbar der Gottgläubigkeit. Solange Hitler lebte, sah Speer in ihm den »Außergewöhnlichen«, mit Hitlers Tod erlosch aber für Speer die Faszination Hitlers.
Manchmal sprach Hitler auch über Hoffmann:[250] »Der Hoffmann war früher ein toller Bursche«, sagte er einmal, »da war er noch schlank und geschmeidig und unermüdlich am Werk mit seinem umständlichen alten Apparat. Damals mußte er noch unter das schwarze Tuch schlüpfen und mit dem schweren Gerät die halsbrecherischsten Unternehmen machen, um gute Aufnahmen zu bekommen.«
Hoffmann sprach auch oft und gern dem Alkohol zu. Einmal sagte Hitler zu ihm: »Hoffmann, Ihre Nase sieht aus wie ein verdorbener Kürbis. Ich glaube, wenn man ein Zündholz unter den Strom Ihres Atems hält, explodieren Sie und bald fließt in

Ihren Adern Rotwein statt Blut«, sagte er einmal, als er zum Essen erschien und Hitler nicht verborgen bleiben konnte, daß Hoffmann einen über den Durst getrunken hatte. In Hitlers Gegenwart hatte Hoffmann das früher nicht getan. Hitler war erschüttert, daß sich Hoffmann jetzt so gehen ließ. Schließlich befahl Hitler Schaub und Albert Bormann: »Bitte sorgen Sie dafür, daß Prof. Hoffmann nüchtern zu mir kommt. Ich habe ihn eingeladen, daß ich mich mit ihm unterhalten kann, und nicht, daß er sich vollaufen läßt.« Wie sehr Hitler verletzt gewesen sein muß, als ich an dem bewußten Teeabend, von dem ich später erzähle, Hoffmann als den »agilsten« Mann bezeichnete, wurde mir erst später klar.

Prof. Hoffmann war Sammler von Gemälden des 19. Jahrh. und kaufte auch alle Aquarelle auf, die Hitler gemalt hatte. Bei Besuchen in seiner Münchner Villa in der Ebersbergerstraße versäumte er nie, auf sie aufmerksam zu machen. Er war außerordentlich stolz darauf. Auch erinnere ich mich an Gespräche, in denen Hitler Hoffmann anwies, nicht so horrende Summen für seine Aquarelle zu bezahlen, da er – Hitler – selbst für ein solches nur 20 bis 30 M bekommen habe. Was aus der Sammlung von Prof. Hoffmann geworden ist, entzieht sich meiner Kenntnis. Aber ich denke mir, daß die Sammlung das gleiche Schicksal erlitten hat, wie die von mir nach dem Ende des Krieges vor der Vernichtung im Berghof geretteten Gemälde und Kunstgegenstände.

Eine Niederschrift über ein Gespräch zwischen Hitler und Prof. Hoffmann am 12. März 1944 im Berghof, die ich einmal erhielt, beleuchtet Hitlers Einstellung zu seinen früheren Arbeiten:

Abschrift

Obersalzberg, den 12.3.1944
Rü/Wag.
Während des heutigen Mittagessens legte Professor Hoffmann dem Führer ein Aquarell vor, das der Führer im Jahre 1910 gemalt hat. Professor Hoffmann hat das Bild in diesen Tagen in Wien erworben.
Der Führer: »Hoffmann, hoffentlich haben Sie das Bild nicht gekauft?«

Professor Hoffmann: »Ich habe es geschenkt bekommen, d. h. man hat mir gesagt, für den Preis sei es geradezu geschenkt.«
Der Führer: »Mehr als RM 150,-- oder 200,-- sollten diese Sachen auch heute nicht kosten. Es ist Wahnsinn, wenn man dafür mehr Geld hergibt. Ich wollte ja kein Maler werden, ich habe diese Sachen nur gemalt, damit ich meinen Lebensunterhalt bestreiten und studieren konnte. Für so ein Bild habe ich damals nicht mehr als etwa RM 12,-- bekommen. Gemalt habe ich immer nur so viel, damit ich gerade das Notwendigste zum Leben hatte. Mehr als etwa RM 80,-- habe ich im Monat nicht gebraucht. Für das Mittag- und Abendessen mußten RM 1,-- ausreichen. Studiert habe ich damals die ganzen Nächte durch. Meine architektonischen Skizzen, die ich damals angefertigt habe, das war mein kostbarster Besitz, mein Gehirneigentum, das ich nie hergegeben hätte, so wie ich die Bilder losgab. Man darf ja nicht vergessen, daß alle meine Gedanken von heute, meine architektonischen Planungen auf das zurückgehen, was ich mir damals in diesen Jahren in nächtelanger Arbeit angeeignet habe. Wenn ich heute in der Lage bin, aus dem Handgelenk z. B. den Grundriß eines Theatergebäudes aufs Papier zu werfen, so mache ich das ja auch nicht im Trancezustand. Das alles ist ausschließlich das Ergebnis meines damaligen Studiums. Leider Gottes sind mir die allermeisten meiner damaligen Skizzen abhanden gekommen...«

Daß Hitler an seinen architektonischen Skizzen sehr hing und sie nicht hergeben wollte, kann ich bestätigen. Als Schaub Ende April 1945 am Berghof den Inhalt von Hitlers Panzerschrank ausräumte und auf der Terrasse verbrannte, waren darunter auch viele architektonische Skizzen Hitlers, von denen ich ein Bündel an mich nahm und sie vor Schaubs Vernichtung rettete. Aber sie blieben mir nicht. Die Hälfte gab mir Albert Zoller nicht mehr zurück und den Rest verkaufte ich später dummerweise an Dr. Picker.[251]
Für den Sommer 1942 verlegte Hitler vorübergehend seinen Standort in das Quartier ›Werwolf‹[252] bei Winniza. Dort wohnten wir wenigstens in Blockhütten.

Aus meinem Brief an meine Freundin aus dem FHQ ›Werwolf‹ in Mala Michalowska bei Winniza vom 14. August 1942:
»... Ich bin nur froh, daß du Verständnis für meine geistige Trägheit hast. In vier Wochen – seit wir im neuen Quartier sind, habe ich nicht den Schwung zu Privatbriefen gefunden. Und dabei geht es mir eigentlich körperlich und auch seelisch gut. Nur fehlt mir jemand, der meinen geistigen Leerlauf stoppt und mich geistig anregen könnte. Leider Gottes sind hier so viele von Gemütsödigkeit befallen, so daß von hier aus keine Hilfe zu erwarten ist. Seit den 2 dicken Büchern von Benrath habe ich auch nichts Richtiges mehr gelesen. Dazu fehlt die innere Ruhe und die Bereitschaft.
Was uns an Filmen vorgesetzt wird, ist uralt, blöd, ohne Geist. Johanna und ich sind an den 2 letzten Abenden rückfällig geworden und haben uns die alten Schwarten angesehen, aber nur, weil uns wirklich nichts Besseres mehr einfiel. Aber das Richtige ist es weiß Gott nicht, wenn's einem von den albernen Filmen immer heißer und heißer wird und es anfängt, überall zu kribbeln. Und trotzdem bleibt man sitzen, weil sonst nichts anderes bleibt als das Bett. Doch nun will ich Dir kurz von unserem neuen Quartier berichten, von unserem Umzug usw.
Also am 17. Juli sind wir mit ungefähr 16 oder 17 Maschinen gestartet in Richtung Osten.[253] Es war ein imposantes Bild auf dem Flugplatz, all' die großen Maschinen nebeneinanderstehen zu sehen, alle startbereit mit laufenden Motoren, die Luft erfüllt von dem tiefen Brummen der vibrierenden Tragflächen und Drähte, bis sich eine Maschine nach der anderen über das Flugfeld rollend dann in die Luft erhob. Der Flugkapitän lud mich ein, vorn in der Kanzel zu sitzen, was ich natürlich dankbar annahm, denn von da vorn aus hat man ja ein ganz anderes Bild. Während man von dem Fenster der Maschine aus ja immer nur nach einer Seite schauen kann und einen kleinen Ausschnitt hat, ist das Blickfeld in der Kanzel größer und freier. Und hier spürt man auch, daß man fliegt.
Außerdem finde ich es interessant, die Karten zu verfolgen, eine Wissenschaft, die ich nie beherrschen würde. Menschen, die davon etwas verstehen, imponieren mir sehr. Denn zu sagen, daß die Landschaft aussieht wie eine Landkarte, wäre eine

Plattheit. Natürlich besteht eine gewisse Ähnlichkeit, aber die Wirklichkeit hat doch eine verwirrende Vielfalt von Einzelheiten, die es schwierig machen, sie mit der Karte in Einklang zu bringen. Hauptstraßen, auf der Karte gewichtig rot markiert, erweisen sich in Wirklichkeit als grau und unauffällig (am besten könnte ich mich nach Eisenbahnstrecken informieren). Der Wolkenschatten verdunkelt stellenweise die Landschaft, Bodennebel hüllt sie ein, dann taucht mal wieder ein Stück der Landschaft sichtbar auf, aber wozu sie gehört, ich könnte es nie feststellen.

Nun bin ich ganz vom Thema abgeschweift. Also nach vielen Stunden trafen wir dann am Bestimmungs-Flugplatz ein. Hier begann die Jagd nach dem Wagen, und dann ging's im schweren Krupp, der gar nicht für russische ›Straßen‹ geeignet ist, weiter. Johanna Wolf, der es im Flugzeug schon nicht gut erging, erhielt hier den letzten Rest. Sie war vollkommen erledigt und in den ersten Stunden gar nicht zu gebrauchen.

Ihre Depression steigerte sich noch und meine entstand, als wir unser Büro, von dem rechts und links eine Tür in ein winziges Loch führte, in dem nur ein schmales Bett mit einem Nachtkastel und einem Kofferbock stand (unser Reich) betraten. Auch das Büro so eng und klein, daß wir uns buchstäblich nicht rühren konnten. Unser großes Gepäck, riesige Bürokoffer, Kisten und allein 5 Schreibmaschinen füllten es restlos aus.

Da wir ja nun lange genug in den dunklen, luftarmen Bunkern gelebt hatten, waren unsere Hoffnungen auf helle Räume mit großen Fenstern festgelegt. Statt dessen wies das Schlafkämmerchen ein ›Fenster‹ in der sagenhaften Größe von 35–40 cm auf, noch dazu grün vergazt. Dieses »Fenster« war unsere tiefste Erschütterung. Gottseidank hatte man aber ein Einsehen, und nachdem ich erst noch interimshalber 8 Tage ein anderes Zimmer bewohnte, bekam ich endlich ein anständiges Büro mit Alkoven, der durch einen Vorhang abgeteilt ist. Auf Grund meiner erfahrungsreichen organisatorischen Fähigkeit habe ich daraus ein – nein, ich darf es ruhig sagen – das gemütlichste Zimmer im ganzen Quartier gemacht.

Ich habe organisiert, was ich nur konnte: Eine ›Couch‹ (eine mit Gurtband bespannte Bank, auf der ein ganz dunkelgrün-blaues

Polster liegt), darüber ein Wandbehang, der eigentlich die Bestimmung hatte, als Bettvorleger mit Füßen getreten zu werden, davor ein selbstfabriziertes Tischchen aus einem Kofferbock mit einem geklauten Brett aus einem Kleiderschrank, das durch eine rotgerandete und rotgepunktete Decke verdeckt wird, dazu 2 Sessel, der eine mit Gurtband, der andere mit Strohsitz, ein Teppich, bunte Stiche und Drucke an den Wänden, viel Blumen, vor allem Zinnien und dann als etwas ganz Apartes: Disteln im schwarzen Tonkrug. Ein Fest haben wir hier schon gefeiert, das bis morgens 6 Uhr andauerte, ein allgemeines... Eines war intern, doch darüber einmal mündlich.
Die Wohngemeinschaften sind ähnlich wie in der ›Wolfsschanze‹, nur daß es sich diesmal nicht um Betonbunker, sondern um Blockhäuser handelt, die recht hübsch aussehen, im Innern aber noch recht feucht sind. Es ist immer das Gleiche: überall, in jedem Quartier sind im Anfang die Betten klamm, man friert schauerlich und ist fest davon überzeugt, daß man später vor Rheuma nicht mehr gerade gehen wird. Die Temperaturen sind am Tage ganz beachtlich (es ist keine Seltenheit, daß wir 45–50° haben), nachts ist es unverhältnismäßig kühl. Das Wetter schlägt oft blitzschnell um.
Die Mückenplage ist noch größer geworden als im vergangenen Jahr, sie hat sich außerdem um die gefährliche Anopheles vermehrt, deren Stiche Malaria übertragen. Es gibt dagegen ein vorbeugendes Mittel, Atibrin genannt, das abscheulich bitter schmeckt, gegen das jeden Abend von neuem gemeutert, das aber trotzdem mit Todesverachtung geschluckt wird, weil das Nichteinnehmen im Falle des Auftretens von Malaria als Selbstverstümmelung gebrandmarkt werden würde. An heißen Tagen wird abends ein wilder Kampf gegen die trotz der vergazten Fenster eingedrungenen Viecher geführt, sie dringen aus allen Ritzen und umsurren den Schlafsuchenden, sie treiben das Spiel auf die Spitze, bis ihm die Nerven durchgehen, und er sich fluchend vom Lager erhebt. Neulich Nacht konnte ich mir nur dadurch helfen, daß ich wieder aufstand, den Vorhang zum Wohnzimmer zurückschlug, dort alle Lampen anzündete, die Viecher dadurch aus dem Alkoven ans Licht lockte, und als hier das ganze Heer versammelt war, den Vorhang wieder zuzog,

mich ins Bett verkroch und im Wohnzimmer das Licht ruhig brennen ließ. Kaum liege ich, als ein Geraschel und Geknabber neben meinem Bett losgeht: Ich hatte mir Milch zum Dickwerden aufgestellt und danach hatten sich Mäuse gezogen. Mit lautem Schrei bin ich wieder heraus und legte mich auf die Couchbank ins Zimmer, die raffinierte Tour mit dem Licht nun im Alkoven fortsetzend. Das war eine verdammt unruhige Nacht! Frank Thieß hat in irgendeinem Buch gesagt, die Frauen seien alle dumm: sie schrien ebenso laut auf vor einer harmlosen Maus wie vor einem Tiger. Er hat wohl recht.

Eine wunderbare neue Errungenschaft haben wir mit einem Schwimmbassin 10×15 m. Leider wird das Wasser nur zu oft abgelassen und dann ist es barbarisch kalt. Unsere Verpflegung hat sich enorm gebessert. Da wir uns aus dem Lande verpflegen, gibt es morgens reichlich Butter und oft auch ein Ei. Eine große Gärtnerei versorgt uns mit frischem Gemüse.

In der nächsten Stadt befindet sich eine Schlachtfabrik 100 000 ha im Ausmaß, die größte dieser Art in Europa. Ich hatte Gelegenheit, sie zu besichtigen und konnte die ganzen Vorgänge vom Betäuben der Tiere bis zur fertigen Wurst bzw. Konserve verfolgen.

Die Fabrik ist nach amerikanischem Prinzip eingerichtet, es geht alles am laufenden Band. Das Abziehen des Felles von einem Rind geschieht in der lächerlich kurzen Zeit von 30 Sek., ein Vorgang, der bei uns in Deutschland immerhin 2 Stunden dauert. Täglich werden hier ca. 250–300 Rinder geschlachtet, 12–15 000 Büchsen Rindfleisch eingekocht. Von jedem Kochvorgang werden einige Büchsen auf ihre Haltbarkeit untersucht, kommen zu diesem Zweck in einen Brutschrank, wo sie unter tropischen Temparaturen 24 Stunden liegen. Erst wenn die Dosen keine verdächtigen Erscheinungen aufweisen, werden sie zum Versand an die Front freigegeben.

In dieser Fabrik wird auch das letzte Stück vom Tier verwertet, es endet bei Waschseife, bei Knöpfen, Kämmen, Zigarettenspitzen. Die Felle werden eingesalzen, liegen 4–6 Wochen, werden täglich gewendet und frisch mit Salz bestreut. Es ist wirklich ein enormer Betrieb. Vorwiegend sind Frauen beschäftigt, die wegen ihres Fleißes bevorzugt werden...

In der Stadt befindet sich auch ein Theater noch aus der zaristischen Zeit, das natürlich entsetzlich verwahrlost ist. In der Decke sitzt der Holzwurm, und es ist nur eine Frage der Zeit, wann sie einstürzt, ob morgen oder erst in 10 Jahren. Ein genaueres Urteil konnte der Begutachter nicht abgeben. Da sie 70 t wiegt, gäbe das eine tolle Katastrophe.
Die Leutchen geben sich große Mühe mit den bescheidenen Mitteln, die sie zur Verfügung haben. Das Orchester spielt sehr sauber, das Ballett ist teilweise grandios. Der Ballettmeister und die Prima Ballerina könnten sich in Berlin sehen lassen und würden dort tosenden Beifall haben. Vor allem sind sie in ihren eigenen Sachen grandios, so tanzen eben diese Beiden einen Usbekischen (mongolischen) Tanz, bei dem sie ihre Rasseeigenschaften am deutlichsten zum Ausdruck bringen in ihrer Mimik, die ganz kraß den Asiaten kennzeichnet. Dagegen können sie keinen Walzer tanzen, das ist ein entsetzliches Gehopse, und das sollten sie unterlassen. Interessant ist, daß sie in jeder Oper große Balletteinlagen haben.
Ich sah ›La Traviata‹ und ›Faust‹. Geschminkt sind die Schauspieler Wachsfiguren zu vergleichen, vor allem sind die Männer starr im Ausdruck und in den Gebärden steif wie auf Draht gezogen. Vielleicht liegt das an der Schule. Stimmlich sind sie jedoch fast durchwegs hervorragend. Die Kostüme (z. B. in ›La Traviata‹) waren ein Querschnitt durch die Mode des 20. Jahrhunderts, kurz, dreiviertellang, gezipfelt (wie wir's 1920–24 hatten) und ganz lang, zusammengestückelt. Aber ihr ehrliches Spiel läßt das alles vergessen, und irgendwie findet man es interessant.
Mit dem Kommissar der Stadt und dem Gebietskommissar (Land) bin ich gleich im Anfang unseres Aufenthaltes bekannt geworden und hatte dadurch Gelegenheit, Einblick in Verschiedenes zu nehmen, so z. B. konnte ich an einer Besichtigung mehrerer Kolchosen teilnehmen. Es war ein herrlicher Tag. Morgens um 8 Uhr ging die Fahrt los. Gefrühstückt wurde bei einem Kreisbauernführer, der 1½ Stunden von hier entfernt an einem See wohnt. Es gab deutsches Rumpsteak, Rührei und Kochkäse. Hinterher bekamen wir einen herrlichen Eierlikör. Dann begann die Besichtigung. Die Felder sind arg verunkrau-

tet, da die Bolschewiken nie gedüngt haben. Es wird Mühe machen, bis sie das hergeben, was wir erwarten. Mir gefällt die Landschaft ja außerordentlich, sie berührt mich irgendwie heimatlich. Schön sind die Felder mit blühender Hirse (Buchweizen), mit Sonnenblumen, schön waren sie (sind inzwischen verblüht) mit dem roten und rosafarbenen Mohn. Versuche mit Sojabohnen sind bisher fehlgeschlagen, sie wurden nicht reif. Jetzt hat man bulgarische eingeführt, die 6 Wochen früher reifen sollen.

Unsere Leute, die sich hier ansiedeln, haben es sicher nicht leicht, aber auch wiederum viel Möglichkeiten, Großes zu schaffen. Je länger man allerdings in diesem weiträumigen Lande weilt und die vielfältigen Entwicklungsmöglichkeiten erkennt, um so mehr drängt sich die Frage auf, von wem in der Zukunft die großen Aufgaben erfüllt werden sollen. Immer mehr kommt man zu der Ansicht, daß das Fremdvolk aus verschiedenen Gründen dazu nicht geeignet ist, letzten Endes schon deshalb nicht, weil im Laufe der Generationen doch eine Vermischung der herrschenden Schicht, also des deutschen Elementes, mit dem Fremdvolk zustande kommen würde. Das wäre ja ein kardinaler Verstoß gegen unsere Erkenntnis der Notwendigkeit der Erhaltung unseres nordisch bedingten Erbgutes und unsere weitere Geschichte würde einen ähnlichen Verlauf nehmen wie die Geschichte z. B. des römischen Volkes.[254] Jeder, der die Dinge genauer betrachtet, kommt zu dem Ergebnis, daß die Leistungen unseres Volkes nach dem Krieg und der damit in Zusammenhang stehenden Gebietsvermehrung mindestens ebenso groß sein müssen wie die im Kriege. Also unsere Generation wird sich nie auf die Bärenhaut legen können. Tempo, Tempo!

Nun bin ich schon wieder sehr weitschweifig geworden. Also zurück zum Kreisbauernführer, der ein äußerst wohlgenährter Schleswig-Holsteiner ist und den Laden wunderbar in Ordnung hält bzw. gebracht hat. Dann gab's Mittagessen, nachmittags war noch eine Besichtigung einer von den Bolschewiken zerstörten riesengroßen Zuckerfabrik. Anschließend gab's Kaffee mit Krapfen und dann ging's hinein in den See. Es war ein fröhliches Hallo. Ich das einzige weibliche Wesen und demzu-

folge Hahn im Korbe! Tat mir aber sauwohl. Abends bog sich dann wieder der Tisch unter den Schüsseln, und wir bogen uns vor Lachen über die Erzählungen des Gebietskommissars, der ein schneidiger Bursche ist.
Beim Stadtkommissar waren wir auch verschiedentlich eingeladen. Er wohnt in einem ehemaligen Kinder-Erholungsheim. Das Haus ist Bruch, der Garten wildromantisch, (was ich aber gerade liebe, ich mag nicht so abgezirkelte Wege und Rabatten). Das Haus liegt auf einem kleinen Berg (die Landser haben das Anwesen ›Obersalzberg‹ getauft), und es bietet einen wirklich zauberhaften Blick auf die in der Ferne liegende Stadt und auf einen ziemlich großen Fluß, der sich durch hügelige teils Weiden, teils Wälder, hinschlängelt und mich lebhaft an die Weser erinnert.
Abends saßen wir an langer Tafel im Garten bei Kerzenbeleuchtung, was ganz romantisch war, nur leider etwas zu viel Menschen. Ich bin immer mehr für einen kleinen Kreis, wo man auch wirklich etwas vom Andern hat. Der Gebietskommissar hat mich eben gerade angerufen, mir Elogen gemacht, daß die Teilnehmer der Kolchosenfahrt von mir alle begeistert gewesen wären und ich müßte mal allein kommen!
Ich glaube, daß der Brief zu lang für Dich geworden ist. Aber nun bin ich einmal im Schwung, und nun will ich Dir noch ein wenig erzählen. Abends machen wir oft einen Spaziergang ins nächste Dorf, wo uns die Kinder schon immer erwarten. Man sieht auffallend schöne Kinder, vorwiegend blond und blauäugig. Ich besitze ein Wörterbuch für Soldaten und versuche mich mit ihnen zu verständigen. Die Anderen wollen sich immer totlachen, aber es geht. Jedenfalls haben wir dadurch schon viel Spaß gehabt. Die alten Männer aus der Zarenzeit haben fast durchwegs schöne Köpfe, sind auch sehr höflich, wogegen ich den Frauen und jungen Männern (denen der Bolschewismus eingehämmert wurde) nicht im Dunkeln begegnen möchte. Die Straßen sind miserabel: Bei Regen wie Seife, man bleibt glatt stecken. Bei Trockenheit rumplig und gekrustet, daß man nur so hin- und hergeschuckelt wird. Die Häuser sehen von weitem ganz romantisch aus: weiß mit Strohdach, im Innern sind sie einfach. Soviel von Land und Leuten...«

Wie schon erwähnt, war Hitler in der ersten Zeit des Rußlandfeldzuges fast immer noch gut gelaunt und zu Scherzen aufgelegt. Als dann jedoch im Winter 1941/42 der Kälteeinbruch den Vormarsch stoppte, wirkte sich das auch auf die Stimmung des Chefs aus. Ich selbst litt sehr unter der ständigen Untätigkeit und war glücklich, wenn Prof. Dr. Brandt, der als Präsident für das Sanitäts- und Gesundheitswesen, eine umfangreiche Korrespondenz führte, mich ein paar Stunden beschäftigte.

Je länger mit seinem Auf und Ab der russische Feldzug andauerte, um so mehr vervollständigte sich das FHQ Wolfsschanze. Nach und nach entstanden ein Kino, ein Teehaus und für uns wurde das Leben fortan etwas angenehmer.

Den Chef hatte ich leider nicht davon überzeugen können, daß eine Sekretärin genügen würde. Ich wollte irgendwo eine nützliche Arbeit leisten, aber er ließ mich nicht fort. Dieses Faulenzen-müssen, dieses ewige Einerlei und die sich täglich wiederholenden Teestunden, alles das machte mich aggressiv, ich rebellierte innerlich und dann geschah es eines abends beim Tee, daß sich meine Aggressionen auch laut kundtaten.

Der Tag war wie immer fad gewesen, gelangweilt hatte ich mir nach dem Abendessen einen Film angesehen, war dann in das Kasino I gegangen, wo mich Hitlers Diener aufstöberte, als es dort gerade recht gemütlich wurde. In der Hoffnung, daß der Tee heute vielleicht nicht allzu lange dauern würde, versprach ich, nachher in das Kasino zu kommen.

Aus der fröhlichen Stimmung herausgerissen, kam ich nun zu einem Führer mit umwölkter Stirn. Ich wußte, daß er schlecht gelaunt war, denn an der Front stand es nicht zum Besten. Und nun griff der Chef auch noch das altbeliebte Thema von der Schädlichkeit des Rauchens auf. Immer wieder hielt Hitler Vorträge über die Schädlichkeit des Rauchens, über die Verengung der Kapillaren. Wie schauderhaft muß es im Magen eines Rauchers aussehen. Raucher sind rücksichtslos, sie zwingen alle anderen in der verbrauchten Luft zu sitzen. Er hat tatsächlich mit dem Gedanken gespielt, das Rauchen in Deutschland völlig zu verbieten. Die Aktion sollte damit eingeleitet werden, daß auf die Zigarettenschachteln ein Totenkopf gedruckt werden sollte. »Wenn ich jemals merken würde, daß Eva heimlich raucht«, betonte er öfters, »wäre das ein Grund für mich, mich sofort und für immer von ihr zu trennen.« Ihrer Schwester Gretl schenkte er, als sie ihm versprach, nicht mehr zu rauchen, einen kostbaren Saphirring mit Brillanten.

Ich war damals eine starke Raucherin. Hitler sagte nun, daß durch die eo ipso erfolgende Zuteilung von Rauchwaren auch die jungen Soldaten, die bisher nicht geraucht hatten, zu Rauchern werden. Man sollte ihnen statt Cigaretten besser Schokolade geben. Alle nickten Zustimmung. Nur ich, durch meinen Kasinobesuch bereits etwas angeheitert, schaltete mich ein und sagte enthemmt und unkontrolliert: »Ach, mein Führer, lassen Sie doch den armen Jungens (ich bin mir nicht sicher, ob ich nicht sogar »den armen Schweinen« sagte) diese Freude, sie haben ja sonst nichts anderes!«

Meinen idiotischen Einwurf nicht beachtend, führte Hitler aus, wie Nikotin und Alkohol die Gesundheit des Menschen zerstören und wie der Geist dadurch abgestumpft wird. Nun fuhr ich ein ganz schweres Geschütz auf und sagte, bezugnehmend auf seinen Fotografen Heinrich Hoffmann: »Das kann man doch wirklich nicht sagen, mein Führer, Hoffmann raucht und trinkt den ganzen Tag und ist doch der agilste Mann im ganzen Laden.« Darauf schnappte Hitler begreiflicherweise sichtbar ein. Er sagte zwar keinen Ton, erhob sich aber sehr bald und verabschiedete sich eiskalt mit strengem Gesicht, so daß ich endlich merkte, was ich angerichtet hatte.

Am nächsten Vormittag, es hatte sich so eingebürgert, daß man sich beim Diener nach der Stimmung des Chefs erkundigte, ließ uns (Johanna Wolf und mir) Hans Junge[255] durchblicken, daß der Tee heute ohne Damen stattfinden würde. Albert Bormann sei beauftragt, uns das zu sagen. Albert Bormann anschließend von mir befragt, gab verlegen zu, daß sich der Chef über mich geärgert habe und den Tee ohne Damen nehmen würde.

Nachmittags mußte ich zu Hitler zum Diktat. Ich versuchte mich bei ihm zu entschuldigen, doch er schnitt mir kurz das Wort ab und sagte: »Deshalb brauchen Sie sich nicht zu entschuldigen.« Er behielt aber seine ablehnende Einstellung weiter bei. Als dann Johanna Wolf versuchte, die Sache bei ihm einzurenken, entgegnete er verbittert: »Daß er das Gefühl habe,

wir langweilten uns in seiner Nähe, und er wolle nicht, daß wir ihm unsere Abende opferten.«
Ich existierte fortan nicht mehr für ihn. Da er mich z. B. bei den Reisen im Zuge, wo wir entweder gemeinsam am gleichen Tisch oder aber am Nachbartisch saßen, auch nicht beachtete, ging ich gar nicht mehr in den Speisewagen, sondern ließ mir das Essen in meine Kabine bringen. Dies ging solange, bis eines Tages Albert Bormann erschien und sagte: »Schroederin, der Chef hat gefragt, warum Sie nicht nach vorn kommen.« Dies faßte ich fälschlich als Aufforderung und als Zeichen der Versöhnung auf. Ich ging also in den Speisewagen und dachte, alles sei wieder gut. Aber der Chef beachtete mich nicht. Ich wurde regelrecht krank und blieb dem FHQ einige Wochen dadurch fern, daß ich eine Kur antrat.
Während meiner Abwesenheit hatte Dara,[256] die inzwischen geheiratet hatte, ihren Dienst bei uns wieder aufgenommen. Außerdem war eine Diätassistentin, Frau von Exner,[257] eingestellt worden und der Tee fand wieder statt. Am ersten Abend nach meiner Rückkehr saß ich an der rechten Seite von Hitler, links Frau von Exner. Nachdem er mich, wie üblich mit Handkuß begrüßt hatte, richtete er außer der Frage nach meinem Ergehen, den ganzen Abend kein Wort an mich.
Es hat eine lange Zeit gedauert, bis mir Hitler diesen Faux pas verziehen hat. 1943, als die Front immer mehr ins Rutschen geriet, setzte er im September 1943 einen Flug an die vorderste Front, nach Saparoshje-Dnepopetrowsk[258] an und forderte mich für diesen Flug an. Dort diktierte er mir in der Nacht Durchhaltebefehle an die Soldaten. Hierbei sprach er zum ersten Mal wieder etwas Persönliches mit mir.
Doch die richtige Versöhnung erfolgte erst im März 1944. Ich machte wegen einer schweren Ischias eine Kur in Bad Gasteien, wohin er mir zu meinem Geburtstag einen langstieligen Rosenstrauß mit einem handgeschriebenen Glückwunsch schickte. Dieser handgeschriebene Glückwunsch auf weißer Karte mit seinem Namenszug und dem Hoheitsabzeichen in Gold war eine ganz besondere Ehre, mit der z. B. nur Frau Goebbels, Frau Göring, Frau Troost, Winifred Wagner u. ä. von ihm Bevorzugte, auszuzeichnen pflegte. Ich war sehr gerührt und erwähnte in

meinem Dankbrief, ich hätte nun ein Gelübde getan, nicht mehr zu rauchen. Dieser Brief hat ihn anscheinend beeindruckt, denn er soll mehrere Abende Gesprächsstoff am Kamin im Berghof gewesen sein, wo er sich zu der Zeit aufhielt.
Mir war nach der Kur in Bad Gastein noch eine Entschlakkungskur bei Professor Zabel in Bischofswiesen bei Berchtesgaden verordnet worden, die in einer Diätkur nach Bircher-Benner[259] endete.
Hier möchte ich noch etwas von den Diätassistentinnen Hitlers, Frau Marlene von Exner und Constanze Manziarly[260] einfügen. Während des Rußlandfeldzuges hatten Hitlers Magenbeschwerden beängstigende Formen angenommen, worüber er mit dem rumänischen Marschall Antonescu, der jahrelang von gleichen Beschwerden geplagt gewesen war, gesprochen hatte. Antonescu erinnerte sich bei dieser Gelegenheit an eine Diätassistentin der Wiener Universitätsklinik, Frau Marlene von Exner, die ihn durch eine strenge, aber trotzdem wohlschmekkende Diät davon befreit hatte.
Professor Dr. Morell,[261] von Hitler beauftragt, ihm eine genau so gute Diätassistentin zu beschaffen, wandte sich an die Wiener Universitätsklinik, und es gelang ihm die gleiche Diätassistentin, die von Antonescu so hochgelobt worden war, zu engagieren. Im FHQ wurde extra eine kleine Diätküche eingerichtet und Frau von Exner kochte mit Bedacht all' das, was Hitler bekömmlich war. Hitler lobte begeistert die Vielseitigkeit der Gerichte, besonders schwärmte er von den Wiener Süßspeisen und dem herrlichen Apfelkuchen, der auch uns vorzüglich schmeckte (ganz dünner Teig, dicht mit Apfelschnitten belegt und – wenn möglich – mit ein wenig Schlagobers).
Der nächtliche Tee hatte seit meinem Alkohol-Nikotin-Streit-Gespräch mit Hitler nicht mehr stattgefunden. Als ich zurückkam, fand der Tee wieder statt, an dem nun auch Frau Marlene von Exner teilnahm, die das Gespräch belebte, vor allem, wenn sie für ihre Heimatstadt Wien Stellung nahm, was Hitler offensichtlich Spaß machte. Bei einem Besuch von Marschall Antonescu im FHQ sah dieser Frau von Exner wieder. Er freute sich sehr und schickte ihr einen winzig kleinen Hund, der – einem Yorkshire-Terrier ähnlich – sehr temperamentvoll und gescheit

war, aber sich eben unter der Hundegröße befand, die für Hitler als Geschenk eines Staatsmannes unwürdig war. Der Reichsleiter Bormann wurde daher von Hitler beauftragt, für Frau von Exner einen preisgekrönten Foxterrier zu besorgen.
Als jedoch die Liebe der Frau von Exner zu einem jungen Adjutanten von Martin Bormann[262] die Durchleuchtung ihrer Abstammung erforderlich machte und ein Findelkind als ihre Großmutter zutage gefördert wurde, bei dem der Arier-Paragraph im Gespräch war, nahm das Schicksal der charmanten Wienerin einen tragischen Verlauf. Hitler rührte nichts mehr von ihrem Essen an, was der unglücklichen Frau gegenüber mit erneut aufgetretenen Magenbeschwerden kaschiert wurde. Dies geschah zu der Zeit, als die Verstärkung der Bunker in der Wolfsschanze ins Auge gefaßt wurde und deshalb das Hauptquartier auf den Obersalzberg verlegt werden mußte.[263] Diesen Anlaß benutzend, wurde Frau von Exner in Urlaub geschickt, der kurz darauf in eine Entlassung umgewandelt wurde. Reichsleiter Bormann wurde beauftragt, die Arisierung der Familie Exner durchzuführen.
Während Hitlers Aufenthalt auf dem Berg wurde seine Diät nach dem Schweizer Bircher-Benner im Sanatorium von Prof. Zabel in Bischofswiesen bei Berchtesgaden von der jungen Tirolerin Constanze Manziarly (nicht Manzialy, wie man überall lesen kann) zubereitet und im Auto nach oben auf den Berg geholt. Kurz vor der Rückkehr in das FHQ nach Rastenburg Anfang Juli 1944 stellte man Fräulein Manziarly die Frage, ob sie bereit sei, als Diätassistentin dorthin mitzukommen. Sie fragte mich, da ich zu jener Zeit gerade meine Kur im Sanatorium Zabel absolvierte, um Rat. Leider riet ich ihr zu und so geschah es, daß dieses schöne, hochgewachsene, dunkelhaarige, junge Mädchen, nebenbei übrigens eine begabte Pianistin, 1944 als Diätassistentin zu Hitler kam. Hitler schwärmte von ihr und sagte: »Ich habe eine Köchin mit einem Mozartnamen.«
Zuletzt 1945 hatte Fräulein Manziarly ihre Diätküche im Führerbunker in Berlin und nahm auch am Essen mit Hitler öfters teil. Nach dem Verlassen der Reichskanzlei im Mai 1945, auf der Flucht aus Berlin, verschwand sie auf geheimnisvolle Weise. Man hörte nie wieder etwas von ihr. Manche sagen, sie hätte

Selbstmord mit Hilfe der von Hitler verteilten Zyankali-Giftampullen[264] gemacht.

Nach dem Abschluß der Nachkur bei Prof. Zabel trat ich im Juli 1944 meinen Dienst im FHQ Wolfsschanze wieder an, wo inzwischen die Bunker verstärkt worden waren. Die flachen Dächer der Bunker waren mit Gras und Bäumen bepflanzt worden, so daß sie vom Flugzeug aus nicht mehr zu erkennen waren. Bei meiner Rückkehr war Hitler zu mir sehr herzlich wie in alten Zeiten. Da er wußte, daß ich auch die Bircher-Benner-Diät einnahm, fragte er mich, ob ich im Kasino oder allein essen würde? Als ich sagte allein, lud er mich ein, die Mahlzeiten mit ihm zusammen in seinem Bunker einzunehmen. Einen Tag vor dem Attentat, also am 19. Juli 1944 sagte er beim Mittagessen zu mir: »Es darf mir jetzt nichts passieren, niemand ist da, der die Sache weiterführen kann.«

Die Lagebesprechungen wurden damals im Aufenthaltsraum im Gästehaus (Baracke) abgehalten. Es war ein sehr heißer Sommer, in den moorigen Wiesen gab es Schwärme von Mücken und Schnaken. Die Posten trugen Moskitonetze. Am 20. Juli um die Mittagszeit hörte ich eine Explosion. Es knallte öfters in der Nähe, da abseits von den Wegen Tellerminen verlegt waren, die manchmal durch das Wild ausgelöst wurden. Aber diesmal war es anders. Es wurde aufgeregt nach dem Arzt gerufen: »Eine Bombe ist explodiert, wahrscheinlich in der Gästebaracke!« Überall war plötzlich alles abgesperrt. Ich dachte mir noch, heute brauche ich bestimmt nicht zum Essen zum Chef.« Dann hörte ich: »Dem Chef ist nichts passiert, aber die Baracke ist in die Luft geflogen!«

Wider Erwarten wurde ich gegen 3 Uhr nachmittags zum Chef gerufen. Als ich sein Bunkerzimmer betrat, erhob sich Hitler etwas mühsam und gab mir die Hand. Er sah überraschend frisch aus und erzählte von dem Attentat: »Der schwere Fuß des Tisches habe die Explosion abgehalten. Dem neben mir sitzenden Stenographen sind beide Beine weggerissen worden. Ich hatte ganz großes Glück! Wäre die Explosion im Bunker und nicht in der Holzbaracke vor sich gegangen, so wäre keiner mit dem Leben davongekommen. Aber habe ich es nicht schon die ganze Zeit über geahnt, daß so etwas kom-

men werde? Ich habe es Ihnen ja gestern noch gesagt, erinnern Sie sich?«
Hitler fragte dann noch, ob ich das Besprechungszimmer schon gesehen habe, es sei ein unvorstellbarer Trümmerhaufen. Als ich dies verneinte und ihm erklärte, daß es abgesperrt sei, meinte er, ich müsse wenigstens seine völlig zerfetzte Uniform sehen. Er ließ sie durch den Diener bringen und zeigte mir die Hose, die, von oben bis unten in Fäden und Fetzen aufgelöst, nur noch durch das Gurtband zusammen gehalten wurde und den Rock, aus dem im Kreuz ein quadratisches Stück herausgerissen war. Hitler war irgendwie stolz auf diese Trophäe und bat mich, sie an Eva Braun zum Berghof zu schicken mit der Anweisung, sie sorgfältig aufzubewahren.
Hitler erzählte dann noch, wie das Attentat auf seine Diener gewirkt hatte: »Linge[265] ist ganz wütend gewesen und Arndt[266] standen Tränen in den Augen.« Dr. Morell war nach dem Attentat furchtbar nervös und aufgeregt gewesen, und daß er ihn erst habe zur Vernunft bringen müssen, um von ihm gleich behandelt zu werden. Obwohl Hitler bei dem Attentat eine Gehirnerschütterung gehabt hatte, von der Trommelfellverletzung und den Hautabschürfungen nicht zu reden, legte er sich nicht wie die anderen Offiziere zu Bett, sondern hielt sich durch die Injektionen Morells aufrecht, was ich beim Mittagessen mit Hitler feststellen konnte.
Für den Nachmittag war der Besuch des Duce[267] angesagt. Ich dachte nicht anders, als daß Hitler den Empfang verschieben werde, aber als ich ihn fragte, antwortete er: »Selbstverständlich empfange ich ihn. Ich muß das sogar tun, denn was glauben Sie, was sonst in der Welt für Lügen über mich verbreitet würden!«
Als wir uns zum Nachmittagstee bei Hitler versammelten, lag bereits die Nachricht von Stauffenbergs[268] Verhaftung vor. Hitler war zunächst wütend, daß Stauffenberg nach Berlin entkommen war; aber als er erfuhr, daß man auf diese Weise gleich alle Mitverschworenen hatte verhaften können, rief er befriedigt aus: »Jetzt bin ich ruhig. Das ist die Rettung Deutschlands. Nun habe ich endlich die Schweinehunde, die seit Jahren meine Arbeit sabotieren. Ich habe es Schmundt[269] schon immer

gesagt, aber er ist ja ein Parsival und wollte es nicht wahrhaben. Jetzt habe ich den Beweis: der ganze Generalstab ist verseucht.« Weiter fuhr Hitler fort: »Diese Verbrecher, die mich beseitigen wollten, ahnen nicht, was dem deutschen Volk passiert wäre. Sie kennen nicht die Pläne unserer Feinde, die Deutschland so vernichten wollen, daß es niemals mehr auferstehen kann. Wenn sie glauben, daß die Westmächte ohne Deutschland stark genug sind, den Bolschewismus aufzuhalten, dann täuschen sie sich. Dieser Krieg muß von uns gewonnen werden, sonst ist Europa verloren an den Bolschewismus. Und ich werde dafür sorgen, daß niemand mehr mich davon abhalten oder beseitigen kann. Ich bin der einzige, der die Gefahr kennt, und der einzige, der sie abwenden kann.«
Von Königsberg wurde ein Funkwagen bestellt und im Teehaus des FHQ's eine Übertragungsanlage aufgebaut. Kurz vor Mitternacht gingen wir mit Hitler hinüber in das Teehaus. Dort waren auch die leicht verletzten Offiziere anwesend, die das Attentat miterlebt hatten: Jodl mit Kopfverband, Keitel mit verbundenen Händen. Hitler hielt kurz nach Mitternacht am 21.7.1944 eine kurze Rede, um das Volk zu überzeugen, daß er unversehrt geblieben war. Er dankte der Vorsehung, daß sie großes Unglück vom deutschen Volk abgewendet habe.
In den ersten Septembertagen 1944 unterlag Hitler dann schweren Anfällen im Magen- und Darmtrakt. Er legte sich zu Bett, aber es trat keine Besserung ein. Dr. Morell diagnostizierte eine Rückstauung der Galle durch einen seelisch bedingten Krampfzustand des Gallenblasenausführungsganges. Mehrere Tage blieb Hitler teilnahmslos im Bett liegen, bis er Anfang Oktober 1944 die Arbeit langsam wieder aufnahm.
Starken Eindruck hatte Schmundts[269] Tod auf Hitler gemacht, mit dem er ernste und schwere Gespräche geführt hatte. »Wir haben den Klassenkampf von links liquidiert«, sagte Hitler, »aber leider haben wir dabei vergessen, auch den Klassenkampf von rechts zur Strecke zu bringen. Das ist unsere große Unterlassungssünde gewesen.« Weiter sagte er: »Mit unfähigen Generalen kann man keinen Krieg führen, man solle sich an Stalin ein Beispiel nehmen, er säuberte seine Armee rücksichtslos.« Er hatte dabei wohl mehr zu sich selbst gesprochen und plötzlich,

als habe er zuviel gesagt, schaltete er um. Im September 1944 hatte Himmler schon Hitler einen Bericht von der Arbeit der Widerstandsleute vom Jahre 1939 gegeben.
Hitler mochte die Offizierskaste nicht. Auf dem Berghof sagte er einmal: »Nach dem Krieg hänge ich die Uniform an den Nagel, ziehe mich zurück und die Regierungsgeschäfte kann ein anderer übernehmen. Dann werde ich meine Erinnerungen schreiben, mich mit geistreichen, klugen Menschen umgeben und will keinen Offizier mehr sehen. Es sind ja alles verbohrte Strohköpfe, einseitig und stur. Meine beiden alten Sekretärinnen werden dann bei mir sein und für mich schreiben. Die jungen heiraten ja doch alle weg, und wenn ich alt bin, dann können die älteren auch meinem Tempo noch folgen.«
Gegen Ende 1944 wurde der Aufenthalt im FHQ Wolfsschanze immer beängstigender. Täglich überflogen feindliche Flieger das Hauptquartier. Hitler erwartete ständig einen überraschenden Angriff und mahnte die Unvorsichtigen, die Luftschutzbunker aufzusuchen. Von einem Verlassen des FHQ's und einem Rückzug nach Berlin wollte er jedoch nichts wissen, obwohl er immerzu von allen Seiten dazu gedrängt wurde. Er sagte: »Es ist meine Pflicht, hierzubleiben. Das beruhigt die Bevölkerung. Meine Soldaten werden auch niemals zulassen, daß die Front bis an das Hauptquartier ihres Führers zurückgenommen werden muß. Und solange sie wissen, daß ich hier ausharre, werden sie mit um so größerem Elan kämpfen und die Front zum Stehen bringen.« Die Verlegung des Hauptquartiers nach Berlin erfolgte dann doch Ende November 1944,[270] als die Front immer näher rückte.
Die Vorbereitung für die Ardennenoffensive, von der sich Hitler eine Wendung des Kriegsglücks im Westen versprach, traf Hitler noch im FHQ Wolfsschanze. Gegen Ende 1944 wartete er ungeduldig auf den richtigen Zeitpunkt, um den Befehl zur Ausführung zu geben. Bei der Festsetzung des Tages ›X‹ spielte jedoch seine Intuition keine entscheidende Rolle, es kamen jetzt nur noch die Meteorologen zu Wort. Er konsultierte sie Tag für Tag. Der Fachmann, der ihm für den Dezember 1944 eine Zeit des Nebels vorausgesagt hatte, welche die Konzentration der Truppen vor Beginn der Offensive begünstigte, erhielt

von ihm zum Dank für seine richtige Vorhersage eine goldene Uhr.
Von Mitte Dezember 1944 bis Mitte Januar 1945 bezogen wir das Führerhauptquartier ›Adlerhorst‹,[271] wo wir auch das Weihnachtsfest verbrachten. Hunger hieß die Station in der Nähe von Bad Nauheim. Das FHQ Adlerhorst bestand aus kleinen Blockhütten in einem waldigen Gelände und hatte auch unterirdische Bunker. Hitler, Dara und ich standen dort einmal unter den Bäumen im Freien, als über uns hinweg im hellen Sonnenschein Pulke von englischen oder amerikanischen Bombern ins Reich einflogen. Ich fragte den Führer: »Glauben Sie denn, mein Führer, daß wir den Krieg überhaupt noch gewinnen können?« Hitler antwortete: »Wir müssen.« Dara brachte mir dieses Gespräch später wieder in Erinnerung und sagte, »... sie hätte damals im Erdboden versinken können über meine Frage«.[272]
Nach dem Scheitern der Ardennenoffensive kehrten wir wieder nach Berlin zurück. Die Lagebesprechungen hielt Hitler zunächst noch in seinem Arbeitszimmer in der Neuen Reichskanzlei ab und die Mahlzeiten nahm er in unserem schon öfters erwähnten Treppenzimmer ein. Da aber später die Lagebesprechungen und die Mahlzeiten dauernd durch plötzliche Fliegeralarme gestört wurden, blieb Hitler dann in seinem Bunker.

Frauen um Hitler

Unter dieser reißerischen Überschrift sind viele Lügen über Hitlers Umgang mit Frauen in die Welt gesetzt worden. Es mag sein, daß Hitler vor 1914 und im 1. Weltkrieg einige sexuelle Erfahrungen mit Frauen gehabt hat. Im Dezember 1933 widersprach er z. B., wie ich schon erzählt habe, meiner Behauptung, Emilie sei ein häßlicher Name, damit, daß er entgegnete: »Sagen Sie das nicht, Emilie ist ein schöner Name, so hieß meine erste Geliebte!«

Im Ersten Weltkrieg soll Hitler 1917 eine 18jährige Französin in schwangerem Zustand in Frankreich zurückgelassen haben, die einem Sohn Jean-Marie Loret das Leben schenkte. Jean-Marie Loret erfuhr erst kurz vor dem Tode seiner Mutter, wer sein Vater gewesen ist – angeblich Adolf Hitler. Seitdem hat er versucht, die Vaterschaft Hitlers u. a. in einem Heidelberger Institut durch genetische Untersuchungen glaubhaft zu machen.

Wie gesagt, diese zwei Fälle mögen wahr gewesen sein. Fest stehen dürfte aber, daß von dem Moment an, als Hitler beschloß, Politiker zu werden, er solchen Genüssen entsagte. Hitlers Befriedigung spielte sich bei der Ekstase der Massen ab. Bei den Frauen, mit denen er sich umgab, war Erotik im Spiel, aber kein Sex. »Meine Geliebte ist Deutschland«, betonte Hitler immer wieder.[273]

Vielleicht trifft auch das oft erwähnte Gerücht von nur einem Hoden zu.[274] Professor Kielleuthner, der Urologe Münchens, gab jedenfalls Henriette von Schirach eines Tages ein von ihr ausgeliehenes Buch zurück, das sich mit den Wohnungen berühmter Münchner befaßte. Kielleuthner sagte ihr, er habe alle darin aufgeführten Namen der von ihm behandelten Prominenten mit Bleistift unterstrichen. Als sie nachsah, und auch Hitlers Namen unterstrichen fand, fragte sie ihn: »An was

haben Sie den Hitler behandelt?« Kielleuthner antwortete: »Hitler habe nur einen Hoden gehabt, er hätte ihm aber nicht helfen können, dafür sei er bereits zu alt gewesen.« Das ganze soll sich in den 20er Jahren abgespielt haben. Möglich, daß Hitler eines Tages von einer Frau deswegen gehänselt worden war, weshalb er vielleicht von allen weiteren sexuellen Aktivitäten Abstand nahm.
Maser legt Linge in den Mund, daß Hitler völlig normale Geschlechtsteile gehabt habe, die Linge bei einem Picknick gesehen habe, als sie beide an einem Baum ihr Wasser abließen...[275] Das hat Maser m.E. Linge bewußt in den Mund gelegt, um das Vorhandensein eines Sohnes Hitlers zu beweisen. Ich komme darauf noch später zurück.
Hitler liebte zweifelsohne die Gesellschaft von schönen Frauen und wurde von ihnen inspiriert. Er brauchte Erotik, aber keinen Sex. Bei dem hohen Ziel, das er sich gesetzt hatte und für das er ganz aufging, spielte sich die Befriedigung in seinem Kopf ab. So berichtete mir Emil Maurice,[276] Hitlers Fahrer, daß er, wenn er mit Hitler in irgendeine andere Stadt gefahren war, er – Maurice – in der Zeit, die Hitler mit Besprechungen verbrachte, Mädchen aufreißen mußte. Man saß dann mit diesen beisammen und unterhielt sich. Hitler hätte den Mädchen auch Geld gegeben, aber irgendwelche Gegenleistungen hat er nie verlangt.
Eine Ausnahme bildete Angelika Raubal, genannt Geli,[277] die Tochter von Hitlers Halbschwester Angela Raubal. Dieses Mädchen liebte er sehr, hatte aber auch keine sexuellen Beziehungen mit ihr (s. auch meine Gespräche mit Anni Winter[278] usw.).
Hier muß ich kurz eine Korrektur zu dem Buch ›Hitler aus nächster Nähe‹ von Dr. h. c. Wagener, Seite 98 anbringen. In der Wohnung am Prinzregentenplatz 16 (eigentlich 2 Wohnungen rechts und links), führte den Haushalt nicht Frau Raubal, sondern von Anfang an Frau Winter. Beim Umzug aus der Thierschstraße brachte Hitler seine alten Wirtinnen Frau Reichel und deren Mutter Frau Dachs mit.[279] Später bezog Geli Raubal eines dieser Zimmer. Lt. Ada Klein stimmt es auch nicht, daß Hitler Geli nicht zur Bühne gehen lassen wollte. Sie

wollte keine Gesangsstunden nehmen! Schließlich ließ sie sich von ihrem Onkel überreden, der sie gern als Wagnersängerin gesehen hätte.
Seit 1929 wohnte Geli Raubal bei Hitler am Prinzregentenplatz 16, der sich des hübschen, lebenslustigen Mädchens in liebevoller Weise annahm. Er verwöhnte sie sehr und tat ihr alles zuliebe. Geli schmeichelte es einerseits, daß der berühmte Onkel ihr so zugetan war, andererseits litt sie aber darunter, daß er alle ihre Schritte kontrollierte und sie eifersüchtig von Verehrern fernhielt.
Als sie einen Kunstmaler in Linz heiraten wollte,[280] veranlaßte Hitler Gelis Mutter, den beiden Liebenden ein Jahr der Trennung zur Prüfung aufzuerlegen.[281] In einem Brief des Malers, den ich 1945 am Berghof vor Schaubs Vernichtung gerettet hatte,[282] hieß es u. a.:
»...Ich kann mir die Handlungsweise Deines Onkels nur aus egoistischen Beweggründen Dir gegenüber erklären. Er will ganz einfach, daß Du eines Tages keinem anderen gehören sollst als ihm.«
Und an einer anderen Stelle schrieb der junge Mann:
»...wie wenig kennt er Deine Seele.«
Und damit hatte er sicher recht. Denn eines Tages ertrug Geli den Zwang nicht mehr und erschoß sich nach einem tags zuvor erfolgten Streit mit ihrem Onkel.
Nach Gelis Tod war Hitler völlig verwandelt, seine Umgebung befürchtete, daß er auch seinem Leben ein Ende setzen würde. Heinrich Hoffmann[283] nahm sich seiner besonders an und es gelang ihm auch im Laufe der nächsten Monate, Hitler aus seiner selbst gewählten Einsamkeit zu entreißen.
Gelis Selbstmord am 18. September 1931 hatte Hitler schwer getroffen, und er wurde von dieser Zeit ab Vegetarier.[284] Die Erinnerung an Geli blieb immer lebendig und er trieb einen wahren Kult mit dem Andenken an sie. Ihr Zimmer in seiner Münchner Wohnung mußte in dem Zustand bleiben, wie es im Augenblick ihres Todes war. Den Schlüssel zu ihrem Zimmer trug er bis zum Ausbruch des Krieges stets bei sich. Auch das Zimmer, das Geli im Haus Wachenfeld zu bewohnen pflegte, blieb immer verschlossen. Als das Gebäude später zum Berghof

vergrößert wurde, ließ er den Teil, in dem sich Gelis Zimmer befand, unberührt liegen. Alle ihre Kleider, ihre Toilettengegenstände, und was ihr sonst gehört hatte, blieben an ihrem Platz. Gelis Mutter verweigerte er sogar die Rückgabe von Erinnerungsstücken und Briefen.
Erst bei Kriegsende beauftragte Hitler seinen Vertrauten Schaub mit der restlosen Vernichtung von Gelis persönlichem Besitz. Hitler ließ nach ihren Fotos auch eine Büste von ihr anfertigen. Wenn man dies alles weiß und daß Hitler sich immer distanziert hatte, sobald eine Liebesbeziehung feste Formen anzunehmen drohte, und wenn man ihn dann im Treppenzimmer sagen hörte: »Es gab nur eine Frau, die ich geheiratet hätte...«, bestand für mich kein Zweifel, daß Geli diese Frau gewesen ist.
Im Treppenzimmer hatten wir Hitler einmal gefragt: »Warum haben Sie nicht geheiratet?« Er antwortete uns: »Ich wäre kein guter Familienvater, und ich halte es für verantwortungslos, eine Familie zu gründen, wenn ich mich meiner Frau nicht im genügenden Maße widmen kann. Außerdem möchte ich keine eigenen Kinder. Ich finde die Nachkommen von Genies haben es meist sehr schwer in der Welt. Man erwartet von ihnen eigentlich das gleiche Format wie das des berühmten Vorfahren und verzeiht ihnen den Durchschnitt nicht. Außerdem werden es meistens Kretins.«
Hitler scheint es immer so gehalten zu haben: Alles war platonisch! Angefangen bei der blonden Stefanie[285] in Linz, die er von weitem anschmachtete, über Mizzi Reiter,[286] Ada Klein,[287] Sigrid von Laffert[288] bis zu den Schauspielerinnen und Künstlerinnen, die in den ersten Jahren nach der Machtübernahme abends von Hitler zur Unterhaltung in die Führerwohnung in die Reichskanzlei eingeladen wurden. Er bewunderte aufrichtig die berühmten Schauspieler, Schauspielerinnen und Tänzerinnen. Zur Premiere und an ihren Geburtstagen bedachte er sie regelmäßig mit wertvollen Geschenken. Im Kriege machte er sich eine Freude daraus, ihnen Kaffee- und Lebensmittelpakete zu schicken und freute sich dann sehr über die Dankbriefe, die er aufmerksam las. Seine Gewohnheit, den Künstlern und Künstlerinnen alljährlich einen brillianten Empfang zu geben, mußte er im Krieg aufgeben.

Ich erinnere mich z. B. an die Tänzerinnen, die Geschwister Höpfner,[289] Jenny Jugo,[290] dann an Magda Goebbels,[291] deren Schwägerin Ello Quandt,[292] Margarete Slezak,[293] Leni Riefenstahl,[294] Unity Mitford[295] bis zu Eva Braun. Ja, auch seine Beziehung zu Eva Braun war ein Scheinverhältnis.

Hitlers Leibfotograf, Heinrich Hoffmann, war überzeugt davon, daß Hitler nichts mit Eva Braun hatte.[296] Sie war hinter ihm her, und er ging hin und wieder mit ihr aus. Als er durch die Wahlreisen wenig Zeit mehr für sie hatte, versuchte sie es schlauerweise mit Selbstmordversuchen. Und siehe da, sie hatte Erfolg damit, denn einen zweiten Selbstmord in seiner engsten Umgebung konnte sich Hitler als Politiker nicht leisten. Ich sage es noch einmal, die einzige Frau, die er geliebt und später bestimmt geheiratet hätte, war seine Stiefnichte Geli Raubal.

Die Kalkulation Eva Brauns ging auf: Hitler bezog Eva Braun mehr in sein Leben ein. Dadurch war er nicht nur vor weiteren Selbstmorddrohungen geschützt, sondern baute sich auch gleichzeitig mit ihrem Vorhandensein ein Schutzschild gegen alle anderen aufdringlichen Frauen auf.

Daß Hitler keinen Geschlechtsverkehr mit Eva Braun gehabt hat, vertraute Eva Braun ihrer Friseuse an (Bericht bei Klaus von Schirach). Dasselbe vertraute Nelly Scholter, die Frau des Bormannschen Gynäkologen, Dr. Scholter, Frau Ada Klein[297] an, die in den 20er Jahren mit Hitler befreundet gewesen war. Auch mit Ada Klein war es nie zu Intimitäten gekommen. Die gleiche Abstinenz übte Hitler auch Gretl Slezak[298] gegenüber aus.

Ada Klein

Bei der Neugründung der NSDAP am 27. Februar 1925 im Bürgerbräukeller sah Hitler Ada Klein zum ersten Mal. Sie war ein sehr schönes Mädchen – Geli-Typ – und stand gut sichtbar ihm zuhörend auf einem Stuhl, wie viele andere. Hitler sah sie und erkundigte sich anschließend bei Emil Maurice[299] nach ihr, der sie aber nicht ausfindig machen konnte.
Ada Klein arbeitete bei einer kleinen völkischen Zeitung, von wo aus sie Max Amann[300] für den V.B.[301] engagierte. Als sie hier in der Schellingstraße eines Tages aus der Tür trat, wollte Hitler gerade in den Verlag hinein gehen. Er sagte erfreut zu ihr: »Ach, hier sind Sie!« Dann traf man sich des öfteren nach Versammlungen. Einmal war sie allein mit ihm im alten Haus Wachenfeld am Obersalzberg, wo er selbst Kaffee kochte und feststellte, daß Schaub, sein Adlatus, die Keksdose geleert hatte.
Einmal lud er sie zu Emil Maurice ein, der zwei Zimmer bewohnte. Emil Maurice verließ kurz nach ihrem Kommen die Wohnung. Die Tür zum 2. Zimmer stand offen, wo Ada ein Bett sah. Wie sie mir sagte, ist es jedoch nie zu Intimitäten gekommen (Küssen zählte sie nicht zu Intimitäten). Er hat ihr gesagt, »...daß er nicht heiraten könne«. Er sagte aber auch zu ihr: »Du machst mich ›rauschiger‹, als wenn ich den stärksten Rum in den Tee tu« und »Du hast mich das Küssen gelehrt!« Ada Klein war zwei Jahre lang (1925/26) mit Hitler befreundet. Hitler nannte sie »Deli!« und schrieb ihr einige kurze Briefe, die sie noch heute besitzt.
Als eine ihrer Nichten (die zwei hübschen Epps[302] waren Tänzerinnen und wurden zuweilen bei Hitler in seine Wohnung am Prinzregentenplatz eingeladen) ihm 1936 berichtete, daß Ada Dr. Schultze[303] heiraten würde, hat er gesagt: »Da bekommt Dr. Schultze eine gute Kameradin!« Dr. Schultze wurde später

Professor und war Leiter des Gesundheitsamtes im Bayerischen Innenministerium.

Ich traf 1930 mit Ada Klein in einem Gymnastikkurs am Carolinenplatz zusammen, wo viele Angestellte des Braunen Hauses und sie vom Eher-Verlag teilnahmen. Dann verlor ich sie aus den Augen. Erst Ende der 70iger Jahre kamen wir wieder zusammen. Eines Tages, als sie mich in meiner Wohnung besuchte, erzählte ich ihr, daß ich Ostern 1979 Jean-Marie Loret kennengelernt hätte, der gehofft hatte, ich würde in ihm Hitlers Sohn erkennen, den er im Ersten Weltkrieg mit einer Französin Charlotte Lobjoies gezeugt haben soll. Da wir uns auch sprachlich nicht verständigen konnten, war es u. a. unmöglich, ihn als Sohn Hitlers zu erkennen. Lediglich beim Spaziergang draußen in der Blumenau, wo Loret vor mir herging, vermeinte ich eine Ähnlichkeit in Gang und Haltung mit Hitler festzustellen, aber da kann man sich ja täuschen.

Gretl Slezak

Gretl Slezak[304] war die Tochter des berühmten Heldentenors Leo Slezak, der auch im Alter noch die Menschen begeisterte. In den zwanziger Jahren hatte Hitler Gretl Slezak im Gärtnerplatz-Theater in München kennengelernt, wo sie das süße Wiener Mädel, die Hauptrolle in der ›Goldenen Meisterin‹ spielte. Es ging ein Zauber von ihr aus, der jeden gefangennahm und Hitler ignorieren ließ, daß sie Vierteljüdin war. Hier muß ich auch wieder Dr. Pickers Angaben auf Seite 288 in dem Buch ›Hitlers Tischgespräche‹, das 1976 im Seewald-Verlag erschien (3. erweiterte und völlig neu bearbeitete Ausgabe) widerlegen, nämlich, daß »Hitlers Überlegungen ihn bestimmt hatten, Weihnachten 1932 seinen besonders herzlichen Kontakt zur beliebten Berliner Soubrette Gretl Slezak einschlafen zu lassen«.
Gerade das Gegenteil war der Fall! Hitler hielt die Bekanntschaft mit der charmanten Sängerin, die den unverwüstlichen Humor ihres Vaters[305] geerbt hatte, auch nach der Machtübernahme weiter aufrecht, und er freute sich über jede Begegnung mit ihr. Ohne sein Einverständnis hätte sie in den dreißiger Jahren als Vierteljüdin bestimmt keinen jahrelangen Vertrag als Kammersängerin an die Deutsche Oper in Berlin erhalten.
Im März 1938, an dem Sonntag vor dem Anschluß Österreichs an das Reich, bat Hitler Gretl Slezak und mich zum Tee in seine Berliner Wohnung im Radziwill-Palais. Im sogenannten Musiksaal, in dem abends Filmvorführungen stattfanden, an denen außer dem engeren Stab auch das BKD und das Hauspersonal teilnehmen konnten, war der Teetisch vor dem Kamin gedeckt. Hitler hörte gern die ›chronic scandaleuse‹ aus den Künstlerkreisen und amüsierte sich köstlich über die Geschichten, die Gretl Slezak charmant-boshaft zu erzählen verstand.
An jenem Sonntag wußte noch niemand, was für die kommende

Woche von Hitler geplant war.[306] Ich hatte keine Ahnung, daß Hitler an diesem Tag schon im geheimen Österreich entgegenfieberte und m. E. bemüht war, die Zeit, d. h. seine Ungeduld auf irgendeine Weise bis dahin zu überbrücken.

Die Teestunde hatte sich schon über Gebühr lange hinausgezogen. Und da wir ja nicht ewig am Kamin sitzen bleiben konnten, mir Hitler andererseits schon lange versprochen hatte, sich einmal meine Wohnung anzusehen, kam ich hierauf zurück. Ich fragte ihn, ob er nicht Lust hätte, heute abend mal die Wohnung anzusehen. Spontan sagte er zu und kam am Abend, von seinem Diener begleitet, der mir eine Flasche Fachinger übergab und dann sofort verschwand, in meine Wohnung, die sich im Park der Reichskanzlei befand.

1936 hatte Hitler an die der Hermann-Göring-Straße angrenzenden Parkseite zwei Häuser im englischen Landhausstil von Speer errichten lassen, in denen ursprünglich nur Angehörige des BKD[307] mit ihren Familien Wohnung beziehen sollten. Kurz vor der Fertigstellung kam mir eines Tages der Gedanke, daß es sehr praktisch wäre, wenn wir Sekretärinnen gleichfalls dort wohnen könnten. Die Reisen wurden nach Hitlers Devise: »Niemand soll etwas wissen, was er nicht unbedingt wissen muß, und wenn er es wissen muß, dann im letzten Moment«, immer sehr kurzfristig angesetzt. Ich geriet jedesmal von neuem in Rage, wenn ich schnell in meine Wohnung am Savigny-Platz fahren und dort nicht nur meinen Koffer holen, sondern auch erst noch packen mußte.

So fragte ich eines Tages Hitler nach einem Diktat, ob es nicht möglich sei, daß wir Sekretärinnen ebenfalls in der Hermann-Göring-Straße eine Wohnung bekommen könnten. Er nahm meine Idee auf und sagte: »Ja, Kind, das wäre gut, da hätte ich Euch immer gleich bei mir!« Speer wurde mit den Bauplänen für die Häuser herbeizitiert, und Hitler erteilte ihm den Auftrag, noch drei Sekretärinnen-Wohnungen einzuplanen. Als die Wohnungen bezugsfertig waren, ließ mir Hitler durch Schaub 3000 Mark für notwendige Neuanschaffungen aushändigen und versprach, sich meine Wohnung demnächst mal anzuschauen.

Gretl Slezak war nach der Beendigung des Tees im Radziwill-Palais schnell in ihre Wohnung am Kurfürstendamm gefahren,

um sich für den Abend umzukleiden. Sie kam dann mit zwei hohen fünfarmigen Silberleuchtern rechtzeitig vor Hitlers Ankunft zu mir, wo sie die Leuchter günstig plazierte. Sie erhoffte sich wohl von dem Kerzenschimmer eine magische Wirkung auf Hitler. Jedenfalls ließ sie alle ihre Künste spielen! Neben Hitler auf dem englischen Sofa sitzend versuchte sie, seine Hände zu streicheln, aber Hitler wehrte sie sanft ab: »Gretl, Sie wissen doch, das mag ich nicht!« Obwohl ich diskreterweise das Zimmer einige Male verlassen hatte, blieb Hitler zurückhaltend, und der Diener konnte seinen Herrn nach einigen Stunden unversehrt wieder in Empfang nehmen!
Aber Gretl gab noch nicht auf und hoffte weiter, daß sie mit Hitler in nähere Beziehungen treten könnte. Sie spielte an der Deutschen Oper in Berlin in ›Katharina die Große‹ die Hauptrolle und hatte mir, im vorherein, überzeugt von ihrem Sieg bei Hitler, ein Foto gegeben, das sie im Rokokokostüm zeigte und groß, schräg und voll Schwung darauf geschrieben: »Tinchen, (so nannte sie mich) meiner 1. Hofdame von ihrer Gretl.«
Sie übergab mir vor Silvester 1938/39 einen Brief, den ich Hitler übergeben sollte (s. Silvester 1938/39 auf dem Berghof). Was der in der Silvesternacht von mir an Hitler übergebene Brief enthielt, weiß ich nicht, aber Gretl wird halt ihre Werbung um ihn weiter untermauert haben. Hier ist noch anzufügen, daß sich Hitler nach der Machtübernahme niemals mit einer Schauspielerin eingelassen hätte, schon weil das Risiko zu groß gewesen wäre. Alle hätten ihre Karriere dadurch aufbessern wollen. Diskretion hielt er aber in bezug auf seine Stellung immer für unerläßlich.
Nun noch etwas dazu, daß Hitler Gretl Slezak gemalt haben soll. Hitler hat in den 20er Jahren keine Aquarelle mehr angefertigt, lediglich Skizzen architektonischer Art. 1932, wo er angeblich Gretl Slezak gemalt haben soll, war er auf Menschenjagd, hat dreimal an einem Tage an jeweils anderen Orten gesprochen. Da war keine Zeit und kein Interesse mehr für die Malerei. Die Aquarelle hat er seinerzeit nur gemalt, um Geld für seinen Lebensunterhalt zu verdienen. Das hatte er ab 1919 nicht mehr nötig, wo er als Ausbilder bei der Reichswehr tätig war. Dann wurde er abkommandiert, sich die neu gegründete Partei

des Herrn Drexler[308] anzusehen. Von da an galt sein Leben doch nur noch der Partei bzw. der Politik.

Nun zu Margarete Slezak. Ich war seit 1935 sehr eng mit ihr befreundet. Hätte Hitler sie jemals gemalt, das hätte ich gewußt, denn ich ging bei ihr ein und aus. Die angeblichen Briefe Hitlers an Margarete Slezak sind plumpe Fälschungen. Margarete Slezak war verheiratet gewesen, geschieden und hatte eine Tochter. Das alles wußte Hitler. Er war nicht so ungebildet, daß er eine geschiedene Frau mit »Fräulein Slezak« angesprochen hätte. Außerdem hat er immer »Gretl« und »Sie« zu ihr gesagt. Niemals hat er zu Gretl »Tschapperl«, d. h. »Dummchen« gesagt; auch eine Unterstellung.

Ich war bei einer ehemaligen Freundin Hitlers, Ada Klein. Sie war in den 20er Jahren auch Gast in seiner Wohnung in der Thierschstraße und weiß also auch von diesen Besuchen her, daß Hitler schon damals nie mehr gemalt hat. Diese Dame ist auch genau wie ich der Ansicht, daß er nie Blumen gemalt hat, lediglich architektonische und landschaftliche Skizzen. Da versucht jemand in unverschämter Weise zu täuschen.

Eva Braun

Nur wenige Menschen wußten vor dem Ende des Zweiten Weltkrieges etwas von Eva Braun.[309] Ich lernte sie im Sommer 1933 auf dem Obersalzberg kennen. Als Tochter eines Münchner Gewerbelehrers im Institut der Englischen Fräuleins erzogen, war sie nach dem Abschluß einer kaufmännischen Lehre als Verkäuferin im Fotogeschäft Heinrich Hoffmanns tätig. Obwohl äußerlich zart, blond und mädchenhaft, war sie von großer Energie und Willenskraft. Sie konnte sehr konsequent sein, wenn es darum ging, ihren Willen durchzusetzen. Eva Braun war sehr sportlich, lief gut Ski, schwamm hervorragend und vor allem tanzte sie leidenschaftlich gern, was Hitler nie tat.
Bei Heinrich Hoffmann lernte Hitler Eva Braun 1929 kennen, der für sie ein sehr interessanter Mann war. Sein Name ging dauernd durch die Presse, Männer begleiteten ihn, und er besaß einen großen Mercedes mit einem Chauffeur. Ihr Chef Heinrich Hoffmann hatte Hitler eine große Zukunft vorausgesagt.
Ein halbes Jahr nach Geli Raubals Tod im September 1931 war es Hitlers Freunden endlich gelungen, ihn aus seiner Lethargie herauszureißen. Heinrich Hoffmann führte ihn eines Tages ins Kino und »rein zufällig« saß Hitler neben Eva Braun, die er schon zu Gelis Zeiten manchmal zum Eis eingeladen hatte. Hitler traf sich anschließend hin und wieder mit ihr, ohne sich jedoch ernsthaft für sie zu interessieren.[310] Eva Braun erzählte ihren Freundinnen jedoch, daß Hitler in sie verliebt sei, und spann ihre Fäden.
Hitler, der von ihren Absichten keine Ahnung hatte, war daher mehr als überrascht, als ihm Heinrich Hoffmann eines Tages im November 1932 mitteilte, daß Eva Braun seinetwegen einen Selbstmordversuch unternommen habe. Hoffmann war natürlich an der Aufrechterhaltung des von ihm lancierten Verhält-

nisses aus geschäftlichen Gründen sehr interessiert. So fand auch das erste Wiedersehen zwischen Hitler und Eva Braun nach ihrem Selbstmordversuch im Hause von Heinrich Hoffmann in der Wasserburgerstraße statt.

Marion Schönmann,[311] die dabei war, erzählte mir in den 60er Jahren von dem damals abgelaufenen Manöver: »Die Erna[312] hat vor Hitlers Eintreffen in den oberen Räumen die Eva auf ›leidend‹ geschminkt.« Auf diese Weise konnte der Erfolg nicht ausbleiben, als Hitler die »noch immer bleiche Eva« die Treppe herunterkommen sah.

Hitler war der Ansicht, daß er ihr keinen Anlaß gegeben habe, der ihre Tat rechtfertigte. Jedoch der Gedanke an die Möglichkeit, daß noch einmal der Selbstmord eines jungen Mädchens einen Schatten auf ihn werfen könnte, war ihm allein schon im Hinblick auf seine politische Aufgabe, unerträglich und beunruhigte ihn sehr. Das hatte Eva mit weiblicher List nach Gelis Selbstmord registriert. Es blieb Hitler nichts anderes übrig, als nach diesem Erpressungsversuch sich mehr um Eva Braun zu kümmern.[313]

Er begann von nun an, Eva Braun in sein Leben einzubeziehen und für sie zu sorgen. Von diesem Zeitpunkt ab war sie auch hin und wieder Gast am Obersalzberg, wohnte aber nicht im Haus Wachenfeld, da Frau Raubal eine spürbare Antipathie gegen sie an den Tag legte. Hitler mietete zunächst für Eva Braun eine Wohnung in der Widemayerstraße. Einige Jahre später schenkte er ihr in München ein kleines Haus mit Garten in der Wasserburgerstraße 12.

Eva Braun war Hitlers Halbschwester, Frau Raubal, die ihm am Berg den Haushalt führte, nicht genehm, und sie machte aus ihrer Ablehnung auch keinen Hehl. Sie übersah die damals weißblonde Eva geflissentlich und redete sie nur mit »Fräulein« ohne Namensnennung an. Sie hielt mit ihrer Meinung nicht zurück und sagte einmal zu Göring:[314] »Um zwei Dinge beneide ich Sie für meinen Bruder: Erstens um Frau Sonnemann[315] und zweitens um Robert.«[316] Göring hörte ich darauf sagen: »Robert würde ich notfalls abgeben, aber niemals Frau Sonnemann.«

Zu Göring und vor allem zu dessen Frau Emmy, hatte Eva Braun von Anfang an eine Abneigung. Im zweiten Kriegsjahr

lud Emmy Göring z. B. alle Damen des Berghofs zum Tee in ihr Landhaus ein. Der tiefere Grund war natürlich, Eva Braun mal unter die Lupe zu nehmen. Hitler unterband das, jedenfalls gingen alle anwesenden Damen, Frau Brandt, Frau Morell, die Sekretärinnen hin, außer Eva Braun und ihre Schwester.
Auf dem Reichsparteitag 1935[317] saßen die Frauen der Minister, der Gauleiter sowie Hitlers Schwester und auch Eva Braun mit ihren Freundinnen gemeinsam auf der Ehrentribüne in Nürnberg zusammen. Frau Raubal fand, daß sich Eva sehr auffallend benahm und sagte dies ihrem Bruder, in der Hoffnung, daß er daraufhin Eva Braun fallenlassen würde. Aber das Gegenteil geschah. Frau Raubal mußte den Berg verlassen und alle anderen Damen, die durch abfällige Bemerkungen über Eva Braun mit in dieser Affaire verwickelt waren, durften geraume Zeit die Gastfreundschaft des Hauses Wachenfeld nicht mehr genießen.[318]
Wie schon gesagt, hatte der erste Selbstmordversuch Eva Brauns bei Hitler eine nachhaltige Wirkung gezeigt. Eva Braun hatte dadurch erreicht, daß sie nun auch am Berg integriert war. Vielleicht war Hitler dabei die Anwesenheit von Gelis Mutter nicht angenehm, und so benutzte er die gegen Eva Braun auf dem Parteitag angezettelte Kampagne – vielleicht gar nicht so ungern – um Frau Raubal vom Berg zu entfernen.
Jochen von Lang glaubt es jedoch besser zu wissen. In seinem 1977 bei der Deutschen Verlags-Anstalt erschienenen Buch, ›Der Sekretär‹, schreibt er auf Seite 122: »Seine Halbschwester Angela Raubal führte ihm lange Jahre den Haushalt in München und auf dem Obersalzberg. Sie wurde abgeschoben, als Bormann den Berghof umbaute. Für ein großes Haus, wie es einem Staatschef zukam, war sie nicht mehr gut genug.« Ein Kommentar dazu erübrigt sich.
Frau Raubal verließ 1936 den Berg und ging wegen ihres durch die Aufregung geschwächten Herzens zur Kur nach Bad Nauheim. Dort lernte sie den Professor Hammitzsch[319] von der Dresdner Hochschule kennen. Sie heiratete ihn 1936 und sah ihren Bruder in Zukunft nur noch ganz selten, und

zwar nur offiziell an seinem Geburtstag. Sie mußte aber im Hotel Kaiserhof wie ein fremder Mensch warten, bis einer der Adjutanten sie in die Reichskanzlei zu ihrem Bruder herüberholte.

Von nun an war Eva Brauns Stellung zusehends gefestigt, was besonders im Haus Wachenfeld sichtbar wurde, wenngleich sie bei offiziellen Anlässen nicht in Erscheinung treten durfte. Und als im Sommer 1936 das Haus Wachenfeld zum ›Berghof‹ umgestaltet wurde, bezog sie im 1. Stock des Anbaus ein an Hitlers Schlafzimmer angrenzendes Appartement. Jetzt standen auch für ihre Schwestern und ihre Freundinnen, mit denen sie sich immer umgab, Fremdenzimmer zur Verfügung. Sie sorgte nur für ihre Geschwister und Freundinnen, aber man spürte auch ihre Dankbarkeit, wenn man sie für voll nahm. Ihre Freundschaften zu Frauen waren sehr schwankend und in den meisten Fällen nicht von langer Dauer. Politisch war sie, genau wie alle anderen Frauen in Hitlers Umgebung, völlig ahnungslos. Hitler vermied in Gegenwart von Frauen jedes politische Gespräch über in Gang befindliche oder geplante Aktionen. Oft hörte man Eva Braun klagen: »Ich weiß überhaupt nichts, vor mir wird alles geheim gehalten!«

In ihrem Urteil – vor allem über Künstler – war Eva sehr wenig objektiv, wenn ihr ein Gesicht nicht gefiel, dann konnte der Schauspieler oder die Schauspielerin noch so gute Qualitäten haben, da war's aus.

Eva wechselte ein paarmal am Tag ihre Garderobe, beschäftigte eine Friseuse und machte immer einen sehr gepflegten Eindruck. Über ihre Garderobe führte sie ›Buch‹ unter Benutzung von Stoffproben. Sie hatte zwei Scotch-Terrier, ›Stasi‹ und ›Negus‹, mit denen sie oft spazierenging. Außerdem betätigte sie sich gern und oft sportlich. Sie hatte auch einen Dompfaff, dem sie ein Lied beigebracht hatte, das sie ihm mit gespitzten Lippen immer wieder vorpfiff. Eva hörte gern Schallplatten. Besonders bevorzugte sie Sachen von Mimi Thoma in tragischer Manier, wie z. B. ›Ich will deine Kameradin sein‹. Sie las gern Journale und Kriminalromane und war sehr an den neuesten Filmen interessiert und somit völlig ausgelastet.

Alle Veröffentlichungen, Eva Braun sei von Hitler als ›Hausdame‹ eingesetzt worden und habe den Berghof hervorragend geleitet, entbehren jeder Grundlage (z. B. bei Picker, ›Hitlers Tischgespräche‹, 3. Auflage, Seite 228). Dafür waren nach dem Weggang von Frau Raubal, Frau Endres, anschließend in den ersten Jahren Herr und Frau Döhring und später das Verwalter-Ehepaar Mittelstrasser zuständig. Bei besonderen Empfängen, wobei Eva Braun aber niemals in Erscheinung treten durfte, kam der Hausintendant Kannenberg mit seiner Frau Freda aus der Führerwohnung in Berlin, um alles Notwendige sachkundig und routiniert zu arrangieren.

Als Hermann Fegelein[320] das erste Mal am Berghof dienstlich zu tun hatte, unterhielt er sich mit Marion Schönmann und fragte sie, »wie er es anstellen könne, zum Mittagessen eingeladen zu werden«. Er war damals Anfang 1944 mit Himmler auf den Berg gekommen.[321] Marion machte Fegelein mit Eva Braun bekannt und so kam auch die Einladung zum Mittagessen zustande.

Nachdem Fegelein den Berghof verlassen hatte, vertraute Eva Braun Marion Schönmann an, »... daß Fegelein einen großen Eindruck auf sie gemacht hätte«, und Eva sagte weiter zu ihr: »Vor einigen Jahren sagte der Chef, wenn Du Dich eines Tages in einen anderen Mann verlieben solltest, dann laß mich das wissen, dann gebe ich Dich frei!« Und nun sagte sie zu Marion: »Wenn ich Fegelein 10 Jahre früher kennengelernt hätte, würde ich den Chef gebeten haben, mich freizugeben!« Aber es gab auch eine andere Lösung des Problems.

Nachdem bereits einige Versuche fehlgeschlagen waren, ihre jüngere Schwester Gretl mit verschiedenen Männern aus Hitlers Umgebung zu verheiraten (z. B. Botschafter Hewel,[322] Adjutant Darges,[323] Minister Wagner[324]) steuerte Eva Braun nun das Ziel an, Hermann Fegelein mit ihrer Schwester Gretl[325] zu verheiraten. Fegelein war als Frauenheld bekannt. Gretl Braun war, wie man heute sagen würde, sexy, und Fegelein war aber auch sicher der Gedanke nicht unangenehm, evtl. Schwager von Hitler zu werden. So kam die Heirat zustande, die im Juni 1944 auf dem Obersalzberg und im Teehaus auf dem Kehlstein ganz groß gefeiert wurde. Eva sagte: »Ich möchte, daß diese Hochzeit so schön wird, als ob es meine eigene wäre!« Und so geschah es auch.

Mir gegenüber sprach Eva von ›Dankbarkeit‹ gegen Fegelein: »Ich bin Fegelein so dankbar, daß er meine Schwester geheiratet hat. Jetzt bin ich wer, jetzt bin ich die Schwägerin von Fegelein!« Ganz offensichtlich litt sie sehr unter der Anonymität, zu der sie verurteilt gewesen war. Nie durfte sie offiziell in Erscheinung treten.[326] Aber jetzt war sie die Schwägerin von Fegelein; eine Begründung für ihre Anwesenheit in Hitlers Umgebung. Außerdem war ihr nun der Mann nahe, dem ihr Herz zugetan war.

Als Eva im Februar 1945, entgegen dem Willen von Hitler, nach Berlin in die Reichskanzlei kam, und ihr Appartement neben Hitlers Privaträumen bezog, äußerte sie den Wunsch nach Musik, hatte aber selbst keinen Musikschrank in ihrem Zimmer. Ich stellte dann den meinen, den ich im Bunker in der Voßstraße aufgestellt hatte, zur Verfügung. Und nun ließen wir, während Hitler Besprechungen hatte, in ihrem Zimmer Platten laufen, tranken ein Glas Sekt und öfters wurde auch ein Tanz mit den Offizieren, die dienstfrei hatten, eingelegt. Hermann Fegelein war meist in diesem Kreis, der mit Eva Braun tanzte.[327]

Unvergeßlich blieb mir ein Bild, das ich noch heute vor meinen Augen sehe. Nach der Beendigung eines Tanzes hob Fegelein Eva mit beiden Armen in Brusthöhe. Und als sie regelrecht auf seinen beiden Armen lag, blickten sich beide voller Zärtlichkeit und Sehnsucht in die Augen; Eva fühlte sich ganz offensichtlich sehr stark zu Fegelein hingezogen.

Ich bin überzeugt, ihre Empfindungen ihm gegenüber gingen über die rein schwägerlichen hinaus, aber ich meine auch, daß zwischen den beiden nichts vorgefallen ist. Bei ihrer Ankunft in Berlin hatte sie zu mir gesagt: »Ich bin gekommen, weil ich alles Schöne in meinem Leben dem Chef verdanke!« So blieb sie m. E. standhaft. Sicher haben beide gegen das übermächtige Gefühl, das sie zueinander hinzog, ankämpfen müssen. Tragisch! Denn vom Äußeren, vom Alter und vom Wesen her waren sie wie füreinander geschaffen.

Daß Fegelein, als er im April 1945 aus der Reichskanzlei desertiert war und Eva dann in der Reichskanzlei anrief und sie beschwor, »die Reichskanzlei zu verlassen und zu ihm zu kommen«, untermauert diese meine Mutmaßungen und Beobachtungen. Welche Gedanken mögen Eva Braun aber bewegt haben, als bekannt wurde, daß Fegelein in seiner Wohnung in der Bleibtreustraße mit einer Frau zusammen war?[328] Ihr Entschluß, mit Hitler zusammen in den Tod zu gehen, wurde ihr dadurch sicher leichter, auch dann später die Tatsache, daß Fegelein nicht mehr lebte. Er war auf Befehl Hitlers füsiliert worden. Bewundernswert war auf jeden Fall, wie beherrscht sie in dieser Zeit war, das Ende vor den Augen.

Obersalzberg

Mauritia Mayer, von ihrem Vater ›Moritz‹ genannt, kaufte 1877 das Hofreiter-Anwesen und das Steinhauslehen samt den zugehörigen Almen um den Kehlstein. Aus dem Steinhauslehen machte sie die erste Pension am Obersalzberg. Die ›Pension Moritz‹ wurde unter ihrer Leitung ein vielbesuchter Gast- und Erholungsort. Begüterte Leute aus der Stadt kamen in der Folge auf den Obersalzberg und kauften sich auch alte Gehöfte oder ließen sich dort Berghäuser bauen. Z. B. kaufte der Geheimrat Prof. Karl von Linde das sogenannte Baumgartlehen und legte einen Weg zum Hochlenzer an, der später Professor-von-Linde-Weg genannt wurde. Der Pianofabrikant Bechstein aus Berlin baute ein Haus und Dr. Seitz, ein Kinderarzt, errichtete ein Kindersanatorium und ein Kommerzienrat Winter aus Buxtehude ließ sich ein wetterfestes Berghaus errichten.
In den 20er Jahren kamen Adolf Hitler, Hermann Esser[329] und Christian Weber[330] öfters auf den Obersalzberg, da dort Dietrich Eckart Unterschlupf gefunden hatte. Durch Christian Weber, der Eckart bei Büchner untergebracht hatte,[331] kam Hitler zum ersten Mal auf den Obersalzberg. Das hat Hitler einmal beim Tee ausführlich erzählt. Aber dies kann man inzwischen bei Heinrich Heim nachlesen, der das Gespräch anschließend niederschrieb. Dietrich Eckart machte Hitler auch später mit den dort wohnenden Menschen, u. a. auch mit Frau Bechstein[332] bekannt, mit deren Hilfe er später das Haus Wachenfeld[333] für 100 Mark Miete bekam, wie er uns erzählt hat.
Da Hitler von der Landschaft am Obersalzberg fasziniert war, mietete er das ›Haus Wachenfeld‹ von Frau Winter aus Buxtehude. Zuerst lief das Haus auf den Namen seiner Halbschwester Angela Raubal, die er aus Wien zu sich holte. Nach 1927 wurde das Haus auf seinen Namen eingetragen, das er dann 1934 von den Erben der Frau Winter kaufte.[334]

Unverhofft wurde ich im August 1933 auf den Obersalzberg zitiert. Ich war seinerzeit noch primär im Verbindungsstab tätig, als ich telefonisch den Befehl erhielt, auf den Obersalzberg zu kommen. Nachmittags traf ich im ›Haus Wachenfeld‹ ein, wo ich von Frau Raubal begrüßt wurde. Frau Raubal war verwitwet und sechs Jahre älter als ihr Bruder. Aus ihrer Ehe mit einem Finanzbeamten entstammten drei Kinder: Friedl und Geli sowie ein Sohn, der Lehrer in Linz war.[335] Frau Raubal führte Hitler den Haushalt. Sie war tüchtig, energisch und eine absolute Respektperson, die manchmal während der Mahlzeiten auch impulsiv mit der Faust auf den Tisch schlagen konnte. Auch von ihrer Figur her war Frau Raubal eine Respekt einflößende Persönlichkeit. Sie ließ nicht nur dem Hauspersonal gegenüber strenge Zucht walten, sondern fühlte sich auch für das Wohl ihres Bruders verantwortlich, was diesem aber nicht sonderlich zusagte.

Sichtlich nervös erzählte mir Frau Raubal, daß ihr Bruder mit Herren seines Stabes und einigen Damen einen Autoausflug unternommen hätte, von dem sie schon längst zurück sein müßten. In großer Sorge, daß etwas passiert sein könnte, war sie über meine Anwesenheit offenbar ganz froh, da sie dadurch etwas von ihren Gedanken abgelenkt wurde. Bereitwillig zeigte sie mir die ebenerdig gelegenen Räume des mit einem Schindeldach bedeckten kleinen bayerischen Landhauses. Auf dem ringsherum laufenden Holzbalkon blühten Geranien in leuchtenden Farben.

Die Einrichtung des Wohnraumes war typisch bayerisch. Ein grüner Schrank mit Bauernmalerei verziert, eine Kommode und rustikale Stühle. Gemütlichkeit verbreitend die Standuhr, ein Bauer mit einem Kanarienvogel, ein Moriskentänzer stand auf einer Eckkonsole links vom Fenster. Nicht bayerisch dagegen waren die vielen Handarbeiten. Kissen und Decken mit Hakenkreuzemblemen und Gebirgsblumen in allen Farben lagen herum, alles Geschenke von Anhängerinnen Hitlers. Frau Raubal hatte es offensichtlich nicht übers Herz gebracht, all die Zeugnisse der Liebe und Zuneigung, die sich in diesen nicht gerade geschmackvollen Handarbeiten manifestierten, einfach in der Versenkung verschwinden zu lassen. Dies geschah erst nach dem Umbau bzw. dem Anbau, als Frau Raubal das Haus Wachenfeld 1936 verlassen hatte. Sie führte mich auf die dem Bauernzimmer vorgelagerte Glasveranda, die zusammen mit der Garage und Terrasse im April 1933 durch den Architekten Neumayer aus München gebaut wurden. In der Glasveranda, so erklärte sie mir, werden die Mahlzeiten eingenommen. Im Verlauf meines Aufenthaltes konnte ich feststellen, welch umsichtige Hausfrau und hervorragende Köchin Frau Raubal war. Eine wahre Köstlichkeit waren damals für mich die mir bis dahin unbekannten Apfelküchle.

Dann ging sie mit mir auf die Terrasse, um mir von hier aus Berchtesgaden zu zeigen, das sich links unten weit im Tal erstreckte. Rechts davon sah man das Salzburger Land. Gegenüber bot sich einem ein großartiges Bild, der Watzmann mit Frau und Kindern sowie der Untersberg (sagenumwoben, in dem Barbarossa seiner Wiederkunft harrt) als auch der Hohe Göll und das Steinerne Meer. Von der Terrasse führten gepflegte Wege zu der links vom Haus befindlichen Rasenfläche, an deren abfallendem Südhang sich damals ein Steingarten befand, durch den verschlungene Wege führten.

Am Fuße der nördlichen Felswand stand, mit einer Stützmauer zum Berghang hin gesichert, ein naturgebräunter langgestreckter, niederer Holzbau, aufgelockert durch eine sich vor dem Bau erstreckende Holzgalerie. Auf der durch Säulen unterbrochenen Balustrade wuchsen leuchtend rote Geranien in üppiger Fülle. Sie bildeten ein zauberhaftes lebendiges Gegenüber zu dem schweigenden dunklen Gebirgspanorama im Süden des Hauses.

In diesem ebenerdigen Holzbau, rechts neben dem Haus Wachenfeld, befanden sich 5 Zimmer. Ein sehr einfacher Büroraum sowie einige Fremdenzimmer und ein großer Schlafraum für das Begleitkommando. Später wurden zwei dieser Räume in ein Arzt- und in ein Zahnarztzimmer für Dr. Blaschke[335a] umfunktioniert. Als ich im Sommer 1933 zum ersten Mal auf den Berg beordert wurde, wohnten damals alle Gäste in den in der Nähe liegenden Pensionen am Obersalzberg.

Links von diesem langgestreckten Holzbau lag das sogenannte

›Adjutantenhäusel‹. Eine schmale Holzstiege an der Außenfront führte in zwei kleine Räume, die den Schlafraum mit Bad und den Arbeitsraum des jeweils diensttuenden Adjutanten enthielten. Im Parterre war eine Telefonzentrale stationiert.
Bei Sonnenuntergang standen Frau Raubal und ich auf der Terrasse, die zum Haus heraufführende Straße im Auge und warteten auf die Rückkehr der Ausflügler. Aus der Glasveranda klangen leise Geräusche. Ein Hausmädchen im Dirndl deckte den Tisch für das Abendessen. Und dann kamen einige Wagen den Berg herauf. Das kleine Haus erfüllte sich mit den Stimmen der Angekommenen und kurze Zeit später waren Hitler und alle Gäste in der Veranda versammelt.
Frau Raubal und ihr Bruder nahmen die Plätze an den Schmalseiten des Tisches ein. Dazwischen gruppierten sich zwanglos die Gäste. Da waren Hitlers Fotograf Heinrich Hoffmann mit seiner Frau Erna, sein langjähriger Fahrer, der SS-Staffelführer Julius Schreck mit seiner Freundin, Reichspressechef Dr. Otto Dietrich mit seiner Frau, Julius Schaub, Eva Braun und Anni Rehborn.
Über Anni Rehborn,[336] die damals ›Rehlein‹ genannt wurde, möchte ich noch etwas sagen. Sie hatte 1924 die deutsche Meisterschaft im Schwimmen gewonnen. Als die ›Berliner Illustrierte‹ – ihr Foto als Titelbild bringend – Hitlers Gefolgsleuten, die mit ihm die Gefangenschaft auf der Feste Landsberg teilten, vor Augen kam, fühlte sich Hitlers Fahrer, Emil Maurice, zu einer Gratulation an Anni Rehborn inspiriert. Wieder in Freiheit kam es zu einem Treffen, bei dem auch Hitler anwesend war. Zu Weihnachten 1925 schickte ihr Hitler sein Werk, ›Mein Kampf‹, in rotem Leder eingebunden mit der Widmung: »Fräulein Anni Rehborn in aufrichtiger Bewunderung«. Gleichzeitig ermunterte er sie, sooft sie nach Bayern käme, sich bei ihm zu melden. Dies tat sie des öfteren.
Das war auch der Fall im Juli 1933, als sie mit ihrem Verlobten, Dr. med. Karl Brandt in ihrem kleinen roten DIXI eine Deutschlandfahrt machte. Hitler lud sie beide für ein paar Tage auf den Berg ein, wo sie in einer der Pensionen als seine Gäste wohnten. Zum Mittag- und Abendessen traf man sich im ›Haus Wachenfeld‹.

Hier lief eines Nachmittags in der Telefonzentrale auch die Hiobsbotschaft ein,[337] daß der Chefadjutant Brückner zusammen mit seiner Freundin, Fräulein Sophie Stork,[338] in Reit im Winkl einen Autounfall gehabt hätten und schwer verletzt in das Traunsteiner Krankenhaus eingeliefert worden wären. Wilhelm Brückner ist am Steuer seines Wagens eingeschlafen und war auf einen Holzstoß gefahren. Welches Glück, daß sich unter den Gästen der Fahrt zufällig Dr. Karl Brandt befand. Ruhig und umsichtig ergriff er bei dem Unfall die Initiative, veranlaßte alles Notwendige zur Rettung der Verunglückten und nahm auch dann selbst die Operation im Traunsteiner Krankenhaus vor.

Während Brückners Freundin mit einem Armbruch davonkam, erlitt Brückner selbst schwere Verletzungen (Schädelbruch) und verlor auch ein Auge. Göring, ebenfalls bei dieser Fahrt zugegen, war von der Sicherheit des jungen Arztes so angetan, daß er spontan sagte: »Wenn ich jemals operiert werden muß, dann nur von Dr. Brandt!«

Bisher hatte Hitler bei seinen Reisen und Fahrten nie einen Arzt dabei gehabt. Nun hatte sich plötzlich gezeigt, wie ungeheuer wichtig dies war. So war es nicht verwunderlich, daß Hitler den jungen sympathischen Arzt fragte, ob er nicht bereit wäre, Begleitarzt in seinem Stab zu werden. Das Angebot war natürlich verlockend und Dr. Brandt war einverstanden. Kurze Zeit darauf heiratete er Anni Rehborn, an deren Hochzeit Hitler und Göring als Trauzeugen teilnahmen.

Man rühmte bei Dr. Brandt seine manuelle Geschicklichkeit. Brandt war von griechischer Heiterkeit umflossen, ein Arzt vom Geist des Paracelsus: Sein Leben war bis zur letzten Stunde Hingabe an seinen Beruf. Mit wahrhaft hohem Sinn hat er das höhere Leben erfaßt und sich von ihm erfassen lassen, so daß er zu einer Größe reifte, in der er als Sieger über seinem schweren Schicksal stehen konnte, das zwei Todesurteile über ihn verhängte.

Brandt war nunmehr also ›Begleitarzt‹ des Führers. Oft wurde er als ›Der Arzt des Führers‹ bezeichnet, was aber insofern nicht stimmte, als er nur für chirurgische Fälle zur Verfügung stand. Von da an war er, wenn keine Reisen und Fahrten stattfanden,

in der Chirurgischen Universitäts-Klinik in Berlin in der Ziegelstraße tätig, wo auch Dr. Werner Haase[338a] und Dr. v. Hasselbach[338b] als Chirurgen arbeiteten. Diese vertraten Dr. Karl Brandt in den folgenden Jahren gelegentlich als Begleitärzte bei den Fahrten und bei der Anwesenheit Hitlers am Berg.
In dieser Zeit machte Hitler auch noch mit seinen Gästen kleinere Wanderungen. Man ging bis zum ›Hochlenzer‹, wo man vor dem kleinen Haus auf hölzernen Bänken in der Sonne saß und einen herrlichen Blick auf den in tiefer Ferne heraufleuchtenden Königssee hatte. Am Hochlenzer gab es eine sehr erfrischende kühle Dickmilch, die aus irdenen braunen Schalen gelöffelt wurde. Diese ›Gstöckelte‹ war eine wahre Köstlichkeit. Sie durfte bis zum Dickwerden nicht bewegt werden, damit sich die gelbe Sahneschicht ohne Blasen zu werfen bilden konnte. Etwas weiter war es bis zur Scharitzkehl, zum Vorderbrand. Das waren damals herrliche kleine Wanderungen, bei denen Hitler noch einen hellblauen Leinenjanker trug. In den folgenden Jahren fanden solche Wanderungen nicht mehr statt. Da ging es dann nur noch nach dem Mittagessen zum kleinen Teehaus am Mossländer Köpfle.
Auch Weihnachten verbrachte Hitler damals immer am Berg. Doch nach dem Tod seiner Nichte Geli war ihm Weihnachten eine Qual und auch für uns nicht schön. Er erlaubte zwar, einen Tannenbaum in der Ecke der Halle aufzustellen, aber Weihnachtslieder wurden nicht gesungen.
Neujahr dagegen wurde nach alter Sitte gefeiert. Das Essen war festlich aufgezogen, und man trank sogar Sekt. Auf den Schlag Mitternacht nippte Hitler an seinem Sektglas und stieß mit den Gästen auf das neue Jahr an. Er verzog dabei jedesmal das Gesicht. Er konnte nicht verstehen, »wie ein Mensch an dem Essigwasser Geschmack finden konnte«. Danach ging Hitler mit seinen Gästen auf die Terrasse, um die Berchtesgadener Böllerschützen zu begrüßen, die das neue Jahr mit Böllerschüssen einschossen. Anschließend schrieb Hitler sein Autogramm auf die Tischkarten aller seiner Gäste, und es wurde vor dem Kamin eine Gruppenaufnahme gemacht.

Der Berghof

Ehe Hitler 1936 mit dem Umbau, d. h. eigentlich mit einem Anbau an das Haus Wachenfeld begann, wurde die steile Straße von Berchtesgaden zum Obersalzberg ausgebaut, die im Winter bei Vereisung lebensgefährlich war. Hitler hatte u. a. die Idee, sie unterirdisch beheizen zu lassen.
Bei der Umgestaltung wurde das kleine alte Haus Wachenfeld jedoch nicht angetastet, es blieb auf Hitlers Wunsch voll erhalten.[339] Im März 1936 wurde, nachdem Hitler mit dem Architekten Degano[340] aus Gmund am Tegernsee die Baupläne erstellt hatte, mit dem Bau des ›Berghofs‹ begonnen. Von dem ehemaligen Bauernzimmer des alten Hauses wurde lediglich durch die Wand ein Durchbruch gemacht und ein Durchgang mit Rundbogen zu dem direkt anschließenden Neubau in die ›Große Halle‹ hergestellt. Von dem Durchbruch im 1. Stock gelangte man zu den Zimmern Hitlers und von Eva Braun; zu der Hausmeisterwohnung und den Zimmern für das Personal. Wir erhielten unter dem Dach des alten Haus Wachenfeld zwei Zimmer (Sekretärinnenzimmer). Das kleinere Zimmer war hellblau-weiß gehalten, meines, etwas größer, war rot angelegt und hatte einen Balkon.
Hinter dem großzügigen Rundbogendurchgang des früheren Haus Wachenfeld, der mit schweren bordeauxroten Samtportieren versehen war, führten einige breite Holzstufen in die Große Halle. Die Inneneinrichtung der Großen Halle trug den kühlen Stempel von Frau Prof. Troost.[341] Sie war die Gattin von Prof. Troost,[342] den Hitler sehr geschätzt hatte. Als Hitler seine Münchner Wohnung einrichtete, war er von Frau Bruckmann zu den Vereinigten Werkstätten in München geführt worden und dort hatte er Möbel gesehen, die vom Architekt Troost entworfen waren.[343] Hitler war von dem vornehm-schlichten Stil der Möbel sofort begeistert. Troost zeigte ihm bei dieser

Gelegenheit auch die von ihm entworfenen, aber von der Jury abgelehnten Pläne für den Wiederaufbau des abgebrannten Münchner Glaspalastes. Hitler war von diesen Entwürfen begeistert und ließ sie später beim Bau des ›Hauses der Deutschen Kunst‹ ausführen. Troost baute auch das ›Braune Haus‹ und den ›Führerbau‹. Hitler verlieh ihm den Professorentitel, der nach Troosts Tod auf seine Frau übertragen wurde.

Frau Troost war Innenarchitektin und führte z. T. die Arbeit ihres 1934 verstorbenen Mannes weiter. Sie fertigte u. a. Entwürfe für Gobelins, Inneneinrichtungen im Auftrag von Hitler an und hatte z. B. die Urkunde für Görings Ernennung zum Reichsmarschall und den Marschallstab entworfen. Frau Prof. Troost und Heinrich Hoffmann führten Hitler Bilder und Plastiken vor, die im Haus der Deutschen Kunst ausgestellt werden sollten. Sie war eine sehr intelligente, natürliche und temperamentvolle Frau.

Das ehemalige Bauernzimmer des Haus Wachenfeld wurde jetzt Wohnzimmer genannt. Es war, mit seinem grünen und oft bestaunten Kachelofen, der gemütlichste Raum des Berghofs, wo in später bzw. früher Stunde auch das sonst bestehende Rauchverbot durchbrochen wurde. Es erfreute sich daher großer Beliebtheit. Sophie Stork, die Freundin Brückners, war künstlerisch sehr begabt und hatte die Kacheln des Ofens mit verschiedenen Szenen aus dem Berghofleben lebendig bemalt. Im Inneren des Hauses, vor allem in der Großen Halle, war es immer kühl, ganz besonders, wenn der Nebel das Haus einhüllte oder Regen fiel. Und so ließen sich, vor allem die weiblichen Gäste, gern auf der Bank im Wohnzimmer nieder, die sich um den warmen Kachelofen herumzog. Ein weiterer beliebter Platz war der nur wenig vorstehende Unterbau des rechts vom Fenster stehenden Bücherschrankes, der u. a. Meyers Lexikon enthielt, das bei Streitfragen von Hitler oft benutzt wurde. Wenn unter den Gästen eine Meinungsverschiedenheit über gewisse Einzelheiten, wie die Länge eines Flusses oder die Einwohnerzahl einer Stadt usw., aufkam, wurde immer das Lexikon zu Hilfe geholt. Hitler, peinlich genau in allen Dingen, schlug dann, um ganz sicherzugehen, in zwei verschiedenen Lexikonausgaben nach.

Obwohl der Sitzplatz am Unterbau des Bücherschrankes höchst unbequem war, versuchte jeder seiner habhaft zu werden. Der Schrank stand nämlich der Sitzbank unter dem Fenster am nächsten, auf der Hitler immer Platz zu nehmen pflegte![344]
Wenn sich Hitler und Eva Braun in das obere Stockwerk zurückgezogen hatten, setzten sich die Gäste, die vor dem Zubettgehen gern noch zusätzlich ein Glas Sekt trinken wollten, hier zusammen. Man entspannte sich dann sozusagen von der ›offiziellen Kaminsitzung‹, bei der sich ja nicht alle frei und ungehemmt fühlten, wie hier auf der kissenbelegten Holzbank, wo man ganz kommod sitzen und die Arme auf den Tisch stützen konnte. Dann ging es oft ziemlich lautstark zu, vor allem, wenn die beiden Streithähne Schaub und Hoffmann wieder einmal aneinander gerieten.

Die Tür neben dem Bücherschrank führte nach dem Umbau, durch die jetzt ›Wintergarten‹ genannte ehemalige Veranda, auf die Terrasse. Hier versammelten sich bei schönem Wetter die Gäste vor den Mahlzeiten (bei schlechtem Wetter im Wohnzimmer) und warteten auf Hitler. Als letzte erschien gewöhnlich Eva Braun. Wenn dann Hitler kam, begrüßte er immer alle Damen mit Handkuß, auch die Sekretärinnen. Waren alle versammelt, meldete der Diener, der mit schwarzer Hose und weißem Dinerjackett bekleidet war, »Mein Führer, es ist angerichtet, Sie führen Frau...« Hitler bot dann dieser Dame den Arm an und ging mit ihr los. Als zweites Paar folgte immer Martin Bormann mit Eva Braun. Die anderen Gäste schlossen sich zwanglos an.

Der Gästezug bewegte sich dann durch die großräumige Diele, deren schön gewölbte Decke von imponierenden Säulen getragen wurde. Es ging an der breiten, nach den oberen Zimmern führenden Treppe vorbei, in das aus schön gemasertem Zirbelholz gefertigte und an der Ostseite des Hauses gelegene Eßzimmer, dessen hohe Flügeltüren, von zwei Dienern flankiert, offenstanden. Der lange Eßtisch, an dem rote mit Leder bezogene Armsessel standen, bot 24 Personen Platz.

Die Fensterfront des langgestreckten Eßzimmers weitete sich an ihrem Ende zu einem halbrunden Erker aus. Hier frühstückten die Frühaufsteher bei schlechtem Wetter am Morgen

zwanglos an einem runden Tisch. Die meisten bestellten sich dann jedoch das Frühstück aufs Zimmer. Bei schönem Wetter wurde auf der Terrasse gefrühstückt. Es gab weißes dünnschaliges Porzellan mit Alpenblumen handbemalt,[345] wie z. B. Enzian, Alpenrosen und Frauenschuh.
Reichte am Mittag oder Abend der große Tisch des Eßzimmers für die Gäste nicht aus, so wurde der runde Tisch in der Nische zum ›Katzentisch‹, der dann vorwiegend von den Adjutanten der Gäste benutzt wurde. In der Nähe befand sich eine Anrichte mit handbemalten Kacheln, die ebenfalls Szenen aus dem Berghofleben darstellten. Eine zeigte z. B. Frau Endres, die nach dem Weggang von Frau Raubal für kurze Zeit den Haushalt Hitlers geführt hatte, mit einer hochaufgetürmten Schüssel voll Knödel. Durch die Glastüren der an der rechten Zimmerseite eingebauten Vitrine sah man besonders schönes Porzellan, ein Geschenk von Winifred Wagner an Hitler, sowie handbemalte Porzellandosen und -schalen.
Hitler saß immer in der Mitte der Tafel gegenüber der Fensterfront, mit Blick auf das Gebirge. Bei jeder Mahlzeit wechselte seine rechte Tischdame, in diesen Turnus wurden auch die Sekretärinnen mit einbezogen, während an seiner linken Seite immer Eva Braun mit ihrem ständigen Tischherrn, Martin Bormann, saß. Auf der anderen Seite, Hitler gegenüber, saß der jeweils besonders hervorgehobene Gast.
Großen Wert legte Hitler auf schöne Tisch-, d. h. Blumendekorationen. Es war für ihn eine Selbstverständlichkeit, daß die Tafel immer mit dem schönsten Blumenschmuck ausgerichtet war, der von den exklusivsten Blumenhäusern in Berlin und München geliefert wurde. Sehr schön waren die Dekorationen bei den Staatsdiners. Und wenn ich an die Mandelbäumchen, die langstieligen Rosen, seltenen Orchideen, Gerbera u. ä. kostbaren Blumen denke, die bei solchen Gelegenheiten die Räume in ein wahres Blumenparadies verwandelten, dann glaube ich gern, daß diese Dekorationen bei den Festen die Kosten für die Menues bei weitem überstiegen. So munkelte man jedenfalls.
Das Porzellan war nach Hitlers Entwürfen angefertigt. Es trug in der Mitte des Tellerrandes das Hoheitszeichen, den Adler mit ausgebreiteten Flügeln in Gold und rechts und links die

Anfangsbuchstaben seines Namens ›A‹ und ›H‹ in Antiqua. Auch das Silberbesteck war nach Hitlers Entwürfen angefertigt worden. Die Bestecke trugen ebenfalls in der Mitte den Adler mit den Buchstaben ›A‹ und ›H‹ rechts und links davon, in Antiqua.

Das Essen selbst war einfach und bürgerlich. In der Regel gab es Suppe, Fleisch, Gemüse, Salat und Nachspeisen. Hitlers Haushalt funktionierte tadellos, so wie ein gut geführtes Hotel. Aus dem von Martin Bormann am Berg eingerichteten Treibhaus wurde täglich frisches Gemüse und Salate angeliefert. Aus dem Gutshof kamen Milch, Eier, rote bzw. schwarze Johannisbeersäfte sowie Trauben- und Apfelsaft, Bienenhonig gab es aus den Bienenhäusern, die im Waldgelände des Obersalzberg und am Kehlstein standen. Als Hitler den beruhigenden Wert des Hopfens erkannte, trank er später auch ein eigens für ihn gebrautes Bier.

Hitlers Lieblingsgerichte anfangs der 30er Jahre waren weiße Bohnen, Erbsen und Linsen, Gemüse- und Salatplatten. Im Laufe des Krieges, als eine Diätassistentin für ihn kochte, wurde die Kost auf die Bircher-Benner-Diät umgestellt.

Hitler, der einen echten Widerwillen gegen Fleisch empfand, nach Julius Schaubs Erzählung war er nach dem Tod seiner Nichte Geli Raubal Vegetarier geworden, war zutiefst überzeugt, daß der Genuß von Fleisch die Menschen kraftlos mache. Als Beispiel führte er das Pferd, den Stier und den Elefant an, alle drei Pflanzenfresser, die mit großer Kraft und Ausdauer ausgestattet sind. »Hingegen die Hunde«, so sagte Hitler, »als ausgesprochene Fleischfresser, lassen schon nach geringer Anstrengung die Zunge hängen.« Fleisch war nach seiner Überzeugung ein toter, verwester Stoff. Außerdem mißbilligte er die grausame Art, die zum Töten der Tiere in den Schlachthöfen angewendet wurde.

Einmal sprach ich mit Ada Klein darüber. Bei meinem Gespräch über Hitlers Bemerkungen über die Fleischfresser, fiel ihr eine Begebenheit aus dem Jahre 1926 ein. Ada Klein hatte in der Osterzeit mit Hitler nachmittags eine Aufführung des Zigeunerbarons im Gärtnerplatz-Theater besucht. Anschließend war man in Hitlers Stammlokal, das Café Viktoria in

Der Berghof

der Maximilianstraße gegenüber der Thierschstraße (heute Restaurant Roma), zum Essen gegangen.
Hitler bestellte für sich Kitzleber. Der Ober erschien mit einer Riesenportion. Hitler fragte: »Ist das die Leber von einem Kitz?« »Nein«, entgegnete der Ober, »von zweien!« Darauf sagte Hitler zu Ada: »Der Mensch ist doch ein böses Raubtier. Da müssen zwei kleine unschuldige Tiere ihr Leben lassen, um einem Schlemmer Gaumenfreuden zu verschaffen. Ich glaube, ich werde doch eines Tages noch Vegetarier.«
Inzwischen war er nach Gelis Tod nun tatsächlich Vegetarier geworden und wurde nicht müde, von Zeit zu Zeit während des Essens, die brutale Art des Schlachtens zu erwähnen. Wenn ihn Eva Braun dann flehentlich ansah, mit solchen Gesprächen aufzuhören, da dadurch manchem Gast der Appetit genommen würde, so sah er hierdurch nur die Richtigkeit seiner Annahme bestätigt.
Dagegen geriet Hitler in ein fast dichterisches Schwelgen, wenn er beschrieb, auf welche Weise seine Nahrung, also die vegetarische, entstehe. Da sah man direkt den Landmann auf dem Felde, wie er gemächlich langen Schrittes einhergeht und mit weitausschwingenden Armen den Samen ausstreute. Wie dieser dann in der Erde aufgeht, sprießt und zu einem grünen Meer wogender Halme heranwächst, das sich langsam in der Sonne goldgelb färbt. »Allein dieses Bild«, so meinte er, »müsse schon dazu verlocken, zur Natur und ihren Erzeugnissen zurückzukehren, die sie dem Menschen ja in verschwenderischer Fülle darbiete.«
Zum Schluß erklärte er dann immer, daß er keineswegs die Absicht habe, jemanden zu zwingen, nach seiner Art zu essen, denn sonst könne es am Ende geschehen, daß niemand mehr seinen Einladungen folgen würde.
Oft erinnerte er sich an Gerichte, die er in seiner Jugend gern gegessen hatte. Dazu gehörten u. a. Semmelknödel mit Sauerampfersoße, die ihm seine Mutter manchmal kochte. Marion Schönmann,[346] eine gebürtige Wienerin, die sehr oft Hitlers und Eva Brauns Gast im Berghof war, erklärte sich einmal leichtsinniger Weise bereit, dieses Gericht für ihn zu kochen. Sie machte am nächsten Tag, mit einer weißen Kittelschürze angetan, in der Küche des Berghofes einen großen Wirbel, versetzte das Perso-

nal in helle Aufregung und brachte alles durcheinander. Das Ergebnis waren steinharte Knödel, die nicht zu genießen waren. Hitler, der sich gern mit seiner Landsmännin neckte, machte es einen Heidenspaß, sie, die ihre Kochkünste so hoch angepriesen hatte, damit aufzuziehen. »Sie könne die Knödel als Kanonenkugeln für ihre turmbewehrte Burg«, die sie in der Nähe von Melk an der Donau besaß, »benutzen«, meinte er. Noch nach Jahren kam er immer wieder mal auf die verunglückten Knödel der Schönmann zurück.

Wenn die Tafel aufgehoben wurde, küßte er immer erst Eva Braun die Hand und dann seiner Tischdame. Während des Essens mischte sich Eva wenig in die Unterhaltung, wenigstens die ersten Jahre. Später, als sie etwas selbstbewußter geworden war, nahm sie je nach Laune daran teil. Sie wurde ungehalten, wenn Hitler nach beendeter Mahlzeit über eins seiner Lieblingsthemen weiterdebattierte, statt die Tafel aufzuheben. Und sie machte keinen Hehl aus ihrer Ungeduld. In den Kriegsjahren, als sie sich ihres Einflusses auf Hitler sicherer war, wagte sie sogar, ihm mißbilligende Blicke zuzuwerfen oder mit lauter Stimme nach der Uhrzeit zu fragen. Hitler unterbrach dann kurzerhand seine Monologe und hob die Tafel auf.

Bis zum Krieg trug Hitler am Obersalzberg auf den Spaziergängen, die nach dem Mittagessen zum ›kleinen Teehaus‹ am Moosländer Köpfle[347] stattfanden, eine scheußliche khakifarbene, viel zu lange und viel zu weite Windjacke. Dazu hatte er eine höchst unkleidsame Mütze auf, mit einem sehr großen Schirm zum Schutz seiner empfindlichen Augen. Diese war der Schrecken aller Fotografen, die immer nur seine untere Gesichtshälfte aufnehmen konnten.

Eva Braun, die sehr auf Äußerlichkeiten eingestellt war, machte hierüber oft abfällige Bemerkungen, doch das störte ihn nicht. Nur, wenn sich diese Kritik zu oft wiederholte, eine Kritik an dem, was er für nützlich hielt, dann war schon ein bißchen Unwillen auf seinem Gesicht erkennbar. Als Eva einmal rügte, daß er beim Gehen seine Schultern so weit nach vorn hängen ließ, tat er dies mit den Worten ab: »Das sind die schweren Sorgen, die auf mir lasten!«

Im Kriege bevorzugte er bei diesen Spaziergängen einen

schwarzen Umhang. Er stützte sich beim Gehen auf den gepflegten durch die Wiesen am Gutshof vorbei führenden Kieswegen, rechts auf einen Spazierstock, links hielt er Blondi, seinen schönen, von ihm heißgeliebten Schäferhund, an der Leine. Er unterhielt sich dabei immer mit einem Gesprächspartner. Das war vorwiegend der an diesem Tage gerade neu angekommene Gast.

Nach einer halben Stunde gemütlichen Gehens war das Teehaus, das 1937 von Prof. Fick[348] geplant und in Form eines nicht sehr hohen, turmähnlichen Pavillons gebaut wurde, erreicht. Auf einem, mit einem Schutzgeländer versehenen Felsvorsprung, blieb Hitler dann stehen – beide Hände auf seinen Stock gestützt – um den Blick in das Berchtesgadener- und Salzburger Land zu genießen. Speer irrt, wenn er Hitler einen Sinn für landschaftliche Schönheit abspricht. Hitler wartete immer auf dem Felsvorsprung, bis alle Gäste ihn erreicht hatten, um mit ihnen den Blick nach Salzburg zu genießen.

Hatten alle Gäste diesen Aussichtspunkt erreicht und auch eine Weile die schöne Aussicht genossen – tief unten schlängelte sich die Ache durch das Tal – begab sich Hitler in das Teehaus und die Gäste folgten. Im Vorraum legte man die Garderobe ab, um dann in dem, in hellem Marmor gehaltenen, Kaminraum am gedeckten runden Tisch in tiefen, chintzbezogenen Sesseln Platz zu nehmen.

Hohe schmale Fenster auf der Südseite des Teehauses gaben den Blick auf das Gebirge frei. In dem goldgefaßten Spiegel an der Nordseite des Raumes über dem Kamin erschien nochmals das Bild der kristallenen Kronleuchter und der mit Bienenwachskerzen bestückten Wandleuchten. Den Kamin habe ich niemals in Funktion gesehen. Als wärmende Quelle war er eigentlich überflüssig, da sich unter den roten Marmorplatten des Fußbodens eine Bodenheizung befand.

Während die Besuche des Kleinen Teehauses am Moosländer Köpfle zum täglichen Ritual gehörten, wurde das Teehaus auf dem Kehlstein sehr selten besucht. Hitler fühlte sich in der dünnen Luft des 2000 m hoch liegenden Teehauses nicht wohl. Für ihn war dieses Haus am Berggipfel nur ein Prunkstück, mit dem er gern fremde Staatsoberhäupter überraschte.

Voll Stolz erzählte er manchmal, wie fasziniert die Besucher allein schon von der zum Kehlstein hinaufführenden Straße waren, die oft ganz dicht am Abhang entlang führte. Weiter beeindruckte die Besucher das in den Berg gesprengte Tunnel mit dem imponierenden Messingaufzug und dann die überwältigende Sicht weithin in die majestätische Gebirgswelt des Berchtesgadener Landes. Der Bau des Kehlsteins war eine Glanzleistung von Martin Bormann, so wie auch der Gutshof durch seine Initiative entstanden war.

Während die Gäste im kleinen Teehaus meist Tee oder Kaffee tranken, bevorzugten Hitler und Eva Braun Schokolade. Die Auswahl an Torten und Kuchen war sehr verführerisch. Aber Hitler blieb immer bei seinem geliebten Apfelkuchen: Unter der dichten Apfelscheibendecke befand sich eine nur hauchdünne kalorienarme Teigschicht. Später wurden Cognac und Liköre angeboten.

Ein paar Kilo zu viel waren für Hitler keine Privatsache, sondern ein Politikum, da sie sich bei ihm ausschließlich um und unterhalb seiner Taille festsetzten, wodurch das Schließen des mittleren Knopfes seiner Jacke in Frage gestellt war. Sobald die Waage, besonders vor den Parteitagen, mehr als üblich anzeigte, verzichtete er sofort auf alle Süßigkeiten und aß nur sehr wenig.

Hitler kündigte diese Aktion vorher immer an: »Ich darf nicht mehr so viel essen, ich setze Speck an, der muß wieder runter!« Das Maßhalten brachte ihm auch sofort den gewünschten Erfolg, den er dann ganz stolz: »So, jetzt bin ich wieder auf meinem alten Gewicht, ich habe in den letzten 14 Tagen 7 kg abgenommen!« strahlend kundtat. Die Bekämpfung seiner Anlage zur Korpulenz entsprang weniger der Eitelkeit, als dem Wissen um die nicht gerade wohlwollenden Gefühle, die sich dem Volk einem zu gut genährten Redner gegenüber bemächtigen. Allein schon der Gedanke, Anlaß zu Spötteleien zu geben, zwang ihn zur Mäßigkeit. Görings Korpulenz störte ihn dagegen nicht, bei diesem fand er alles gut proportioniert, auch bei Prof. Morell.

Auf dieser Furcht, sich der Lächerlichkeit preiszugeben, basierte auch seine Weigerung, sich nach der Machtübernahme

Der Berghof

weiterhin in der Lederhose, der ›kurzen Wichs‹ zu zeigen, oder gar in einem Badeanzug. Derartige Kleidungsstücke waren in seinen Augen für Staatsoberhäupter indiskutabel.
Im Teehaus liebte es Hitler, heitere Erzählungen zu hören. Menschen, die damit aufwarten konnten, waren deshalb bei ihm besonders gern gesehen. Beliebt waren z. B. die ›Klein-Erna‹-Geschichten, im Hamburger Dialekt vorgetragen und die ›Graf-Bobby-Witze‹. Undenkbar wäre es jedoch gewesen, obszöne Witze oder Zoten in seiner Gegenwart zu erzählen. Ein strafender Blick genügte, um die forschen Erzähler in ihre Schranken zu weisen.
Pikante, in seiner Gegenwart erzählte Geschichten, gingen über jene nicht hinaus, wo z. B. Graf Bobby seinem Freund zerknirscht über eine unterlassene Sünde berichtet. Er war neulich von einer Tänzerin in ihre Wohnung eingeladen, wo sie zuerst Tee getrunken und dann zusammen gebadet hätten. Daß ihm nun aber der Gedanke keine Ruhe mehr lasse, ob mit jener Dame nicht etwas anzufangen gewesen wäre. Solchen, mit einem Stich ins Pikante gehenden Geschichten, hörte er mit behaglichem Schmunzeln zu. Oft hänselten sich auch die Anwesenden. Ich erinnere mich z. B. an ein Gespräch zwischen Dr. Goebbels und Dr. Dietrich. Dr. Dietrich machte die Bemerkung, daß ihm in der Badewanne die allerbesten Ideen kämen, worauf Dr. Goebbels sagte: »Sie sollten viel öfters baden, Herr Dr. Dietrich!« Es konnte geschehen, daß Hitler beim Lachen dann die Tränen in die Augen traten.
Neu im Berghof angekommene Besucher, die natürlich auch gleich mit ins Teehaus genommen wurden, erfreuten sich bei allen einer besonderen Gunst. Sie belebten das Gespräch sehr, das bei den oft seit Wochen immer gleichen Menschen nur noch müde dahinplätscherte. Und weiter plätschern mußte es, besonders dann, wenn Hitler von Müdigkeit überwältigt, im weichen Sessel eingeschlafen war. Er wurde aber sofort wach, sobald das Gespräch verstummte.[349]
Hitler zeigte auch immer großes Interesse, wenn an dem großen runden Tisch im Teehaus irgendwo zwei Personen die Köpfe zusammensteckten oder leise sprachen bzw. ein Schriftstück, eine Illustrierte o. ä. in der Hand hielten und da und dorthin

deuteten. Sogleich wünschte er informiert zu werden: »Was gibt's da Neues?« Dieses Wissen um seine Neugier wurde von cleveren Gästen bisweilen geschickt benutzt. Auf diese Weise konnten ihm Dinge unterbreitet werden, die sonst nicht so leicht ›anzubringen‹ gewesen wären.
Schirachs brachten z. B. gern amerikanische Journale mit. Einmal waren darin Fotos von in der Rüstungsindustrie eingesetzten Amerikanerinnen, einmal auch in einem Meer von Heringen stehende Amerikanerinnen, miteinander boxend. Hitler mokierte sich über derlei Bilder und fand besonders das letzterwähnte widerlich und ekelhaft.
Noch während wir uns im Teehaus befanden, ließ Eva Braun durch einen Diener feststellen, welche neuen Filme vom Propagandaministerium aus Berlin eingetroffen waren. Wenn Hitler die Große Halle nicht durch Besprechungen blockierte, setzte Eva Braun gleich nach der, vorwiegend im Auto (in Hitlers Wagen Adjutant, Diener und sein Hund Blondi) erfolgten Rückkehr zum Berghof, eine Filmvorführung an, nach deren Beendigung sich die Gäste auf ihre Zimmer zum Umkleiden für das Abendessen zurückzogen.
Genauso wie beim Mittagessen versammelten sich die Gäste auch am Abend wieder im Wohnzimmer. Man saß am warmen Kachelofen oder auf den kissenbelegten Bänken, die sich um den großen rechteckigen Tisch herumzogen. Eine Hängelampe verbreitete warmes Licht und Gemütlichkeit. Alles wartete auf Hitler, der sich mit seinem jeweiligen Gesprächspartner entweder in seinem im 1. Stock gelegenen Arbeitszimmer oder nebenan in der Großen Halle aufhielt. Die Besprechungen hatten immer Vorrang. Es war nicht selten der Fall, daß sich der Beginn des Abendessens deshalb beträchtlich verschob.
Sobald Hitler dann das Wohnzimmer betrat, wiederholte sich der gleiche Ritus wie beim Mittagessen. Der Diener trat auf den Plan mit der Meldung, daß das Essen angerichtet sei und welche Dame Hitler zum Tisch führen wird.
Der Ton war am Abend gelockerter und die Unterhaltung ungezwungener. Die Damen hatten sich ein bißchen festlicher angezogen und mit ihrem diskreten Make-up verschönernd nachgeholfen. Die jüngere Schwester von Eva Braun, die mit dem

Lippenstift nicht gerade sparsam umzugehen pflegte, gab Hitler manchmal den Anstoß, von Zeit zu Zeit immer wieder das Märchen über die Herstellung der Lippenstifte aus Pariser Abwässern zu erzählen. Eva Braun, die Nase kraus ziehend, bat dann jedesmal in gespielter Verzweiflung: »Ach, bitte, hör doch damit auf!« Die Wirkung der Pariser-Abwässer-Mär schien Hitler besonderen Spaß zu machen, weshalb er sie häufig wiederholte.

Als im Jahre 1926 Ada Klein zusammen mit einer Freundin die Münchner Ludwigstraße in Richtung Odeonsplatz hinuntergingen, begegneten sie zufällig Hitler, der sich ihnen anschloß. Als in einem offenen Auto eine sehr auffällig geschminkte Dame vorbeifuhr, sagte Hitler: »Jetzt weiß ich, warum so viele Männer magenkrank werden. Sie nehmen beim Küssen die ganze Lippenschminke in sich auf!«

Es kam auch vor, daß Hitler von der vor ihm stehenden Tischdekoration eine besonders schöne Blüte entnahm und sie übermütig einer Dame zuwarf. Er erwartete dann, daß diese sich die Blume ins Haar oder Kleiderausschnitt steckte. Es geschah aber auch, daß er einer bereits auf solche Weise geschmückten eine andere Blume zuwarf, die seinem Geschmack nach besser zu ihr paßte.

An solchen Galanterien hatte Hitler auch in früheren Jahren schon Gefallen gehabt. Ada Klein erinnerte sich noch daran, daß Hitler im Jahre 1933 im Braunen Haus, im sogenannten ›Eckardstübchen‹ der österlichen Tischdekoration ein kleines gelbes Wattekücken entnahm, Adas Hand ergriff, sie öffnete, ihr dann ganz sacht das Küken hineinsetzte und sie wieder schloß.

Am Abend blieb man meistens ein wenig länger bei Tisch sitzen. Fand nach dem Essen noch eine Besprechung statt, die in der Großen Halle abgehalten wurde, lief zuweilen ein Film in der Kegelbahn oder es wurde gekegelt. Dies war aber nur sehr selten der Fall, da die Geräusche der rollenden Kugeln sehr störend in der Großen Halle zu hören waren.

So setzten wir uns lieber in das Wohnzimmer und warteten hier das Ende der Besprechung Hitlers ab. Die Unterhaltung mußte im gedämpften Ton stattfinden, da, wie schon erwähnt, die Halle vom Wohnzimmer nur durch eine Samtportiere getrennt

war. Diese wurde dann von einem Diener beiseite geschoben und Hitler erschien. In der Regel fragte er dann: »Wollen wir uns noch ein bißchen an den Kamin setzen?« Dies war dann immer der Auftakt für einen Abend am Kamin.[350]
Die Gäste begaben sich vom Wohnzimmer die fünf Treppen hinunter in die Große Halle, die Hitler besonders liebte. Sie war sehr hoch und fast 200 qm groß. Der Fußboden war mit fraisefarbenem Velour ausgelegt und drei Marmorstufen führten zu den Sitzgruppen vor dem Kamin. Es gab nur wenige Möbel in der Halle. Zwei große Schränke, eine Sitzgruppe rechts neben dem Fenster, ein großer Besprechungstisch, einen Globus und Standuhr links davon. Dann ein Klavier und mehrere kleine Kommoden. Einer der großen Schränke hatte Griffe, die handgeschnitzte markante Männerköpfe darstellten. Er enthielt Ehrenbürgerurkunden, alte Waffen und ähnliches. Ein anderer barg hinter Glasscheiben altes Zinn. Herrliche Gobelins mit bewegten Jagdszenen verdeckten die für die Filmvorführungen notwendigen Löcher in der Wand.[351]
Die großflächigen Gemälde alter Meister in der Halle wurden von Zeit zu Zeit ausgewechselt. Sehr oft hing die von Hitler sehr geliebte ›Nana‹ von Anselm Feuerbach (Feuerbachs langjährige römische Geliebte, die Frau eines Schusters) nahe dem Kamin. An der Längsseite der Hallenwand hing eine rotgewandete Schöne von Bordone, in deren Nähe immer Nelken im gleichen satten Rot ihres Gewandes auf einer Kommode standen.
Das Eindruckvollste in der Großen Halle, die eine dunkelbraune Kassettendecke hatte, war bei Tag ohne Zweifel das für damalige Verhältnisse eminent große Fenster, das versenkt werden konnte und heruntergekurbelt das majestätische Panorama des Untersberges wie in einem Rahmen zeigte.[352] Der vor dem Fenster stehende rechteckige Mammuttisch, mit einer Platte aus Untersberger Marmor, erwies sich bei Unterredungen, zu denen Pläne u. ä. darauf ausgebreitet wurden, als sehr praktisch.
Zur Sitzgruppe am Kamin, der aus carrarischem Marmor gebaut und ein Geschenk Mussolinis war, gehörte ein schwarzes Ledersofa. Es war gigantisch in den Ausmaßen. In der Relation zur Größe der Halle paßte es zwar gut, war aber höchst unbe-

quem. Da die Sitzfläche zu gewaltig war, erreichte man mit dem Rücken einfach nicht die Lehne. Man saß, jedenfalls am Beginn der Kaminsitzung, daher ziemlich steif vorne auf der Kante. Im Verlauf des Abends drängte es die Damen nach bequemerem Sitzen und so wurden die Beine einfach auf die Sitzfläche gezogen. Die variable Gruppe der Polstersessel mit jeweils einem kleinen Tisch davor, die der immer wechselnden Gästezahl angepaßt wurde, waren viel bequemer.
Der Kamin brannte nicht jeden Abend. Hitler, der seinen festen Platz an der rechten Seite zwischen zwei Damen hatte (rechts von ihm saß immer Eva Braun), bestimmte, wann er angezündet werden sollte. Er leitete auch meistens das Gespräch ein oder griff es auf, sobald ein bestimmtes Thema sein Interesse erweckte. War er mal gesprächsunlustig, es gab auch Abende, die in beklemmendem Schweigen dahindämmerten, wirkte seine Frage oft erlösend, wenn er sagte: »Wollen wir ein bißchen Musik hören?« Alle stimmten dann begeistert zu.
Der Musikschrank, dessen Bedienung stets in Martin Bormanns Händen lag, befand sich im vorderen Teil der Halle, rechts vom Fenster. Aus dem großen, von Martin Bormann besorgten Repertoire, wurden immer wieder vor allem bevorzugt gespielt: Bruckners und Beethovens Symphonien und Lieder von Richard Strauß, Hugo Wolf, Brahms, Beethoven, Schubert und Schumann. Deutlich in Erinnerung geblieben sind mir: ›Traum durch die Dämmerung‹ (Weite Wiesen im Dämmergrau), ›Mach auf, mach auf, doch leise, mein Kind...‹, ›Auf hebe die funkelnde Schale empor zum Mund‹, ›Ja, du weißt es teure Seele...‹, ›Ich trage meine Minne vor Wonne stumm...‹, ›Wenn du es wüßtest, was träumen heißt‹, ›Wer in der Fremde will wandern‹, ›Einsam wandelt dein Freund im Frühlingsgarten‹ und aus Aida, letzter Akt: ›Es hat der Stein sich über uns geschlossen...‹
Hitler liebte ganz besonders Richard Wagners Werke. An erster Stelle stand bei ihm ›Tristan und Isoldes Liebestod‹, ein Werk, so erwähnte Hitler einmal, »... das er in seiner Todesstunde gern hören möchte«. Richard Wagner hielt Hitler »für den Wiedererwecker der deutschen Kultur aus dem Geiste der Musik«. Wagners musikalische Sprache klang in seinen Ohren »wie eine

göttliche Offenbarung«. Er hatte einige seiner Opern sehr oft gesehen, und um nichts auf der Welt hätte er eine Festspielaufführung in Bayreuth versäumt (z. B. 1936, Spanienkrieg). Er unterstützte Bayreuth finanziell und plante, allen Kreisen der deutschen Bevölkerung den Besuch der Festspiele, gleichsam in nationaler Wallfahrt, zu ermöglichen. Die ›Deutsche Arbeitsfront‹ veranstaltete KdF-Fahrten nach Bayreuth für Arbeiter und Angestellte, wodurch die Begeisterung für das Wagnersche Werk in allen Schichten des Volkes verbreitet werden sollte.

Aber Hitler mochte nicht nur ernste, sondern er hörte auch sehr gern heitere Musik, insbesondere ›Die lustige Witwe‹ und ›Die Fledermaus‹ sowie den ›Zigeunerbaron‹. Einige der Herren zogen sich allerdings, wenn die Musik am Abend im Vordergrund stand, gern ins Wohnzimmer zurück. Besonders bei Heinrich Hoffmann und Julius Schaub, zwischen denen sich von Zeit zu Zeit starke Aggressionen anstauten, schien ausgerechnet die Musik das Bedürfnis nach einer klärenden Aussprache zu schüren. Wenn sie dann zu lautstark wurden, schickte Hitler einen Diener zu ihnen in das Wohnzimmer, mit der Bitte, »sich entweder leiser zu unterhalten oder wieder an den Kamin zu kommen«.

Solche Vorkommnisse erinnerten Hitler manchmal an unangenehme Situationen, in die er mit seiner unmusikalischen Begleitung öfters gekommen war. Er erzählte dann: »Wenn ich eine Oper besuchte, mußte ich immer darauf achten, daß meine Herren nicht schnarchten. Bei Tristan und Isolde wäre Hoffmann beinahe über die Brüstung der Proszeniumsloge gefallen. Ich habe Schaub wecken müssen, damit er hinüberging und Hoffmann wachrüttelte. Brückner saß hinten und hat geschnarcht. Es war fürchterlich!«

Derlei, von Hitler zum Besten gegebene Anekdoten, lösten natürlich immer Heiterkeit aus, auch bei Eva Braun. Wurden jedoch Gespräche angeschnitten, die Eva nicht lagen, so war ihr das sofort anzusehen, und auch Hitler pflegte dies nicht zu entgehen. Er tätschelte dann beruhigend ihre auf der Sessellehne liegende Hand, flüsterte ein paar Worte mit ihr und Eva verschwand nach oben. Genauso verhielt sie sich, wenn sie

meinte, Hitler würde einer anderen Dame ›zuviel‹ Aufmerksamkeit widmen.[353]
Zu Silvester 1938 hatte mir z. B. Gretl Slezak zur Weitergabe an Hitler einen Brief geschickt, den ich ihm ohne Zeugen übergeben sollte. Ich hatte ihn deshalb, als er die Halle verlassen wollte, zurückgehalten. Nachdem sich alle Gäste bereits zum Bleigießen in die im Keller gelegene Kegelbahn begeben hatten, legte er seine Hand unter meinen linken Arm und ging mit mir allein in der Großen Halle auf und ab. Mein Abendkleid aus rehbraunem Velour-Transparent mit kleiner Schleppe, wozu sich mein Weißfuchscape meiner Meinung nach prächtig ausnehmen mußte, mag mir, unterstützt durch einen kleinen Schwips, den ich bereits seit dem festlichen Silvester-Abendessen hatte, eine ganz schöne Portion Selbstbewußtsein und Zivilcourage verliehen haben. Denn nachdem ich Hitler den Brief übergeben hatte, brach ich in Lobeshymnen über Gretl Slezak aus, die sehr nahe einem Kuppeleiversuch angesiedelt waren. Restlos überzeugt, daß er meine Ansicht teilen müsse, sagte ich dann abschließend: »Die Eva ist doch nichts für Sie, mein Führer!«
Anstatt mir diese impertinente Bemerkung übel zu nehmen, blickte er mich amüsiert an und sagte wörtlich: »Aber sie genügt mir!« Genügt! Also nichts von der großen Liebe, von der manche Schreiberlinge nach 1945 zu berichten wußten!
Ganz offensichtlich hat Hitler in dieser Silvesternacht mein kupplerisches Wesen königlich amüsiert, denn er traf keine Anstalten, die Halle zu verlassen. Wir waren allem Anschein nach schon viel zu lange allein gewesen. Denn plötzlich erschien Eva Braun in der Halle, sah mich sehr mißbilligend an und sagte beleidigt zu Hitler: »Wo bleibst Du denn, wir warten alle auf Dich!«
Hitler hat diese Episode offenbar nicht vergessen. Denn nach einigen Wochen kam er nochmal darauf zurück und sagte lächelnd zu mir: »In jener Nacht hatten Sie das gewisse Etwas!«
An dem Silvesterabend wurde auch die Gruppenaufnahme in der Großen Halle vor dem Kamin gemacht. Es war die letzte Silvesterfeier, an der Hitler eine so große Gästezahl geladen hatte.

Zu einem unvergessenen Erlebnis in der Großen Halle wurde mir auch das Diktat Hitlers am 11. Mai 1941 und zwar deshalb, weil er viele Male immer vergeblich versuchte, einen plausiblen Grund für den Flug seines Stellvertreters Rudolf Heß nach England zu formulieren. Die verschiedensten Möglichkeiten, die Anlaß zu diesem Flug gewesen sein könnten, tastete Hitler ab und versuchte sie in Worte zu fassen. Nichts wollte gelingen. Erst als er den Flug als die Tat eines Geisteskranken hinstellte, als ihm diese Formulierung gelungen war, schien er zufrieden. Bisher hatte ich es nie erlebt, daß Hitler sich mit einem Diktat so schwer tat.[354]

Hitler war ein großer Bewunderer der englischen Kolonialpolitik. Bereits 1926 soll er im Kreise seiner engsten Mitarbeiter geäußert haben: »Ich wünsche nicht, daß eine Perle aus der Krone des Britischen Empire fällt. Dies würde eine Katastrophe für die Menschheit bedeuten.« Als z. B. in den Vorkriegsjahren die deutsche öffentliche Meinung für die indische Freiheitsbewegung schwärmte, sagte er: »Ich verbiete meinen Leuten diesen Ghandi-Rummel mitzumachen. Man erwirbt Freiheit nicht mit Webstühlen, sondern mit Kanonen.«

Aus verschiedenen seiner Äußerungen war zu schließen, daß ihm als idealste Lösung des Problems der Weltpolitik ein Bündnis mit England vorschwebte. Er hielt das Zusammengehen der englischen Flotte und der deutschen Armee für einen ausreichenden Machtfaktor, um der Weltpolitik eine neue Grundlage zu geben. Schon in den 20er Jahren hatte Hitler ein Buch über Außenpolitik zu schreiben begonnen.[355] 1939, kurz nach der englischen Kriegserklärung, sagte er in meinem Beisein zu Heß: »Mein ganzes Werk zerfällt nun. Mein Buch ist für nichts geschrieben worden.«

Ich glaube, daß Heß der einzige war, den er von den in seinem Manuskript entwickelten Gedanken unterrichtet hatte, und daß Heß, auf Grund seiner intimen Kenntnis der Vorstellungen Hitlers, seinen Flug nach England unternommen hat.

Die Große Halle war auch vielfach Zeuge interessanter Begebenheiten, Besuche und Gespräche. Sehr angetan war Hitler z. B. von dem Besuch des Herzogs und der Herzogin von Windsor.[357] Nachmittags sah ich vom Bürofenster Hitler mit dem

herzoglichen Paar auf der Terrasse stehen, offensichtlich nannte er ihnen die Namen der Berge. Die Herzogin trug ein einfaches dunkelblaues Wollkleid, das lediglich durch seinen Schnitt wirkte. Sie sah mit dem einfach gescheitelten zu einem Knoten aufgesteckten Haar chic und vornehm aus.
Zweifellos hatte sie auch auf Hitler einen nachhaltigen Eindruck gemacht, denn abends am Kamin meinte er: »Sie wäre sicherlich eine gute Königin geworden.« Hitler nahm Partei für den Prinzen, der einer Frau zuliebe auf den englischen Thron verzichtet hatte. Er bedauerte – da er in dem Prinzen einen Freund Deutschlands sah – daß der Prinz nicht um seine Sache gekämpft habe, zumal er sich auf die Sympathie bei der Arbeiterschaft hätte stützen können.
Auch von Aga Khan,[358] dem indischen Fürsten und Mohammedanerführer, den Hitler ein paar Tage vorher empfangen hatte, erzählte er abends am Kamin, daß der Fürst von Zeit zu Zeit von den Gläubigen seines Landes Gold im Gewicht seines Körpers zur Verfügung gestellt bekommt und daß er einer der reichsten Männer der Welt sei. Die mit Aga Khan geführten Gespräche beschäftigten Hitler noch des öfteren, so z. B. die Ansicht des Aga Khan, daß es für Europa viel besser gewesen wäre, wenn Karl Martel im 8. Jahrhundert in der Schlacht zwischen Tours und Poitiers die Araber nicht zurückgeschlagen hätte. Dann wäre ganz Europa mohammedanisch geworden, es hätte seine Einsicht behalten und die Völker hätten in Frieden auf diesem Kontinent miteinander leben können. Aga Khan hatte sich über die europäischen Verhältnisse Gedanken gemacht und das gefiel Hitler. Auch die islamische Religion – ohne Schreckensvorstellungen – fand Hitlers Zustimmung und vor allem ein Leben ohne Alkohol, ohne Schweinefleisch und mit der Fastenzeit.
Zu den immer wieder gern von Hitler erwähnten Besuchen Prominenter im Berghof zählte auch der Besuch des britischen Staatsmannes Lloyd George[359] im Jahre 1936. Hitler erzählte, wie beeindruckt Lloyd George von der Lage des Berghofs, dem Haus selbst, der Einrichtung und vor allem von dem Blick aus dem riesigen Fenster in die herrliche Gebirgswelt gewesen sei. Aber auch über die deutschen Maßnahmen zur Behebung der

Arbeitslosigkeit, zur Freizeitgestaltung und zur Krankenversicherung sowie verschiedener anderer sozialen Einrichtungen. Dr. Ley[360] hatte ihn vor dem Besuch des Berghofs mit den Einrichtungen der Arbeitsfront bekannt gemacht.
Dagegen hatte der Besuch von Knut Hamsun[361] im Berghof in Hitler eine ungute Stimmungen hinterlassen. Das war im Juni 1943 gewesen. Baldur von Schirach hatte eines Tages im Juni 1943 beim Mittagessen im Berghof von Hamsuns Besuch auf dem Journalistenkongreß in Wien erzählt und beschwor Hitler, Hamsun im Berghof zu empfangen. Nach anfänglichem Widerstreben willigte Hitler ein und Knut Hamsun erschien im Berghof.
Während seines Empfanges hörten Frau Christian und ich – wir waren im Wohnzimmer, das nur durch eine Portiere von der Großen Halle getrennt war – einen lautstarken Wortwechsel. Wir hielten den Atem an und traten näher an die Portiere. Knut Hamsun hatte den Mut gehabt, Hitler gegenüber die von Gauleiter Terboven[362] in Norwegen ergriffenen Maßnahmen zu rügen. Hamsun war sehr erregt und trug sein Anliegen, Terboven von Norwegen abzuberufen, mit tränenerstickter Stimme vor. Vielleicht, weil Hamsun etwas schwerhörig war, vielleicht aber auch, weil Hitler keinen Einspruch dulden wollte, hörten wir ihn in großer Lautstärke zu Hamsun sagen: »Seien Sie still, davon verstehen Sie nichts!«
Die gleichen Worte hatte Hitler angeblich am Karfreitag 1943, mit uns am Kamin sitzend, auch Henriette von Schirach gesagt, so berichtete sie mir jedenfalls 1978. Ich weiß, daß an jenem Abend rechts von Hitler, bevor sie nach oben gegangen war, Eva Braun gesessen hatte und links Henriette von Schirach. Ich hatte auch bemerkt, daß, während die anderen Gäste sich unterhielten, zwischen Hitler und Henriette von Schirach eine erregte Unterhaltung stattfand, dessen Inhalt ein Erlebnis gewesen sei, das sie einige Tage zuvor in Amsterdam gehabt hätte.
Nachts sei sie durch ungewohnte Laute wach geworden und habe von ihrem Hotelfenster gesehen, daß weinende Frauen – durch Befehle zusammengehalten – im Dunkel der Nacht über eine Brücke verschwanden. Von ihren Freunden erfuhr sie am

nächsten Tag, daß es sich um eine Deportation von Jüdinnen gehandelt habe. Sie versprach, Hitler davon zu erzählen, was sie auch tat. Hitler soll ihr darauf sehr schroff geantwortet haben: »Seien Sie still, Frau von Schirach, davon verstehen Sie nichts. Sie sind sentimental, was gehen Sie die Jüdinnen an. Jeden Tag fallen Zehntausende meiner wertvollsten Männer, während die Minderwertigen am Leben bleiben. Dadurch verschiebt sich das Gleichgewicht in Europa«, wobei er seine Hände wie zwei Schalen auf- und absenkte. »Was würde Europa in 100, in 1000 Jahren werden?« In einem Ton, der kundtat, daß er das Gespräch für beendet halte, soll er weiter gesagt haben: »Ich bin nur meinem Volk verpflichtet, sonst niemand!«
Alle anderen Gäste hatten inzwischen bemerkt, daß Henriette von Schirach Hitler verstimmt hatte, und waren sichtlich froh, als ein Diener erschien, um sich zu erkundigen, ob er die Gläser nachgießen dürfe. Ein befreites Aufatmen war spürbar, als nach 12 Uhr nachts Minister Dr. Goebbels eintraf. Dann kam es jedoch zwischen diesem und Baldur von Schirach zu einem Disput. Goebbels warf Schirach vor, er betreibe in Wien österreichische Politik. Hitler meinte, »es sei ein Fehler gewesen, Schirach nach Wien zu schicken und auch ein Fehler, die Wiener in das Großdeutsche Reich aufgenommen zu haben«.
Als Schirach sagte: »... aber die Wiener hängen doch an Ihnen, mein Führer«, entgegnete Hitler, »das interessiere ihn überhaupt nicht, er lehne die Menschen ab«. Auf Schirachs erregten Einwurf, daß er unter diesen Umständen seinen Auftrag zurückgebe, sagte Hitler schroff: »Darüber haben Sie nicht zu entscheiden, Sie bleiben, wo Sie sind!«
Am anderen Morgen lag eine Todesstille über dem Berghof. Aber dies hatte nichts damit zu tun, daß das Ehepaar Schirach inzwischen in aller Frühe ohne Verabschiedung heimlich davon gefahren war. Es war jeden Vormittag unheimlich still am ganzen Berg, und zwar auf Anordnung von Martin Bormann. Weil Hitler nachts meist mit dem Studium von Denkschriften u. ä. beschäftigt war, und erst gegen Morgen einschlief, stand er deshalb sehr spät, so gegen Mittag auf.
Alle Hausgäste, die in der Etage über seinen Zimmern wohnten, mußten darauf Rücksicht nehmen. Man mußte immer auf den

Zehenspitzen um das Bett herumgehen und durfte vormittags auch nicht baden. Alle Gäste waren angewiesen, sich auch auf der Terrasse ruhig zu verhalten, wo Eva Braun gern im Kreise ihrer Freundinnen die Zeit bis zum Erscheinen Hitlers im Liegestuhl verbrachte. Frau Schneider[363] war ihre langjährige richtige Freundin. Von den anderen Damen, Frauen der Ärzte und Adjutanten, war nur immer eine zeitweise gerade Favoritin bei Eva. Diese durfte dann auch mit Eva nach Portofino fahren, von dem sie so schwärmte. Der Favoritin gegenüber waren dann wieder alle anderen vorsichtig und zurückhaltend. Es war schon oft ein eigenartiger Kreis gewesen, oben am Berg.

Ab 1944 erschienen feindliche Flieger nun auch über dem Berchtesgadener Land. Öfters heulten die Sirenen und das Führergelände wurde vernebelt. Hitler erwartete, ebenso wie auf das Hauptquartier, auch einen gezielten Angriff auf den Berghof. Schon 1943 wurde daher ein Bunker in den Berg gebaut, der zu Weihnachten fertig war und mir später 1945 das Leben rettete. Vom Hinterausgang des Hauses mußte man ein paar Schritte über den Hof gehen und stieg dann durch eine Eisentür ca. 65 Stufen tief zum Bunker in den Berg hinunter.

Befehl zum Verlassen Berlins und Abschied von Hitler

Nachdem die Verstärkung des Führerbunkers im Park der Reichskanzlei durchgeführt worden war, verlegte Hitler das Führerhauptquartier im Januar 1945 nach Berlin. Der Bunker war nur für einen vorübergehenden Aufenthalt während der Fliegerangriffe gedacht gewesen. Als aber im Februar 1945 die oberen Wohnräume im Radziwill-Palais, vor allem die Bibliothek, durch Brandbomben unbewohnbar geworden waren, hielt sich Hitler mit seinem Stab vorwiegend im Bunker auf.[364]
Unbeschädigt geblieben war im Radziwill-Palais der Adjutantenflügel, wo sich das schon öfters erwähnte Treppenzimmer befand. Hier aßen wir Sekretärinnen am Anfang mittags mit Hitler bei zugezogenen Vorhängen und bei elektrischer Beleuchtung, während draußen die Frühlingssonne auf die ausgebombten Gebäude des Hotels Kaiserhof und des Propagandaministeriums schien. Das Abendessen wurde dagegen im Führerbunker, in Hitlers Arbeitszimmer, einem kleinen, spärlich möblierten Raum, eingenommen.
Die Bunkeranlage erstreckte sich bis in den Park der Reichskanzlei hinein, wo ein Notausgang in Form eines kleinen Turms den Abschluß bildete. Es führten verschiedene, immer wieder abgesetzte Treppen vom Hause aus in den Bunker. Hitler bewohnte einen sehr engen Raum, in dem nur ein kleiner Schreibtisch, ein schmales Sofa, ein Tisch und drei Sessel Platz hatten. Der Raum war kalt und ungemütlich. Auf der linken Seite führte eine Tür ins Badezimmer, auf der rechten eine andere in ein ebenfalls sehr enges Schlafzimmer.
Das Arbeitszimmer wurde völlig beherrscht von einem Bildnis Friedrich des Großen, das über dem Schreibtisch hing. Mit seinen großen strengen Augen blickte der Alte Fritz mahnend herab.[365] Die bedrückende Enge des Raumes und die ganze

Stimmung wirkten sehr deprimierend. Wenn jemand durch das Zimmer gehen wollte, mußten die Sessel weggerückt werden.
Morgens um 6 Uhr, wenn Hitler uns nach der nächtlichen Lagebesprechung empfing, lag er meist ermattet auf dem kleinen Sofa. Sein körperlicher Verfall machte täglich Fortschritte, trotz seiner verzweifelten Bemühungen, ihn aufzuhalten. Immerhin fand er noch die Kraft, zu unserer Begrüßung aufzustehen. Nach einer Weile ließ er sich wieder auf das Sofa nieder, wobei ihm der Diener die Füße hochbettete. Hitler war fast dauernd gereizt, und seine Gespräche wurden immer einseitiger, sie waren nur noch die monotone Wiederholung der gleichen Geschichten. Oft erzählte er beim Mittagessen, beim Abendessen und nachts (d. h. morgens) beim Tee dasselbe. So sagte er fast jeden Tag zu uns: »Blondi, dieses Biest, hat mich heute morgen wieder einmal geweckt. Sie kam wedelnd an mein Bett, und als ich sie fragte: ›Mußt du Geschäftchen machen‹, zog sie den Schwanz ein und verkroch sich wieder in ihre Ecke. Sie ist schon ein schlaues Tier.« Oder: »Sehen Sie mal, meine Hand bessert sich. Das Zittern ist nicht mehr so stark, ich kann sie schon ganz ruhig halten.«
Die Dinge, über die er jetzt noch gern diskutierte, wurden von Mal zu Mal platter und uninteressanter. Er sprach nicht mehr über Kirche, Rassenprobleme, wirtschaftliche und politische Fragen, von nordischem und deutschem Wesen, vom alten Griechenland oder vom Werden und Vergehen des römischen Staatsvolkes. Er, der sich leidenschaftlich für alle naturwissenschaftlichen Probleme, für Zoologie und Botanik und die Entwicklung des Menschengeschlechtes interessiert hatte, sprach in den letzten Monaten nur noch über Hundedressur, Ernährungsfragen und die Dummheit und Schlechtigkeit der Welt.
Die Morgentees dauerten gewöhnlich zwei Stunden. Anschließend erhob sich Hitler und begab sich schleppenden Ganges in die Hundebox, wo er Blondi kurz besuchte. Sie hatte im März Junge geworfen, von denen Hitler einen Rüden ausgesucht hatte, den er ohne fremde Hilfe ganz allein aufziehen wollte. Diesen kleinen Rüden brachte er aus der Box mit zurück, setzte sich, den Hund auf dem Schoß, im Vorraum schwerfällig nie-

der und streichelte das Tier unaufhörlich, während er immerzu zärtlich seinen Namen ›Wolf‹ wiederholte.
Danach brachte Hitler den jungen Hund zu Blondi zurück und verabschiedete sich von uns, um sich zurückzuziehen. Das war in der letzten Zeit gewöhnlich um 8 Uhr. Viel Zeit zum Schlafen blieb ihm nicht, da regelmäßig gegen 11 Uhr die Sirenen ertönten. Bei feindlichen Einflügen blieb Hitler niemals liegen. Er fürchtete immer, daß durch eine schrägfallende Bombe einmal die Seitenwand des Bunkers getroffen und aufgerissen werden könnte. Da der Bunker im Grundwasser lag, bestand die Gefahr, daß im Falle eines Einschlages das Wasser rasch einströmen könnte. Deswegen zog sich Hitler bei Annäherung feindlicher Flieger von Kopf bis Fuß an und rasierte sich sogar. Bei einem Alarm blieb er nie allein in seinem Zimmer.
Das Abendessen, das gewöhnlich gegen 21 oder 22 Uhr stattfand, dehnte Hitler gern lange aus. Oft wurden noch während des Abendessens feindliche Einflüge gemeldet. Bei dem Beginn der Einflüge wurde dann der Draht- bzw. Polizeifunk eingeschaltet, der unaufhörlich sein monotones Pausezeichen ertönen ließ und zwischendurch Berichte vom Stand der Tätigkeit der feindlichen Flieger durchgab. Wir saßen und lauschten auf Einschläge, und es verging kein Tag, an dem nicht das Regierungsviertel angegriffen wurde. Bei dem schweren Luftangriff vom 3. Februar 1945 sind im Bereich der Reichskanzlei 58 Sprengbomben gefallen. Jedesmal, wenn eine Bombe in der Nähe einschlug, schwankte der im Grundwasser liegende Bunker spürbar. Begann das Licht zu flackern, meinte Hitler: »Das war in der Nähe. Die Bombe hätte uns treffen können.«
Nach den Angriffen verlangte Hitler sofort die Schadensmeldung. Er hörte sie ruhig an, ohne etwas dazu zu äußern. Lange nach Mitternacht begann erst die nächtliche Lagebesprechung. Sie dauerte oft bis zum Morgen. Dann gab es den üblichen Tee, er spielte mit den Hunden und schlief ein paar Stunden bis zum nächsten Fliegeralarm, der meist bis zum Mittagessen anhielt. Danach berief Hitler die Nachmittagslagebesprechung ein, und das ganze Spiel begann von neuem.
Als am 20. April 1945 Hitler 56 Jahre alt wurde, war Berlin umzingelt. Die ersten russischen Panzer standen vor Berlin. Der

Donner der Infanteriegeschütze drang bis in das Gebiet der Reichskanzlei. Die Gratulationscour des persönlichen Stabes und der Militärs am Vormittag war im Vergleich zu früheren Jahren in sehr gedämpfter Atmosphäre erfolgt. Um so aufdringlicher war die Gratulationscour der Alliierten, indem sie fast unentwegt vom frühen Morgen bis gegen 2 Uhr nachts rollende Luftangriffe auf Berlin flogen. Wir kamen aus dem Bunker nicht mehr heraus. Gemäß dem Dienstplan leisteten Johanna Wolf und ich dem Chef Gesellschaft beim Mittagessen. Während des Essens herrschte eine sehr gedrückte Stimmung.

Am Abend, mitten unter einem Angriff, es mag kurz vor 22 Uhr gewesen sein, wurden Johanna Wolf und ich zum Chef gerufen. Müde, blaß und abgespannt empfing uns Hitler in seinem kleinen Arbeitsraum im Bunker. Er sagte: »...daß sich die Lage in den letzten vier Tagen sehr verändert habe.« Am 16. April hatte er mir noch beim Mittagessen im Treppenzimmer auf meine Frage, ob wir in Berlin bleiben würden, fast unwillig geantwortet: »Natürlich bleiben wir in Berlin. Sie brauchen keine Angst zu haben!« Ich entgegnete ihm, daß ich keine Angst habe, da ich sowieso mit dem Leben abgeschlossen hätte. Aber ich könnte mir nicht vorstellen, wie das weitergehen solle, wo von der einen Seite die Amerikaner und der anderen die Russen täglich näher rückten. »Beruhigen Sie sich«, antwortete Hitler ärgerlich: »Berlin bleibt deutsch, wir müssen nur Zeit gewinnen!« Auch bei seiner letzten Ansprache an die Gauleiter am 24. Februar 1945 in Berlin teilte Hitler seine unerschütterliche Überzeugung mit: »Wir müssen Zeit gewinnen!«

Nun sagte er zu uns: »Die Lage hat sich in den letzten vier Tagen so verändert, daß ich mich gezwungen sehe, meinen Stab aufzulockern. Da Sie die Älteren sind, machen Sie den Anfang. In einer Stunde geht ein Wagen in Richtung München. Zwei Koffer können Sie mitnehmen, das Weitere sagt Ihnen Reichsleiter Bormann.«

Ich bat ihn, da ich keine Familienangehörigen besaß, in Berlin bleiben zu dürfen, er möge statt meiner die jüngere Kollegin fahren lassen, deren Mutter in München lebte. Doch davon wollte er nichts wissen. »Nein, ich will später eine Widerstandsbewegung gründen[366] und dazu brauche ich Euch beide. Ihr seit

10. Mai 1940 um 5.30 Uhr be-
n der deutsche Angriff auf
nkreich. Schon am 9. 5. 1940 ver-
 Hitler mit seinem Stab Berlin
d bestieg um 17 Uhr im Bahnhof
kenkrug seinen Sonderzug, der
in das FHQ ›Felsennest‹ bei Mün-
eifel brachte. Das Bild unten
gt die Sekretärinnen Gerda Dara-
vski und Christa Schroeder vor
 Abfahrt des Zuges.

6. Juni 1940 bezog Hitler das
Q ›Wolfsschlucht‹ in einem klei-
n Dorf Bruly de Pêche in Belgien
d rechts Hitler mit Dr. Dietrich
 Adjutanten vor der Dorfkirche).

anna Nusser (Bild unten rechts)
 eine Freundin von Christa
roeder. Einen Teil der Briefe, die
u Schroeder aus Berlin, vom
ghof und den FHQ's an sie ge-
rieben hatte, gab sie 1951 an Frau
roeder zurück.

Hitlers Zimmer im FHQ ›Felsennest‹ war einfach ausgestattet. Auf dem Tisch seine große Lupe, mit der Hitler die Lagekarten studierte. Der Reporter Heidemann vom STERN interpretierte ›Hitlers Tagebücher‹ in den Stapel Vorlagen hinten links.

Christa Schroeder im FHQ ›Wolfsschlucht‹ in Bruly de Pêche am 12. Juni 1940.

Die Sekretärinnen Daranowski und Schroeder im FHQ ›Wolfsschlucht‹ in Bruly de Pêche am 10. Juni 1940.

ADOLF HITLER

BERLIN, im Januar 1940

Der Imam von Yemen hat mir freundlicherweise eine Sendung Kaffee zum Geschenk gemacht.

Ich hoffe, dadurch selbst manchem eine kleine Freude bereiten zu können und bitte, diese Kostprobe entgegennehmen zu wollen.

Ihr

[Signature]

...ler erhielt vom Iman von Yemen die ersten ...iegsjahre öfters eine Sendung Kaffee. Zu ...ihnachten, Sylvester usw. verteilte Hitler ...t der für ihn typischen kurzen Mitteilung, ...n Kaffee an seine Mitarbeiter (Faksimile ...en).

Hitler schrieb nie viel. Auch seine Geburtstagsgratulationen bestanden nie mehr als aus einigen Worten (Faksimile unten).

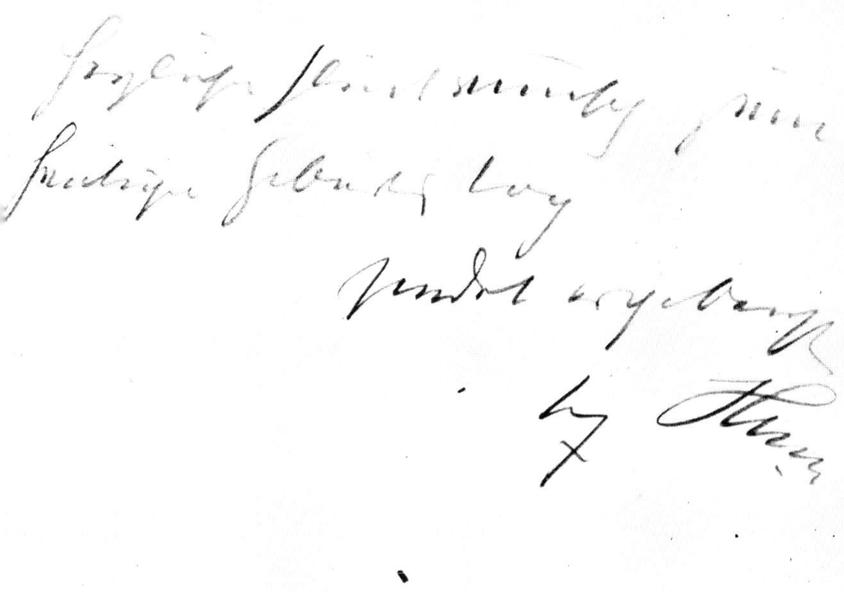

[Handwritten birthday greeting with signature]

Johanna Wolf war die älteste Sekretärin Hitlers. An ihrem 41. Geburtstag am 1. Juni 1941 stellte sich Hitler mit Frau Wolf zu einem Erinnerungsfoto auf der Terrasse des Berghofs.

Die Sekretärin Johanna Wolf, Ordonnanzoffizier Hans Junge und die Sekretärin Gertraud Humps am 21. 3. 1943 in Hitlers Sonderzug auf der Fahrt von Berlin nach München.

mir die Wertvollsten. Wenn es zum äußersten kommt, werden die Jungen immer durchkommen, Frau Christian wird sich auf jeden Fall durchschlagen und wenn wirklich eine der Jungen draufgeht, so ist das eben Schicksal!«
Er verabschiedete sich von uns nicht, wie bisher immer üblich, mit einem Handkuß, sondern jetzt mit einem Handschlag. Damit wollte er wohl zum Ausdruck bringen, daß er keinen Widerspruch mehr gelten lasse und das Gespräch für ihn beendet sei. Sicher bemerkte er unsere gedämpfte Stimmung, denn er sagte dann noch, vielleicht mit dem Versuch uns trösten zu wollen: »Wir sehen uns bald wieder, ich komme in einigen Tagen nach!«
Dieser Befehl zum Verlassen Berlins am 20. April 1945 entsprach nicht meiner damaligen Vorstellung, da ich mich bereits damit abgefunden hatte, gegebenenfalls die mir von Skorzeny[367] im Tausch gegen eine Flasche Whisky übergebene Messingkapsel mit Zyankali zu benutzen. Trevor Roper, der englische Historiker, meint es besser wissen zu müssen, auch was das Datum anbelangt. Er schrieb in ›Hitlers letzte Tage‹, 3. Auflage, Ullstein Verlag 1965, folgendes: »Zwei Sekretärinnen Hitlers, Fräulein Wolf und Fräulein Schroeder, die am 22. April geflohen waren...«
Mir waren plötzlich und unerwartet befohlene Reisen schon von jeher ein Greuel gewesen. Diese Anordnung Hitlers überstieg aber meine frühere Unlustgefühle bei weitem und versetzte mich in Verwirrung. Wir erstarrt verließ ich Hitler, um mich zusammen mit meiner Kollegin Wolf zum Kofferpacken zu begeben. Ich hatte nicht das Geringste von meinem Besitz verlagert. Mehrere Koffer, die ich teils im Westen und teils im Osten 1944 evakuiert hatte, ließ ich Anfang 1945 beim Vormarsch der Amerikaner und Russen nach Berlin zurückkommen, da ich nach Hitlers Aussage wirklich dachte, daß die Sachen in Berlin noch am sichersten wären.
Auf dem Wege zum Voßstraßen-Bunker, wo uns Sekretärinnen ein Raum zum Schlafen und zur Aufbewahrung unserer Sachen zur Verfügung stand, sah ich den Rüstungsminister Albert Speer in der Telefonzentrale stehen. Ich erzählte ihm von Hitlers Anordnung und fragte ihn dann noch nach Prof. Brandt,

dessen Schicksal mir sehr am Herzen lag. Von Prof. Brandt, der wegen defaitistischen Äußerungen von Hitler zum Tode verurteilt worden war, hieß es, er befände sich unter Bewachung in einer Berliner Villa. Speer sagte mir: »Wir werden ihn illegal befreien!«

Der Vorraum zum Bunker in der Voßstraße war voll gedrängt mit Menschen, die vor den anhaltenden Luftangriffen von der Voßstraße herein in den Bunker geflüchtet waren. Der uns Sekretärinnen zur Verfügung stehende Raum war ursprünglich als ›Sendestation‹ für Radioaufnahmen gedacht. Ich hatte mich darin höchst ungern aufgehalten, da die Decke und die Wände mit schalldämmenden Platten belegt, jeden Ton schon während des Sprechens verschluckten. Ein toter Raum von bedrückender Stille wie ein Grab.

Die Packerei kam mir sinnlos vor. Plötzlich läutete das Telefon. Der Chef war am Apparat. Mit kraftloser Stimme sagte Hitler: »Kinder, das Loch ist bereits geschlossen (wir hätten mit dem Auto durch das Protektorat (CSR) fahren sollen). Ihr kommt dort mit dem Wagen nicht mehr durch und müßt nun morgen früh fliegen!«

Nach Mitternacht rief Hitler noch einmal an: »Kinder«, sagte er, »Ihr müßt Euch fertig machen, beeilt Euch, die Maschine startet sofort nach der Entwarnung.« Seine Stimmte klang matt und brach mitten im Gespräch ab. Ich fragte zurück, aber obwohl er den Hörer nicht aufgelegt hatte, gab er keine Antwort mehr. Dies waren übrigens die einzigen Telefonate, die ich in den 12 Jahren mit Hitler geführt hatte...

Kurze Zeit später, es mag so gegen ½ 3 Uhr morgens gewesen sein, bahnten wir uns einen Weg zurück durch die überfüllten Gänge des öffentlichen Bunkers der Voßstraße in der Reichskanzlei, in dem es wie in einem Bienenschwarm summte und brodelte. Neugierig starrten alle auf uns und unsere zwei Koffer. Ich hatte ganz erbärmliche Gefühle und ging voller Scham an den verängstigten Menschen vorbei. Im Hof des Radziwill-Palais stand ein Lastkraftwagen bereit, auf den Johanna Wolf und ich unsere Koffer gaben. Johanna hatte ein ungutes Gefühl wegen der Koffer und meinte, als sie schon verstaut waren, ob wir sie nicht lieber bei uns behalten sollten. Doch ich hatte die völlig veränderte Lage noch nicht begriffen und meinte, es würde mit dem Gepäck wie immer in Ordnung gehen. Wie sich später aber herausstellen sollte, wurde das Gepäck nicht wie wir nach dem Flughafen Tempelhof, sondern nach dem Flugplatz Staaken gebracht.

Im Hof des Radziwill-Palais herrschte ein großes Durcheinander. Nichts mehr von der gewohnten Ordnung bei den Abfahrten war zu merken. Fremde Fahrer von der LAH waren mit Autos eingesetzt. Da kein Licht gemacht werden durfte, konnte man sich nur schwer zurechtfinden. Als wir endlich in einem der Autos saßen, mußten wir feststellen, daß sich der Fahrer in Berlin überhaupt nicht auskannte. Auch hatte er keine Anweisung bekommen, ob er uns nach Tempelhof oder Staaken bringen sollte. Auf jeden Fall brachte er uns fälschlicher- oder glücklicherweise nach Tempelhof. Es war eine macabre Fahrt durch das nächtliche Berlin. An brennenden Häusern, qualmenden Trümmerhaufen, Ruinen und Wolken von Rauch ging es an Volkssturmmännern vorbei, die damit beschäftigt waren, Straßensperren zu errichten. In gar nicht weiter Ferne hörte man den Donner der russischen Artillerie.

Am Flugplatz Tempelhof angekommen, war von einer Ju 52, von der Oberst von Below,[368] Hitlers Luftwaffenadjutant, gesprochen hatte, nichts bekannt. Der Kommandant des Flughafens gab uns den Rat zu versuchen, in der gerade aus Norddeutschland avisierten Transport-Ju, die nach Salzburg fliegen sollte, unterzukommen. Dies glückte uns dann auch nach einigen Verhandlungen.

Ohne unsere Koffer, nur mit einer Reisetasche und einem, auf Anordnung von SS-Obergruppenführer Schaub in letzter Minute gepackten Rucksack, dessen Hauptinhalt aus runden Blechdosen mit »Schoko-Dallmann«[369] bestand, startete das Flugzeug. Nach dem Start, der durch einen Schneeregen erschwert wurde, kamen wir nach einem aufregenden Flug über brennende Dörfer und Städte im Morgengrauen auf dem Salzburger Flughafen an. Die Angst war furchtbar gewesen, wenn Geräusche, die auf einen Beschuß schließen ließen, dumpf an unsere mit Watte verstopften Ohren drangen und die Maschine abzusacken schien. Wir saßen stumm in der Transportmaschine

zwischen den fremden Soldaten auf grün angestrichenen Munitionskisten am Boden. Ich kann mich nicht erinnern, daß auch nur ein Wort gesprochen wurde. Wir waren wie gelähmt, als wir landeten. Bedrückend war diese Stille plötzlich.
Als wir einige Stunden später mit einem Omnibus auf den Obersalzberg fuhren, habe ich mich im nachhinein gewundert, diesen Flug überhaupt lebend überstanden zu haben. Daß wir noch lebten, war eigentlich ein doppeltes Wunder. Denn die Ju 52,[370] die von Staaken aus gestartet und in der wir für den Flug vorgesehen waren, stürzte über Börnersdorf bei Dresden ab.[371] Eine der zwei verkohlten weiblichen Leichen wurde aufgrund meiner im Flugzeug befindlichen Koffer dort unter meinem Namen von der deutschen Wehrmacht beigesetzt.
Aber das erfuhr ich erst einige Jahre nach Kriegsende.[372] Auf jeden Fall hatte die Flugbesatzung der Maschine, in der auch Hitlers Lieblingsdiener Arndt[373] war, die freigebliebenen Plätze zwei fremden Frauen überlassen, die dann nach dem Absturz der Maschine als verkohlte Leichen geborgen wurden. Den Rest der bereits im halbgeleerten Zustand von deutschen Soldaten im Pfarrhaus von Börnersdorf abgegebenen Koffer nahmen die Russen an sich. So lautete jedenfalls die Auskunft des Pfarrers von Börnersdorf, und dann meinte er noch, eine Berichtigung über meine (angebliche) Beerdigung könnte er leider nicht vornehmen, da müsse ich mich an eine Dienststelle in Ost-Berlin wenden. Sicher wurde nach den Namen der Unbekannten, die an meiner Stelle den Platz in der Ju 52 eingenommen und dann unter meinem Namen beigesetzt wurde, jahrelang geforscht. Vielleicht heute noch.[374]

Das Ende am Berghof

Auf dem Obersalzberg fanden wir bei unserer Ankunft im Berghof einige Gäste vor. Eva Brauns Schwester war hochschwanger. Die Mutter von Eva Braun, Frau Franziska Braun und Herta Schneider, Evas langjährige Freundin, waren auch da. Sie hatten keine Ahnung von der katastrophalen Lage in Berlin und fragten, wann der Führer nachkäme. Sie erblickten in uns wohl die Vorhut, da außer dem Konteradmiral Jesko von Puttkamer,[375] Hitlers Adjutant für die Marine, auch bereits einige Männer des Begleitkommandos im Berghof Quartier bezogen hatten. Ein Beweis dafür, daß Hitler zumindest zeitweilig seine Anwesenheit in der Alpenfestung erwogen hatte.
Sehr oft wurde Fliegeralarm gegeben, wobei der Obersalzberg jedesmal vernebelt wurde. Die feindlichen Flieger, die den Berghof überflogen, ließen aber keine Bomben fallen. Nach zwei Tagen, am 24. April 1945 traf auch Hitlers Leibarzt, Prof. Dr. Morell ein. Er war sehr verstört und verbittert: »Der Führer mißtraue ihm«, sagte er, »und habe ihn fortgeschickt!« Das hatte wohl Morells Lebensnerv getroffen. Nach einem kurzen Aufenthalt entfernte Morell sich wieder, angeblich wollte er nach Bad Reichenhall fahren. Auch Frau Kannenberg tauchte kurz auf, um sich zu ihrem Mann an den Thumsee zu begeben.
Hier muß ich noch etwas über Dr. Morell[376] sagen. Prof. Dr. Karl Brandt wurde oft fälschlich als Leibarzt des Führers bezeichnet. Prof. Brandt und die von ihm vorgeschlagenen Vertreter, Prof. Dr. Haase[377] und Prof. Dr. von Hasselbach,[378] standen jedoch nur als Begleitärzte, d. h. für chirurgische Fälle zur Verfügung. ›Leibarzt‹ Hitlers war Dr. Theodor Morell.
Dr. Morell hatte am Kurfürstendamm in Berlin eine Luxuspraxis und wurde vorwiegend von Künstlern frequentiert. Er war gebürtiger Hesse, mittelgroß, korpulent, mit einem gutmütigpfiffig verschmitztem Gesicht. Haare schauten immer aus sei-

nen Ohren und Manschetten hervor. An seinen nicht gerade schlanken Fingern trug er exotische Ringe, die er von seinen Schiffsreisen mitgebracht hatte. Auch seine Eßgewohnheiten hatte er aus diesen Ländern mitgebracht. So pflegte er z. B. Orangen nicht zu schälen, sondern er biß in sie hinein, daß der Saft spritzte. Er war auch sehr eitel. Zückte ein Fotograf seine Kamera, so war Morell sofort an Hitlers Seite. Das Protokoll des Auswärtigen Amtes, das für die Verleihung der von ausländischen Staatsmännern zur Verfügung gestellten Orden zuständig war, fürchtete immer mit Recht, daß Morell mit der ihm zugeteilten Ordensklasse nicht einverstanden sein könnte und sich dann bei Hitler beschwerte. Außerdem sagte man ihm Profitgier nach. Ein ganz besonderes Ärgernis bildete das von ihm hergestellte, entsetzlich stinkende Läusepulver, wovon große Mengen im FHQ in seiner Baracke lagerten.

Als sich 1936 bei Hitler ein bestehendes Magen-Darmleiden nicht bessern wollte, berichtete Heinrich Hoffmann von einem Arzt, der ihm geholfen hatte. Hoffmanns Begeisterung für diesen Wunderdoktor und seiner Überredungskunst gelang es, Hitlers Abneigung gegen einen fremden Arzt zu zerstreuen. Als es Dr. Morell fertigbrachte Hitlers Magen-Darmleiden durch eine Mutaflorkur, die die Darmflora erneuerte, entscheidend zu bessern, und außerdem ein Ekzem an Hitlers Beinen zum Verschwinden brachte, hatte Morell Hitlers Vertrauen restlos gewonnen. Hitler ernannte ihn zu seinem Leibarzt und später auch zum Professor.

Sobald sich bei Hitler eine Unpäßlichkeit ankündigte, war Morell mit seinen Injektionen zur Stelle. Jede Erkältung, auch bei Hitlers nächsten Mitarbeitern, wurde im Keim erstickt. Hitler hatte »keine Zeit, krank zu sein«, das sagte er immer wieder und Morell stellte seine Behandlung darauf ein.

Mit harmlosen Traubenzucker-, Vitamin- und Hormoninjektionen hatte Morell begonnen. Er ging dann in seiner Behandlung zu ›Vitamultin‹ über, ein Wundermittel, das Morell in seinem eigenen pharmazeutischen Werk sowohl in Ampullen-, als auch in Tablettentäfelchen – goldverpackt – herstellen ließ. Hitler geriet immer mehr in Abhängigkeit von diesem Mittel, bis es eines Tages in der Wirkung nicht mehr ausreichte und Morell zu stärkeren Mitteln gegriffen haben mußte. Denn anders konnten wir es uns nicht erklären, daß Daras Garderobe – sie war gerade aus Berlin in hohen Stulpenstiefeln, Stulpenhandschuhen und mit einem weinroten Hut – zurückgekommen, ihn zu einer frivolen Bemerkung veranlaßte. Er sagte dem Sinn gemäß, daß sie mit den Stiefeln, Handschuhen und Hut im Evakostüm sehr schön aussehen würde.

Mit meiner hier ausgesprochenen Vermutung scheine ich richtig zu liegen. Ein im ›Spiegel‹ Nr. 7/1980 erschienener Aufsatz: ›Hitler – An der Nadel‹, dem das Buch von Leonard L. und Renate Heston, ›The Medical Casebook of Hitler‹ zugrunde liegt, beschäftigt sich mit derselben Frage. Dem US-Psychiater waren Morells Unterlagen zugänglich, aus denen hervorging, daß Vitamultin die Aufputschmittel Pervitin und Koffein enthielten, »...eine Zusammensetzung, die besonders wirkungsvoll ist, da Koffein die Wirkung des Pervitin potenziert.«

Ganz besonders auffallend enthemmt gab sich Hitler im Herbst 1944, als Dara und ich allein bei Hitler zum Tee eingeladen waren. Der Diener hatte ihm, als wir am Teetisch saßen, das schmerzende Bein auf das Sofa gelegt. Und nun streckte Hitler, auf dem Sofa, im Verlauf der dahinplätschernden Gespräche plötzlich wohlig seine Arme aus und sprach verzückt davon, »...wie schön es sei, wenn zwei Menschen sich in Liebe fänden«. Dara und ich waren perplex – so schwärmerisch und schwelgend hatten wir Hitler noch nie erlebt. Anschließend gingen wir in Morells Baracke und fragten ihn, was mit dem Chef los wäre, er hätte so komische Reden geführt. Morell antwortete verschmitzt lächelnd über seine Brille hinwegschauend: »So, habt Ihr was gemerkt? Ja, ich gebe ihm jetzt Hormoninjektionen, die aus den Hoden von Stieren gewonnen werden, die sollen ihn im Gesamten kräftigen!« Im März 1980 erzählte mir Robert Scholz, der früher im Stabe Rosenberg tätig gewesen war, daß Morell Rosenberg gebeten hätte, ihm Hoden von Stieren zur Verfügung zu stellen.

Daß Hitler von aufputschenden Injektionen bzw. von Morell abhängig war, beweisen mehrere Vorfälle:

Nach dem Attentat am 20. Juli 1944 wurde durch den Hals-, Nasen- und Ohrenarzt, Dr. Erwin Giesing[379], der wegen der

Trommelfellverletzung Hitlers zugezogen wurde, bekannt, daß Morell Hitler zu leichtfertig Medikamente zur Verfügung stellte. Dr. Giesing entdeckte eines Morgens auf dem Frühstückstablett Hitlers ein Fläschchen mit Anti-Gastabletten, die zwei starke Gifte enthielten. Auf seine an den Diener Linge gerichtete Frage, wieviel der Führer davon täglich nehme, erhielt er die Antwort: »Bis zu 16 Stück.«

Über die Fahrlässigkeit Morells entsetzt, verständigte er sofort Prof. Brandt, der damals als Chef des Sanitäts- und Gesundheitswesens nicht mehr ständig im Hauptquartier weilte und bat ihn sofort in die Wolfsschanze zu kommen. Prof. Brandt klärte mit Prof. Hasselbach Hitler auf, daß das starke Zittern seiner linken Hand, das Nachlassen seiner Sehkraft usw. auf diese starken Gifte, die in den Anti-Gastabletten enthalten sind, zurückzuführen wären und daß es von Dr. Morell unverantwortlich sei, ihm die Tabletten zur freien Verfügung zu überlassen.[380]

Doch Hitler ließ nichts auf seinen Leibarzt kommen, er war von Morell derart abhängig, daß er die lauteren Absichten der gegen die Morellsche Behandlung Einspruch erhebenden Ärzte Prof. Brandt und Prof. Hasselbach nicht zu erkennen vermochte. Er sah in allem nur die Absicht, Morell entfernen zu wollen und, so folgerte er weiter, da sie genau wissen, daß er ohne Morell nicht leben kann, wollen sie ihm also indirekt an das Leben.

Wie fest er davon überzeugt war, wurde mir anläßlich eines gemeinsamen Mittagessens in der Reichskanzlei im März 1945 klar, über das ich anschließend berichte. Von nun an wollte Hitler Prof. Brandt und Prof. Hasselbach nicht mehr im FHQ sehen. Sein Mißtrauen gegen Prof. Brandt wuchs, als ihm Äußerungen zugetragen wurden, die Brandt angeblich über die Aussichtslosigkeit des Krieges getan haben sollte. Die Tatsache, daß Prof. Brandt seine Frau Anni einen Tag vor dem Einmarsch der Amerikaner aus Berlin nach Liebenzell evakuierte, anstatt auf den Berghof, ließ ihn über Prof. Brandt das Todesurteil fällen.

Am 16. März 1945 waren Johanna Wolf und ich vorgesehen, Hitler beim Mittagessen Gesellschaft zu leisten. Der Tisch war wie immer sorgfältig gedeckt, die Stehlampe brannte und die zugezogenen Vorhänge verbargen den Blick auf die Trümmer

des Hotel Kaiserhof und des Propagandaministeriums. Wir saßen bereits über Gebühr lange wartend im Treppenzimmer des Radziwill-Palais. Endlich, es mag gegen ½ 3 Uhr gewesen sein, als der Kammerdiener Linge die Tür öffnete und sagte: »Der Chef kommt.«
Gleich darauf trat Hitler mit umwölkter Stirn auf uns zu, küßte uns geistesabwesend die Hand und begann, kaum daß wir saßen, seinem Ärger Luft zu machen: »Ich habe mich eben sehr über Albrecht[381] geärgert. Die Eva hat schon recht, wenn sie ihn nicht mag. Sobald ich mich nicht um alles selbst kümmere, geschieht nichts. Ich habe ausdrücklich angeordnet, daß die neuen verwinkelten Eingänge zum Bunker in der Voßstraße Eisenverstrebungen erhalten sollen. Ich habe Albrecht gefragt, ob das geschehen ist. Er sagte ja. Nun habe ich gerade eben gesehen, daß die Eingänge nur mit Beton zugeschüttet wurden, was ja sinnlos ist. Ich kann mich wahrhaft auf keinen Menschen mehr verlassen. Das macht mich krank. Wenn ich Morell nicht hätte, könnte ich mich gar nicht so um alles kümmern, dann wäre ich völlig aufgeschmissen. Und Brandt und Hasselbach, diese Idioten, wollten Morell beseitigen. Was dann aus mir geworden wäre, danach haben die Herren nicht gefragt. Wenn mir etwas passiert, ist Deutschland verloren, denn einen Nachfolger habe ich nicht!«
Ich merkte wie Hitler in Erregung kam: »Heß ist wahnsinnig geworden«, sagte er, »Göring hat sich die Sympathien des deutschen Volkes verscherzt, und Himmler wird von der Partei abgelehnt!« Ich antwortete, »daß doch von Himmler im Volk viel gesprochen werde«. Daraufhin wurde Hitler noch ärgerlicher und sagte: »Himmler sei ein vollkommen amusischer Mensch.« Auf meine Entgegnung, »das sei in diesen Zeiten nicht so wichtig, für das Gebiet der Kunst könne er sich tüchtige Leute heranholen«, war es ganz aus. Er sagte: »Es sei nicht so einfach, sich tüchtige Leute heranzuholen, sonst hätte er sie sich schon herangeholt.«
Er verließ dann nicht nur genauso verärgert das Zimmer, wie er es betreten hatte, sondern darüber hinaus auch noch verletzt durch den taktlosen Einwurf von mir, den er mit den vorwurfsvollen Worten quittierte: »Na, dann zerbrechen Sie sich mal

weiter den Kopf darüber, wer mein Nachfolger werden soll!« So oft ich später an diese Auseinandersetzung mit Hitler dachte, fiel mit Hitlers Eingeständnis ein:»... daß er ohne Morell aufgeworfen und verloren sei.«

Gegen Ende des Krieges richtete sich Hitlers Mißtrauen auch gegen Morell. Er fürchtete, von ihm vergiftet zu werden, und schickte Morell am 22. April 1945 aus Berlin weg.

Während meiner Internierung im Lager Ludwigsburg kam ein Ärztetransport, um Hertha Oberhäuser – eine Ärztin, die unter Prof. Gebhardt in Hohenlychen tätig gewesen war – mit nach Belgien zu nehmen. Prof. Brandt hatte es fertiggebracht, daß ich kurz mit ihm sprechen konnte. U. a. erzählte er mir, daß die Amerikaner ihn mit Morell zusammen in eine Zelle gesperrt hätten. Er habe zu Morell gesagt:»Sie Schwein!« Da sei ihm wohler gewesen. Hiermit wollte er wohl sagen, daß er Morell für schuldig hielt, Hitlers Gesundheit ruiniert zu haben. Vorsätzlich geschah dies durch Morell sicher nicht. Wie sollte sich Morell verhalten, da schwächere Mittel mit der Zeit versagten und Hitler andererseits von Morell verlangte, daß er ihn arbeitsfähig erhielt? Letztlich blieb ihm aber wohl nichts anderes übrig, als Hitlers Verlangen nachzugeben. Ob Morell an eventuell mögliche Spätfolgen gedacht hat? Niemand weiß das...

Albert Bormann, der Bruder Martin Bormanns, war inzwischen auch aus Berlin angekommen und wohnte mit seiner hochschwangeren Frau in Berchtesgaden im ›Berchtesgadener Hof‹. Am 23. April 1945 wurde Albert Bormann vormittags zu Göring in dessen Landhaus gerufen, das oberhalb des Berghofs lag. Anschließend diktierte mir Albert Bormann den Inhalt dieser Besprechung. Göring hatte ihn u. a. gefragt, wo die Protokolle der Lagebesprechungen aufbewahrt würden.»Sie müßten«, so sagte er,»sofort vernichtet werden, sonst würde das deutsche Volk erfahren, daß es seit zwei Jahren von einem ›Wahnsinnigen‹ geführt worden sei.« Albert Bormann wünschte, daß ich statt dieses Wortes Pünktchen tippte. Er glaubte, daß sich Göring bereits als Nachfolger Hitlers sah.

Am Abend des gleichen Tages wurde der Berghof plötzlich von bewaffneter SS umstellt. Es durfte niemand mehr das Haus verlassen. Mein erster Gedanke war, jetzt hat Himmler die

Macht an sich gerissen. Die Männer des Begleitkommandos standen mit Maschinenpistolen und Patronentaschen am Gürtel in den Innentüren in der Diele des Berghofs. Mittendrin unbewegt in stoischer Ruhe, wie immer Konteradmiral von Puttkamer, die dicke Zigarre in seinem fest verschlossenen Mund.
Niemand wußte eine Erklärung für die Umzinglung des Berghofes. Erst nach vielen vergeblichen Telefonaten gelang es Stunden später dem persönlichen und mutigen Einsatz eines jungen Ordonnanzoffiziers, er hatte sich in die etwas höher gelegene SS-Kaserne vorgepirscht, in Erfahrung zu bringen, daß Göring verhaftet worden sei. Mit Berlin war keine Funkverbindung mehr möglich.
Mittwoch der 25. April war ein Frühlingstag mit einem strahlend blauen Himmel. Es lag noch ein bißchen Schnee, aber es war nicht mehr kalt. Ich hatte mich für morgens um 10 Uhr beim Friseur Bernhardt im Platterhof angemeldet. Es war in diesen Tagen oft akute Luftgefahr gewesen, aber ich hatte davon weiter keine Kenntnis genommen und war immer ruhig liegen geblieben. Täglich hatten in den letzten Tagen feindliche Maschinen den Berghof überflogen, ohne daß Bomben gefallen waren. Gegen ½ 10 Uhr ertönten plötzlich wieder die Sirenen (Voralarm). Gleich darauf kündeten die Sirenen eine akute Luftgefahr an und schon kamen amerikanische Bomber über den hohen Göll angeflogen. In diesem Moment fiel in allernächster Nähe eine Bombe. Ich konnte nur noch meine Handtasche ergreifen und meinen Mantel umhängen und stürzte zu Johanna Wolf ins Zimmer (sie war vorher von einem Besuch ihrer Mutter in Wessobrunn zurückgekommen) und rief: »Komm schnell, es fallen Bomben!« Ich lief, ohne zu warten, die Treppe im Altbau des Berghofs runter, d. h. ich flog mehr vom Luftdruck getrieben, als daß ich lief, zum Bunkereingang, wobei nur wenige Meter Hof zu überqueren waren, die 60 Stufen in den Berg zum Bunker hinunter. Die zweite Bombe war nämlich an der rechten Seite des Altbaus (von vorne gesehen), in dem unsere Zimmer lagen, eingeschlagen und hatte die Treppe verschüttet. Niemand hatte wohl ernstlich damit gerechnet, daß der Berghof jemals angegriffen

würde. So waren alle völlig überrascht worden, und viele stürzten nur halb angezogen in den Bunker.
Eine halbe Stunde später folgte die 2. Welle. Der Großangriff auf den Berghof begann. Pausenlos fielen die Bomben, manche direkt auf den Bunker. Die Einschläge hallten schauerlich in dem Felsgestein, es war unheimlich. Bei jedem Einschlag zog ich den Kopf ein. Die technischen Einrichtungen, der als so sicher gepriesenen Bunkeranlagen versagten. Das Licht und die Belüftung setzten aus. Wasser drang in den Bunker ein und kam die Treppe herab. Bei Frau Fegelein, die hochschwanger war, befürchteten wir eine Frühgeburt. Das Chaos und die Angst waren nicht zu schreiben.
Gegen ½3 Uhr nachmittags konnten wir den Bunker endlich verlassen. Langsam stiegen wir durch die lange Treppe vom Bunker an das Tageslicht hoch. Ein Bild grauenvoller Verwüstung bot sich uns dar. Der Berghof war schwer getroffen. Die Mauern standen zwar noch (nur eine Seite war geborsten), das Blechdach hing zerfetzt herab. Türen und Fenster gab es nicht mehr. Im Haus war der Boden dick mit Schutt bedeckt und der größte Teil der Möbel war demoliert. Alle Nebengebäude waren zerstört, die Wege verschüttet und die Bäume abrasiert. Nichts Grünes war mehr sichtbar, das Bild glich dem Gelände einer Kraterlandschaft.
Nachdem der Berghof mit den Nebengebäuden zerstört war, richteten wir uns nunmehr in den Kavernen des Bunkers ein. Grete Fegelein und Frau Schneider zogen in Eva Brauns Kaverne, Johanna Wolf und ich in die von Hitler. Grete Fegelein und Herta Schneider fuhren dann nach ein paar Tagen, die sie mit Packen ausfüllten, mit einem Lastkraftwagen und einem Personenwagen aus Hitlers Fahrbereitschaft am Berg nach Garmisch ab, wo Herta Schneider wohnte. Viele Koffer hatten sie mit Eva Brauns Garderobe voll gepackt und nach Schloß Fischhorn bei Zell am See schaffen lassen, wo sich eine SS-Remonte befand.
Von Eva Braun war kurze Zeit vorher noch ein Brief an ihre Schwester eingetroffen, in dem sie schrieb: »Wir erwarten täglich und stündlich das Ende. Wir denken aber nicht daran, lebend in die Hände der Feinde zu fallen.« Und dann hieß es

noch: »...daß Grete unbesorgt sein könnte, sie würde ihren Mann wiedersehen.« Hier hatte sich Eva geirrt, oder sie wollte ihre Schwester beruhigen.

Johanna Wolf begab sich mit einem Wagen, der an einem der nächsten Tage in Richtung München fuhr, nach Miesbach, um dort bei ihren Freunden zu erkunden, ob wir dort fürs erste Unterkunft finden könnten. Wir hatten hin- und hergeraten, was wir tun sollten und wohin wir uns wenden könnten. Zwei Männer vom SS-Hauptamt, die wir im Berghof kennengelernt hatten, sprachen von falschen Ausweisen, die sie uns ausstellen wollten, auch von evt. Unterkunftsmöglichkeiten.

Inzwischen kam auch Schaub aus Berlin an und begann sofort und ohne etwas zu sagen den Panzerschrank Hitlers im Führer-Arbeitszimmer auszuräumen. Auf der Terrasse des Berghofs verbrannte er unter Zuhilfenahme von einigen Kanistern Benzin, Briefe, Akten, Denkschriften, Bücher etc. Er ließ sich dabei nur von seinem Burschen[382] aus dem FHQ helfen, alle anderen übersah er dabei ganz bewußt. Mit uns sprach er kein Wort; nichts vom Chef, nichts was nun würde. Diese Vernichtungsarbeit Schaubs unter dem verhangenen Himmel war ein trostloser Anblick.

Als Schaub für kurze Zeit in der Berghof-Ruine verschwand, konnte ich die Sachen, die da vernichtet wurden, näher in Augenschein nehmen. Ein Schuhkarton, ausgefüllt mit Briefen an Geli Raubal, interessierte mich sehr. Leider entnahm ich, der von verschiedenen männlichen Handschriften herrührenden, sorgfältig gebündelten Päckchen, nur einen einzigen Brief. Er war aber sehr aufschlußreich und stellte klar und deutlich die Situation dar, in der sich Geli Raubal befunden hatte. Weiter entnahm ich einem Karton ein Bündel Architekturzeichnungen Hitlers, die ich vor Schaub versteckte und behielt.

Etwas abseits von der Feuerstelle, dort wo der verrußte Schnee sich an der Terrassenmauer angehäuft hatte, lag, von den Flammen angefressen, eine Denkschrift im Format DIN A 4, in festem Einband, ähnlich altmodischen Kontobüchern, in die früher handschriftliche Ein- und Ausgaben eingetragen wurden. Er war beklebt mit einem weißen Etikett, auf dem in

Maschinenschrift noch deutlich lesbar war: ›Idee und Aufbau des Großdeutschen Reiches.‹[383] Leider habe ich es nicht aufgehoben.

Albert Bormann wohnte mit seiner Frau, die während des Bombenangriffs entbunden hatte, im ›Berchtesgadener Hof‹, ebenfalls Schaub. Die Herren kamen nur auf den Berghof, um Lebensmittel und Alkohol zu organisieren. Schaub brachte dazu seine Freundin mit, Hilde Marzelweski, eine Tänzerin aus dem ›Metropol‹ in Berlin.

Am Sonntag den 29. April kam durch das Radio die Meldung, daß Hitler Berlin nicht verlassen würde. Nun war mir endlich klar, daß alles verloren war. Albert Bormann sagte noch weiter zu den Männern des Begleitkommandos: »Nur den Mut nicht sinken lassen, es wird schon noch werden.« Ich fragte mich, was noch werden sollte.

Als am 1. Mai 1945 die Nachricht von Hitlers Tod durch das Radio gemeldet wurde, setzte in allem sofort eine Wende ein, die kaum zu beschreiben ist. Am Obersalzberg brach das Chaos aus. Der Gutshof wurde von den Berchtesgadenern gestürmt und ausgeraubt. Tiere wurden weggeschleppt und Kartoffelmieten erbrochen. Aus Speers Haus und aus dem Bechsteinhaus, das als Gästehaus für Staatsbesuche gedient hatte, holten sich Einheimische nicht nur leicht zu transportierende Gegenstände, sondern auch die Möbel. Der Friseurladen im Platterhof wurde vollkommen ausgeraubt.

In den Kavernen des Berghof-Bunkers, wo wir jetzt wohnten, erschienen mir unbekannte Frauen, vermutlich Freundinnen der Kriminalbeamten, die prall gefüllte Behältnisse wegschleppten. Die sonst so devoten Kriminalbeamten und die erst seit kurzem dem Begleitkommando neu zugeteilten SS-Männer sowie das Hauspersonal, alle waren plötzlich in ihrem Benehmen nicht mehr wiederzuerkennen.

Die Küche des Berghofs war von den Trümmern freigelegt worden. Der Hausverwalter Mittelstrasser war bereits mit einem voll geladenen Lastkraftwagen weggefahren. Seine Frau folgte ihm einige Tage später nach. Sie hatte tagelang gepackt und war überhaupt nicht mehr sichtbar. Die Köchin Blüthgen, ein bisher bescheidenes Mädchen herrschte nun unumschränkt.

Das bisher Unbeholfene war von dem Mädchen auch plötzlich abgefallen.
Negus, der von Eva Braun so sehr verzärtelte Scotch-Terrier, der immer von allen gefürchtet wurde, weil er jeden Langschäfter anknurrte und zubiß, schlich unbeachtet und verlassen durch die Ruinentrümmer. Früher hatte jeder dem Hund schöngetan. Nun kümmerte sich keiner um den ehemals so verwöhnten Hund. Es war symbolisch für die Veränderung, die um sich gegriffen hatte. Ich kam mir einsam und verlassen vor, unfähig, einen Entschluß zu fassen.
Die Pension ›Posthof‹ am Hintersee bei Berchtesgaden war schon seit längerem für Angestellte und Angehörige der Adjutantur und des Berliner-Führer-Haushalts reserviert worden. Auch Lebensmittel waren für diesen Personenkreis dorthin geschafft worden. Albert Bormann hatte in dieser Pension für Johanna Wolf und mich Zimmer vorgesehen. Zunächst hatte Albert Bormann gedrängt, ich solle runterkommen, doch ich wollte erst die Rückkehr von Johanna Wolf abwarten. Dann aber, als die Amerikaner immer näher kamen, meinte er, »...daß es nicht gut sei, wenn alle an einer Stelle konzentriert zusammen seien. Besser wäre es, wenn jeder auf eigene Faust versucht, irgendwo unterzukommen«. Aber wo sollte ich hin? Ich hatte weder ein Fortbewegungsmittel zur Verfügung, noch kannte ich aufgrund des bisherigen Abgeschlossenheit in Hitlers Umgebung irgend jemanden. So blieb ich noch am Berghof unten im Bunker weiter wohnen.
Das Hauspersonal des Berghofs wollten die Möbel vom Berghof mitnehmen. Ich setzte mich deshalb mit Albert Bormann im ›Berchtesgadener Hof‹ in Verbindung, um seine Zustimmung einzuholen.[384] Bei dieser Gelegenheit unterrichtete ich ihn auch über die Absicht des Kriminalkommandos, die Kavernen der Bunkeranlagen zu sprengen, in denen sich auch die private Gemäldesammlung Hitlers befand. Die Eierhandgranaten standen bereits in Kisten auf dem Bunkergang. Ich empfand es als Wahnsinn, diese kostbaren Gemälde zu zerstören. Albert Bormann pflichtete mir bei und war einverstanden, daß jeder ein Gemälde mitnahm.[385]
Inzwischen zerstörten die Kriminalbeamten in den Kavernen

des Bunkers, was nur irgendwie zu zerstören war. So überraschte ich die Beamten in der Kaverne von Eva Braun bei der Zertrümmerung von Evas kostbarem Porzellan, das, von Sophie Stork bemalt, Evas Signum trug. Es war ein von Prof. Dr. Karl Brandt entworfenes Monogramm in Gestalt eines vierblätterigen Kleeblattes. Als ich den Männern mein Entsetzen zum Ausdruck brachte, sagten sie zu mir:».... es müsse alles vernichtet werden, was auf Eva Brauns Existenz hindeuten könnte!«
Was von Eva Brauns Garderobe noch vorhanden war, Hüte, Kleider, Schuhe usw., alles, was nur auf eine Frau hindeuten könnte, wurde auf der Terrasse verbrannt. Auch Foto- und Filmalben von Eva Braun mit Hitler wurden sinnlos vernichtet. Das ging so weit, daß die Beamten auch aus den Büchern die ersten Seiten mit Eva Brauns Namen herausrissen. Es war heller Wahnsinn, was hier geschah, aber offenbar von Schaub im Auftrag von Hitler so angeordnet worden. Auch das vorhandene kostbare Silbergerät sollte zerschlagen werden. Es wurde aber dann doch davon Abstand genommen und am 5. Mai 1945 zusammen mit den Teppichen, Gobelins und den Gemälden mit einem Lastkraftwagen von der SS fortgebracht. Das kam so:
Am Abend des gleichen Tages erschien plötzlich Fegeleins Adjutant Hannes Göhler.[386] Ich teilte ihm mein Unbehagen über das mit, was bisher hier geschehen war und noch geschehen sollte. Ich sagte ihm, daß auch die Gemälde alle vernichtet werden sollten. Er war genau wie ich der Meinung, daß dies unverzeihlich sei und schickte am anderen Morgen einen Lastkraftwagen, der die Gemälde usw. nach Fischhorn bringen sollte. Ich suchte die wertvollsten Gemälde, alle künstlerischen Kostbarkeiten, Evas Tafelsilber, silberne Kassetten usw. in den Kavernen zusammen und beauftragte die Männer des BKD mit der Verladung auf dem Lastkraftwagen. Es befanden sich sehr großflächige Gemälde darunter, wie z. B. ein Bordone und ein Tintoretto,[387] die, da die Treppe zur Straße zerstört, schwierig über den mit Schneematsch bedeckten Südhang zu transportieren waren. Die SS-Männer hielten mit ihrem Mißvergnügen darüber nicht zurück. Also von Disziplin war nichts mehr zu spüren!
Der Lastkraftwagen mit den Gemälden ist übrigens später in der Salzbergsiedlung Altaussee gelandet. Herr Dr. Emmerich

Das Ende am Berghof

Pöchmöller, der während des Zweiten Weltkrieges Generaldirektor der österreichischen Salinen und mit der Bergung von Kunstschätzen beauftragt war, hat einige Jahre später in einer Unterhaltung mit Henriette von Schirach erwähnt: »Da schickten sie mir in letzter Minute, kurz vor dem Eintreffen der Amerikaner, vom Obersalzberg auch noch einen Teil der Privatsammlung Hitlers!«

Zu den unermeßlichen Kunstschätzen, die in Altaussee bereits seit 1944 eingelagert waren, gehörten auch die, von Hitler für das geplante Linzer Museum bestimmten Sammlungen. Es waren vorwiegend Gemälde deutscher Maler des 19. Jahrhunderts, aber auch sehr bedeutende Bilder holländischer, italienischer und französischer Maler sowie Möbel, Plastiken und Gegenstände des Kunsthandwerks usw.

Hitler hielt Griechenland und Rom für die Wiege der Kultur. Dort hätten die Begriffe wie Kosmos, Geist, Natur, Wissenschaft ihren ersten Ausdruck gefunden. Er gab häufig seine Genugtuung zu verstehen, daß es ihm durch seine Reisen nach Rom und Florenz möglich gewesen sei, die unsterblichen Meisterwerke, die er vorher nur aus Abbildungen gekannt hatte, bewundern konnte.

Die moderne italienische Malerei lehnte Hitler ab. Er fand, daß sie zu sehr impressionistischen und expressionistischen Kunst verwandt sei. Diese ›entartete Kunst‹ – der Ausdruck war von ihm – war nach seiner Meinung ein Werk der Juden. Sie hätten eine lärmende Reklame für diese sinnlose Kleckserei gemacht, um sie für teueres Geld zu verkaufen, wiewohl sie selbst bestrebt gewesen seien, ihre Sammlungen nur mit alten Meistern zu füllen.

Von den deutschen zeitgenössischen Malern ließ er nur sehr wenige gelten. Dennoch kaufte er häufig Bilder, auch wenn sie ihm nicht gefielen, um dadurch die Künstler zum Schaffen anzuregen. »Unsere heutigen Künstler«, sagte er, »werden niemals die Sorgfalt und Geduld aufbringen, wie sie den Malern in den großen Kunstepochen zu eigen waren.« Es gab für ihn nur zweierlei: Die Antike und die Romantik. Er lehnte die Renaissance ab, weil sie zu sehr mit dem christlichen Kult in Zusammenhang stand.

Die Kunsthändler wußten, daß Hitler an der Kunst, bis einschließlich des 14. Jahrhunderts, nicht interessiert war. Die Anwartschaft der Früh- und Spätgotik überließ er stillschweigend Hermann Göring. Alle Gemälde, die Hitler durch die Kunsthändler erwerben ließ, wurden ordnungsgemäß bezahlt. Die Mittel hierfür kamen aus dem sogenannten ›Briefmarkenfonds‹, den Postminister Ohnesorge[388] ins Leben gerufen hatte. Jede Briefmarke, die Hitlers Gesicht trug, brachte Hitler Gewinn. Ganz besonders große Einnahmen erbrachten die Sonderbriefmarken mit seinem Kopf, die zu allen möglichen Anlässen, wie Reichsparteitage, Kunstausstellungen, Anschluß von Österreich und Sudetenland sowie an Hitlers Geburtstagen herauskamen. Das Journal über die Gemäldeankäufe hatte Schaub unter Verschluß, die Eintragungen erfolgten durch mich.
Hitlers Pläne in Bezug auf die Einrichtung von Gemäldegalerien waren weitreichend. Jede Stadt sollte eine kleine Gemäldegalerie haben. Die schönste sollte jedoch Linz erhalten. Hitlers Interesse für Linz war außerordentlich. Für diese Stadt hatte Hitler auch einen großartigen Museumsbau geplant, in dem für jedes Jahrhundert ein eigener Saal vorgesehen war, und zwar sollten die Bilder nicht so dicht zusammenhängen, wie z. B. im Louvre, wo nach seinen Worten »... eins das andere erschlägt«, sondern jedes sollte für sich wirken in Gemeinschaft mit den aus dem gleichen Jahrhundert stammenden Möbeln etc. Das Linzer Museum war auch eines seiner beliebtesten Gespräche beim abendlichen Tee.
Eine wahre Leidenschaft hatte Hitler für die Architektur. Er hatte viel Fachliteratur darüber gelesen und kannte sich in allen Epochen bis zu Einzelheiten aus. Für den romanischen Stil hatte er wenig Sinn und den gotischen lehnte er, als zu sehr von christlicher Mystik durchtränkt, ab. Seine Bewunderung galt hauptsächlich dem Barock und dessen Schöpfungen in Dresden und Würzburg.
Es ist überflüssig, seine Begeisterung für den neuen deutschen Stil hervorzuheben, denn er selbst hatte ja die Anregung dazu gegeben. Der eigentliche Schöpfer dieses von Hitler inspirierten und stark der griechischen Klassik entlehnten Stils, war der

Architekt Troost. Hitler verehrte diesen Mann sehr und zollte ihm die tiefste Anerkennung. Nach dem Tode des Professors ließ er alljährlich an seinem Todestag einen großen Kranz an dessen Grab niederlegen.

Hitlers architektonische Kenntnisse waren in der Tat erstaunlich. Er kannte die Maße und Grundrisse aller bedeutenden Bauwerke der Welt auswendig. Nach seiner Meinung überragten in städtebaulicher Hinsicht Paris und Budapest sämtliche anderen Hauptstädte. Im Kriege sagte er mehr als einmal, »...daß es sein glücklichster Tag wäre, wenn er die Uniform ausziehen und nur noch den Dingen der Kunst leben könnte«.

Hitler hatte ein gigantisches Programm für den Wiederaufbau der kriegszerstörten Städte und Kunstdenkmäler ausgearbeitet. Er rühmte sich seines Befehls zur farbfotografischer Rekonstruktion aller historischen Bauwerke: »Ich habe Auftrag gegeben, jeden historischen Bau von innen und außen farbfotografieren zu lassen. Und das wird so gründlich gemacht, daß die Baumeister und Künstler später genaue Unterlagen haben; denn die kulturell unersetzbaren Zeugen früherer Zeiten müssen wieder aufgebaut werden, und zwar so naturgetreu, wie es Menschen nur vermögen. Und an Hand der Farbfotografien ist es möglich!«

Durch seine Begeisterung für seine eigenen Ideen riß er seine Architekten im Gespräch mit. Er nahm dann immer ein Blatt Papier in die Hand und entwarf großzügige Skizzen. Ich habe bedeutende Architekten und Fachleute gesehen, die von seinem Können und seiner ungeahnten Phantasie förmlich verblüfft waren. Selbst im Kriege fand er immer Zeit, über Architektur und Kunst zu debattieren.

Seine Nachkriegspläne für Berlin und Hamburg waren einfach gewaltig. Sooft er seinen Ausspruch wiederholte: »Ich werde Berlin zur schönsten Stadt der Welt machen«, richtete er sich auf, seine Stimme und seine Gesten widerlegten dabei von vornherein jeden Zweifel. Der Gedanke an den Wiederaufbau Deutschlands verlieh Hitler jedesmal neue, ungeahnte Lebenskraft, wenn er auch noch so müde und abgespannt war. Mochte er auch völlig ermattet von den anstrengenden Lagebesprechungen kommen, so gewann er doch erstaunlich rasch seine

Vitalität zurück, wenn irgendein Fachmann ihn zur Besichtigung neuer Baupläne und Modelle einlud.

Im Februar 1945 brachte ihn z. B. Prof. Hermann Giesler auch das große Modell von Linz in den Keller der Reichskanzlei, vor dem Hitler öfters gestanden ist und verschiedenen Leuten (ich erinnere mich z. B. an Dr. Ley und Kaltenbrunner) erklärte, wie er Linz ausbauen würde. Auch plante Hitler für Linz einen Porzellansaal, der rund gebaut, ganz in Weiß und Gold gehalten sein sollte.

Die zwei SS-Führer vom Führungshauptamt kamen und brachten für Johanna Wolf und mich die falschen Personalausweise.[389] Ich vernichtete darauf alles, was auf meinen richtigen Namen lautete. Viel war es nicht, weil meine Papiere mit den Koffern in Börnersdorf verlorengegangen waren. Selbst meine lederne Schmuckschatulle, die das Signum C. S. trug, warf ich fort, so kopflos war ich damals.

Auf Johanna Wolf wartete ich täglich vergebens. Sie kam aus verständlichen Gründen nicht mehr zurück. Ich sah sie erst im Internierungslager wieder, wo wir zusammen waren, allerdings immer getrennt. Von dem Hauspersonal verließ einer nach dem anderen den Bunker. Das Begleitkommando wollte versuchen, in die Nähe von Linz zu fahren, um dort Anschluß an Sepp Dietrich zu bekommen, der dort angeblich noch kämpfen sollte. Sie waren krampfhaft bemüht, Munition und Benzin für diese Fahrt zu besorgen.[390]

Da ich immer noch nicht wußte, wohin ich mich wenden sollte, forderten sie mich auf, mich ihnen anzuschließen. Aber was sollte ich bei der kämpferischen Truppe? Verbindung irgendwohin zu bekommen, war unmöglich, selbst an den Hintersee konnte man nicht mehr telefonieren. Ein Wagen stand auch nicht mehr zur Verfügung. Dazu hatte es von neuem geschneit. Hoher Schneematsch lag auf der schwer beschädigten Straße. Es war allein schon ein Kunststück, über die zerstörte Treppe bis zur Straße zu gelangen. Unheimliche Typen, die ich vorher nie gesehen hatte, die aber angeblich zum Kriminalkommando gehören sollten, kampierten im Bunker. Es wurde unentwegt getrunken und geraucht. Von der gewohnten Disziplin war nichts mehr übrig geblieben.

Als dann die Nachricht durchkam, daß die amerikanischen Panzerspitzen bereits am Chiemsee seien, blieb mir als einzige Möglichkeit, den Berghof zu verlassen, nur noch die Mitfahrt in dem Lastkraftwagen, der die kostbare Ladung nach Österreich bringen sollte.[391] Den nochmaligen Vorschlag August Körbers vom BKD, mich mit ihm und seinen SS-Männern zur kämpfenden Truppe durchzuschlagen, lehnte ich ab. Völlig verzweifelt warf ich noch einmal einen Blick auf die Ruine des Berghofs. Ertl, ein älterer Kriminalbeamter, mußte meine Niedergeschlagenheit bemerkt haben. Er versuchte mich zu trösten, als ich in den Lastkraftwagen kletterte.[392]
Während der Fahrt arbeiteten die Gedanken in mir, von ›überlegen‹ konnte keine Rede mehr sein, ich mußte mich entscheiden, ob ich nach Österreich mitfahren oder am Hintersee aussteigen sollte. Da ich mir doch wohl von Schaub und Albert Bormann einen Rat erhoffte und ich wußte, daß sie sich jetzt in der Pension Post aufhielten, entschied ich mich endgültig für die letztere Möglichkeit.
Bei meiner Ankunft in der Pension berieten beide gerade bei einer Flasche Sekt über ihre Flucht. Bei ihnen befand sich noch Prof. Blaschke,[393] Hitlers Zahnarzt, ein immer auf Distanz bedacht gewesener, stiller und sympathischer Mann von schmächtigem Wuchs. Er war Anhänger einer reformerischen Lebensweise und wenn nicht Antialkoholiker, so doch aber überaus maßvoll. Mit Abscheu im Gesicht zeigte er auf die Flasche Sekt, die am Tisch stand und meinte: »Das ist an vielem schuld!« Er war genau so verstört wie ich und hatte mit einem solchen Ende nicht gerechnet.
Da Schaub und Bormann nur an ihr eigenes Schicksal dachten, wie sie mit ihren falschen Ausweisen am schnellsten vom Hintersee wegkommen könnten, explodierte ich und sagte: »Es sei unerhört, sich selbst in Sicherheit zu bringen und uns unserem Schicksal zu überlassen.« Mein Vorwurf traf Albert Bormann hart und erregte ihn sehr, war er doch ein weicher, empfindsamer Mensch. Er sagte nur noch zu mir: »...daß er mit seinem Namen nicht bleiben könnte.« Schaub und er waren dann auch schnell verschwunden, und ich stand ganz allein da.
Der für die Unterbringung in der Pension Post verantwortliche

Angestellte Augst aus Albert Bormanns Kanzlei, der in früheren Jahren immer sehr freundlich und zuvorkommend war, zeigte sich jetzt höchst unerfreut über mein Kommen und sagte:»Was, jetzt kommen Sie doch noch? Einzelzimmer gibt es nicht mehr, das hat aufgehört!«[394] Auch hier der plötzliche Wechsel in Verhalten und Ton. Abgesehen von Frau von Puttkamer, der Frau des Marine-Adjutanten, ihrer Mutter und deren Kinder, Frau Dönitz, die Frau des Admiral Dönitz, mit ihrer Schwester, Frau Linge, die Frau von Hitlers Kammerdiener, mit Kindern, hatte sich hier eine merkwürdige Gesellschaft zusammengefunden. So war hier jetzt auch Schaubs Freundin Hilde Marzelewski, eine Tänzerin aus dem ›Metropol‹ in Berlin. Weiter Kempkas[395] geschiedene Frau, ein ähnlich gelagerter Fall wie seinerzeit bei Minister Blomberg.[396] Kempka hatte sich zwar auf Anordnung von Hitler von ihr scheiden lassen müssen,[397] mietete seiner Ehefrau jedoch ein Appartement am Kurfürstendamm und blieb weiterhin mit ihr in Verbindung. Er hatte sie deshalb auch in der Pension Post am Hintersee untergebracht. Kempkas Frau löste oft höchst unerfreuliche Szenen aus.[398]

Der Aufenthalt wurde dadurch von Tag zu Tag bedrückender. Obwohl der Pensionsinhaber dafür, daß er das Haus zur Verfügung stellte, Lebensmittel, Alkohol, Zigaretten etc. erhalten hatte, waren plötzlich die für uns bestimmt gewesenen Lebensmittel verschwunden. Er konnte keine Auskunft geben, was damit geschehen war, obwohl sie in seinem Zuständigkeitsbereich gelagert gewesen waren. Das Essen wurde immer weniger und am Hintersee gab es nicht das geringste zu kaufen. Täglich aßen wir dicken Erbsbrei.[399]

Inzwischen waren die Amerikaner in Berchtesgaden einmarschiert und das Haupthaus mußte für eine Kompanie amerikanischer Soldaten geräumt werden. Wir wurden nun in der kleineren Dependance zusammengepfercht. Aufregung entstand immer, sobald einer der SS-Führer auftauchte, die sich auf den umliegenden Almhütten verborgen hielten. Dies war dem Wirt ein Dorn im Auge. Er empfahl uns unmißverständlich täglich auf das neue, daß es besser sei zu verschwinden. Die Atmosphäre wurde von Tag zu Tag quälender und bedrohlicher. Wir hatten gehört, daß Gaullisten und Neger im Berchtesgadener Land raubten und plünderten. Und eines Tages standen wirklich zwei bewaffnete Gaullisten in unserem Zimmer. Sie sahen sich suchend um, öffneten ohne ein Wort zu sagen alle Schubläden und nahmen schließlich sachkundig zwei kleine Gemälde von der Wand, die ich vom Berghof mitgenommen und aufgehängt hatte. Außerdem erleichterten sie unser Gepäck durch die Mitnahme von zwei kleinen Radioapparaten. Die von mir im Berghof gepackten und unter die Betten geschobenen Koffer entdeckten sie jedoch nicht, das blieb später den Amerikanern vorbehalten.

Am nächsten Morgen, den 22. Mai 1945, gegen 7 Uhr klopfte es an meiner Tür. Ein CIC-Mann suchte angeblich Albert Bormann und Fräulein Fußer. Albert Bormann hatte sich im Berchtesgadener Land unter dem Namen Roth eingemietet. Dies wußte man. Es wurde noch nach den Bauern gesucht. Und dann fragte er: »Und wer sind Sie?« Ganz sicher war er vom Pensionsinhaber bereits über mich informiert worden.[400] Ich blieb mit einem unguten Gefühl zurück.

Am Nachmittag des gleichen Tages wurde ich durch einen Offizier des CIC abgeholt.[401] Als der Begleiter des Offiziers ohne weiteres meine Handtasche ergriff, sie öffnete und alles darin befindliche in die Hand nahm, erregte ich mich sehr, worauf der Offizier meinte: »Daran werden Sie sich gewöhnen müssen!«

Ich wurde in einen Jeep verfrachtet und landete in den Räumen des CIC in Berchtesgaden. Dort waren bereits einige der im FHQ tätig gewesenen Stenographen damit beschäftigt, den Inhalt meines im Berghof aufgefundenen Stenogrammblockes in Currentschrift zu übertragen. Es waren lauter unwichtige Sachen. Kurze Briefe, in denen Hitler seinen Schwestern Angelika Hammitzsch und Paula Hitler (bzw. Wolf) ein Päckchen mit Speck ankündigte, den er aus dem Ausland als Geschenk erhalten hatte. Er hat ihnen geraten, »... sie sollen den Speck keineswegs roh essen!«

Jahre nach dem Kriegsende erhielt ich durch Zufall eine Fotokopie meines damaligen Vernehmungsprotokolles:[402]

Berchtsgaden den 22. Mai 1945. Besprechung zwischen Herrn Albrecht[403] und Frl. Schroeder, früher Sekretärin von Hitler.

Mr. Albrecht: Wann hat Ihre Tätigkeit für Hitler begonnen?

Schroeder: Ich war ständig für Hitler seit 1933 tätig. In der vorhergehenden Zeit habe ich aushilfsweise für ihn gearbeitet. Frl. Wolf war seit 1929 bei Hitler. Im Jahre 1938 kam ein Frl. Daranowski dazu.

Mr. Albrecht: Wie hat sich ein Durchschnittstag in den letzten Kriegsjahren abgewickelt?

Schroeder: Einen genauen Stundenplan gab es bei uns nicht. Wir waren ständig zur Verfügung. Hitler ist ein ausgesprochener Nachtmensch gewesen und fing vorwiegend erst in den Abendstunden an zu arbeiten. Wir sind vor allen Dingen die Nächte hindurch aufgewesen. Es war eigentlich das Gegenteil vom Normalen. Die letzten Tage in Berlin sind wir morgens um 8 Uhr zu Bett gekommen. Das richtete sich nach den Lagebesprechungen, die in der Nacht stattfanden. Nach der Nachtlage hielt Hitler immer einen Tee im engsten Kreise ab. Der engste Kreis waren wir Sekretärinnen, Frau Christian, Frl. Wolf, Frau Junge, dann ein Arzt, entweder Dr. Morell oder ein anderer – in der letzten Zeit nicht mehr Dr. Morell, weil er es gesundheitlich nicht mehr durchstand –, weiter ein persönlicher Adjutant, vorwiegend der Gruppenführer Albert Bormann.

Das brauchte Hitler zur Entspannung. Beim Tee wurde auch nichts Politisches gesprochen. Hitler hat deshalb nie Herren eingeladen, mit denen er dienstlich zu tun hatte, weil er immer wieder auf das Dienstliche gekommen wäre. Er wollte seine Gedanken von den Lagekarten lösen. Er sagte oft, »daß er nur Landkarten vor seinen Augen sähe«. Der Tee war in früheren Zeiten um 5 Uhr, 6 Uhr oder 7 Uhr zu Ende. Dann legte sich Hitler schlafen, falls er nicht noch Denkschriften zu lesen hatte.

Hitler stand gewöhnlich um 11 Uhr auf. Er schlief also wenig. Dann frühstückte er. Dann kam Herr Schaub mit den Luftlagemeldungen und berichtete, welche Herren zu Besprechungen bestellt seien.

Mr. Albrecht: Traf Hitler in diesen Besprechungen irgendwelche Entscheidungen über die Abwehr der Luftangriffe?

Schroeder: In Gegenwart von Herrn Schaub hat er wohl

geschimpft. Hitler konnte Schaub gegenüber keine Anweisungen treffen, weil dieser keine militärische Person war. Hitler war mit der Art der Abwehr nicht zufrieden. Er hatte das Gefühl, daß unsere Abwehr nicht entsprechend eingesetzt wird, daß das Material vorhanden ist, aber nicht eingesetzt wird.

Mr. Albrecht: Hitler traf keine Anordnungen gegenüber Schaub?

Schroeder: Nein, das hätte keinen Sinn gehabt. Schaub war ein altes Faktotum und von Hitler nicht besonders anerkannt. Er sagte: »Ich hätte Schaub nicht, wenn ich einen anderen Chefadjutanten hätte.«

Mr. Albrecht: Wann wurde die persönliche Korrespondenz erledigt? Diktierte Hitler die Briefe persönlich?

Schroeder: Es handelte sich um Dankschreiben oder Glückwünsche. In der letzten Zeit hat Hitler keine Briefe diktiert.

Mr. Albrecht: Welches war ihre Haupttätigkeit als Sekretärin?

Schroeder: In der früheren Zeit hat Hitler die großen Reden diktiert und zwar gleich in die Maschine.

Mr. Albrecht: Sind die Reden nachher noch redigiert worden?

Schroeder: Er selbst hat sehr viel korrigiert.

Mr. Albrecht: Haben noch andere korrigiert?

Schroeder: Nein.

Mr. Albrecht: Auch Goebbels hat nie einen redaktionellen Einfluß genommen?

Schroeder: Nein, er hat lediglich einmal statistisches Material vorgelegt, wenn es nötig war. Aber die Reden hat Hitler alle selbst gemacht. Hitler war ein guter Stilist und hat bis zum Schluß an den Reden gefeilt.

Mr. Albrecht: Hat Hitler die Befehle an die Soldaten selbst diktiert?

Schroeder: Nein, die sind zum Teil von der Wehrmacht vorgelegt worden.

Mr. Albrecht: Hat Hitler abgesehen von Dankschreiben usw. eine persönliche Korrespondenz mit Freunden gehabt?

Schroeder: Nein. Er hat immer betont, daß es seine große Stärke gewesen sei, auch in der Kampfzeit, keine Briefe geschrieben zu haben; wenn die in falsche Hände gefallen wären, wäre alles ausgenutzt worden.

Mr. Albrecht: Sie nahmen an den Mahlzeiten teil?
Schroeder: In der letzten Zeit nur an den Mittagessen und den nächtlichen Tees.
Mr. Albrecht: Welches waren die Themen der Unterhaltung beim Mittagessen?
Schroeder: Sie waren nicht politischer Natur. Es wurde gesprochen über Architektur, Theater, Musik, die deutsche Sprache, über zukünftige Aufgaben, über seine Pläne.
Mr. Albrecht: Wurde über den Wiederaufbau der Städte gesprochen?
Schroeder: Ja.
Mr. Albrecht: Wer war damit beauftragt?
Schroeder: Prof. Fick hatte damit bereits begonnen. Prof. Giesler sollte es beenden. Schließlich hätte es Speer übernommen, weil es seine Aufgabe war.
Mr. Albrecht: Es war kein allgemeiner Wiederaufbauplan?
Schroeder: Nein. Außerdem wurden beim Mittagessen medizinische Fragen besprochen. Prof. Morell beschäftigte sich mit der Hormonforschung. Dieses Thema interessierte auch Hitler. Er war der Meinung, daß auf diesem Gebiet noch sehr viel erforscht werden muß. Auch die Ernährungsfrage beschäftigte ihn.
Mr. Albrecht: Die Rassenfrage gehörte wohl auf das politische Gebiet?
Schroeder: Es wurde auch hin und wieder über Rassenfragen gesprochen. Ich selbst habe niemals viel von dem Problem der Rasse gehalten, weil die Erforschung der Rasse viele Lücken hat. Viele Frauen haben ihre Männer betrogen. Das habe ich Hitler oft gesagt.
Mr. Albrecht: Konnte man mit Hitler frei diskutieren?
Schroeder: Ja, bis zu einem gewissen Grade schon. Ich wußte wo meine Grenze war.
Mr. Albrecht: War Frl. Braun bei diesen Essen zugegen?
Schroeder: Frl. Braun ist nur in der letzten Zeit in Berlin gewesen. Sie war zum Teil bei diesen Essen zugegen.
Mr. Albrecht: Hat Hitler Frl. Braun als seine Ehefrau betrachtet?
Schroeder: Sie wurde so behandelt.

Mr. Albrecht: Hat er sie so betrachtet?
Schroeder: Ja, doch.
Mr. Albrecht: Kinder hat es keine gegeben?
Schroeder: Nein. – Ich habe vor Jahren in einer amerikanischen Zeitschrift darüber einmal etwas gelesen. Vieles daran ist nicht wahr. Leni Riefenstahl wurde einmal genannt. Es gibt eine Kategorie von Frauen, die solche Gerüchte nicht widerlegen. So eine Frau ist Leni Riefenstahl, das hat ihr genützt.
Mr. Albrecht: Wie war das Verhältnis zwischen Hitler und Renate Müller?
Schroeder: Es bestand kein Verhältnis. Hitler hat Renate Müller als Schauspielerin geschätzt, weil sie den Typ des netten deutschen Mädchens verkörpert hat. Persönliche Beziehungen zu Renate Müller hat Hitler nicht gehabt. – Hitler hat in der letzten Zeit kaum eine halbe Stunde Zeit zum Essen gehabt. Meistens meldete sich nach dem Essen der Reichsleiter Bormann. Das Mittagessen fand oft erst um 4 oder 5 Uhr statt.
Mr. Albrecht: Eine persönliche Korrespondenz führte Hitler nicht?
Schroeder: Nein, aus Prinzip nicht. Er hat lediglich einen Brief kurzen Inhalts an seine Schwester geschrieben, als er ihr Speck übersandt hat, den er als Geschenk aus Spanien erhalten hat. Der Chef hatte keinen Familiensinn. Das hat er selbst zugegeben. Hitler hatte zwei Schwestern. Seine eigentliche Schwester war Paula Hitler aus Wien. Seine Stiefschwester Angela Hitler verw. Raubal ist in Dresden mit Prof. Hammitzsch verheiratet.
Mr. Albrecht: Aus welchen Gründen stand er mit seiner Familie so schlecht?
Schroeder: Zunächst einmal sind es keine richtigen Geschwister. Der Vater war dreimal verheiratet. Der Vater ist ein Waisenkind gewesen. Er hat sich selber emporgearbeitet. Er hat in Österreich das Schusterhandwerk erlernt, ist dann in die Stadt gegangen und hat eine Schule besucht. Er hat es bis zum Zolldirektor gebracht und sich selbst ein Gut erworben.
Mr. Albrecht: Sprach Hitler über seine Jugend?
Schroeder: Ich habe viele Geschichten aufgezeichnet. Diese

Aufzeichnungen befinden sich in meinem Gepäck, das in der Reichskanzlei in Berlin verblieben ist. Ich habe an dem Leben von Hitler mehr Anteil genommen als ein Familienangehöriger.

Das Abendbrot fand um 21 oder 22 Uhr statt. Als wir noch im Hauptquartier waren, haben die Sekretärinnen an dem Abendessen teilgenommen. In Berlin hat nur Frl. Braun teilgenommen. Frl. Braun ist nicht sehr gesund, sie ist sehr zart.

Mr. Albrecht: War sie krank?

Schroeder: Nicht direkt krank, aber sie war sehr zart und viel müde. Ihr bekam das Berliner Klima nicht.

Mr. Albrecht: Bei den Nachttees hat Hitler sich bis in die letzte Zeit angeregt unterhalten?

Schroeder: Ja.

Mr. Albrecht: Wann hat der letzte Tee stattgefunden?

Schroeder: In der Nacht vom 19. zum 20. 4. 1945.

Mr. Albrecht: War Hitler in der letzten Zeit sehr bedrückt?

Schroeder: In den letzten Tagen schon, ich möchte sagen, seit Anfang April.

Mr. Albrecht: Im September lag Hitler eine Zeitlang zu Bett!

Schroeder: Das kam durch das Attentat am 20. Juli 1944. Alle im Lagezimmer anwesenden Herren hatten eine schwere Gehirnerschütterung und Ohrenverletzungen. Hitler als einziger hat sich nicht hingelegt. In jener Zeit aß ich allein mit Hitler. Er war in den Tagen vor dem 20. Juli 1944 sehr gedrückt. Er hat immer Ahnungen gehabt, er fühlte, daß ein Attentat geplant ist. Er hat es mir auch gesagt, und zwar äußerte er: »Ich merke, es liegt etwas in der Luft.« Am Tage vorher fühlte er sich nicht ganz wohl. Als ich allein mit ihm aß, sagte er: »Es darf mir jetzt nichts passieren; denn es wäre kein Mensch da, der die Führung an sich nehmen könnte.«

Mr. Albrecht: An wen hat Hitler als Nachfolger gedacht?

Schroeder: Weder an Göring noch an Himmler. Nachdem Heß ausgefallen war, war ja formell Göring vorgesehen. Aber Hitler hielt ihn nicht für fähig. Ich habe einmal eine Auseinandersetzung mit ihm gehabt, als er mir sagte, daß kein Nachfolger für ihn da sei. Er sagte, der erste, Heß, wäre wahnsinnig geworden. Der zweite, Göring, hätte sich die

Sympathien des Volkes verscherzt, und der dritte, Himmler, würde von der Partei abgelehnt. Als ich ihm sagte, Himmler würde im Volk viel genannt, wurde er etwas böse. Er sagte, Himmler sei ein vollkommen amusischer Mensch. Auf meine Entgegnung, das sei in diesen Zeiten nicht so wichtig, für das Gebiet der Kunst könne er sich tüchtige Leute heranholen, war es ganz aus. Hitler sagte, es sei nicht so einfach, sich tüchtige Leute heranzuholen; sonst hätte er sie sich schon herangeholt. Daraus entnahm ich, daß nach der Ansicht von Hitler keiner von den vorgesehenen Männern als Nachfolger in Frage kommen würde.

Mr. Albrecht: Welche andere Persönlichkeit kam denn in Frage?
Schroeder: Er hatte niemand. Er hat sich sehr geärgert über meine Entgegnung, daß Himmler im Volk sehr viel genannt würde. Er sagte – was sonst nicht seine Art war – : was mir einfiele, so etwas zu sagen. Das verletzte seine Eitelkeit, daß wir, die wir ihn und Himmler kennen, ihn Himmler gleichstellen. Er ging an dem betr. Mittag heraus und sagte beleidigt: ›Zerbrecht euch man weiter den Kopf wer mein Nachfolger werden soll‹.
Ich rechnete am 20. 7. 1944 nicht damit, daß ich nach dem Attentat zum Essen gerufen würde. Wider Erwarten wurde ich um 15 Uhr zum Essen gerufen. Ich war erstaunt, wie frisch und lebhaft der Chef aussah und mir entgegenkam. Er schilderte mir, wie seine Diener das Attentat aufgefaßt hätten. Linge sei wütend gewesen, Arndt hätte geweint. Dann sagte er wörtlich: »Glauben Sie mir, das ist die Wende für Deutschland, jetzt wird es wieder bergauf gehen; ich bin froh, daß sich die Schweinehunde selbst entlarvt haben.«
Ich sagte ihm am 20. 7. 1944, er könnte doch unmöglich den Duce empfangen. Er äußerte: »Im Gegenteil, ich muß ihn empfangen, was würde die Weltpresse schreiben, wenn ich ihn nicht empfangen würde.« Er ist kurz nach dem Mittagessen zum Empfang des Duce aus dem Lager gefahren. Auf Grund des Attentates am 20. 7. 1944 mußte sich Hitler Ende September 1944 hinlegen...

Nach meinem ersten Verhör durch Mr. Albrecht, sagte mir der

Offizier in korrektem Deutsch: »Sie sind eine gesuchte Persönlichkeit. Sie sprechen wenigstens natürlich, während die bisher vernommenen Gauleiter und Minister in Zeitungsphrasen daherreden. Ich überlege mir, ob ich Sie noch schonen soll oder ob ich den 14 im Nebenzimmer wartenden Journalisten sagen soll, nebenan sitzt Euer Glück.«[404]

An diesem Tag hatte er noch Mitleid mit mir. Aber nach einigen Tagen tauchten Journalisten der amerikanischen Zeitungen ›Times‹ und ›Life‹ auf, unter ihnen der bekannte Jack Fleischner. Nach den Interviews machte ich mit Ilse Lindloff, mit der ich das Zimmer teilte (sie war Sekretärin von Hauptmann Wiedemann, des ehemaligen Adjutanten Hitlers, gewesen und hatte einen Führer des BKD's geheiratet) Pläne für die Zukunft.

Wenn ich zur ›Mitarbeit‹ herangezogen werden sollte, wollte ich versuchen, für uns beide ein Zimmer in Berchtesgaden zu finden, damit wir aus den schrecklichen Verhältnissen am Hintersee herauskämen. Damals durfte man sich nur im Umkreis von 6 Kilometern bewegen. Ilse meinte, wir könnten uns dann vielleicht ein Pferd mit Wagen kaufen und in die Lüneburger Heide fahren, wo ihre Schwiegereltern wohnten. Welch' schöner Plan, aber dazu kam es nicht.

Meine Internierung

Am 28. Mai 1945 wurde ich von zwei Amerikanern samt meinen zwei Koffern und einer Reiseschreibmaschine Marke Erica in einen Jeep gesetzt. Ich müsse für 4 Tage mit nach Augsburg, wo ›Experten‹ mich verschiedenes fragen würden. Beim Autowechsel in Berchtesgaden wurde mir die Schreibmaschine abgenommen, »die dürfte ich nicht mitnehmen«. Sie war funkelnagelneu! Selbstverständlich stellte man mir auf mein Verlangen eine Quittung aus, die, das stellte ich natürlich erst später fest, eine utopische Fabrikationsnummer trug. Was mögen die GI's beim Tippen dieser Quittung gefeixt haben. In den 70er Jahren erzählte ein Kunsthändler, Herr Lohse, der mir bekannten Frau Haberstock, daß ihm in New York ein Amerikaner voll Stolz berichtet habe, eine Schreibmaschine zu besitzen, »die einer Typse von Hitler gehört habe«.
Am späten Nachmittag kamen wir in Augsburg in der ›Bärensiedlung‹ an. Die Siedlung bestand aus kleinen Häuschen, für die Arbeiter der Firma Messerschmidt. Die Bewohner hatten ihre Wohnungen verlassen müssen und waren murrend irgendwo außerhalb der Siedlung untergebracht worden. Verständlicherweise waren sie wütend auf uns und schimpften von der Straße her zu uns herauf: »Ihr Nazischweine« usw. Sie hatten die Wohnungen bis auf Tisch, Stühle und nackte Matratzen räumen müssen.
Daß ich mich in der Bärensiedlung befand, wußte ich damals bei meiner Ankunft noch nicht. Der Jeep fuhr auf einen ziemlich großen Hof oder Platz. Es war ein sehr heißer Tag gewesen, die Sonne schien noch und aus allen Fenstern schauten Männer mit bloßem Oberkörper heraus, die Augen vor Staunen weit aufgerissen. Ich glaubte, in einer Irrenanstalt gelandet zu sein. Doch dann entdeckte ich an einem Fenster Julius Schaub und Prof. Heinrich Hoffmann.

Ich wurde in ein Büro geschoben, wo ein Amerikaner meine Koffer unter die Lupe nahm und mit Erfolg eine Flasche Cognac und eine Stange Zigaretten herausfischte. Meine Bitte um Rückgabe blieb erfolglos. Dafür interessierte ihn aber der übrige Kofferinhalt nicht.
Dann führte mich ein anderer Amerikaner in den ersten Stock eines der Häuser, wo vor der Flurtür ein wild die Augen rollender Portoricaner mit aufgestecktem Bajonett Wache hielt. In der kahlen, fast vollständig ausgeräumten Küche stieß ich auf Frau Anni Winter, Hitlers Haushälterin aus seiner Münchner Wohnung am Prinzregentenplatz 16. In einem anderen Zimmer waren Leys letzte Freundin, Madelaine Wanderer und seine österreichische Sekretärin untergebracht.[405]
Der Commandeur des Augsburger Internierten Lagers, ein pokkennarbiger Mexikaner, kam des öfteren, einen Rohrstock unter seinem linken Arm geklemmt, mit das Camp inspizierenden höheren amerikanischen Offizieren in die Küche, die uns neugierig anstarrten. Die attraktive Madelaine Wanderer durfte sogar an einem internen Fest beim Commandeur teilnehmen, wo an diesem Abend die Fraternisierung aufgehoben wurde, aber nur an diesem Abend! Nachher kannte er Madelaine Wanderer nicht mehr. Es war eine echte Demütigung, an der sie schwer trug.
Madelaine Wanderer, eine bildhübsche, blonde langbeinige Estin, war Tänzerin an der Dr. Ley unterstehenden Charlottenburger Oper in Berlin gewesen. Als die Oper bombardiert wurde, mußten die Tänzerinnen bei den Aufräumungsarbeiten helfen. Dr. Ley, der noch in der gleichen Nacht zur Oper gekommen ist, um sich persönlich über den Umfang des Schadens zu informieren, stellte im Flammenschein zwischen diesem Mädchen und seiner durch Selbstmord verstorbenen Frau Inga eine große Ähnlichkeit fest. Er war fasziniert von dieser jungen Frau. Er bemühte sich intensiv um sie und ließ nicht mehr ab, bis sie zu ihm zog.
Madelaine erzählte mir ausführlich über ihre Zeit mit Ley. Es muß ein wahres Martyrium gewesen sein, denn im ganzen Haus von Ley hingen und standen die Bilder der Verstorbenen[406], und Ley verlangte, daß Madelaine sich genauso schminkte, frisierte,

kleidete und bewegte wie Inga, die Verstorbene. Heiraten wollte er sie erst, wenn sie ihm eine Anzahl Kinder geboren hätte.
Prof. Hermann Giesler erwähnt auf Seite 480 seines 1977 im Druffel-Verlag erschienenen Buches, ›Ein anderer Hitler‹, daß Hitler ihm von einer ›neuen Frau‹ Leys erzählt hätte und ihn beauftragt habe, dort einen Besuch zu machen, um sie in Augenschein zu nehmen. Da Gieslers Bericht positiv ausgefallen war, machte kurze Zeit später Hitler selbst einen Besuch im Hause Dr. Leys. Hierüber erzählte Hitler in einer abendlichen Teestunde. Aber im Gegensatz zu Prof. Giesler war er schockiert und fand es geschmacklos von Ley, einen derartigen Kult mit einer Toten auf Kosten dieser jungen Frau zu treiben. Hitler erklärte wörtlich: »Ich werde Leys Haus unter diesen Umständen nicht mehr betreten.«
Zu Lebzeiten von Frau Inga Ley war Hitler des öfteren Gast im Haus von Dr. Ley gewesen. Er fand Frau Inga sehr schön, betrachtete sie als den guten Geist ihres Mannes und war überzeugt, daß sie ihm vom Trinken und Rauchen fast ganz abgebracht hatte. Hitler war deshalb besondern gern bei dem Ehepaar Ley gewesen, weil er dort gewöhnlich einen Kreis von Künstlern antraf. Inga entstammte einer Künstlerfamilie und hatte Gesang studiert. Ihr Selbstmord gab allen ein Rätsel auf und ist wohl nie geklärt worden.
Ich hatte immer das Gefühl, daß sich Inga Ley stark zu Hitler hingezogen fühlte. Auch er war sehr von ihr angetan und ihr Tod hat ihn sehr ergriffen. Wie ungemein stolz Dr. Ley auf seine Frau Inga und wie sehr er in sie verliebt gewesen war, dessen wurde ich Zeuge, als mich Dr. Ley eines abends im Berghof zu Tisch führte. Seine Augen ruhten unentwegt auf seiner Frau, die mit einem herrlichen Silberfuchs angetan, vom Hausherrn Hitler geführt, uns voranschritt. Sobald Dr. Ley von irgend etwas sehr erregt war, fing er an zu stottern. Er sagte zu mir, mit der Hand auf seine Frau deutend: »Isssst sie nicht herrlich, issst sie nicht schön?«
Mit Frau Anni Winter[407] teilte ich das bis auf die nackten Matratzen ausgeräumte Schlafzimmer einer evakuierten Arbeiterfamilie. Anni Winter war eine ungemein clevere Person. Mager, brünett, mit braunem Teint und listigen braunen Augen,

erinnerte sie mich an eine Kalmückin. Ihren Augen entging nichts, nie ist ihr etwas entgangen. Und es hieß, daß sich Hitler bei seiner Ankunft in München gern von ihr über die ›Münchner chronique scandaleuse‹ berichten ließ.

Anni Winter war eine gebürtige Niederbayerin und erwarb sich als junges Mädchen im Haushalt der Gräfin Törring Schliff, Erfahrung und alle erforderlichen Kenntnisse, die sie befähigten, sich seit 1929 in Hitlers Neunzimmerwohnung am Prinzregentenplatz 16/II als allein herrschende Haushälterin zu behaupten. Dank ihrer guten Ausbildung war sie eine ideale Wirtschafterin für Hitler. Ihr Mann, ein ehemaliger Unteroffizier, spielte in Hitlers Haushalt keine besondere Rolle. Ungemein schnell und beweglich, hielt Frau Winter nicht nur seine Wohnung immer in gepflegtem Zustand, sondern kochte auch für ihn, wenn er in München weilte und keine Lust hatte, in der ›Osteria Bavaria‹ – dem von ihm bevorzugten Lokal in Schwabing – zu speisen. Darüber hinaus war sie diskret und verschwiegen und genoß so Hitlers Vertrauen.

Hitler hing sehr an seiner Münchner Wohnung. Bis zum Kriegsende standen hier noch alle die Möbel, die er sich von den Vereinigten Werkstätten (Prof. Troost) gekauft hatte. Öfters sagte er: »In München fühle ich mich wirklich daheim. Alles, was ich ansehe, das geringste Möbelstück, das kleinste Bild, die Wäsche sogar, alles erinnert mich an meine Kämpfe, meine Sorgen, aber auch an mein Glück. Alle Möbelstücke habe ich von meinen Ersparnissen gekauft. Meine Nichte Geli begleitete mich dabei, und schon darum hängt mein Herz an ihnen.«

Frau Winter hatte ein lebhaftes Mundwerk, war voller Hektik und konnte hier im Lager auch nicht untätig sein. So fegte sie nun dauernd die Küche und pfiff dazu bis zur Bewußtlosigkeit die Melodie des wehmütig-schmalzigen Gassenhauers: »Meinen Vater kenn ich nicht, meine Mutter liebt mich nicht und sterben mag ich nicht, bin noch zu jung.«

Mir ging diese gleichförmige Pfeiferei schrecklich auf die Nerven, doch ich ertrug es, erzählte sie mir doch zwischendurch Dinge, die sonst niemand aus eigener Anschauung kannte. So z. B. auch Geli Raubals Leidensgeschichte und von ihrem Selbstmord im Jahre 1931. Auch von den ein halbes Jahr später

beginnenden Wochenendbesuchen Eva Brauns erzählte sie mir: »Samstag erschien sie immer in der Wohnung am Prinzregentenplatz mit einem kleinen Köfferchen.«
Was sie über Geli Raubal, der Tochter von Hitlers Stiefschwester Angela Raubal, erzählte, interessierte mich sehr und hatte mit einem unmoralischen Verhältnis zwischen Hitler und Geli Raubal nichts zu tun, wohl aber von einer mit Eifersucht durchtränkten platonischen Liebe.
Nach Frau Winters Erzählungen war Geli, die Gesang studieren wollte, von Hitler in seiner Wohnung aufgenommen worden. Er ließ von den Vereinigten Werkstätten ein Zimmer für sie einrichten. Hitler verwöhnte sie über alle Maßen und nahm sie überall mit hin. Sie war die einzige Frau, mit der er ins Theater ging. Ich selbst habe beide zusammen Anfang 1930 während der Festspiele im Prinzregententheater gesehen, wo mir Geli durch einen Weißfuchs von besonderer Schönheit auffiel.
Während der Teestunden im Treppenzimmer des Radziwill-Palais, der einzige Ort, wo sich Hitler zu entspannen schien, beschäftigten sich seine Gedanken sehr oft mit Geli, und es war ihm ein echtes Bedürfnis, von ihr zu sprechen. Aus Hitlers Erzählungen war deutlich hörbar, daß er Geli für ein gemeinsames Leben zu erziehen gedacht hatte. Im Anschluß an Erzählungen über Geli sagte er einmal: »Es gab nur eine Frau, die ich geheiratet hätte!« Diese Äußerung war für mich unmißverständlich, ich begriff nun auch, warum er so eifersüchtig über das Tun des geliebten Mädchens gewacht hatte.
Als Geli einen Kunstmaler in Linz heiraten wollte, veranlaßte Hitler Gelis Mutter, den beiden jungen Menschen ein Jahr der Trennung zur Prüfung auf zu erlegen. Dies war kein Märchen, hatte ich doch damals als Beweis einen Brief in den Händen, den ich am Berg vor der Vernichtung durch Schaub gerettet hatte, in dem es hieß:
»Jetzt sucht Dein Onkel, der sich des Einflusses auf Deine Mutter bewußt ist, ihre Schwäche mit grenzenlosem Zynismus auszunutzen. Unglücklicherweise sind wir erst nach Deiner Großjährigkeit[408] in der Lage, auf diese Erpressung zu antworten. Er legt unserem gemeinsamen Glück nur Hindernisse in den Weg, obwohl er weiß, daß wir füreinander geschaffen sind. Das

Jahr der Trennung, das uns Deine Mutter noch auferlegt, wird uns noch inniger aneinander binden. Da ich selbst stets bemüht bin, geradlinig zu denken und handeln, fällt es mir schwer, das von anderen Menschen nicht anzunehmen. Ich kann mir jedoch die Handlungsweise Deines Onkels nur aus egoistischen Beweggründen Dir gegenüber erklären. Er will ganz einfach, daß Du eines Tages keinem anderen gehören sollst als ihm.« Und an anderer Stelle: »Dein Onkel sieht in Dir immer noch das ›unerfahrene Kind‹ und will nicht verstehen, daß Du inzwischen erwachsen bist und Dir selbst Dein Glück zimmern willst. Dein Onkel ist eine Gewaltnatur. In seiner Partei kriecht alles sklavisch vor ihm. Ich verstehe nicht, wie seine scharfe Intelligenz sich noch darüber täuschen kann, daß sein Starrsinn und seine Ehetheorien sich an unserer Liebe und an unserem Willen brechen werden. Er hofft, daß es ihm in diesem Jahr gelingen wird, Deinen Sinn zu ändern; aber wie wenig kennt er Deine Seele.«

Und damit hatte der junge Mann wohl recht. Diesen Brief nahm im Lager Augsburg leider Capt. Albert Zoller an sich und hat ihn mir nicht wieder zurückgegeben!

Frau Winter war der festen Überzeugung, daß Geli von einer Heirat mit ihrem Onkel träumte, da kein anderer Mann in der Lage war, sie so zu verwöhnen. Nach dem Krieg sollen in amerikanischen Archiven z. B. Rechnungen von Geli vorgenommenen Käufen für extravagante Garderobe gefunden worden sein. Denn sonst hätte sie sich ja wohl auch nicht so untergeordnet und zugesehen, wie Hitler alle Verehrer aus ihrer Nähe entfernte.

Es war ja nicht das erste Mal, daß Hitler platonisch liebte, daß er eine Frau anbetete. Genau so war es mit Stefanie in Linz gewesen, ein Mädchen, das er nur auf dem ›Bummel‹ sah. Er wagte sich nicht an sie heran, schrieb ihr aber, daß er sie heiraten werde, wenn er sein Ziel erreicht hätte.

Nach Frau Winters Erzählungen hatte sich vor Gelis Selbstmord folgendes ereignet. Hitler bat Geli, die zu Besuch bei ihrer Mutter in Berchtesgaden gewesen war, gleich nach München zu kommen. Er begab sich aber nach ihrem Eintreffen am Vormittag sofort in die Stadt, mit dem Versprechen, zum Mittagessen zurück zu sein. Statt dessen kam er aber erst um 4 Uhr nachmittags zurück und sagte, daß er gleich nach Nürnberg fahren müsse. Geli war enttäuscht, da er sie ja in Berchtesgaden hätte lassen können. Sie bat ihn dann um Genehmigung, daß sie nach Wien fahren und ihre Stimme prüfen lassen dürfe, was sie schon lange vorhatte. Hitler lehnte es strikt ab. So trennten sie sich. Zu allem Überfluß soll Geli nach Hitlers Fortgehen noch einen Zettel von Eva Braun, den diese Hitler unauffällig beim letzten Zusammensein in die Manteltasche gesteckt hatte, gefunden haben, darin bedankte sie sich »für den schönen Abend und hoffte auf ein baldiges Wiedersehen«.

Das alles war wohl zuviel für Geli. Sie sagte zu Frau Winter, daß sie ins Kino gehen würde. In Wirklichkeit blieb sie aber in ihrem Zimmer. Als Frau Winter am nächsten Morgen das Frühstück bringen wollte, öffnete sie nicht auf ihr Klopfen. Da sie aber den Schlüssel von innen stecken sah, ahnte sie Fürchterliches. Sie verständigte ihren Mann, der die Tür aufbrach. Geli lag erschossen auf der Chaislongue.

Dies und vieles andere erzählte mir Frau Winter. Auch, daß es Frauen gab, die vor der Machtübernahme in die Wohnung am Prinzregentenplatz kamen und ihr irgendeinen wichtigen Grund vorschwindelten, weshalb sie Hitler unbedingt sprechen müßten. Waren sie dann durch ihre Vermittlung in Hitlers Zimmer gelandet, versuchten sie ihn zu verführen. Eine knöpfte sich die Bluse auf unter der sich außer ihrem blanken Busen nichts befand, sie wollte so gern ein Kind von ihm. Frau Winter durfte dann keine Unbekannten mehr zu Hitler vorlassen.

Bei meiner Verlegung vom Lager Augsburg nach Mannheim-Seckenheim wurde das Gepäck der Internierten gründlich gefilzt. Ich wurde zum Commander geholt. In einem großen Zimmer waren die bei den vorwiegend ›Prominenten‹ gefundenen Wertgegenstände auf Tischen ausgelegt. Da lagen Brillanten, Goldbarren etc., wie in einem Schmuckgeschäft. Ich wurde an einen Tisch geführt, auf dem die in meinem Koffer gefundenen Gemälde, die ich nach Rücksprache mit Albert Bormann aus dem Berghof mitgenommen und somit vor der Zerstörung gerettet hatte, aufgestellt waren. Dabei befand sich auch mein Leinenbriefumschlag mit Hitlers Skizzen, die ich vor Schaubs

Vernichtung gerettet hatte. Ich wurde zweimal vor die Gemälde geführt und gefragt, wem sie gehören, bzw. woher sie stammen. Beim ersten Mal waren noch alle vorhanden, beim zweitenmal fehlten bereits mehrere. Ich mußte eine Aufstellung anfertigen über Maler, Motiv und Größe der Bilder. Darüber erhielt ich eine Quittung.[409]
Den Umschlag mit den Architekturskizzen Hitlers durfte ich wieder an mich nehmen, weil ich sagte, sie seien von meinem Vater. »Was war Ihr Vater?«, wurde ich gefragt. »Architekt«, antwortete ich. Hinterher war ich sehr verwundert über mich. Die Worte waren so selbstverständlich und glatt über meine Lippen gekommen, und die Amerikaner hatten sie akzeptiert. So einfach war das!
Nach ein paar Tagen erhielt ich die beiden Koffer zurück, aller wertvollen Sachen beraubt. Etuis mit goldenem Füller und Bleistift mit Hitlers Namenszug, das er mir zum Geburtstag geschenkt hatte, eine kostbare Emaildose, lt. Expertise ein Geschenk Friedrich des Großen an einen seiner Generäle. Der Deckel zeigte die Landkarte von Böhmen und Mähren, auf der alle Schlachten aus dem Siebenjährigen Krieg eingezeichnet waren, wertvolle Handarbeiten, Stiefel, eine braune Flanellhose von Hitler, alles war verschwunden. Beschwerden blieben fruchtlos. Angeblich sollen ungarische Kriegsgefangene die Sachen gestohlen haben.
Capt. Bernhard, alias Albert Zoller, über den ich schon berichtet habe, hatte sich vor meiner Verlegung nach Seckenheim angeboten, den Koffer mit den Gemälden vom Berghof aus dem Lager heraus zu schaffen und für mich aufzubewahren. Ich hatte das damals abgelehnt, aber dummerweise überließ ich ihm den Umschlag mit Hitlers Skizzen. Dummerweise, das finde ich heute noch, denn mein Gepäck wurde während der bis 1948 andauernden Gefangenschaft nie mehr untersucht. Zoller jedoch saß fest auf den Zeichnungen und gab mir auf wiederholte Mahnungen lediglich ca. 50 Stück zurück, die wertvollsten behielt er.
Am 12. September 1945 wurde bei mir eine Leibesvisitation vorgenommen, bei der die polnische Aufseherin Olga die in meinen Uniformrock eingenähte bereits erwähnte Phiole mit

der Blausäure fand. Dies habe ich damals als einen schweren Schicksalsschlag empfunden. Diese kleine Messingkapsel war mir Beruhigung und Trost zugleich gewesen und hatte mich in einer gewissen Sicherheit und Unabhängigkeit gewiegt.[410]
Nun rief die Aufseherin ihren Chef Kahn herbei, einen jungen amerikanischen Offizier, der mich fragte, ob ich wüßte, wie die Phiole zu öffnen sei. Ich verneinte. Was drin wäre? Ob das Ding explodieren könnte? Als ich mit vielsagendem Lächeln die Schulter hob, zogen sich beide mit der Phiole und dem Hammer, den Olga zum Aufschlagen geholt hatte, zurück.
Unmittelbar nach der Leibesvisitation brachte mich ein Marineoffizier im Jeep nach Nürnberg in den Justizpalast, wo mir in einem großen Zimmer kurze Zeit später Colonel Andrus, steif und verkrampft, einen lackierten Stahlhelm auf dem Kopf und sein Stöckchen unterm Arm geklemmt, durch den Dolmetscher Hermann folgendes sagte: »Sie sind als wichtiger Zeuge nach Nürnberg gekommen. Ihre Aussagen sind von größter Wichtigkeit. Sie werden vereidigt werden! Sie werden in eine Zelle eingesperrt werden! Sie haben sich den Anordnungen zu unterwerfen! Das Essen ist gut! Wünschen Sie einen Pfarrer? Haben Sie Gegenstände bei sich, mit denen Sie sich oder einen anderen Menschen töten können? Wünschen Sie ein Gebetbuch?«
Anschließend wurde ich von zwei guards in die Mitte genommen und durch lange Gänge in eine Zelle im Parterre geführt. Im Vorbeigehen versuchte ich einen Blick durch das port in die Zellen zu werfen. Ich sah die Namensschilder vieler Bekannter.
In der Zelle wurde mir der Befehl gegeben, mich auszuziehen und mich dann in eine Decke zu hüllen und zu klopfen. Ich zog mich aus, behielt aber das Hemd an. Aber auch das mußte ich ausziehen. Fünf oder sechs Amerikaner kamen herein. Ein Arzt, ein Mexikaner und zwei Mann untersuchten mich. Arme hoch, Mund auf und auf die Seite legen. Zehen auseinander spreizen. Ohren und Haare wurden durchwühlt und mir dann die Kämme fortgenommen (damals hatte ich mein langes Haar zur Hochfrisur aufgesteckt). Peinliche Fragen nach meiner Narbe und nach den Flecken von einer Pigmentstörung folgten. In dieser Zeit wurde von den anderen meine Garderobe genauestens untersucht. Der Dolmetscher, später hörte ich, daß er Hermann hieß,

fand in dem Kragen meiner Uniform 5000,- Mark, die ich dort eingenäht hatte.
Nach der peinlichen Untersuchung wieder anziehen. Im Büro folgte das Ausfüllen von Fragebogen mit 16 Blankounterschriften. Ich habe nie erfahren, was ich da unterschrieben hatte. Aus dem Gepäck, das im Keller verblieb, durfte ich, weil ich an Ischias litt, meine Berghof-Kamelhaardecke mitnehmen. Sie wurde mir ein guter Freund in den nächsten 2½ Jahren und später wurde sie zu einem Mantel umgearbeitet. Alle Gürtel, Schnürsenkel, selbst die Metallknöpfe von einer Trachtenjacke wurden abgetrennt. Nichts aus Glas oder Metall durfte ich behalten. Mit den genehmigten herausgesuchten Sachen wurde ich dann über eine Wendeltreppe und einen eisernen Laufsteg in eine Zelle geführt, die in der Nähe der Wendeltreppe lag. Ich konnte von meiner Zelle aus gut die Köpfe derjenigen sehen, die die Wendeltreppe heraufkamen.
Als sich hinter mir die Türe schloß und der Schlüssel von draußen rasselte und ich mich in der kahlen kalten Zelle umsah (in der Ecke neben der Tür das offene Clo) war es mit meiner Fassung vorbei. Ich heulte, und es dauerte lang, bis ich mich einigermaßen beruhigte. Durch die Türklappe schaute alle paar Minuten ein guard. In der Zelle selbst war es dunkel. Doch fiel durch die Türklappe und das Fenster von außen grelles Scheinwerferlicht und warf den Schatten des Fenstergitters gegen die Wand. Aus der Gefängniskapelle erklang manchmal Orgelmusik.
Ich weinte vor Niedergeschlagenheit, ohne zu ahnen, daß noch Zeiten kommen würden, wo ich mich nach dieser Gefängniszelle zurücksehnen würde. Woher sollte ich auch wissen, daß ich noch einige Jahre hinter Gittern verbringen sollte, sinnlos von einem Lager ins andere verschleppt. Untergebracht in überfüllten Baracken, wo, wie z. B. in Hersbruck, 80 Frauen in einem Raum nur eine Waschschüssel zur Verfügung stand, wo man in dreistöckigen Eisenbettgestellen ohne Matratze zu ersticken fürchtete und wo man vor allen Vorübergehenden sichtbar seine Notdurft verrichten mußte, wo die seelische Bedrückung über die ungewisse Zukunft zur qualvollen Marter wurde...
Während des Gefängnisaufenthaltes hatte ich noch zweimal die Ehre, Colonel Andrus sprechen zu hören. Am 19. September

1945 wurden wir nachmittags um 4 Uhr in die Gefängnishalle geführt. Dort waren bereits Generalfeldmarschall von Blomberg, Minister Seldte, die Herren Bilfinger, Scheidt, Oetting, Dr. Conrad, General Lahusen, Boleyn sowie meine Kollegin Wolf und ich. Wieder hielt Col. Andrus in seinem bekannten Aufzug eine Rede: »Sie sind als wichtige Zeugen nach Nürnberg gekommen. Wir mußten Sie leider im Gefängnis unterbringen, weil das für Zeugen bestimmte Haus noch nicht fertig ist. Sie kommen nun heute in ein anderes Gebäude, wo sie mehr Freiheit haben werden. Sie müssen sich aber auch dort den Anordnungen fügen, Sie werden jedoch vielerlei Erleichterung haben.«
Mit der grünen Minna landeten wir in einer Kaserne in Fürth. Johanna Wolf und ich wurden in einem bombenbeschädigten Gebäude, das einen völlig unbelegten Eindruck machte, im 1. Stock in ein Zimmer mit zwei Metallbetten und Spind eingewiesen. Zum gemeinsamen Essen mit den Herren wurden wir in einen Kellerraum geführt, wo uns Kellner aus dem Hotel ›Deutscher Hof‹ servierten. Nach der wochenlangen Einzelhaft durften wir wieder miteinander sprechen, wir kamen uns vor wie im Paradies. Wir konnten auch in Begleitung eines Postens spazierengehen.
Doch mit der Herrlichkeit war es schnell wieder vorbei, als eines Nachts ein Amerikaner nur mit Netzhemd und Hose bekleidet, zu uns ins Zimmer kam. Nachdem er erst Johanna Wolf mit der Taschenlampe angeleuchtet hatte und dann mich, schrie ich laut auf. Der Amerikaner rannte daraufhin aus unserem Zimmer. Das Resultat dieses nächtlichen Vorfalls war aber, daß wir mit der grünen Minna nach Nürnberg zurückgefahren wurden und wieder in Einzelhaft ins Gefängnis kamen.
Seine dritte Rede hielt uns Colonel Andrus am 27. September 1945 im Aufenthaltsraum des Gefängnisses. Begleitet von einem großen Stab von Ärzten, weiblichen Offizieren und dem Psychiater verkündete er, daß Dr. Ley heute Nacht Selbstmord verübt habe. Die Amerikaner beobachteten dabei aufmerksam. Frau Brüninghoff, Dr. Leys ehemalige Sekretärin, die auf Madelaine Wanderer haßgeladen war. Andrus erklärte sehr detailliert, wie sich Dr. Ley in der Clo-Nische erhängt habe.

Frau Brüninghoff durfte den Aufenthaltsraum verlassen. Sie wankte hinaus, gestützt von Johanna Wolf. Das ganze erschien mir wie eine Szene aus einem kitschigen Film, nach dem die Brüninghoff keine sehr gute Meinung von Dr. Ley hatte.
Bei den Vernehmungen wurde ich u. a. gefragt, ob mir Hitler 1939 die vor Offizieren gehaltene Rede diktiert habe, Johanna Wolf hätte dies ausgesagt. Wahrheitsgemäß erwiderte ich, daß er niemals Reden über beabsichtigte Maßnahmen vorher zu diktieren pflegte. Dann wollte man noch wissen, ob mir Schaub mit dem KZ gedroht hätte. Am 27. 9. 1945 verlangte der Psychiater Dr. Kelly von mir eine schriftliche Arbeit über Hitler, die ich nach mehrfachen Drängen erstellte [sh. Anlage 9].
Nach einiger Zeit wurde die Einzelhaft beendet, das bedeutete, offene Zellentüren am Tag und arbeiten (Saubermachen der Büroräume für die Amerikaner, Ausbessern von Wäsche und Kleidungsstücken der Inhaftierten), was nach einem Stundenplan erfolgte. Eines Tages hörten wir, daß sich Dr. Conti[411] an einem Pullover erhängt habe. Daraufhin wurden unsere Zellen wieder einmal auf gefährliche Gegenstände durchsucht. Im Angeklagtengebäude wurden die Tische von den Fenstern entfernt und die Stühle aus den Zellen genommen.
Am 13. November 1945 gegen Nachmittag, der erste Schnee fiel, wurden die ›Häuptlingssekretärinnen‹, Frl. Blank von Ribbentrop, Frl. Kraftczik von Minister Frank, Frl. Brüninghoff von Dr. Ley, Frau Hingst, eine Krankenschwester und ich auf einen Lastwagen geladen, der sich in unbekannte Richtung in Bewegung setzte. Uns war, wie üblich, nichts vom Ziel der Fahrt gesagt worden. Doch wir erfuhren es bald, da sich der amerikanische Fahrer unterwegs bei einem auf der Straße stehenden GI nach dem Weg zum Lager Hersbruck erkundigte. Als im gleichen Moment Helene Kraftczik (ein ›very lovely girl‹ – so die Amerikaner) über irgend etwas laut lachte, sagte der GI von der Straße zu ihr hinauf: »You laugh today, but not tomorrow!« Diese bedrohlich klingende Prognose jagte mir Angst ein.
Wie ich später erfuhr, waren in dem ›Civilian Interment camp No 4 near Hersbruck‹ an die 3000 bis 4000 Männer interniert. Das Lager bestand aus Holzbaracken, in zwei davon waren auch einige hundert Frauen untergebracht. Diese zwei Barak-

Meine Internierung

ken waren nochmals extra mit einem hohen Stacheldrahtzaun umgeben und vom Männerlager getrennt. Es gab nur einen ganz kleinen Auslauf. Da das Gelände sumpfig war, konnte man nur auf schmalen Holzplanken gehen, die sich um die Baracken herumzogen.

Die Baracke, in die ich eingewiesen wurde, war unterteilt in zwei Stuben und mit je 60 bis 80 Frauen belegt. Dreistöckige eiserne Bettgestelle, die anstelle von Matratzen Holzbretter ohne Strohsack hatten, standen dicht nebeneinander. Man hatte kaum so viel Platz, daß man sich zwischen den Betten bewegen konnte.

Durch den ganzen Raum waren Wäscheleinen gespannt, auf denen die Wäsche zum Trocknen hing. Sehr oft erschienen Kommissionen zur Besichtigung. Dann mußten vorher die Wäscheleinen entfernt werden. Unter den Betten und auf den Dachverstrebungsbalken türmten sich Kartons, Koffer und Bündel. Es gab für die ganze Stube nur eine einzige blecherne Waschschüssel. Viele Frauen benutzten Blechbüchsen, um sich das Gesicht zu waschen. Erst im Februar 1946 wurde ein Duschraum eingerichtet.

Für den großen Raum gab es auch nur einen Ofen, der im Winter immer dicht umlagert war und einen Tisch. Hocker waren nur wenige vorhanden, so daß wir das Essen auf den Bettgestellen sitzend einnehmen mußten. Der Ofen war heiß begehrt, weil man sich ein bißchen aufwärmen und die Scheibe feuchten Brotes etwas anrösten konnte.

Das Clo befand sich in einem offenen Holzschuppen. In Brettern waren Löcher ausgespart, unter denen Kübel standen. Gestreut wurde mit Torf. Jeder, der vor dem Holzschuppen auf den Holzplanken vorbeiging, konnte jeden sitzen sehen. So geschah es am 19. März 1946, an meinem Geburtstag, als ich hier gerade ›thronte‹, daß eine vorbeigehende Kameradin vor mir stehen bleibt, mir die Hand reicht und strahlend sagt: »Ach, Fräulein Schroeder, Sie haben ja heute Geburtstag, herzlichen Glückwunsch!«

Mit den Männern durfte am Zaun kein Wort gewechselt werden. Die bewaffneten Posten auf den Wachtürmen paßten scharf auf. Jedenfalls kam der, der erwischt wurde, in einen Steinbunker,

an dessen Wänden das Wasser herunterfloß. Selbst an Heiligabend und Silvester wurden Frauen, die ihren Männern bzw. Vätern einen Gruß zuriefen, hier eingesperrt. Die Posten schossen, sobald sich die Internierten nach den von den Wachtürmen heruntergeworfenen Zigarettenkippen bückten. Dabei gab es verschiedentlich Tote.
Wer waren die internierten Frauen? In der Regel politisch Belastete, die nach Kriegsende unter den automatischen Arrest in der US-Zone gefallen sind. Und zwar waren dies alle weiblichen Helferinnen, Angestellten und Angehörigen der SS, Waffen-SS und des SD, alle Parteifunktionärinnen von der Ortsgruppenfrauenschaftsführerin an aufwärts, KZ-Aufseherinnen, BDM-Führerinnen, Sekretärinnen von Ministern, Gauleitern und von Hitler. Die jüngste, Gudrun Himmler, ein Kind mit 2 Zöpfen und die Älteste war Frau Prof. Reininger aus dem Sudetengau, über 70 Jahre alt.
Dreimal täglich fanden Appelle statt und ab Februar 1946 wurden wir Frauen im Abstand von 2 Tagen zum Duschen ins Männerlager geführt, wo wir auch gleichzeitig unsere spärliche Leibwäsche unter Zuhilfenahme eines Stückes Kernseife waschen konnten. Oft mußten wir zwei Stunden lang in bitterer Kälte stehend warten, bis der Posten sich dazu bequemte, uns aus dem Frauenlager hinaus in das Männerlager zu führen. Das lange Warten in der nassen Kälte brachte mir einen erneuten Ischiasanfall, der mich wochenlang daran hinderte, am Appell teil zu nehmen.
Als mir dies zum ersten Mal wieder möglich war, man stand wegen des Morastes auf den Holzplanken vor der Baracke, tauchte ein bewaffneter Trupp Amerikaner mit aufgepflanztem Bajonett auf und schubste uns von den Holzplanken in den Morast. Sie stürmten die Baracken und wir mußten 2½ Stunden in der bitteren Kälte stehen, ohne entsprechend angezogen zu sein. Weil ich zum ersten Mal nach dem Ischiasanfall wieder auf war, schickte mich die Stubenälteste in die Baracke zurück. Da sah es aus wie nach einem Bombenangriff. Die in den Verstrebungen des Daches verstaut gewesenen Kartons, Koffer und Bündel waren herunter gezerrt, geöffnet und der Inhalt überall verstreut gewesen. Auf dem Tisch lag alles, was konfisziert

wurde. Kleine Mengen an Kaffeebohnen, ich hatte z. B. 25 g aus dem Nürnberger Gefängnis mitgebracht oder winzige kleine Mengen Tabak, selbst die Ölsardinendose, die uns zu Weihnachten zugeteilt worden war. Dies alles wurde uns fortgenommen. Der Sergeant Fisett, von allen als Deutschenhasser bezeichnet, sah mich bei meinem Eintreten in die Baracke nicht nur böse an, sondern richtete unter Drohungen seine Pistole auf mich. Zutiefst erschrocken ging ich wieder ins Freie. Durch Frau Hingst, die als Krankenschwester im Krankenrevier arbeitete und mit den amerikanischen Ärzten zusammen kam, erfuhren wir, daß der Grund dieser Aktion die Suche nach einem Geheimsender war.

In der ersten Zeit kostete es mich viel Selbstbeherrschung, nicht laut loszuheulen, wenn ich in der Früh den Elendszug der Männer im Nebel am Zaun entlang ziehen sah. Dumpf klapperten die schweren Holzschuhe. Auf den Schultern trugen sie an Stangen hängend die Kaffeekübel. Wahre Elendsgestalten waren es, unterernährt, verwahrlost und abgerissen. Irgendwo habe ich mal ein Bild vom Bauernaufstand zur Zeit Andreas Hofers gesehen; daran wurde ich erinnert.

Nachts konnte ich oft nicht schlafen und lag wach. Die Luft war schlecht, und wenn ich meinte, es nicht mehr aushalten zu können, stand ich leise auf und ging nach draußen auf den Holzplanken auf und ab. Dies war die einzige Möglichkeit allein zu sein, den Tränen nicht zu wehren. Nirgends ist man allein, selbst auf dem Clo nicht. Ein halbes Jahr dämmerte ich so einem trüben Schicksal weiter entgegen.

Am 10. Mai 1946 fand die Verlegung von 12 Frauen in einem mit einer Plane überdeckten Lastkraftwagen nach Ludwigsburg statt. Wir saßen dicht gedrängt auf zwei an den Längsseiten des LKW aufgestellten Holzbänken ohne Lehne. In der Mitte zwischen den Bänken saß ein junger amerikanischer Posten mit seinem Gewehr. Er vertrieb sich die Zeit damit, daß er uns immer wieder etwas erzählte. Er hatte wohl große Angst, daß eine von uns fliehen könnte, weshalb er die Bitten einiger älterer Frauen nicht beachtete, die von einem dringenden Bedürfnis gequält wurden. Und so passierte es denn, daß die Frauen ihre Röcke hochhoben, sich auf der Bank nach hinten schoben und es plätschern ließen, draußen am LKW hinunter. Bei der Pause, die daraufhin etwas später doch eingelegt wurde, ließ er uns nicht aus den Augen und zählte immer wieder, ob wir noch alle da waren.

In Ludwigsburg landeten wir in einer Kaserne im Block D, Zimmer 60. Hier in Ludwigsburg wurden Fingerabdrücke von uns genommen. Beim Fotografieren mußten wir ein Schild vor die Brust halten, auf dem die Nummer stand, unter der wir registriert waren. Auf den feldgrauen ausgedienten Uniformhosen aus second hand hatten wir am Po ein P (Prisoner) aufgedruckt. Sehr oft wurden wir verlegt, obwohl mir der Zweck der Verlegung nie klarwurde. Sollte vermieden werden, daß sich irgendwelche Gruppen bildeten? Zunächst lagen wir auf Holzpritschen ohne Stroh.

Ich war mit Inge Sperr und Hildegard Fath, beides Sekretärinnen von Rudolf Heß, Adele Streicher, die Frau des Nürnberger Gauleiters sowie Anni Starklauf und Christel Ludwig, beide in der Frauenschaft tätig gewesen, zusammen. Wir lernten englisch, und buchbinderten, machten aus Konservendosen das sogenannte ›Barackensilber‹. Wir bastelten auch Puppen im Stil der Käte Kruse, die wir als Dank nach ›draußen‹ schickten, wenn, was selten vorkam, uns einmal ein Päckchen erreichte (2 bis 3 Walnüsse und 2 Kartoffeln). Die Frauen waren sehr ideenreich, sie trennten Wolldecken auf und strickten daraus Pullover. Aus Zuckersäcken nähten sie Kleider und aus Pferdedecken entstanden Schuhe.

Als wir wieder einmal umziehen mußten, kamen wir in ein Zimmer wo Frau Himmler mit ihrer Tochter lag. Von den sechs doppelstöckigen Lagerstätten waren nur neun belegt. Wir sägten die übereinanderstehenden Gestelle auseinander und richteten sie als ›Couch‹ her, darüber an der Wand befestigten wir ein Brett als Buchgestell.

Ab Oktober 1946 kam das Lager Ludwigsburg unter deutsche Verwaltung. Das Essen wurde noch schlechter. Entweder es gab mittags Erbsbrei und abends Maisbrei oder umgekehrt. Immer nur in Wasser angerührt ohne jedes Gewürz und ohne Geschmack. Am 30. Oktober 1946 habe ich in meinen stenographischen Aufzeichnungen vermerkt: »Gestern abend gab es

Brotsuppe. Einige Stunden später treten bei fast allen starke Vergiftungserscheinungen auf. Schreckliche Nacht!«[412]
Meine anfällige Gesundheit machte es notwendig, daß ich im November 1946 und auch in den nächsten Jahren des öfteren im City-Hospital (amerikanisches Reservelazarett Ludwigsburg) behandelt werden mußte. Als ich nach einer Blinddarmoperation aus der Narkose erwachte, erblickte ich über mir das gebräunte Gesicht von Max Wünsche, des ehemaligen Adjutanten von Hitler, der gerade aus englischer Gefangenschaft zurückgekehrt war. Hier traf ich auch mit Erich Kempka, Hitlers Cheffahrer, einige Male zusammen. Er lag hier als Opfer eines amerikanischen Autounfalls viele Monate. So hörte ich nun zum ersten Mal einiges über die letzten Ereignisse in Berlin und vom Tod Hitlers.
Dann kam die Entnazifizierung. Hildegard Brüninghoff, die ehemalige Sekretärin von Dr. Ley, wandte sich nach ihrer Entlassung im Jahre 1946 an Headquarters Justice Prison APO 696 A, US Army und erinnerte daran, daß noch immer einige Kameradinnen in Ludwigsburg festgehalten werden. Darauf erhielt sie am 18. Februar 1947 von den Head Quarters Justice Prison den schriftlichen Bescheid,»daß vom hiesigen Militärgerichtshof kein Interesse, u. a. an der Inhaftierung von Christa Schroeder besteht. Das Lager Ludwigsburg sei in diesem Sinne verständigt worden.«
Inzwischen wurde mir am 13. Februar 1947 ein Haftbefehl der Spruchkammer des Internierungslagers 77 (datiert vom 31. Januar 1947), die sogenannte »Einstweilige Verfügung« überreicht; Gruppe I oder II, d. h. ich mußte mit einer Einweisung in ein Arbeitslager rechnen. »Ich sei schon vor der Machtübernahme Sekretärin Hitlers gewesen«, hieß es.
Gerade zwei Tage zuvor hatte ich dem Öffentlichen Kläger einen ausführlichen Bericht über die Art meiner Tätigkeit abgegeben, weil ich allgemein auf die Ansicht stieß, daß man den Führersekretärinnen ziemliche Machtbefugnisse und Einblick in geheime Vorgänge zutraute, die sie in Wirklichkeit überhaupt nicht hatten.
Sofort nach Erhalt des Haftbefehls suchte ich den Öffentlichen Kläger im Lager auf und sagte ihm, daß die Begründung des

Haftbefehls nicht stimme, da ich noch nicht vor der Machtübernahme Sekretärin Hitlers gewesen sei. Meine Frage, ob er meinen Schriftsatz erhalten und gelesen habe, bejahte er. Warum er dann den Haftbefehl trotzdem habe ausstellen lassen? Das sei Sache des Spruchkammervorsitzenden W..., antwortete er.
Vormittags am 14. Februar 1947 ging ich zusammen mit Christel Hildebrandt (einer jungen BDM-Führerin) zu W... In einem kahlen Zimmer saß an einem Tisch, auf dem einige Akten und ein Hut lagen, der Vorsitzende der Spruchkammer Ludwigsburg. Ein nervöses, schmächtiges Männchen, in einem viel zu weiten Anzug, der um seine Glieder schlotterte, darunter ein schlecht gewaschenes Hemd mit einer miserablen Krawatte. Zuerst trug Christel H. ihre Angelegenheit vor. Als sie ihm sagte, daß sie jetzt schon 20 Monate sitze, sagte er: »Das hätte ich gar nicht solange ausgehalten unter den Verhältnissen, da wäre ich schon gestorben.«
Er lamentierte dann, »daß, wenn es nach ihm ginge, alle Frauen ›rauskönnten‹, er sei aber dienstverpflichtet und müsse eben die Haftbefehle unterschreiben«. Hier schaltete ich mich ein und sagte: »So, und das tun Sie? Deswegen sitzen ja jetzt so viele Menschen, weil sie auch nur dienstverpflichtet waren!«
Er wollte sich meine Einmischung verbitten, fing an zu murmeln, schaute mich schief an und hörte dann aber doch wieder auf. Statt dessen sagte er: »daß er nicht blutrünstig sei, wenn er auch 40 Haftbefehle unterschrieben habe. Das hätte er eben tun müssen.« Nun war meine Sache an der Reihe, und ich fragte, ob er meinen Schriftsatz gelesen habe, was er verneinte. Ich legte ihm eine Abschrift vor. Doch er schob sie beiseite und sagte, er würde sie sich von Herrn K... geben lassen. Als ich dann noch sagte, ich möchte, daß er sie aber auch wirklich lesen und den Haftbefehl dann entsprechend ändern würde, wurde er wütend. Er könne sich nur nach dem richten, was ihm der Öffentliche Kläger vorlege.
Daß der Öffentliche Kläger die Verantwortung dem Vorsitzenden der Spruchkammer zuschob und dieser behauptete, er unterschreibe nur, was der Öffentliche Kläger ihm vorlegt, überzeugte mich, daß ich mich an niemanden wenden konnte. Die Tatsache, daß dieser Amtsgerichtsrat das gleiche tat, was im

3. Reich geschehen war, daß nämlich Menschen z. T. Dinge ausführten wider ihren eigenen Willen, wofür sie nun bestraft wurden, und daß nun wieder hier jemand sitzt, der Menschen verurteilt, empörte mich zutiefst und deshalb genierte ich mich nicht, ihm noch einmal zu sagen, daß ich nicht verstünde, wie er als deutscher Richter so etwas unterschreiben könne.
»Ich verbitte mir Ihre Unverschämtheit, machen Sie, daß Sie rauskommen. Ich verbitte mir Ihre Kritik«, schnaubte der Richter. Worauf ich entgegnete: »Ich kritisiere Sie nicht, sondern ich sage nur, daß ich die Verantwortung nicht tragen möchte. Ich bin auch nicht unverschämt, ich kämpfe nur um mein Recht.« Beim Abzeichnen unserer ›trustees‹ packte ihn noch einmal die Wut, er sagte:»Wieso kommt hier überhaupt jeder rein?« Als wir erklärten, Herr K... habe uns zu ihm geschickt, beruhigte er sich wieder. Er unterschrieb die Passierzettel: »Hoffentlich genügt's. Aber Sie sehen ja. Ich habe nicht mal einen Stempel.« Dann deutete er mit einer Geste auf das kahle Zimmer: »So sitze ich hier. Einen Tisch und einen Stuhl, ich der Vorsitzende der Spruchkammer.«
Am 24. Oktober 1947 erhielt ich die Klageschrift, wonach ich als Hauptschuldige einzureihen sei und am 8. Dezember 1947 fand im Internierungslager 77 in Ludwigsburg die Spruchkammerverhandlung statt. Dabei wurde ich in die Gruppe der Hauptschuldigen eingestuft und zu 3 Jahren Arbeitslager verurteilt, das Vermögen bis auf einen Rest von 5000 Mark eingezogen und die automatischen Folgen des Art. 15 galten auf die Dauer von 10 Jahren.
Hierüber berichtete die Stuttgarter Zeitung, 3. Jahrgang, Nr. 98 vom 10. Dezember 1947 folgendes:
»Sekretärin H's kann sich an nichts Verdächtiges erinnern!
Einstufung in die Gruppe der Hauptschuldigen
Laufbahn einer tüchtigen Stenotypistin.
Eine Spruchkammer des Interniertenlagers 77 in Ludwigsburg hat, unter dem Vorsitz von Amtsgerichtsrat Wanner, am 8.12. 47 die jetzt 39 Jahre alte Christa Schroeder, eine Sekretärin in der Persönlichen Adjutantur Hitlers, entsprechend dem Antrag des Öffentlichen Klägers in die Gruppe der Hauptschuldigen eingestuft. Sie wurde ferner zu 3 Jahren Arbeitslager verurteilt,

wobei die seit dem 28.5.45 dauernde Internierungshaft angerechnet wird. Ihr Vermögen wird bis auf einen Rest von RM 5000,-- eingezogen, die automatischen Folgen des Art. 15 gelten auf die Dauer von 10 Jahren.
Wer gekommen war, um eine sensationelle Verhandlung zu erleben, war wohl etwas enttäuscht. Die Betroffene war 1930 auf der Suche nach Arbeit nach München gekommen und hatte auf eine Chiffreanzeige und ihre außergewöhnlich guten Zeugnisse hin eine Stellung als Stenotypistin in der Obersten SA-Führung bekommen. Zwangsläufig trat sie im gleichen Jahr in die Partei ein, der sie bis 1945 angehörte. Bei der NSF und NSV war sie vor 1933. Als sie in München wegen angeblichen Umgangs mit einem Juden Schwierigkeiten bekam, ließ sie sich nach Berlin versetzen, wo sie nach einigen Zwischenstationen bei Brückner, dem Persönlichen Adjutanten Hitlers landete und dort Hitler selbst für Diktate von Reden und Artikeln zur Verfügung stand.
Von den ganzen, der Gewaltherrschaft dienenden Methoden, Plänen, Vorbereitungen usw. hat sie angeblich nichts erfahren, da diese Dinge direkt mit den Adjutanten der einzelnen Wehrmachtsteile und Ministerien besprochen worden seien. Nach dem berühmten Führerbefehl Nr. 1 wurde auch in der engsten Umgebung Hitlers strengstes Stillschweigen gewahrt, mit oder in Gegenwart von weiblichen Angestellten durfte überhaupt nicht über politische und militärische Dinge gesprochen werden. Dies bestätigten der Angeklagten denn auch zahlreiche schriftliche Entlastungszeugnisse aus diesem ehemaligen Kreis. Erschienen alle diese Dinge ein wenig zu harmlos und zu gemacht, so wirkten die auf die rein menschliche Hilfsbereitschaft – gelegentlich auch in politischen Angelegenheiten sich beziehenden Zeugnisse fernstehender, nicht belasteter Personen schon überzeugender. Daß die Angeklagte Trägerin des Goldenen Ehrenzeichens gewesen war, hatte automatisch zur Klage auf Gruppe 1 geführt. Das Abzeichen ist jedoch angeblich von Hitler an seine Chauffeure, Piloten, Sekretärinnen usw. als Anerkennung für gute Leistungen verteilt worden.
Es war verständlich, daß der Öffentl. Kläger die Einstufung in Gruppe 1 beantragen mußte, obwohl eine persönliche Belastung

fehlte. Überraschend war jedoch für alle Anwesenden und wohl auch für ihn selbst, daß die Kammer sich in diesem Antrag vollinhaltlich anschloß.«
Soweit die Stuttgarter Zeitung zu meiner Verhandlung. Auf einen ganz wichtigen Entlastungszeugen, einen SS-Führer aus dem Begleitkommando, der sich ganz in der Nähe in einem anderen Ludwigsburger Lager befand, hatte man nicht geladen. Als ich in der Verhandlung sein Fehlen monierte, sagte man mir: »Er sei geladen.« Wie ich später erfuhr, saß mein Zeuge in seinem Lager auf Abruf. Dabei wäre seine Aussage so wichtig für mich gewesen. Der Öffentliche Kläger behauptete nämlich, daß, wenn ich schon nicht bei den Besprechungen selbst anwesend gewesen wäre, ich dann aber nachher mit den Herren des Stabes zusammengekommen sein müßte, »denn da in Gegenwart Hitlers nicht geraucht und nicht widersprochen werden durfte, sind die Besprechungsteilnehmer ja anschließend in den Vorraum hinausgegangen und da waren Sie dabei!« Punktum! Da hätte ich meinen Zeugen so dringend gebraucht, der auf Eid hätte aussagen können, daß dies niemals der Fall gewesen war. Merkwürdigerweise war ich ganz ruhig, ich mußte hinterher sogar meine als Entlastungszeugin erschienene Freundin trösten. Ich wurde aber weiter im Internierungslager festgehalten. Am 20. April 1948 ging mir eine Anordnung des Ministeriums für politische Befreiung Württemberg-Baden zu, wonach der Spruch vom 8. Dezember 1947 aufgehoben wurde mit der Begründung, »daß die Einstufung der Betroffenen als Hauptschuldige auf einem Rechtsirrtum beruhe. Die Kammer wird daher den Sachverhalt erneut zu prüfen haben.«
Bei der 2. Spruchkamamerverhandlung am 7. Mai 1948 wurde nach Prüfung meiner ausgeübten Tätigkeit und der Entlastungszeugnisse festgestellt, »daß die Betroffene keinesfalls der Gruppe I zugehörig ist... daß sie von Anfang bis zum Ende als Stenotypistin mit ganz mechanischen Arbeiten beschäftigt war, ohne daß sie auch eine irgendwie geartete selbstständige Anordnungsbefugnis gehabt hatte und auch nur den geringsten Einfluß auf den Ablauf der Geschehnisse hätte ausüben können. Ihre gute Bezahlung erfolgte nur deshalb, weil sie als Stenotypistin eine ganz hervorragende Kraft und äußerst leistungsfähig

war... Was die Sühnemaßnahmen anbelangt, so war zu berücksichtigen, daß sie vollkommen ausgebombt und vermögenslos ist und schon lange Zeit in Haft ist und somit nach dem 2. Änderungsgesetz genügend Sühne geleistet hat...«
Am 12. Mai 1948 wurde ich nach einer dreijährigen Haft aus dem Internierungslager Ludwigsburg in die Freiheit entlassen. Ob meine Schuld so groß wie meine Sühne war, weiß ich heute noch nicht...

Anlagen

Anlage 1: Beispiel einer Stenogrammseite aus den Stolze/Schrey-Aufzeichnungen von Christa Schroeder aus den Jahren 1945–1948.
Anlage 2: Zusammenstellung von C. Schroeders Gemälden vom Berghof.
Anlage 3: Auszug aus den ›Deutschen Monatsheften‹ (Klüter-Blätter) vom Dezember 1981 über ein Gespräch zwischen Heinrich Heim und Julius Schaub von 1951.
Anlage 4: Auszug aus einen Brief von Gerda Daranowski vom 19. März 1975 an Christa Schroeder.
Anlage 5: Erklärung von Traudl Junge.
Anlage 6: Erklärung von Otto Günsche vom 26. 3. 1982.
Anlage 7: Erklärung von Johanna Wolf vom 5. 3. 1980.
Anlage 7a: Bemerkung Christa Schroeders zu Dr. Pickers Buchwidmung.
Anlage 8: Anmerkung zu Büchern von David Irving.
Anlage 9: Meine Aufschreibungen für den Psychiater Dr. Douglas M. Kelley im Gefängnis in Nürnberg.
Anlage 10: Mein Kommentar zum Buch von Heinz Linge ›Bis zum Untergang‹
Anlage 11: Anmerkungen zum Buch von Nicolaus v. Below ›Als Hitlers Adjutant 1937–1945‹
Anlage 12: Anmerkungen zum Buch von Henriette v. Schirach ›Anekdoten um Hitler‹

Anlage 1

Stenogrammseite aus den Stenoaufschreibungen von Frau Schroeder aus den Jahren 1945–1948.

Anlage 2

TREUHANDVERWALTUNG VON KULTURGUT
MÜNCHEN 2 · ARCISSTRASSE 10

MÜNCHEN, den 13.April 1953

Betr.: Beschlagnahmegut von Fräulein Christa Schröder

Über den Verbleib der von Fräulein Schröder gesuchten Bilder können folgende Angaben gemacht werden:
Die insgesamt 15 Bilder kamen am 31.VIII.1945 von der Reichsbanknebenstelle Heidelberg in den Central Collecting Point Wiesbaden.
12 der Gemälde wurden am 4.VII.1951 an die IRSO (Jewish Restitution Successor Organization) Nürnberg, Justizpalast, Fürtherstr.112, abgegeben. Es handelt sich im Einzelnen um folgende:

Wie.No. 1771 Rudolf Alt: "Renaissancehof" 37,6 x 51,5,Aquar.
Wie.No. 1772 Rudolf Alt: "Innenhof", 17,8 x 14,4 cm, Aquar.
Wie.No. 1773 Boucher zugeschr.:"Der kleine Hirte"26,8x31,2,Zeic
Wie.No. 1774 Meister E.E.G.:"Drei Mädchen im Park"21x27,Öl/Lwd.
Wie.No. 1775 Franke: "Im Atelier", 21 x 26,9 cm, Öl/Holz
Wie.No. 1777 Hans Thoma: "Zwei sitzende Mädchen"15,5 x 20,5 Tuschzeichnung
Wie.No. 1778 H.Kauffmann:"Interieur",17,2 x 12,7 cm,Öl/Holz
Wie.No. 1779 Lier: "Bauernhaus", 20,5 x 16,9 cm, Öl/Holz
Wie.No. 1780 Bürkel: "Rast vor der Schenke"50,2 x 34,3 Öl/Lwd.
Wie.No. 1781 Defregger:"Die Rast" 50,4 x 37,8 Öl/Lwd.
Wie.No. 1783 Böcklin zugeschr.:"Bauern m.Pferd" 15,4 x 11,6 Bleistiftzeichnung
Wie.No. 1827 Kriechenfried: "Im Studierzimmer" 43,9 x 32,8 cm Öl/Holz

Auf Grund einer Aktennotiz in den hiesigen Unterlagen kann festgestellt werden, dass das Aquarell von Kriehuber "Damenportrait" 20,9 x 26,1 (Wie.No. 1776) im Januar 1947 im Central Collecting Point Wiesbaden abhanden kam. Ebenfalls zu Verlust geraten ist ein Aquarell von Rud.Alt "Karl Borromäus Kirche" 56,5 x 35,4 (Wie.No. 1770).

- 2 -

Das Gemälde von Feuerbach "Nanna" 71,5 x 98,2 cm, Öl/Lwd. (Wie.No. 1784 wurde 1951 durch den Central Collecting Point Wiesbaden nach München gebracht und befindet sich jetzt unter der Münchner Nummer 50057 bei der Treuhandverwaltung von Kulturgut München.

Anlage 3

Auszug aus ›Klüter-Blättern‹, Monatshefte für Kultur und Zeitgeschichte, 32. Jahrgang, Dezember 1981, Heft 12, Seite 29:

»Dr. Pickers Aufzeichnungen habe ich erst aus dem Bonner Buch kennengelernt. Nach meiner Rückkehr in das FHQ Anfang August 1942 war mir lediglich von einer Sekretärin des Reichsleiters angedeutet worden, Picker sei gleich mir tätig gewesen; daß er sich der Berichtsform bedient hatte und wie er zuwege gegangen war, hat mir niemand gesagt.
Weshalb Adolf Hitler vom Ende der ersten Septemberwoche 1942 an seine Mahlzeiten bei sich einnahm und weshalb auch zum ›Thee‹ keine Einladung mehr erging, blieb mir dunkel.
Ich darf diese Feststellung mit einem Blick auf das Frühjahr 1951 beschließen. Auf der Straße begegnete mir der ehemalige Chef der Persönlichen Adjutantur des Führers, Julius Schaub, als eine Wochenschrift eben die Vorankündigung einer Auszugsveröffentlichung aus dem im Erscheinen begriffenen Bonner Buches gebracht hatte. Auf meine Frage versicherte mir Schaub, Hitler habe keine Ahnung davon gehabt, daß ich Aufzeichnungen machte. Ich hatte diese Frage an Schaub gerichtet, weil ich die Vorstellung nicht losgeworden war, es werde Hitler vielleicht zur Kenntnis gekommen sein und es könnte das seinen Entschluß, sich zurückzuziehen, bestimmt oder doch mitbestimmt haben.«
[gemeint ist damit, daß Hitler nach den Auseinandersetzungen mit den Militärs ab September 1942 seine Mahlzeiten allein einnahm.]

Heim

(Am 14. 9. 1953 in München für das Archiv der BBC-London (zu Händen von Ewald Junge ›Greystanes‹ Marsh Lane, London NW 7) von mir auf Band gesprochen.)

Anlage 4

Auszug aus einem Brief von Gerda Christian vom 19. März 1975 an Christa Schroeder:

»... Ich habe diesmal keine Ausgaben für Dich, sondern eine Fotokopie der Genoud-Unterlagen, die Du ja immer haben wolltest. Leider fehlt mir die Zeit, sie abzuschreiben bzw. zu fotokopieren, aber das ist nicht wichtig, denn ich halte die Akte nicht für autentisch. Es könnte eine Zusammenfassung von Gedankengängen im Laufe der letzten Monate sein, aber niemals in den letzten Tagen. Außerdem wird der Chef kaum M. B. [Martin Bormann] zu sich geholt haben, um ihm dies zu ›diktieren‹. Du weißt, wie er es haßte, seine Gedankengänge zu Papier zu bringen, d. h. er lehnte es strikt ab. Ich erinnere mich eines Nachts in der Wolfsschanze, als Du nach seinen hochinteressanten Ausführungen zu ihm sagtest, etwa, ›das hätte ich gern mitstenografiert‹ und er erwiderte, ›nein, dann spreche ich nicht mehr so frei‹ usw. usw., erinnerst Du Dich?...«

Anlage 5

GERTRAUD JUNGE

Je ernster die Kriegslage an den Fronten wurde, desto lieber beschäftigte sich der Führer bei den abendlichen Unterhaltungen im kleinen Kreis mit seinen Zukunftsplänen nach dem Krieg. Er sprach von der Gemäldegalerie und der Umgestaltung der Stadt Linz, wo er seinen Alterssitz geplant hatte und erwähnte in diesem Zusammenhang immer wieder, daß er sich dann nur noch mit Zivilisten, Künstlern und Gelehrten und nie mehr mit "Uniformen" umgeben werde, daß er dann endlich dazu komme seine Memoiren zu diktieren. Seine beiden langjährigen Sekretärinnen Wolf und Schröder würden ihm dabei helfen, die Jüngeren würden ja sicher heiraten und ihn verlassen. Da er selbst dann auch älter und langsamer sei, würden die Damen sein Tempo schon noch mithalten können.

Gertraud Junge

Anlage 6

OTTO GÜNSCHE   den 26.3.1982

Eidesstattliche Erklärung

Ich versichere hiermit an Eidesstatt, dass während meiner Dienstzeit als persönlicher Adjutant Adolf Hitlers in den Jahren 1943, 1944 bis April 1945 niemals mein Gepäck oder mein persönliches Eigentum beim Betreten oder Verlassen des FHQ's einer Kontrolle unterzogen worden ist. Dies trifft auch zu für alle anderen Angehörigen des FHQ's. Einen Befehl, Gepäckstücke der Angehörigen des FHQ's beim Betreten oder Verlassen des Hauptquartiers, auch der Sperrkreise I und II (Führerbunker und Unterkünfte des persönlichen Stabes Adolf Hitlers) zu überprüfen, hat es nicht gegeben.

Nach dem Attentat am 20.7.1944 wurden lediglich fremde Besucher beim Betreten des sogen. Sperrkreises I (Führerbunker) von Beamten des RSD (Reichssicherheitsdienst) aufgefordert, ihre Pistolen abzulegen. Ausserdem wurde deren Handgepäck (Akten- und Kartentaschen) überprüft.

(Günsche)

Anlage 7

Auf Seite 491 seines Buches ›Hitlers Tischgespräche im Führerhauptquartier‹ schreibt Picker zu Adolf Hitlers Geheimrede vor dem ›Militärischen Führernachwuchs‹ vom 30. Mai 1942 folgende Anmerkung:
»Vor dem Offiziersnachwuchs der gesamten deutschen Wehrmacht – 10 000 Leutnants – hielt Adolf Hitler im Sportpalast Berlins heute folgende Rede, die nicht veröffentlicht wird. Ich erhielt sie von Johanna Wolf, Hitlers dienstältester Sekretärin, die er von seinem Freund Dietrich Eckart übernommen hatte und zärtlich ›Wölfin‹ nannte. Sie war eine unaufdringlich elegante, mittelgroße, blauäugige Blondine, die ganz in ihrer Arbeit aufging, absolut treu und verschwiegen war und von uns als Kamerad ausnahmslos hochgeschätzt wurde. Wie sie mir sagte, hat Hitler die Rede ohne Notizen in einem Stück diktiert. Sie spiegelt somit seine persönlichste Überzeugung.«

Dazu hat Frau Johanna Wolf 1980 folgende schriftliche Erklärung abgegeben:

»Ich habe Dr. Picker niemals eine Rede übergeben.«
                                      5. III. 1980 Johanna Wolf.

Adolf Hitlers Geheimrede
vor dem »Militärischen Führernachwuchs«
vom 30. Mai 1942
»War der Zweite Weltkrieg für Deutschland vermeidbar?«

Vor dem Offiziernachwuchs der gesamten deutschen Wehrmacht – 10 000 Leutnants – hielt Adolf Hitler im Sportpalast Berlins heute folgende Rede, die nicht veröffentlicht wird. Ich erhielt sie von Johanna Wolf, Hitlers dienstältester Sekretärin, die er von seinem Freunde Dietrich Eckart übernommen hatte und zärtlich »Wölfin« nannte. Sie war eine unaufdringlich elegante, mittelgroße, blauäugige Blondine, die ganz in ihrer Arbeit aufging, absolut treu und verschwiegen war und von uns als Kamerad ausnahmslos hochgeschätzt wurde. Wie sie mir sagte, hat Hitler die Rede ohne Notizen in einem Stück abdiktiert. Sie spiegelt somit seine persönlichste Überzeugung.

»Meine jungen Kameraden!
Ein zutiefst ernster Satz eines großen Militärphilosophen[469] besagt, daß der Kampf,

Anlagen 261

Anlage 7 a*

Sine ira et studio!
Unserer lieben Christa Schroeder, der charmanten, immer hilfsbereiten, geistreichen und verläßlichen Kameradin der FHQ-Zeit, in alter Verbundenheit, Freundschaft und Verehrung.
Starnberg, 8. 5. 1976
gez.: Dr. Henry Picker

Ich hatte mit Dr. P. während seiner kurzen Anwesenheit im FHQ arbeitsmäßig keine Verbindung, so daß ich mich fragen muß, warum er mir die obigen Eigenschaften andichtet.

---

* Diese Anlage (Dr. Pickers Widmung) wurde vom Herausgeber eingefügt.

Anlage 8

Anmerkungen zu David Irvings Büchern

Selbst der als ›seriös‹ und ›integer‹ annoncierte David Irving ist nicht gefeit gegen |————————————————————————| Ungenauigkeiten oder wie immer man es nennen mag. So bezeichnet er mich in der deutschen Ausgabe ›Hitlers Weg zum Krieg‹ als ›besonnen und scharfzüngig‹. Ich bin weiß Gott nicht immer besonnen, sondern eher impulsiv. Und als ›scharfzüngig‹ möchte ich mich nicht bezeichnen. Kritisch, ja das gebe ich ohne weiteres zu, um der Wahrheit möglichst nahezukommen. Und so ärgert es mich, wenn nun auch David Irving vieles so leichtfertig verdreht wiedergibt. So schildert er z. B. auf S. 209, wie ich Hitler im Frühsommer 1938 beim Mittagessen in der Osteria unterhalten habe, auf folgende Weise:
»Einmal, in jenem spannungsgeladenen Sommer, versuchte sie ihm mit der ortsüblichen Variante der Geschichte von den zwei Möglichkeiten aufzuheitern: ›Man sagt, es gibt zwei Möglichkeiten, entweder es gibt Krieg, oder es gibt keinen‹, begann sie und haspelte dann weiter über abgedroschene Wendungen bis zu den Worten: ›Und wenn Sie nur verwundet werden, mein Führer, dann ist es nicht so schlimm. Doch wenn Sie getötet werden, dann gibt es abermals zwei Möglichkeiten. Entweder Sie erhalten ein Einzelgrab, oder Sie werden in ein Massengrab geworfen. Wenn Sie ein Einzelgrab erhalten, dann ist es gut, mein Führer, doch...‹ An dieser Stelle unterbrach sie Bormann, indes Hitler schallend lachte« usw.
In dieser Form, also auf den Führer bezogen, habe ich die Geschichte nicht erzählt, sondern ganz unpersönlich: »... Wird man verwundet, ist es gut, wird man getötet, gibt es zwei Möglichkeiten. Entweder man kommt ins Einzelgrab, oder man kommt ins Massengrab« usw.
Der Grund für Hitlers unbändige Heiterkeit über dieses, eher banale Wortspiel, ist David Irving verborgen geblieben, nämlich, daß das Volk über einen evtl. Krieg offensichtlich gar nicht so sehr überrascht sein wird!
Ebenso bleibt Irving nicht genau, was meine Erzählung in Bezug auf Frau Quandt (später Goebbels) betraf. Er wußte durch mich von dem Gespräch, das Hitler 1931 mit Dr. Otto Wagener über Frau Quandt am Tage des Kennenlernens im Kaiserhof zu Berlin geführt hatte. Und zwar hatte Hitler damals sinngemäß gesagt (und so gab ich es an Irving weiter):
»Von den Gefühlen, die er mit Geli beerdigt zu haben glaubte, war er in dem Moment, als er Frau Quandt kennenlernte, überrascht, aber mit großer Gewalt aufs neue umfangen worden: ›Diese Frau könnte in meinem Leben eine große Rolle spielen, auch ohne daß ich mit ihr verheiratet wäre. Sie könnte mir eine zweite Geli sein. Schade, daß sie nicht verheiratet ist.‹« (›Hitler aus nächster Nähe‹, S. 377 ff., 392 ff.).

Dr. Wagener unterrichtete kurze Zeit später Frau Quandt von Hitlers Gefühlen für sie, und das hat sie zweifelsohne bei ihrer Überlegung, Goebbels zu heiraten, indirekt beeinflußt.
Daraus machte Irving: »Im privaten Kreis stellte er (Hitler) Vergleiche zwischen der hübschen, eben geschiedenen Magda Quandt und seiner Nichte Geli an. Goebbels ließ sich von ihm zur Heirat überreden.« (Glatte Erfindung!). Und zu allem Überfluß machte Irving Hitler dann noch zum Vater ihres Sohnes Helmuth. Wie er mir sagte, hat er diese ›Weisheit‹ von Frau Meissner. Obwohl ich dies als Blödsinn und Erfindung von Frau Meissner widerlegte, hat er diesen Quatsch gebracht.
Und dann auch wieder noch so was leichtfertig Dahergeredetes: »Hitler führte auf dem Berghof das müßiggängerische Leben eines Landjunkers. Er stand zumeist gegen 10 Uhr auf, las die Zeitung und nahm mit Marin Bormann oder einem der Ärzte das Frühstück ein...« usw. (s. S. 208).
Abgesehen davon, daß ich in den 12 Jahren niemals gesehen oder gehört habe, daß Hitler mit irgend jemand zusammen gefrühstückt hätte, verstehe ich unter einem ›Landjunker‹ einen Großgrundbesitzer (wie etwa den jungen Bismarck), der schon sehr früh auf den Beinen ist, sich um den ganzen landwirtschaftlichen – und sonstigen Betrieb persönlich kümmert, der gern reitet, angelt, auf die Jagd geht und körperlich immer auf Trab ist, auch Gelagen mit Freunden nicht abgeneigt ist. Ich fürchte, ein Landjunker kann auch kein müßiggängerisches Leben führen.
Also muß ich sagen, auch David Irving hat mich enttäuscht. Wahrscheinlich bin ich zu pingelig. Aber warum sagt er z.B. »Albert Bormann war ein stiller Bayer!« Warum sagt er nicht einfach: Er war ein stiller Mensch! (Bormanns waren nämlich gebürtig aus Thüringen!) Und das Charlottenburger Opernhaus unterstellt er nachträglich Goebbels, statt es Göring zu lassen. Und solcherlei Fehler fand ich leider en masse.
Nun zu David Irvings Buch: ›Wie krank war Hitler wirklich?‹ (1980). Auf der Seite 10 ist Morells »... erste Begegnung mit Hitler im Winter...«, auf Seite 17, »...In Hoffmanns Haus in Münchens Stadtteil Bogenhausen traf Hitler zum ersten Mal Morell. Das war im Mai 1936.«
Seite 19: »Sie [Morells] waren auf den Obersalzberg eingeladen worden, wo sie die Festtage im Haus des Klavierfabrikanten Bechstein verbrachten und täglich zu Hitlers Berghof hinaufstiegen.«
Diese Formulierung erweckt einen falschen Eindruck. Ursprünglich hatte das Haus Bechsteins gehört, aber Hitler hatte es ihnen abgekauft, er benutzte es als Gästehaus für besonders prominente Gäste (z.B. Mussolini). Es behielt den Namen ›Bechstein-Haus‹.
Seite 25: »Schaub und Linge, die beide ziemlich vertraut mit Hitler

waren, haben ausgesagt, daß Hitler bis 1931 sogar ein starker ›Fleischfresser‹ gewesen sei.«
Linge konnte sich dabei nur auf Erzählungen berufen, er kam erst 1936 als Diener zu Hitler.
Seite 26: »Etwa ein Jahr bevor er mit Morell zusammentraf, hatte er die Bekanntschaft mit einem Mädchen gemacht, das seine hingebungsvolle Begleiterin werden und bleiben sollte.«
Hitler kannte Eva Braun seit 1930, Morell (s. oben) erst seit 1936. Er kannte also Eva Braun schon 6 Jahre vor seiner Bekanntschaft mit Morell!
Seite 27: »Da war z. B. Viktoria von Dirksen, eine ehrgeizige, ›hundertfünfzigprozentige‹ Nationalsozialistin, die es schaffte, dem Führer einmal eine einundzwanzigjährige bildhübsche Verwandte nackt in sein Bett in der Reichskanzlei zu praktizieren. Dort fand Hitler sie; er hat die junge Dame nur höflich gebeten, sich anzuziehen und den Raum zu verlassen.«
Dieses Märchen hat Irving schon mal vor Jahren publiziert, und zwar mit Namensnennung (Sigrid Baroneß von Laffert, sie heiratete später den Grafen Welczeck). Von Reinhard Spitzy (alter Freund von Gräfin Welczeck) wurde Irving aufgefordert, sich bei der Dame zu entschuldigen, eher wäre sie nicht bereit, ihn zu einem Gespräch zu empfangen.
Seite 35: »Auch auf dem viel niedriger gelegenen Berghof [im Gegensatz zum Kehlsteinhaus] hielt er [Hitler] sich aus demselben Grund gar nicht so gern auf.« [Herz!]
Ich habe immer nur das Gegenteil gehört, nirgends war Hitler glücklicher als auf dem Berghof.
Seite 51: »...Julius Schaub war bei einem Luftangriff auf München verwundet worden und nicht mehr da.«
Ich habe nie von einer derartigen Verwundung Schaubs gehört!
Seite 55: »Die neblige Höhe, auf der der Berghof sich befand, bekam ihm [Morell] nicht.«
Normalerweise befand sich der Berghof nicht in nebliger Höhe. Der Obersalzberg wurde 1944 bei Luftwarnung künstlich vernebelt!
Seite 99/100: [Untersuchung durch Dr. Giesing]: »Vielleicht war es die genaueste Untersuchung, die Hitler je erlebt hatte – bis auf seine Autopsie in Moskau.«
Dagegen steht auf Seite 133: »Schließlich – was die Identität seiner Leiche angeht: Die Röntgenaufnahmen von Hitlers Schädel, die die Amerikaner erbeutet haben, passen exakt zu der Zahnprothese, die die Russen aus der verkohlten Leiche Hitlers herausgeholt und nach Moskau geschafft haben.«
Auch Kathi Heusermann – die ehemalige Assistentin von Zahnarzt Prof. Blaschke hat mir erzählt, daß in dem gleichen Flugzeug, mit dem sie nach Moskau verschleppt wurde, in einem Zigarrenkistchen die Zahnprothese Hitlers mitflog.

Seite 108: »...während er selbst [Hitler] im Bett lag, eingehüllt in sein billiges Wehrmachts-Nachthemd...«
Als ob es Wehrmachts-Nachthemden gegeben hätte, d. h. die Soldaten ziehen abends ihre Uniform aus und Nachthemden an! Hitler trug seine eigenen weißen mit roter oder blauer Borte besetzten Privat-Nachthemden.
Seite 111: »Sie [Anni Rehborn] war Hitler in den späten zwanziger Jahren begegnet und hatte seine Aufmerksamkeit auf sich gezogen...«
»...Am 15. August 1933 gab es im oberbayrischen Reit im Winkl, wo Brandt gerade seine Ferien verbrachte, einen bösen Autounfall. Unter den Verletzten war auch Wilhelm Brückner, Hitlers Adjutant. Brandt war hinzugerufen worden...«
In Wirklichkeit: Hitler kannte Anni Rehborn schon seit 1924/25. Die Bekanntschaft war dadurch entstanden, daß Emil Maurice, der mit Hitler zusammen in Landsberg einsaß, Anni Rehborn, deren Bild auf der Berliner Illustrierten erschienen war, zur Weltmeisterschaft im Schwimmen gratuliert hatte. Es entstand ein Briefwechsel. Maurice stellte Anni Rehborn Hitler persönlich vor. Hitler schenkte ihr zu Weihnachten sein zweibändiges Werk ›Mein Kampf‹ in rotem Leder gebunden mit einer Widmung: ›In aufrichtiger Bewunderung‹ und lud sie, falls sie in der Nähe wäre, ein, ihn zu besuchen. Ende Juli 1933 machte sie mit ihrem Verlobten Dr. Karl Brandt in ihrem roten Dixi eine Deutschlandfahrt. Aufgrund ihres Telefongesprächs wurde sie mit ihrem Verlobten zu Hitler ins Haus Wachenfeld eingeladen, wo sie ein paar Tage bleiben wollten. Hitler machte in jener Zeit noch Autoausflüge mit seinen Gästen. Bei einem dieser Ausflüge erlitt Brückner einen schweren Autounfall. Die Anwesenheit Dr. Brandts, der bei dem berühmten Prof. Magnus – einem Spezialisten für Grubenunglücke – am Krankenhaus Bergmannsheil in Bochum tätig war, erwies sich als ein großes Glück. Er versorgte die Verletzen (Brückner und dessen Freundin), operierte persönlich den schwerverletzten Brückner und blieb 8 Wochen im Traunsteiner Krankenhaus bei ihm.
Dies wirkte sich auf Brandts Leben schicksalhaft aus. Hitler, der bisher immer ohne Arzt durch die Lande gefahren war – erkannte nun, wie wichtig die Anwesenheit eines Chirurgen war und fragte Dr. Brandt, ob er bereit sei, die Stelle eines Begleitarztes bei ihm anzunehmen. Brandt erkärte sich bereit, ohne zu ahnen, welch schwerem Schicksal er dadurch ausgeliefert wurde.
Seite 117: »...Ein, zwei Minuten lang dachte Himmler nach, dann reichte er eine Schachtel Zigaretten herum, steckte sich selber eine an und erklärte...«
Gudrun, die Tochter Himmlers, war sehr erstaunt, solches zu hören. Ihr Vater habe nie Zigaretten geraucht!

Seite 131: »Morell floh aus Berlin, und er nahm dabei alle Frauen aus der Reichskanzlei mit, die ebenfalls fortwollten.«
Wen??? Morell tauchte allein im Berghof auf; er war völlig verstört und hätte sich in seinem Zustand keineswegs um ›andere Frauen‹ kümmern können!

Anlage 9

Meine Aufschreibungen für den Psychiater Dr. Douglas M. Kelley im Gefängnis Nürnberg

Der Psychiater Dr. Douglas M. Kelley verlangte am 27. 9. 1945 von uns ›Häuptslingssekretärinnen‹ im Gefängnis von Nürnberg eine schriftliche Arbeit über unsere ehemaligen Chefs. Wir versuchten uns vor der Arbeit zu drücken, wurden aber immer wieder von den weiblichen Offizieren an die Ablieferung gemahnt. Es wurde uns zugesichert, daß die Arbeiten von Dr. Kelley ausschließlich und rein persönlich für seine Arbeit als Psychiater benötigt würden und sie keineswegs zur Veröffentlichung bestimmt seien. So machte ich mich also an die Arbeit.
Als ich nach einigen Jahren in die Freiheit zurückkehrte, machte mich eine Bekannte auf das Buch von Dr. Kelley: »22 Männer um Hitler«, Erinnerungen des amerikanischen Armeearztes und Psychiater am Nürnberger Gefängnis, erschienen im Delphi-Verlag-Olten-Bern, aufmerksam. Ich konnte mich in den Besitz des Buches bringen und fand dann meine Aufschreibungen von damals. Zu meiner großen Überraschung waren sie mit einem Kommentar versehen, der nicht stimmte. Von der Tatsache abgesehen, das ich damals nicht eine Frau gegen Ende Vierzig, sondern der Dreißig war, war ich nicht »untersetzt und ungepflegt«. Auch war ich nicht »seit acht Jahren bei Hitler«, sondern zwölf. Aber vor allem war ich keineswegs »bereitwillig« Kelleys Aufforderung gefolgt, sondern erst nach immer massiver werdenden Anmahnungen seitens der Offizierin. Da weder mein Aussehen noch das im Vorwort angegebene Alter stimmten – Kelley mich auch nur einmal persönlich gesehen hatte –, möchte ich annehmen, daß eine Verwechslung die Ursache für die falschen Angaben im Vorwort war. Ich schrieb ihm dann einen geharnischten Brief, doch erhielt ich keine Antwort. An meiner Arbeit nahm er nur wenig Veränderungen vor, hier gebe ich meine Aufschreibungen, wie ich sie damals machte, wieder:
»Wahrscheinlich glaubt man, daß Hitlers Sekretärinnen fortlaufende Arbeiten für ihn zu erledigen hatten und dadurch Einblick in das innere Getriebe seiner verschiedenen Unternehmungen gewannen. Das ist jedoch nicht der Fall. Ich halte es daher für notwendig, zunächst auseinander zu setzen, welche Art von Arbeit Hitlers Sekretärinnen zu leisten hatten.
In den Jahren vor dem Krieg besaß eine jede ihr besonderes Arbeitsgebiet innerhalb seines Privatbüros, wo lediglich Arbeiten allgemeiner Art erledigt wurden. Hitler erhielt alle wichtigen oder geheimen Briefe, Verträge usw. durch Schaub, der sie einschloß, nachdem Hitler sie gesehen hatte. Diese Regelung bezieht sich auf jene Dokumente,

die Hitler nicht in seinem eigenen Arbeitszimmer aufhob, das von den Sekretärinnen nur gelegentlich und auch dann nur in seiner Gegenwart betreten wurde.
Hitler brauchte die Sekretärinnen nur für einfach Diktate und dadurch war es ihnen nie möglich, ein vollständiges Bild von dem Plan oder dem Erfolg eines Unternehmens zu erhalten. Diese Taktik entsprach Hitlers Grundsatz, nie jemanden etwas wissen zu lassen, was dieser nicht unbedingt wissen mußte. Jene aber, die unbedingt in eine Sache eingeweiht werden mußten, unterrichtete er erst, wenn der Zeitpunkt es unbedingt erforderte.
So wurde z. B. Zweck und Ziel einer Reise streng geheim gehalten. Die Reise zu den Hauptkommandostellen bei Beginn der Operation im Westen ging auf folgende Weise vor sich. Die Personen, die zu seiner Begleitung bestimmt waren, erhielten Bescheid, daß man am Abend abreisen würde. Zweck, Ziel und Dauer dieser Reise wurden nicht bekanntgegeben. Die betreffenden Personen brachte man im Auto aus Berlin hinaus zu einer unbekannten Eisenbahnstation, wo sie Hitlers Privatzug bestiegen, der sich in nördlicher Richtung in Bewegung setzte. Es entstand unter den Passagieren ein Rätselraten, wohin man wohl führe, worauf ein Adjutant sie noch absichtlich irreführte, indem er fragte, ob alle Reisenden Badeanzüge mitgenommen hätten. Dazu bemerkte Hilter selbst, es würde Gelegenheit gegeben sein, ein Seehundfell als Trophäe heimzubringen. Nun vermutete man allgemein, daß es nach Norwegen ginge. Der Zug hielt bis kurz hinter Hannover nördliche Richtung bei und wandte sich dann nach Westen. Am Bahnhof des Ortes, den wir in der Früh, erreichten und in der Umgebung, die wir anschließend im Auto durchfuhren, waren alle Schilder sorgfältig entfernt. Erst als wir das Lager in der Eifel erreichten und vor Hitlers Baracke standen, während man von fern her Geschützdonner vernahm, sagte er zu den Umstehenden: ›Heute früh hat die Offensive gegen die Westmächte begonnen.‹
Dieses Beispiel ist jedoch keine Ausnahme, denn alle Vorgänge spielten sich in ähnlich geheimnisvoller Weise ab. Offensichtlich hing dies damit zusammen, daß Hitler niemandem vollständiges Vertrauen schenkte. Ich hatte den Eindruck, daß Hitler dem einzelnen nur bis zu einem genau festgelegten Punkte traute, so weit es Umstände und Lage erforderten. Dieses allgemeine Mißtrauen Hitlers ging auf seinen ganzen Stab über und bewirkte eine allgemein bedrückte Atmosphäre.
Bis zu den Jahren 1937/38 hatte ich wenig Gelegenheit, irgend etwas über Hitlers Persönlichkeit zu erfahren. Ich sah ihn kurz am Morgen, wenn er ins Amt kam. Wenn Konferenzen zu Ende waren, so erschien er auf einige Minuten in meinem Zimmer, um sich Geschenke anzuschauen, die täglich für ihn eintrafen und die hier ausgestellt wurden. Er war bei diesen Gelegenheiten freundlich und wechselte zeitweise einige Worte mit mir, die sich jedoch lediglich auf Fragen über mein

Befinden erstreckten. Wenn ich erkrankt war, so zeigte er sich besonders aufmerksam. Er sandte dann Geschenke und einmal, als ich mich auf einige Monate in einem Spital befand, kam er mich persönlich besuchen und sagte dem Arzt, daß alles Erforderliche getan werden müsse, um mich gesund zu machen.
Diese Aufmerksamkeit Hitlers erklärt sich aus dem Bedürfnis, jemanden zu behalten, an den er sich gewöhnt hatte. Er war immer besonders freundlich zu jenen, die er im Augenblick brauchte. Mit mir unterhielt er sich vor und nach großen Diktaten in ausgesucht liebenswürdiger Weise, als wisse er, wie anstrengend es war, für ihn zu schreiben.
Gewöhnlich diktierte er Reden und lange Schriftsätze ausschließlich während der Nacht. Offen äußerte er, daß er dann die besten Ideen habe. Aus dem gleichen Grunde legte er sich erst einige Stunden nach Mitternacht zu Bett. Im Laufe der letzten Jahre wurde die Zeit der Nachtruhe immer später gelegt. Während des letzten Monats seines Lebens ging er erst gegen acht Uhr früh zu Bett. Nie schlief er mehr als vier oder fünf Stunden.
Stets verschob er die Diktate bis zur letzten Minute. Bei den Reichstagsreden, die bereits angekündigt waren, mußte man ihn immer daran erinnern, mit dem Diktat zu beginnen. Gewöhnlich gab er dann zur Antwort, er müsse erst die Enwicklung der oder jener politischen Angelegenheit abwarten, um die Rede je nach dem Ergebnis gestalten zu können. War die erwartete Information eingetroffen, so begab er sich gewöhnlich in sein Arbeitszimmer, dachte über den Aufbau der Rede nach und notierte einige der wichtigsten Punkte. Dann begann er unverzüglich mit dem Diktat. Gewöhnlich diktierte er direkt in die Maschine, und zwar aus folgenden Gründen: Erstens wollte er das, was er bereits festgelegt hatte, stets vor Augen haben und zweitens liebte er das ständige Klappern der Schreibmaschine. War er einmal in Schwung gekommen, so diktierte er in raschem, fast rasendem Tempo. Bisweilen steigerte er sich in eine derartige Erregung, daß er direkt furchterregend wirkte. Dies war besonders bei jenen Reden der Fall, die Angriffe gegen Churchill, Roosevelt oder gegen den Bolschewismus enthielten. Dann schwoll seine Stimme bis zur höchsten Lautstärke an; er gestikulierte mit den Händen und sein gerötetes Gesicht zeigte einen wütenden Ausdruck, als ob er den betreffenden Feind direkt vor sich hätte. Wenn er diese ärgerlichen Bemerkungen machte, hatte er die Gewohnheit, stehen zu bleiben, während er sonst während des Diktates ständig auf und ab ging. Manchmal war dieses Auf- und Abgehen schnell, manchmal langsam. In der Erregung sprach er so laut, daß man ihn durch die Doppeltüren und durch mehrere Zimmer hindurch hören konnte.
Er ließ das Manuskript bis zum nächsten Morgen liegen und begann dann mit den Korrekturen, die anscheinend kein Ende nehmen wollten. Gewöhnlich korrigierte er den Text seiner Reden drei- oder vier-

mal. Nach jeder Korrektur mußte die Rede neu abgeschrieben werden. Seine Korrekturen bestanden meist darin, daß er das eine oder andere Wort der ersten Fassung durch einen treffenderen Ausdruck ersetzte. Selbst wenn er festgestellt hatte, daß der Text einer Rede befriedigend war, so beschäftigte er sich noch ständig damit, las verschiedene Stellen laut vor sich hin und begab sich dann zum Reichstag. Während er in den Tagen vor dem Diktat wortkarg und geistesabwesend war, zeigte er sich nachher freundlicher und aufgeschlossener.

Nach 1938 nahm er die Gewohnheit an, seine Sekretärinnen zum Essen oder zum Tee einzuladen; bei Reisen forderte er sie nach langen Diktaten auf, mit ihm in seinem Speisewagen zu essen. Zu den Tischgästen gehörten in erster Linie die Mitglieder seines Stabes und die oder jene, welche gerade mit ihm reisten. Während seines Aufenthalts auf dem Berghof, der oft mehrere Wochen dauerte, nahm er regelmäßig die Mahlzeiten gemeinsam mit seinem Stab und den Gästen ein; auch zu den Nachmittags- und Abendtees liebte er Gäste bei sich zu haben. Trotzdem er oft sagte, daß jeder Mensch seine Freiheit haben müßte, war er äußerst verärgert, wenn es jemand wagte, von diesen Zusammenkünften fern zu bleiben. Selbst während des Krieges wurden Nachmittags- und Abendtees gegeben.

Zu Beginn des Krieges nahm er seine Mahlzeiten im Speisesaal des Hauptquartiers in Gesellschaft der Stabsoffiziere ein. Er brach 1941 plötzlich mit dieser Gewohnheit, weil verschiedene Generale während des Essens entgegengesetzte Meinungen geäußert hatten. Er war der Meinung, daß die Generale bei den gemeinschaftlichen Mahlzeiten es am nötigen Respekt fehlen ließen, und aß von da an allein. Als ihm dies zu langweilig wurde, lud er bisweilen einen Gast ein, der sich zufällig am Hauptquartier aufhielt. Nach einer Weile hatte er jedoch auch diese satt, weil diese Gäste während des Essens stets über dienstliche Angelegenheiten sprachen. Er unterließ daher auch diese Einladungen. Wie ich von den Gästen erfuhr, war es jedoch Hitler selbst, der stets über dienstliche Angelegenheiten zu sprechen begann. Nach 1944 nahm er die Gewohnheit an, mit den Sekretärinnen zu speisen und setzte dies bis zu seinem Tode fort. Man ermahnte diese, nie über dienstliche oder über unangenehme Dinge zu sprechen, und sie kamen der Aufforderung nach, mit der Ausnahme der Fälle, da Hitler selbst verärgert zu Tisch kam und sein eigenes Verbot vergessend, sein Herz ausschüttete.

Hitler war in seiner Lebensweise bescheiden. Er war aus Überzeugung Vegetarier. Alkohol und Nikotin betrachtete er als zerstörende Substanden. Oft hielt er lange eingehende Reden über diese zerstörerischen Wirkungen. Seine Kleidung war ebenso einfach und ohne irgendwelchen Ordensschmuck.

Gleichgültig, in welcher Gesellschaft Hitler sich befand, gleichglültig über welches Thema gesprochen wurde – stets mußte er das Wort führen. Ich hatte oft das Gefühl, daß es für ihn gar keinen Unterschied ausmachte, mit wem er sprach, – daß es ihm nur darauf ankam, Zuhörer zu haben. In seinen Gesprächen berührte er viele Gebiete, aber meist sprach er von sich selbst, seinen Zielen und Ideen. Manchmal kam es vor, daß er innerhalb weniger Tage mehrmals über das gleiche Thema sprach. Er maß diesen Reden über sich selbst große Bedeutung bei. Bisweilen erklärte er, daß Dinge, die ihm vorher unklar gewesen seien, plötzlich klar wurden, während er darüber sprach. Er erwähnte ferner, daß die deutsche Sprache mit ihren zahlreichen Spezialausdrücken für Begriffe besonders geeignet sei, die Brücke zu unerforschten Gebieten des Geistes zu schlagen.

Hitlers Gedächtnis war tatsächlich wunderbar. Er überraschte die Fachleute mit genauen technischen Einzelheiten, die sie selbst im Augenblick vergessen hatten. Er kannte alle deutschen und fremden Schiffstypen und wußte genau, wann die Schiffe ausfuhren, wie groß ihre Tonnage war und welche Ladung sie besaßen. Er erinnerte sich noch nach Jahren, wo und wann er bestimmte Menschen gesehen und worüber er mit ihnen gesprochen.

Er hatte die Baupläne fast aller bedeutenden Gebäude der Welt im Kopfe. Er erinnerte sich an die Ereignisse aus seiner Kindheit ebensogut wie an Ereignisse aus dem Ersten Weltkrieg oder an Vorfälle, die sich während des Kampfes zugetragen hatten. Er besaß die Fähigkeit, sofort das Gelesene zu verstehen und für immer im Gedächtnis festzuhalten. Fragte beispielsweise jemand nach der Länge einer Brücke, so erwies sich Hitlers Angabe stets als richtig, wenn das Lexikon herbeigeschafft wurde, um als Schiedsrichter zu dienen. Kein Wunder, daß niemand es wagte, eine andere Meinung zu äußern, und daß er sich selbst als unfehlbar betrachtete. Dieser Umstand gab seinen Reden starke überzeugende Wirkung. Nie sprach er als ein Mensch, der an den Ergebnissen zweifelte. Er sah nur das Ziel klar und glänzend vor sich und fegte jeden Einwand durch seine Begeisterung hinweg. Aus diesem Grunde waren seine Ansichten, die er oft in klassisch einfacher Form vorbrachte, fest im Gedächtnis seiner Zuhörer eingeprägt.

Nachdem er mit verschiedenen Unternehmungen Erfolg gehabt, obwohl andere ihm davon abgeraten hatten, steigerte sich bei ihm das Gefühl seiner Unbesiegbarkeit bis zum äußersten. Es kam soweit, daß er überhaupt keinen Einwand mehr gelten ließ. Sein eiserner Wille, der ihm bereits in früheren Jahren gestattet hatte, ein bestimmtes Ziel zu erreichen oder einen bestimmten Entschluß durchzusetzen, entwickelte sich immer mehr zum Starrsinn. Äußerte jemand einen Zweifel, so wurde er der Kleinlichkeit bezichtigt. Hitler brauchte dann nur einige Beispiele anzuführen, bei denen er recht behalten hatte, um auch die Zweifler zu überzeugen.

Hitler verstand es ausgezeichnet, den Menschen Vertrauen einzuflößen. Daß dies möglich war, ist wahrscheinlich teilweise darauf zurückzuführen, daß er selbst im höchsten Grade von seiner Mission überzeugt war. Auf alle Fälle brachte er dies selbst öfters zum Ausdruck. Er sah z. B. hierfür einen Beweis in dem Umstand, daß er bei den verschiedenen auf ihn ausgeübten Attentaten nie verletzt worden war, wie bei dem Attentat am 20. Juli 1944, wo er durch ein Wunder mit geringen Verletzungen davonkam. Obwohl er sonst alles ablehnte, was über die irdische Sphäre hinausging, erkannte er in diesem Falle das Walten einer übernatürlichen Kraft, die sich in der Idee eines von Gott auserwählten Menschen manifestierte, d. h. gegenwärtig in seiner Person. Dies wurde zwar nie offen ausgesprochen, aber ich glaube, daß Hitler wohl wußte, welchen Einfluß eine solche Auffassung von seiner Person ausübte. Daher mußte er alles vermeiden, was den Glanz seines Namens trüben konnte. Er verlieh sogar dieser Auffassung noch besonderen Nachdruck, indem er von seiner »nachtwandlerischen Sicherheit« sprach, die es ihm gestattete, gewisse Dinge zu unterlassen oder erst im geeigneten Augenblick zu tun. Er sprach auch von »Vorahnungen«. Tatsächlich äußerte er bereits zu Beginn des Juli 1944 derartige Gefühle. Als er sich auf dem Berghof von Eva Braun verabschiedete, gab er ihr Anweisungen, was sie im Falle seines Todes tun solle. Er sagte zu mir am 19. Juli 1944 während des Mittagessens, daß er von bangen Ahnungen befallen sei. Dann fügte er hinzu, es dürfe ihm jetzt nichts zustoßen, da er keinen Nachfolger habe.

In allen Gesprächen, bei denen wir anwesend waren, betonte Hitler stets, daß alles, was er tat, nur aus dem Wunsch heraus geschehe, dem deutschen Volk eine bessere Zukunft zu bereiten. Nie sprach er über Angelegenheiten, die mit Konzentrationslagern oder Judenverfolgungen zusammenhingen. Er tat uns gegenüber so, als ob derartige Dinge gar nicht existierten. Wenn er bisweilen die Tatsache erwähnte, daß der Krieg eine notwendige Sache sei, daß bei Naturkatastrophen Millionen von Menschenleben vernichtet würden, daß aber hinterher das Leben ruhig seinen Gang weiterginge, so nahm sein Gesicht einen kalten, entschlossenen Ausdruck an. Die Grausamkeit, die man aus dieser Art zu sprechen heraushörte, wurde indes gewissermaßen durch die echte Anteilnahme gemildert, die er zeigte, wenn man ihm vom Unglück eines einzelnen berichtete. Da er einmal auf die Frage, warum er den Engländern nach ihrer Niederlage bei Dünkirchen nicht gefolgt sei, die Antwort gegeben hatte: ›Weil ich Menschenleben sparen wollte‹, so zweifelte ich nicht daran, daß er während des mit unzähligen Opfern verbundenen Luftkrieges über England seelisch stark gelitten hatte. Sein hartnäckiger Wille gestattete indes keine Änderung des einmal eingeschlagenen Kurses.

Sein starker Wille, dem sich alles zu beugen hatte, machte vor der eigenen Person nicht halt. Er war mit sich selbst hart und arbeitete ständig bis zur vollständigen geistigen Erschöpfung. Er beachtete nicht, daß auch der Geist eine gewisse Ruhe braucht, um wieder frisch

22. Juni 1941 um 3.15 Uhr erfolgte der [Ang]riff Hitlers auf Rußland. Mit seinem Son[derz]ug (Bild oben) verließ Hitler am 23. Juni [194]1 um 12.30 Uhr Berlin und fuhr in das FHQ [»Wo]lfsschanze« in Ostpreußen.

[Chri]sta Schroeder vor der Schreibmaschine im [FHQ] »Wolfsschanze« (Bild rechts).

[Im]Kasino-Bunker (Speiseraum I) des FHQ [»Wol]fsschanze« speiste Hitler mit seinen Gene[räle]n und persönlichen Stab bis 1942 (Bild [unte]n).

Hitler diktiert Christa Schroeder 1941 im FHQ ›Wolfsschanze‹, im Hintergrund Dr. Morell.

Die Sperrkreise I und II des FHQ ›Wolfsschanze‹ sowie die Bunker wurden vom Führer-Begleitbataillon und dem RSD streng bewacht (Bilder 1. Reihe).
Eine große gut ausgebaute Funk- und Telefonzentrale gehörten zum FHQ (Bilder 2. Reihe).
Hitlers Arbeitszimmer im FHQ ›Wolfsschanze‹ (Bild unten links). An dem runden Tisch fanden die nächtlichen Tees und Monologe Hitlers statt.
Der Koch des FHQ's, Otto Günther (genannt ›Krümel‹), in der Küche (Bild unten rechts).

...ler bestellte ab 1934 bis 1939 schwere, offene, geländegängige, dreiachsige Mercedes-Benz-Tourenwagen vom Typ 520 G 4 W 31 und ...31, die er bei Manövern, Einmarsch in ...erreich und Tschechoslowakei sowie in allen seinen FHQ's im Kriege benutzte. Die Acht-zylinder-Motoren hatten einen Hubraum von 5000 cm^3 (W 31) und 5552 cm^3 (W 131), sie leisteten 100 bzw. 115 PS bei einer Höchstgeschwindigkeit von 140 km/h. Die Autos waren meist gepanzert und die Reifen beschußsicher. Das Bild zeigt einen Teil von Hitlers Fahrzeugpark auf einen Feldflugplatz in der Nähe des FHQ's ›Felsennest‹ im Mai 1940.

Hitlers Fahrer und Führer des Kraftfahrzeugparkes, Erich Kempka, der Leiter des Reichssicherheitsdienstes (RSD = Kripo), Johann Rattenhuber und der Führer des SS-Begleitkommandos, Bruno Gesche (v.l.n.r.), 1944 im Schloß Klessheim (Bild oben links).

Hitler und sein Leibarzt Dr. Theo Morell 194 im FHQ ›Wolfsschanze‹ (Bild oben rechts).

Hitlers Hausintendant Arthur Kannenberg und Ordonnanzoffizier Heinz Linge sowie ei Diener 1944 im Schloß Klessheim (Bild unte

zu werden. Als seine geistigen und körperlichen Kräfte abnahmen, schonte er sich keineswegs, sondern nahm zu künstlichen Mitteln seine Zuflucht, in der Überzeugung, daß diese im Verein mit seinem eisernen Willen das Unmögliche möglich machen würden.
Im Jahre 1945 wurde sein körperlicher Verfall immer offensichtlicher. Seine linke Hand zitterte stärker und unaufhörlich. Beim Gehen zog er ständig das rechte Bein nach. Anscheinend verursachte ihm das Zittern der linken Hand Schmerzen, denn er versuchte stets, sie mit der rechten Hand festzuhalten. Wollte er sich während des Nachmittagstees auf das Sofa legen, so mußte ein Diener ihm die Beine aufheben, da er selbst nicht mehr dazu fähig war. Er sah kaum noch etwas mit dem rechten Auge und gar nichts mehr mit dem linken. Der geistige Verfall konnte ebenfalls nicht mehr länger verborgen bleiben. Seine Unterhaltung war auf ein erschreckendes Niveau herabgesunken.
Als ich Hitler in der Nacht vom 20. zum 21. April 1945 zum letzten Mal sah, bot er das Bild eines vollkommen gebrochenen Menschen, der nicht mehr imstande war, einen Ausweg aus seiner Lage zu finden.«

Anlage 10

Kommentar zum Buch: ›Heinz Linge – Bis zum Untergang‹

Linge beschränkt sich leider nicht auf Selbsterlebtes und gehört zweifelsohne zu den Menschen, die ihre Position im Nachhinein höchst phantasievoll aufgewertet haben, was schon der Untertitel beweist.
Aus dem Grunde wird es Linge auch ungeheuer geschmeichelt haben, daß Herr Maser in ihn posthum Gedanken und Gespräche (»aufgeschnappt« bzw. als mit Hitler geführt angegeben) integriert, die ihm – Maser – bei seiner großen Kenntnis der zeitgenössischen Memoirenliteratur zu finden nicht schwer gefallen sein dürfte.
Maser verstand diese Sachen stilistisch so einzubauen, daß Außenstehende den Eindruck gewinnen müssen, es handele sich dabei um von Linge Selbsterlebtes. Dies Selbsterlebte erschöpft sich aber schon mit der Aufzählung von Hitlers Tagesablauf, seinen – Linges Dienstleistungen für Hitler, Hitlers Kleidung, seinen Angewohnheiten, seinen Besuchern, nicht zu vergessen die taktlose Bemerkung über seine angeblichen Beobachtungen (Seiten 93/94) anläßlich eines Picknicks, als er mit der gleichen Tätigkeit wie Hitler beschäftigt – neben ihm stehend (!!) Wasser ablassend (!!) des Führers männliche Merkmale in einwandfreier Vollkommenheit gesehen haben will.
Als ob es im Walde nicht für jeden Mann einen eigenen Baum zu diesem Behuf hätte benutzen können und wer (?) hätte es schon gewagt, sich neben Hitler solchen Tuns zu befleißigen bzw. umgekehrt? Jedes männliche Wesen, das ich diesbezüglich interviewte, verneinte die Möglichkeit der Inaugenscheinnahme auf diese Weise. Was soll dies also?
Was haben außerdem die von Maser eingebauten Vernehmungsprotokolle von Prof. Blaschke, Freisler etc. mit der Tätigkeit des Kammerdieners zu tun? Linge war ja selbst nicht mal fähig, Hitlers Version über einen gesunden Lebensstil (Ernährung) wiederzugeben. Da wurde die Niederschrift von Dr. Koeppen vom 5.11.41 abends durch Maser herangezogen (fälschlich angegeben mit dem Datum vom 6.11.41) – und hemmungslos wird behauptet, daß Dr. Koeppen »mitschreiben durfte«. Nichts davon ist wahr. Dr. Koeppen sagte mir, »daß er dies in aller Heimlichkeit tat und den Bericht als ›Geheime Reichssache durch Kurier‹ seinem Chef Rosenberg zustellen ließ. Er sei ja nicht lebensmüde gewesen.«
Zur Chronique scandaleuse möchte er auch gern etwas beisteuern. Hitler und Eva Braun hatten im Berghof 4 Räume für ihr »Intimleben«. Falsch ist die Begründung für den Fortgang von Frau Raubal aus Haus Wachenfeld u. ä. m.
Zu erneuter Diskussion regt aber folgender Satz auf Seite 259 an: »In diesen Wochen (Anfang 1945), in denen Martin Bormann nachschrieb, was Hitler ihm gegenüber äußerte...« Hier kommen die Aufzeichnun-

gen ins Spiel, deretwegen Prof. Baumgarten 1974 bei Fr.... war. Alle Von Prof. Baumgarten befragten Personen verneinten die Möglichkeit, daß Hitler diese Rechtfertigung selbst diktiert habe. Ich vertrat damals die Ansicht, daß Martin Bormann die Ausführungen Hitlers schriftlich festgehalten haben könnte, und untermauerte meine Vermutung damit, daß Martin Bormann absolut in der Lage gewesen war, ganze Passagen Hitlers wortwörtlich wiederzugeben.
Aber ebensogut könnten die Äußerungen auch von anderer kundiger Hand zusammengebastelt worden sein. Maser läßt Linge Sätze – als von Hitler verbal gehört – wiedergeben, die aus diesen »Äußerungen des Führers« abgeschrieben sind. Mein Mißtrauen gegen Maser ist groß. Hat er die Absicht, ein Buch mit diesen Äußerungen herauszugeben, und will dazu die ja nun gedruckt vorliegende Zeugenschaft Linges benutzen? Es wäre nicht fair, nachdem Prof. Baumgarten jahrelang daran gearbeitet und dann, aus Anständigkeit wegen des nicht aufzuklärenden Zustandekommens, im Februar 1973 sein Buchprojekt im Verlag Hoffmann & Campe, Hamburg, zurückgezogen hat.
Hitler sagte übrigens in der Nacht von 24./25. 1. 42 in den »Monologen« (Seite 227): »... Junge ist von meinen Dienern bei weitem der begabteste... Er ist belesen, man glaubt es nicht... Linge ist ein guter Kerl, aber nicht so intelligent, und er vergißt viel.«
Er – Linge – schien nie von Gedanken gequält zu werden, die über den Tag hinausgingen, denn sein Gesicht hatte bereits damals schon den satten Ausdruck, der im Alter verstärkt, deutlich auf dem in der »Welt am Sonntag« gebrachten Foto, sichtbar wird. Inzwischen – zum Zeitpunkt der Herausgabe des Maser'schen Buches – ist er verstorben.

Anlage 11

Anmerkungen zum Buch von Nicolaus von Below – Als Hitlers Adjutant von 1937–1945

Die Vielfalt der Geschehnisse, die Below – an dieser einmaligen Schlüsselposition sitzend – wie kein anderer überblicken konnte, ist groß. Damals wurde ja nur ein kleiner Teil selbst den in der Persönlichen Adjutantur Hitlers tätigen Personen bekannt. Vieles blieb damals im Dunkel, schwebte als Geheimnis um uns herum und bewirkte wohl die oft sehr belastende Atmosphäre, von der man nie wußte, woher sie kam.

Below war acht Jahre lang fast stets an Hitlers Seite, und zwar nicht nur dienstlich, sondern auch privat, nur selten mal durch Urlaub oder Krankheit abwesend. Hitler unterhielt sich gern mit Below, weil dieser nicht nur seine Sympathie besaß, sondern auch zuhören konnte. Und Hitler mußte sprechen, da ihm beim Sprechen neue Erkenntnisse zuwuchsen.

Belows Bericht wird für die Geschichtsforschung aus einem besonderen Grunde von Interesse sein: Bisher hörte man sehr oft:»Hitler wurde von den Generälen über die Lage an den Fronten belogen.« Aber so war es ja nicht. Nach Belows Aufzeichnungen berichteten die Generäle wahrheitsgemäß, wie es die Lage erforderte. Bei gegensätzlicher Meinung über erforderliche Maßnahmen geschah es aber, daß der eine oder andere in die Wüste geschickt wurde. Wie war es möglich, daß Hitler die Wirklichkeit nicht sah? Für mich gibt es nur eine Erklärung: Die täglichen Injektionen Morells, die sicher auch sogenannte ›Gemütsaufheller‹ enthielten, trübten ihm den Sinn für die Realität der wirklichen Gegebenheiten. Er sah aus diesem Zustand heraus alles euphorisch. Below erwähnt, daß Hitler in den letzten Tagen im Bunker plötzlich alt geworden war und apathisch. Warum so plötzlich? Weil Morell mit seinen Wunderinjektionen nicht mehr bei ihm war.

Auf der anderen Seite fiel mir auf, wie ›tüchtig‹ Below Prof. Morell fand, nachdem er sich seiner Behandlung unterzogen hatte. Von Morells evtl. Auswirkungen durch seine Spritzenbehandlung bei Hitler erwähnt er kein Wort. Ich erinnere mich da immer noch, wie Martin Bormann ab und zu sagte, er könnte und würde sich nie von Morell behandeln bzw. anfassen lassen – dies im Gegensatz zu Below – der Morell hier recht dankbar beschreibt.

Oberst von Below hat z. B. die Führerwohnung in Berlin sowohl als auch in München, das Teehaus auf dem Kehlstein, die Neue Reichskanzlei, den Führersonderzug, die verschiedenen FHQ's, den Italien-Besuch Hitlers, den Einmarsch in Österreich usw. anschaulich geschildert, daß ich alle sonst notwendig gewesenen Erklärungen, die ich für erzählenswert gehalten hatte, weglassen kann.

So schildert z. B. v. Below ausführlich Bayreuth. Und ich kann hinzufügen, daß ich im Haus Wahnfried dort eine spannungsreiche Zeit erlebt habe, und zwar, 1936, als Hitler Franco in seinem Kampf mit Truppen und Material unterstützte. Aus diesem Grunde mußte Hitler seinen engsten Stab übertags ständig bei sich haben. Es ging dort zu wie in einem Heerlager. Hitler bewohnte während der Festspiele den Anbau von Wahnfried. Auf diese Weise lernten wir Haus Wahnfried kennen und nahmen an den Mahlzeiten mit Frau Winifred Wagner und ihren Kindern teil, was überaus interessant war.
Einige Fehler (evtl. Druckfehler?): Frau Junge: geb. Humps, Traudl, nicht Trautl Humbs. Kannenberg hieß mit Vornamen Arthur und nicht Willy. Die Diätköchin hieß Constanze Manziarly und nicht Marzialy. Das Foto auf Seite 97 links stellt nicht Mussolini mit Hitler im Colosseum dar.
Seite 282, 16. Zeile von unten: »Bei diesen Tischgesprächen im Jahre 1941 und 1942 haben die Begleiter von Reichsleiter Bormann, Ministerialrat Heim und Dr. Henry Picker, Hitlers Tischgespräche mitstenographiert.« Dies entspricht nicht den Tatsachen! Es müßte heißen: Heim und Picker machten sich im Auftrag von Reichsleiter Bormann ›heimlich‹ Notizen über Hitlers Tischgespräche, die sie anschließend aus dem Gedächtnis aufzeichneten. Hierzu habe ich eine handschriftliche Erklärung Heims, in der ab Seite 7 genau über das Zustandekommen der ›Monologe‹ berichtet wird. Diese Niederschrift hat Heim bereits 1953 abgefaßt, zu jener Zeit, als Genoud sie durch Trevor Roper in englischer Sprache zur Veröffentlichung freigegeben hatte.
Aus Belows Äußerung auf Seite 20: »Ich betrachte die Partei mit großer Zurückhaltung und Mißtrauen«, hinderte ihn aber nicht, seine Ferien in Wien verbringend – durch Schirachs Fürsorge aufs angenehmste verschönen zu lassen, ist ihm kein Vorwurf zu machen, kam er doch aus einer der Monarchie nahestehenden Familie. Das daraus resultierende Standesbewußtsein, das ihm innewohnte und das Buch durchzieht, ist auch kein Grund zu der erwähnten Einstellung.
Daß er manches schreibt, was nicht zutreffend ist, z. B. Ungenauigkeiten über die Funktion Martin Bormanns. Auf Seite 417 spricht er von der »haßerfüllten antikirchlichen Einstellung Bormanns«, dessen Primitivität und Ungeschliffenheit. Martin Bormann war weder primitiv noch ungeschliffen. Das falsche Urteil über Martin Bormann konnte nur bei Menschen entstehen, die nicht begriffen hatten, daß Hitler als Verantwortungsträger hinter Martin Bormann stand. Alles, was Martin Bormann tat, geschah im Auftrag Hitlers! Die von Below erwähnte »haßerfüllte, antikirchliche Einstellung Bormanns« fußte z. B. auf dessen Wissen, daß Hitler sofort nach Beendigung des Krieges den Kampf gegen die Kirche aufnehmen und diesen mit seinem Kirchenaustritt einleiten würde.

Oder nimmt man v. Below mit Recht nicht ab, daß er vorgibt, fast alles aus dem Gedächtnis ohne Unterlagen geschrieben zu haben (Seite 11)? Oder sind die ›Erkenntnisse‹, die Below angeblich bereits damals gehabt hat, der Grund? Selbst wenn man unterstellt, daß v. Below bei allen Besprechungen dabei gewesen wäre, kann er ja nicht wissen, was die Betreffenden dachten. Er wird alle Erinnerungsbücher der erwähnten Generale etc. gelesen haben, in denen diese ihre Gedanken, die sie während oder nach einer Besprechung mit Hitler hatten, festgehalten haben! Daher auch die exakte Angabe der Besprechungstermine!
Hätte er doch besser diese nachträglichen Erkenntnisse weggelassen! Aber die Versuchung, sich im nachhinein mit den Erkenntnissen von heute auszustatten, erliegen wohl fast alle Menschen, wenn sie nicht frei von Eitelkeit sind. Und das ist wohl auch hier der Fall. Die vielen persönlichen Fotos (z. B. »Ein müder Adjutant«, etc.) verleiten jedenfalls zu dieser Annahme.
Aber dies alles sind keine Gründe, das Buch abzulehnen. Aber sind es vielleicht die Briefe, die Below seinem Onkel, dem General a. D. schrieb? Es erscheint mir allerdings fraglich, ob das Buch wirklich mit Akribie gelesen wurde. Mir fielen die Briefe auch erst in der vergangenen Woche in ihrer vollen Bedeutung auf. Aber die meisten aus dem D-D. Kreis kommen ja nicht zum Lesen, was verständlich ist, wenn sie beruflich noch gestreßt sind. So hat z. B. Arno Breker sich nur durch den »Besuch in Paris« durchgelesen, den er sehr dünn fand, womit das Buch beiseite gelegt wurde. Aber er wird leichthin sagen: »Es ist gut, denn von Below ist mein Freund.«
Aber nun zu den Briefen. Obwohl Hitler über die ersten Tage des Rußlandfeldzuges die Wehrmachtsberichte zurückhielt (um dem Russen selbst nicht ein Bild seiner Lage zu geben) schreibt v. Below am 28. 6. 41 einen ausführlichen Brief (Seite 283) an seinen Onkel, in dem er ihm über die erfolgten Operationen an der Ostfront berichtet., um dann fortzufahren: »Die nächsten großen Ziele werden dann Donez-Becken, Moskau und Leningrad sein.«
Bereits auf Seite 231 erwähnte er einen Brief vom 14. Mai 1940 an eben diesen Onkel, wo es zum Schluß heißt: »Der Gegner hat bisher noch in keiner Weise unsere eigentliche Absicht und (den) Schwerpunkt erkannt. Dazu stellt das Heer sich jetzt bereit und dann soll der große Schlag überraschend beginnen. Ich deutete ihn Dir Weihnachten an. Die Ausgangsstellung haben wir erreicht.«
Dies schrieb ein Geheimnisträger (!), der auf Seite 220 den »Grundsätzlichen Befehl Nr. 1« vom 22. Januar erwähnt, nach dem niemand, keine Dienststelle, kein Offizier mehr von einer geheimzuhaltenden Sache erfahren durfte, als aus dienstlichen Gründen unbedingt erforderlich war. Aus das ›gedankenlose‹ Weitergeben von Erlassen, Verfügungen und Mitteilungen, deren Geheimhaltung von entscheidender

Bedeutung ist. Dieser Befehl war in allen militärischen Büros und Schreibstuben aufgehängt!
Ob der Gedanke, man könne ihn womöglich des Landesverrats verdächtigen, ihn nicht von der Veröffentlichung abgehalten haben sollte? Oder will er solche Verdächtigungen womöglich geradezu herbeiführen, um heute ›anzukommen‹? Um zu erkennen zu geben, daß er vielleicht dem Widerstand angehörte?
War er sich nicht bewußt, was mit ihm geschehen wäre, wenn diese Briefe Hitler zur Kenntnis gekommen wären? Sie sind bestimmt nicht durch die Zensur gegangen. Wo die Geheimhaltung bei uns so groß geschrieben wurde, ist es mir einfach unfaßbar, daß Below gegen alle Vernunft die Sicherheitsbestimmungen in dieser Weise umging. Selbst wenn man unterstellt, daß Below von der absoluten Integrität seines Onkels überzeugt gewesen ist, bleibt mir dieses Weitergeben geheimer Pläne ein Rätsel. Die Briefe hätten ja in andere Hände fallen können. Weiß man wirklich, ob der alte Onkel so dicht gehalten hat? Welche Rolle konnte man am Stammtisch mit diesem Wissen spielen, und die Agenten hatten ihre Fühler überall ausgestreckt!
Seite 290: Warum wurde Belows Telefon überwacht? Berechtigter Verdacht? Aus der Luft scheint mir Canaris das Telefonat nicht erfunden zu haben. Alle Geheimnisse scheinen in der Familie die Runde gemacht zu haben.
Seite 348: Wieso wagte man, v. Below zu fragen, ob es kein Mittel gäbe, Hitler das Handwerk zu legen? Rechnete man ihn zum ›Widerstand‹? »Es war für mich unmöglich, mich gegen Hitler zu wenden... Diese Wende herbeizaubern, daß mußten andere tun, wenn sie es für unausweichlich hielten.« Also im Grunde hätte er nichts dagegen gehabt!

Anlage 12

Anmerkungen zum Buch von Henriette von Schirach – Anekdoten um Hitler

Henriette von Schirach hätte ihren Lesern einen Gefallen getan, wenn sie ihrem Buch ein Quellenverzeichnis angehängt hätte, brauchte man doch dann nicht so lange zu überlegen, von wo sie ihre ›Anekdoten‹ abgeschrieben hat bzw. wieviel ihrer üppig wuchernden Phantasie entsprungen ist. Sie hat nicht nur bereits Gedrucktes verwertet, sondern auch Erzählungen von mir – die rein privater Natur waren – ohne mich zu fragen, zum Inhalt verschiedener Geschichten gemacht, wobei sie höchst leichtfertig verfahren ist. Aus einer kurzen sachlichen Bemerkung von mir machte sie z. B. eine farbige Geschichte, die sich über zwei Seiten erstreckt, an der dann aber nur noch 1 Prozent wahr ist. Ein anderesmal macht sie den Charme einer Geschichte – ein Gespräch zwischen Hitler und mir im Anfang meiner Tätigkeit, als er mich nach meinem Vornamen fragte – völlig kaputt. Und das alles, ohne mich vorher zu fragen, ob sie meine Erzählung benutzen dürfe. Ich hätte ihr ja dann das Gespräch – so wie es sich wortwörtlich abgespielt hat – überlassen.

So bringt sie z. B. auf Seite 23 »Hitlers ersten Kuß«, eine Geschichte mit meinem Vornamen Emilie, die ich schon erzählt habe und die sie vollkommen entstellt wiedergegeben hat.

Auf Seite 27/28 findet man »Hitlers Diätköchin«, eine Geschichte, die ich ihr nie so erzählt habe, wie man nachlesen kann.

Seite 29, »Hitlers Harmonie-Bedürfnis«, ist die Auswirkung eines einzigen, in Gegenwart von H. v. Schirach geäußerten Satzes: »Der Führer hatte Benno von Arent beauftragt, eine ›Uniform‹ für uns Sekretärinnen zu entwerfen.« Was daraus geworden ist, kann man nachlesen.

Auf Seite 101 gibt sie voller Phantasie und voller Fehler eine Geschichte: »Das Etui und der Becher« wieder. Zugrunde lag die wahre Begebenheit, die ich in einem Brief vom 25.11.1973 meiner Kollegin Gerda Christian wieder ins Gedächtnis zurückrufen wollte.

Anmerkungen und Hinweise des Herausgebers

1 Walter Frentz, Kameramann, der als Filmberichterstatter der Luftwaffe in das Führerhauptquartier abkommandiert war.
2 ›Die Breitspurbahn Hitlers‹, eine Dokumentation über eine von Hitler geplante Über-Eisenbahn mit einer Spurweite von 3 Metern, die in Verbindung mit Hitlers geplanten städtebaulichen Neugestaltungsmaßnahmen, quer durch Europa und den Balkan führen sollte und an der von 1941 bis 1945 gearbeitet wurde. (Neu aufgelegt bei Herbig Verlag, 1985)
3 Frau Schroeder erzählte, daß dem Zoller-Buch auch die Vernehmungen von Heinrich Hoffmann und Julius Schaub im Lager Augsburg (CIC-Center der 7. US-Armee) zugrunde liegen. In einem Exemplar hatte sie die Stellen durchgestrichen, die nicht von ihr sein sollen. Wenn man das Buch durchblättert, so kann man überschlägig sagen, daß von den 238 Seiten rd. 160–170 Seiten von Frau Schroeder stammen sollen. Allerdings sind nach ihren Einmerkungen dabei auch einzelne Passagen, die von Zoller abgeändert, d. h. mit anderen Worten und Bedeutungen wiedergegeben worden sind. Über den Wahrheitsgehalt der Aussagen zweifelte Frau Schroeder in keiner Weise, nur sollen sie auch in manchen Details polemisch entstellt und nicht ganz exakt wiedergegeben sein. Hier ist auch festzuhalten, daß die Einvernahmen Zollers kurz nach der Gefangennahme der entsprechenden Personen gemacht wurden und der Wahrheitsgehalt dieser Aussagen, unter dem Druck der damaligen Ereignisse, höher zu bewerten ist, als derjenigen, die später gemacht wurden. So gesehen stellt das Zoller-Buch eine ernstzunehmende zeitgeschichtliche Quelle dar, was auch z. B. Gerhard L. Weinberg ausführte (›Hitlers zweites Buch‹).
4 Stenographische Aufzeichnung von Frau Schroeder in einem alten Buch, die sie in der Zeit ihrer Internierung schrieb und die ihr nicht abgenommen wurden. Es trägt die Aufschrift: »Stenographische Übungen« und wurde neben anderen Blättern von Herrn Georg Schmidpeter, Kurzschrifthistoriker in München, aus der Stolze-Schrey Kurzschrift übertragen.
5 Hermann Giesler, geb. am 2. 8. 1898 in Siegen (Westf.), nach Schulausbildung und praktischer Tätigkeit mit 17 Kriegsfreiwilliger. Nach dem Ersten Weltkrieg zuerst als Maurer, dann als Zimmer-

mann tätig, studierte Giesler in München an der Kunstgewerbeschule Architektur. Anschließend in einem Augsburger Architekturbüro tätig, 1926 in Berlin. 1928 selbständiger Keramiker in Altstädten und Sonthofen. Seit dem 1.10.1931 Mitglied der NSDAP, 1933 Bezirksbaumeister in Sonthofen, baute die Ordensburg Sonthofen. 1936 entwarf Giesler das Gauforum in Weimar und führte 1937/38 den Umbau des Hotels Elephant in Weimar durch. 1938 durch Hitler zum Professor an der Hochschule für Baukunst in Weimar ernannt, erstellte er die Entwürfe für das Gauforum Augsburg und die Hohe Schule der NSDAP am Chiemsee. Am 2.12.1938 von Hitler als Generalbaurat mit der Neugestaltung Münchens beauftragt. Ab 1941 neben Prof. Fick zunehmend mit der Neugestaltung der Stadt Linz a. D. beauftragt. Nach Ernennung Speers zum Reichsminister für Bewaffnung und Munition im Februar 1942 wurde Giesler der bevorzugte Architekt Hitlers. Giesler wurde in den letzten Kriegsjahren immer öfter zu Hitler gebeten. Im Februar 1945 (8.2.1945) überbrachte Giesler Hitler noch das fertige Modell der Donauufer-Gestaltung Linz, das dieser im Keller der Reichskanzlei in der Voßstraße aufstellen ließ und stundenlang betrachtete. Von 1945 bis Oktober 1951 als OT-Führer von der US Armee interniert und anschließend als Architekt in Norddeutschland tätig.

6 In ihren Aufzeichnungen schrieb Frau Schroeder nicht Adolf Hitler, sondern sie benutzte immer die Abkürzung A. H., für Eva Braun E. B., für Martin Bormann M. B. usw.

7 Frau Schroeder hat bis 1984 rd. 95% ihrer stenographischen Aufzeichnung (die Herr Schmidpeter auf 162 Maschinenseiten übertrug) in Form von ausgearbeiteten Manuskriptseiten mit der Schreibmaschine geschrieben. Die stenographischen Aufzeichnungen dienten ihr nur als Grundlage für ihr Manuskript, wobei sie teilweise andere Formulierungen und auch Teile aus den von ihr stammenden Passagen aus dem Zoller-Buch verwendete. Die stenographischen Aufzeichnungen sind eine Art von Tagebuch aus der Zeit ihrer Internierung und nicht ein Tagebuch aus ihrer Zeit als Sekretärin Hitlers. Allerdings hat sie darin (z. T. in Stichworten bzw. auch in längeren Passagen) viele Aufzeichnungen aus dieser Zeit gemacht. Ihre Aufzeichnungen aus der Zeit der Internierung sind in ihrem Manuskript gekürzt, da sie viele persönliche und intime Eintragungen enthalten. Frau Schroeder war eine Frau, die sich ihre Sorgen, Kummer und auch ihre Einsamkeit fortschreiben mußte. Soweit Abweichungen bzw. wesentlich andere Formulierungen, Namen usw. in den kurz gefaßten stenographischen Aufzeichnungen von ihrem Schreibmaschinenmanuskript vorhanden sind, habe ich diese als Anmerkung zitiert, um eine möglichst authentische Wiedergabe zu gewährleisten. Dadurch ergeben sich

manchmal zwei Versionen, die in der Sache zwar dasselbe aussagen, aber in der Formulierung anders, bzw. detaillierter sind. Viele Manuskriptseiten von Frau Schroeder stammen aus der Zeit von 1976 bis 1984 und sind in den stenographischen Aufzeichnungen nicht enthalten.

8 Frau Schroeder versuchte immer wieder ein Bild von Hitler zu zeichnen, was ihr aber nicht gelang, da sie, wie sie sagte, zu viele Gesichter von ihm kannte. In verschiedenen Notizen hat sie versucht, seinen Charakter, sein Wesen und seine Ziele als auch seine Maßnahmen und Befehle darzustellen. Sie kam über Entwürfe nicht hinaus, »weil«, so sagte sie, »er in seiner ganzen Vielschichtigkeit und Vielgestalt, das Spektrum reichte von äußerst liebenswürdig und besorgt zuvorkommend, bis zu eiskalter Brutalität«, von ›ihr‹ nicht darzustellen wäre.

In ihrem Exemplar des Zoller-Buches hat Frau Schroeder die nachfolgenden Passagen, Seite 10 unten (sonst gestrichen) und Seite 11 korrigiert und nicht durchgestrichen (Seite 12 wieder gestrichen), so daß dies ihre damalige Version von 1945 darstellen wird: »Er war lange Zeit der alleinige Drahtzieher aller Ereignisse, die sich im Reich abspielten. Alles an ihm war Berechnung und List. Bis zu seinem Tode ist er sich seiner Regierolle bewußt gewesen. Hitler besaß die Gabe einer seltenen magnetischen Ausstrahlungskraft. Er verfügte dazu über den sechsten Sinn und eine hellseherische Intuition, die für ihn oft bestimmend war. Er witterte die Gefahr, die ihn bedrohte, erspürte mysteriös die geheimen Reaktionen der Masse, faszinierte seine Gesprächspartner auf eine unerklärliche Weise. Er hatte die Empfänglichkeit eines Mediums und gleichzeitig den Magnetismus eines Hypnotiseurs. Bedenkt man dann noch, daß er bei den Attentaten durch eine Reihe höchst wunderlicher Umstände gerettet wurde und er daraus den Schluß gezogen hat, die Vorsehung habe ihn für seine Mission bestimmt, so erfaßt man die Bedeutung, die die Imponderabilien in seinem Leben eingenommen haben.

Dies waren, glaube ich, die hervorstechendsten Züge des seltsamsten Menschen, der beinahe die Grundmauern der Welt erschüttert hätte. Es gab nicht einen Hitler, es gab mehrere Hitlers in einer Person. Er war eine Mischung aus Lüge und Wahrheit, aus Treuherzigkeit und Gewalttätigkeit, aus Einfachheit und Luxus, aus Liebenswürdigkeit und Brutalität, aus Mystik und Realismus, aus Kunstinteresse und Barbarei.«

9 Anni Rehborn, geboren am 25. 8. 1904 in Langenberg, die Tochter des Leiters der Bochumer Badeanstalt, war eine ausgezeichnete Schwimmsportlerin und trainierte im Schwimmverein Bochum. Bereits mit 19 Jahren gewann sie 1923 die Deutschen Meisterschaften in 100 m Kraul- und Rückenschwimmen. 1924 wiederholte sie

den Erfolg von 1923 und gewann dann (außer 1926) die deutschen Meisterschaften bis 1929 in 100 m Rückenschwimmen. 1927, bei den Europa-Meisterschaften in Bologna, erhielt sie die Bronce-Medaille (4 × 100 m-Staffel) und den 4. Platz in 100 m Rückenschwimmen. 1928 nahm sie noch an der Olympiade in Amsterdam teil.
Anni Rehborn lernte Hitler 1925 kennen. Als sie 1924 wieder deutsche Schwimmeisterin wurde, erschien ihr Bild auf der Titelseite der Berliner Illustrierten. Emil Maurice, damals Hitlers Begleiter, Intimus und Fahrer, der zu dieser Zeit in der Festung Landsberg a. L. mit Hitler inhaftiert war, gefiel das hübsche Mädchen, und er gratulierte ihr spontan in einem Brief. Es entstand ein Briefwechsel und nach der Entlassung von Maurice im Januar 1925, kam es zu einem Treffen in München, ohne daß jedoch Maurice Anni Rehborn sonderlich gefiel. Bei dieser Gelegenheit wurde Anni Rehborn auch Hitler vorgestellt, und es entwickelte sich zwischen ihm und der damals 20jährigen Rehborn eine Freundschaft dergestalt, daß Hitler ihre Familie aufsuchte, wenn er in Bochum zu tun hatte. Umgekehrt wurde sie von Hitler nach Berchtesgaden auf den Obersalzberg eingeladen.
Als sie sich 1931 bei einem Sprung ins Wasser eine Gesichtsverletzung zugezogen hatte, lernte sie im Bochumer Krankenhaus Bergmannsheil den jungen Chirurgen Dr. Karl Brandt kennen, mit dem sie sich 1932 verlobte. Auf einer Urlaubsfahrt im Sommer 1933 kam sie u. a. mit ihrem Verlobten Hitlers Einladung auf den Obersalzberg nach. Sie nahm auch am 15. 8. 1933 an dem Autoausflug Hitlers teil, bei dem Brückner mit seiner Freundin schwer verunglückte. Dr. Brandt operierte Brückner. Am 17. 3. 1934 heiratete Dr. Brandt Anni Rehborn, Hitler und Göring waren dabei Trauzeugen. Anni Brandt lebte dann mit ihrem Mann in Berlin in der Altonastraße. Sie gehörte bis Kriegsende mit zum engeren und privaten Kreis Hitlers am Berghof.
Im April 1945 brachte Dr. Brandt seine Frau und seinen Sohn aus Berlin nicht auf den Berghof, sondern nach Bad Liebenstein vor den Russen in Sicherheit. Und das nur einen Tag bevor die amerikanische Armee Bad Liebenstein besetzte. Dies und ein Schriftsatz, den Dr. Brandt Hitler am 1. 4. 1945 zuleitete, reichten aus, daß ihn Hitler, nachdem Dr. Brandt 11 Jahre für ihn gearbeitet hatte, zum Tode verurteilen ließ. Frau Brandt lebt heute in Norddeutschland.
10 Eva Anna Paula Braun, geb. 6. 2. 1912 in München, besuchte nach der Volksschule das Lyzeum (Tengstraße), anschließend ab 1928 die Klosterschule (Handelsschule) bei Simbach/Inn. 1929 arbeitete sie 4 bis 5 Monate bei dem Frauenarzt Dr. Gunther Hoffmann in der Theresienstraße. Diese Arbeit gefiel ihr nicht und durch eine Zeitungsannonce erhielt sie einen Arbeitsplatz bei dem Fotografen

Heinrich Hoffmann in der Schellingstraße 50 (Buchhaltung, laufende Büroarbeiten und Filmverkauf). Schon im Oktober 1929, mit 17 Jahren, lernte sie Hitler kennen, der ihr von Hoffmann vorgestellt wurde. Ende 1930 ging der 41jährige Hitler manchmal mit der 18jährigen Eva aus (was Hoffmann geschickt lancierte), ohne ihr jedoch irgendwelche Hoffnungen auf eine engere Bindung zu machen. Wenn Hitler zu Hoffmanns kam, war auch Eva Braun ›immer‹ eingeladen, und so kam zunächst eine lose Freundschaft zustande. Nach dem Selbstmord von Geli Raubal am 18.9.1931 verstand es Eva Braun sehr geschickt am 1.11.1932 durch einen Selbstmordversuch sich Hitlers Aufmerksamkeit zu sichern. Nach einem zweiten Selbstmordversuch 1935 bezog sie am 9.8.1935 als kleine Angestellte Hoffmanns eine ›eigene‹ Wohnung im 1. Stock der Widemeyerstraße 42. Nach der Entlassung von Hitlers Halbschwester Angela Raubal, die Eva Braun nicht leiden konnte, durch Hitler am 18.2.1936, baute Eva Braun ihre Stellung weiter aus. Schon Ende 1935 kaufte Heinrich Hoffmann im Auftrag Hitlers in Bogenhausen eine kleine Villa für sie (Kaufpreis 35 000 RM), die sie am 30.3.1936 bezog.
Bis 1936 wohnte Eva Braun auf dem Obersalzberg immer im Platterhof. Nach dem Weggang von Frau Raubal und dem Bau des Berghofs Mitte 1936, hielt Eva Braun auch Einzug auf dem Berghof und war hier nun mit ihren Schwestern und Freundinnen fester Bestandteil in Hitlers privater Umgebung. Sie konnte Anweisungen treffen, hatte einen kleinen Mercedes mit Chauffeur usw., war aber nicht Hausdame sondern Gast am Berghof. Sie mußte bei allen offiziellen Anlässen im Hintergrund bleiben, was sie oft unleidlich und launisch machte. Sie litt sehr darunter, daß sie sich nie offiziell mit Hitler zeigen durfte. Erst als ihre Schwester Margarete am 3.6.1944 Hermann Fegelein heiratete, dem sie sehr zugetan war, erhielt ihre Stellung einen gewissen offiziellen Status als Fegeleins Schwägerin. Am 26.10.1944 schrieb Eva Braun unter dem Eindruck der immer kritischeren Kriegslage ihr Testament und fuhr am 21.11.1944, als Hitler (mit Fegelein) am 20.11.1944 das FHQ Wolfsschanze für immer verließ, nach Berlin, um am 10.12.1944, als Hitler im Sonderzug in das FHQ Adlerhorst nach Bad Nauheim fuhr (Ardennenoffensive), wieder nach München zurück zu fahren. Bereits am 19.1.1945 war sie nach Hitlers Rückkehr mit ihrer Schwester Margarete wieder in Berlin. Am 6. Februar feierte sie ihren 33. Geburtstag, wobei sie den Mangel an guten Tanzpartnern beklagte (sh. Bormann-Letters). Am 9.2.1945 fuhr sie mit ihrer Schwester Margarete wieder nach München zurück, um dann einen Monat später am 7.3.1945 (sh. Notiz Martin Bormanns v. 7.3.1945: »Abends Eva B. mit Kurierwagen nach Bl. 20.14 Uhr«) bis zu ihrem Tode in Berlin zu bleiben. Interessant ist in diesem Zusammenhang, was Frau Schroeder im

Zoller-Buch geschrieben hat (nicht gestrichen, korrigiert, sh. auch Brief an Zoller betreffend diese Stelle): »Die beiden Aufenthalte Anfang 1945 in Berlin waren für Eva Braun voller Enttäuschung. Hitler, der seit einem Jahr noch strenger vegetarisch lebte, verlangte von ihr, diese Kost mit ihm zu teilen. Sie beklagte sich oft bei mir: ›Jeden Tag haben wir deshalb Streit miteinander, und ich kann nun mal dieses Zeug nicht essen. Überhaupt ist er diesmal so ganz anders als früher. Ich hatte mich so auf Berlin gefreut, aber nun ist er so ganz anders. Der Chef redet mit mir nur noch über das Essen und über Hunde...‹«

»Aufmerksamen Beobachtern«, schrieb Frau Schroeder in ihren stenographischen Aufzeichnung, »die bei den kleinen intimen Festen dabei waren, die Eva Braun in den letzten Wochen ihres Lebens in ihrem Berliner Zimmer der Reichskanzlei vor oder nach einem Luftangriff abhielt, konnte nicht entgehen, daß ihr Hermann Fegelein als Mann sehr gefiel und daß auch er das hübsche Mädchen überaus gern hatte.«

Als Fegelein am 25. 4. 1945 die Reichskanzlei verließ und nicht mehr zurückkam, erkundigte sich Eva Braun, wie verschiedene Zeugen später aussagten, immer wieder nach dem Verbleib Fegeleins. Am 26. 4. rief Fegelein Eva Braun von seiner Berliner Wohnung in der Bleibtreustraße aus an und bat sie, Hitler zu verlassen und zu ihm zu kommen. Man kann sich vorstellen, was Eva Braun empfand, als sie nach der Verhaftung von Fegelein durch den SS-Sturmbannführer (Kriminaldirektor d. RSD) Peter Högl am 27. 4. 1945 gegen Mitternacht, hörte, daß Fegelein in seiner Wohnung eine junge Frau bei sich gehabt hatte. Es ist anzunehmen, daß diese Enttäuschung mit ein wesentlicher Faktor war, ihrem Leben ein Ende zu setzen, bzw. ihr diesen Entschluß leichter machte. Fegelein wurde am 28. 4. 1945 gegen 23 Uhr erschossen.

Am 28. 4. 1945 heiratete Hitler Eva Braun einige Minuten vor Mitternacht und am 30. 4. 1945 gegen 15. 30 Uhr beging sie im Alter von 33 Jahren im Bunker unter dem Park des Reichskanzlerpalais (Wilhelmstraße) Selbstmord durch Gifteinnahme (Blausäure).

11 Dr. med Karl Brandt, geb. 8. 1. 1904 in Mühlhausen (Elsaß), studierte nach dem Abitur an den Universitäten Jena, München, Berlin und Freiburg Medizin. 1928 Staatsexamen und Promotion an der Universität Freiburg. Anschließend chirurgische Fachausbildung im Krankenhaus Bergmannsheil in Bochum bei Prof. Magnus und Prof. Rostock. Im Januar 1932 trat er der NSDAP bei und lernte Hitler bereits im Sommer 1932 in Essen kennen. Nach dem Unfall Brückners im August 1933, wo Hitler auf ihn aufmerksam wurde, kam er im Sommer 1934 als Begleitarzt zu Hitler (Italienreise v. 14. bis 16. 6. 1934). Im November 1933 wurde er Assistenzarzt bei Prof. Magnus an der chirurgischen Klinik in

Berlin in der Ziegelstraße. Nach Eintritt in die SS am 29. 7. 1934 als SS-Unterscharführer, wurde er in rascher Folge bis zum 20. 4. 1944 zum SS-Gruppenführer und Generalleutnant der Waffen SS befördert.
1937 wurde Dr. Brandt erster Arzt an der Chirurgischen Klinik in Berlin. Im Stabe der Reichskanzlei war er bis 1944 in Hitlers Nähe sowie in den FHQ's oder bei Abwesenheit durch Dr. Haase oder Dr. von Hasselbach vertreten. Dr. Karl Brandt gehörte mit seiner Frau zum engeren und privaten Kreis Hitlers am Berghof. Am 5. 9. 1940 wurde Dr. Brandt zum Professor ernannt. 1942 Ernennung zum Generalkommisar des Führers für das Sanitäts- und Gesundheitswesen. 1943 wurden seine Aufgaben dahingehend erweitert, daß ihm die Herstellung von medizinischem Material sowie die medizinische Forschung unterstellt wurde. Am 25. August 1944 von Hitler zum Reichskommisar für das Sanitäts- und Gesundheitswesen ernannt, mit Weisungsbefugnis gegenüber den Dienststellen des Staates, der Partei und der Wehrmacht.
Nach dem Attentat auf Hitler am 20. 7. 1944 wurde Dr. Brandt im September 1944 aller seiner Aufgaben als Begleitarzt bei Hitler im Hauptquartier enthoben (sein Nachfolger wurde Dr. Stumpfegger), weil er Hitler mit Dr. von Hasselbach auf die Praktiken von Dr. Morell hinwies (Vergiftungsgefahr durch große Zahl von Antigas-Tabletten usw.). Doch Hitler, der meinte, ohne Morells Injektionen und Tabletten nicht leben zu können, legte dies wohl als einen Angriff auf sich selbst aus. Außerdem hatte Dr. Brandt 1944 eine schwere Auseinandersetzung mit Himmler wegen der Behandlung von Arbeitern in der synthetischen Benzin-Fabrik Nordhausen.
Am 16. 4. 1945 wurde Dr. Brandt von der SS verhaftet und von SS-Gruppenführer Müller (Gestapo) einvernommen. Es wurde ihm eröffnet, daß er auf persönlichen Befehl Hitlers verhaftet worden sei, da er alle Frauen seines Stabes und auch seine eigene Frau mit Sohn, nach Bad Liebenstein und seine Mitarbeiter nach Garmisch geschickt hatte, damit sie in amerikanische Hände fallen, was ihm als Defaitismus ausgelegt wurde. Außerdem warf man ihm aufgrund eines Berichtes, den er am 1. 4. 1945 an Hitler geschrieben hatte, mangelnden Glauben an den Endsieg vor. Es wurde ihm u. a. sein Bericht gezeigt, der Randanmerkungen von Hitler, wie »Lüge«, »Falschheit«, »Verräter« trugen (sh. Aussagen von Dr. Brandt, APO 413, US-Army vom 18. 6. 1945). Am 17. 4. 1945 wurde er in Goebbels Büro vor ein Standgericht gestellt (Teilnehmer SS-General Berger, Reichsjugendführer Axmann und SA-Führer Granz), das ihn zum Tode verurteilte. Der SS-Gruppenführer Müller eröffnete ihm am 18. 4. im Gestapo-Gefängnis Potsdam, daß er am 19. 4. erschossen werde. Anschließend wurde er nach Schwerin und später nach Kiel gebracht, wo er am 2. 5. 1945 nach Hitlers Tod auf

Anordnung von Speer freigelassen wurde. Am 13. 5. 1945 von der britischen Armee interniert, kam er nach Nürnberg, wo ihm im folgenden Ärzteprozeß die Teilnahme an medizinischen Versuchen an KZ-Häftlingen und an der Euthanasie vorgeworfen wurde (Ernährungsversuche u. a. m.). Am 20. 8. 1947 wurde Dr. Brandt von einem amerikanischen Militärgericht zum Tode verurteilt und am 2. 6. 1948 im Gefängnis Landsberg a. L. im Alter von 44 Jahren durch den Strang hingerichtet.

12 Illustrierte Quick, Nr. 19 vom 5. 5. 1983, Seite 156: »... Diese Aufzeichnungen sind bis zum heutigen Tage nicht veröffentlicht worden. Niemand hat sie gelesen. Und niemand kann sie lesen. Denn Christa Schroeder hat sie in einer nur ihr bekannten geheimen Kurzschrift abgefaßt.«

13 Auch Frau Schroeder reagierte so, sh. z. B. die Bücher von Linge, v. Below, Hoffmann, Krause, Henriette v. Schirach usw.

14 Sh. auch die Affaire von Frau Schroeder mit der Illustrierten Quick, Nr. 18 vom 5. 5. 1983 (S. 156), die mit einem Prozeß endete, obwohl Frau Schroeder ein entsprechendes Honorar angeboten wurde. »... Bis heute hat Christa Schroeder beharrlich geschwiegen, hat Interviews verweigert, stattliche Honorare ausgeschlagen, die man ihr bot – obwohl sie Geld gut gebrauchen könnte ...«

15 Einmal erwähnte Frau Schroeder, daß sie sich als junges Mädchen dadurch in Steno trainierte, daß sie sich z. B. beim Spazierengehen jedes Straßenschild, Ladenanschrift usw. sofort in Steno vorstellte und so ihre Fertigkeit in Steno immer mehr steigern konnte.

16 Die erste Geschäftsstelle der NSDAP wurde am 1. 1. 1920 in dem im Tal gelegenen Sterneckerbräu in München eingerichtet. Als Ende 1921 größere Geschäftsräume benötigt wurden, zog man am 1. 11. 1921 in die Räume einer ehemaligen Gastwirtschaft in die Corneliusstraße 12. Aber auch diese Geschäftsstelle war für die wachsende Partei nach einem Jahr schon wieder zu klein, so daß 1923 ein Teil der SA-Leitung in die Schellingstraße 39 verlegt wurde. Nach dem Putsch 1923 wurden die Geschäftsstellen aufgelöst und das Vermögen der NSDAP beschlagnahmt. Eine neue Geschäftsstelle der NSDAP entstand in einem Zimmer des Verlages Frz. Eher Nachf. in der Thierschstraße 15, als Hitler nach seiner Entlassung aus Landsberg die Partei am 17. 2. 1925 neu gründete. Als diese Geschäftsstelle durch die laufend gestiegenen Mitglieder nicht mehr ausreichte, wurden am 4. 6. 1925 im Rückgebäude der Schellingstraße 50 mehrere Räume gemietet. Obwohl nach einiger Zeit das gesamte Hinterhaus und später auch im Vorderhaus eine Anzahl von Räumen gemietet wurden, genügte es bald den wachsenden Ansprüchen der Parteileitung nicht mehr.

17 Die ›Persönliche Adjutantur des Führers‹, die im Februar 1933 in der Reichskanzlei eingerichtet wurde, hatte kein eigentlich fest

umrissenes Arbeitsgebiet oder Referate bzw. Sachgebiete für ständige Angelegenheiten. Sie war eher eine Verbindungs- und Vermittlungsstelle zu den Staatsstellen, Parteiämtern und Wehrmachtsstellen. In ihr wurden im wesentlichen die unzähligen an Hitler gerichteten Gesuche, Bitten und Anregungen durchgesehen, gesichtet und an die zuständigen Stellen weitergeleitet. Alle wichtigen und geheimen Angelegenheiten wurden von den betreffenden Staats-, Partei- und Wehrmachtsstellen direkt an Hitler herangetragen. Gewisse Anordnungen und Befehle von Hitler wurden zwar durch die Adjutanten Brückner und Schaub weitergegeben, sogar Bestätigungen von Todesurteilen (s. Nachkriegsprozesse gegen Brückner und Schaub, bei denen aber beide freigesprochen wurden), doch im wesentlichen gehörten zu den Aufgaben der Persönlichen Adjutantur die Vorbereitungen von Reisen, Festlegen von Terminen und Organisation sowie repräsentative Vertretung bei den Empfängen jeder Art. Alle geheimen und wichtigen Befehle und Anordnungen wurden von Hitler direkt und persönlich an die betreffenden Minister, Reichsleiter und Ressortchefs erteilt.
Nach einer Anordnung Hitlers vom 17. 11. 1934, die von Bouhler, dem Chef der ›Kanzlei des Führers der NSDAP‹, am 1. 2. 1935 herausgegeben wurde, gehörten zur Persönlichen Adjutantur des Führers: Brückner, Wiedemann, Ebhardt, Wernicke, Schroeder, Schreck, Kempka und Meyer. Weiter heißt es in der genannten Anordnung Bouhlers: »Die gesamte für den Führer und Reichskanzler in der Reichskanzlei eingehende Post wird wie bisher von den Pgg. Kampf sen. und Müller gesichtet, jedoch werden die Briefe gleich hier für die drei Dienststellen: Kanzlei des Führers der NSDAP, Privatkanzlei und Adjutantur, nach den für das Einlaufamt gegebenen Anweisungen getrennt... Die Adjutantur erhält alle persönlichen Einladungen für den Führer usw.«

18 Wilhelm Brückner, geb. 11. 12. 1884 in Baden-Baden, machte nach dem Besuch des Realgymnasiums das Abitur und war anschließend vom 1. 10. 1904 bis zum 30. 9. 1905 als einjähriger Freiwilliger (Kgl. sächs. Inf. Reg. Nr. 105) in Straßburg. Bis August 1914 Studium an der Techn. Universität in München und Werkstudent in Baden-Baden, Frankfurt/M. und München. Vom 3. 8. 1914 bis zum 15. 6. 1918 Militärdienst (Frankreich und Rumänien), bei Ende des Ersten Weltkrieges Oberleutnant und Kompanieführer. Brückner blieb bis zum 28. 2. 1919 bei der Reichswehr (Ersatzbataillon) und bis zum Spätherbst 1919 beim Freikorps Epp in München.
Von 1919 bis 1922 arbeitete Brückner als Ingenieur beim Film (Aufnahmetechnik) bei Arnold & Richter in München und studierte zwischendurch an der Universität München. Von 1922 bis

zum Putsch 1923 SA-Führer (Regiment München) bei der NSDAP (Hauptamtlich bei der NSDAP angestellt vom 1.1.1923 bis zum 31.12.1924). Nach dem Putsch inhaftiert und nach der frühzeitigen Entlassung am 1.4.1924 war er beim Frontbann und studierte zwischendurch 4 Semester Volkswirtschaft und Geschichte, gab aber 1925 das Studium auf. Von 1925 bis Ende 1928 war er Generalsekretär im Verein für das Deutschtum im Ausland in München und anschließend als Tennistrainer, Skilehrer und Vertreter für Sportartikel tätig, bis er am 1.8.1930 Adjutant Hitlers wurde. Am 1.7.1932 zum SA-Oberführer, am 1.3.1933 zum SA-Gruppenführer und am 1.9.1934 zum SA-Obergruppenführer befördert.

Am 18.10.1940 wurde Brückner von Hitler als Chefadjutant entlassen (»Ich habe den ewigen Ärger mit der Adjutantur satt«, sagte Hitler zu Brückner), er trat am 1.6.1941 als Major d.R. in die Wehrmacht im Stabe des Feldkdtr. in Nevers (Frankreich) ein. Anschließend Kreiskommandant in Dijon und Macon. 1943 Beförderung zum Oberstleutnant d.R. Ab September 1944 Rückzug über Antun-Nesvul-Belforc-Tharn. Im Oktober 1944 Kampfkommandant und Rgt. Kdtr. in Oberschulheim und Storzheim. Am 24.11. doppelter rechter Knöchelbruch, Behandlung in den Lazaretten Holzkirchen und Traunstein. Nachträgliche Beförderung zum Oberst d.R. am 1. Dezember wegen Bewährung beim Fronteinsatz im Elsaß. Am 4.5.1945 wurde er im Lazarett Traunstein von der 7. US-Armee interniert und blieb bis zum 22.9.1948 in Haft. Wilhelm Brückner starb am 18.8.1954 in Herbsdorf bei Traunstein im Alter von 70 Jahren.

19 Sh. Musmano papers in der University Library der Duquesne University in Pittsburgh (Pennsylvania) und Schweizerische Allgemeine Volkszeitung, Nr. 42, 43 und 44, Zofingen vom 25.10.1947

20 Johanna Wolf, von Hitler und seiner Umgebung auch ›Wolferl‹ genannt, wurde am 1.6.1900 in München geboren. Besuch der Volks- und Berufsschule, anschließend praktische Bürotätigkeit. 1922 bis 1928 arbeitete sie überwiegend für den Landtagsabgeordneten Dr. Alexander Glaser, der 1924 die Fraktion ›Völkischer Block‹ übernahm. 1923 war sie auch einige Zeit für Dietrich Eckart tätig, den Hitler sehr verehrte, was sich wohl später auch auf Frau Wolf übertrug. Im Mai 1928 arbeitslos, da sie Dr. Glaser aus finanziellen Gründen nicht mehr beschäftigen konnte. Auf Empfehlung anschließend bei Gregor Strasser als Sekretärin im Gau Niederbayern-Oberpfalz. Als der Gau wieder zur Oberpfalz kam, kurze Tätigkeit im Kampfbund f. deutsche Kultur, und als für die Privatkanzlei Hitlers im Herbst 1929 eine Schreibkraft gesucht wurde, kam sie am 1.11.1929, wo sie auch in die NSDAP eintrat, in die Reichsleitung der NSDAP zu Rudolf Heß, der damals noch

Privatsekretär Hitlers war. Arbeitete für Heß und ab 1930 auch für Hitlers Adjutanten Wilhelm Brückner. Fr. Wolf hatte sich aber auch für anfallende Diktate Hitlers zur Verfügung zu halten. Nach der Machtübernahme 1933 durch Hitler ging sie zeitweise mit nach Berlin, wo sie in der Kanzlei Hitlers und später in der Persönlichen Adjutantur als Sekretärin Hitlers arbeitete. Im Krieg war sie auch in den verschiedenen FHQ's Hitlers, fiel jedoch öfters wegen Krankheit aus, außerdem vertrug sie die Flüge und Autofahrten nicht besonders.

In der Nacht vom 21. auf den 22. 4. 1945 wurde sie zusammen mit Frau Schroeder von Hitler verabschiedet und angewiesen, Berlin zu verlassen. Flug vom Flugplatz Tempelhof nach Salzburg und von dort auf den Berghof. Dort blieb sie bis zum 27. April 1945 und fuhr dann zu ihrer Mutter nach Bad Tölz, wo sie am 23. Mai 1945 von CIC-Leuten der 7. US-Armee inhaftiert und in das Lager Augsburg gebracht wurde, wo sie auch Frau Schroeder wieder traf. Dort gab es wohl, wie aus den stenographischen Aufzeichnungen von Frau Schroeder vom 28. 5. 1945 hervorgeht, einige Schwierigkeiten zwischen den beiden Frauen: ». . . Johanna Wolf wohnte im Nebenhaus. Da ich damals die Absicht hatte, auch nach meiner Entlassung im Lager zu bleiben und für den Ami zu arbeiten [damit meint Frau Schroeder Albert Zoller], was ihr bekannt geworden war, sprach sie bei einem Spaziergang derart spitz in ihrer bekannten Art davon, ›daß sie lieber Reinemachefrau würde, als nur eine Stunde länger hier zu bleiben‹, daß es mir ganz klar war, daß dies auf mich ging. Zur Rede gestellt, wich sie natürlich wie immer aus und sagte, daß sie mir ja keine Vorschriften machen könne. Wir kamen dadurch innerlich ganz auseinander. Irgendwie war sie eifersüchtig. Vielleicht hatte sie gehört, daß B. [Capt. Bernhard, alias Albert Zoller] täglich zu mir kam. Sicher meinte sie auch, daß ihre Entlassung durch ihn hinausgezögert worden sei . . .«

Frau Wolf kam von Augsburg in die gleichen Gefängnisse und Lager wie Frau Schroeder und wurde am 14. 1. 1948, also vier Monate früher als Frau Schroeder, aus der Internierung entlassen. Nach ihrer Entlassung lebte sie in Kaufbeuren und dann, nach dem Tode ihrer Mutter, in München, wo sie am 5. 6. 1985 im Alter von 85 Jahren gestorben ist.

Dr. Karl Brandt charakterisierte sie nach dem Kriege (s. Schweizerische Allgemeine Volks-Zeitung, Nr. 43 vom 20. 10. 1947) folgendermaßen:

»Fräulein Wolf, die frühere Privatsekretärin von Dietrich Eckart, war Hitlers älteste Sekretärin. Sie verfügte über besondere menschliche Qualitäten. Ohne jedes Geltungsbedürfnis nahm sie ihre sehr wichtige und einflußreiche Stellung ein. Sie führte ein bescheidenes Leben und in ihrer Freizeit zog sie sich stets zu ihrer achtzigjährigen Mutter zurück. Fräulein Wolf bemühte sich auch stets, interne Differenzen, Eifersüchteleien und Intrigen zu beseitigen. Sie war Hitler eine ergebene und treue Mitarbeiterin und setzte ihre ganze Arbeitskraft ohne Rücksicht auf die Gesundheit ein. In den letzten Jahren versuchten oft jüngere Mitarbeiterinnen auf unschöne Weise das alternde Fräulein Wolf zurückzudrängen. Der Grund dafür aber, daß sie sich etwas zurückzog, lag allein in ihrem angegriffenen Gesundheitszustand. Sie litt an einem Herzfehler und an einem chronischen Gallenleiden. Lange Autofahrten und Flüge konnte sie nicht mehr vertragen. Hitler zeigte sich stets sehr besorgt um sie und verlangte laufende ärztliche Kontrolle und die notwendige Behandlung.«

21 Sh. Kommentar der ›Stuttgarter Zeitung‹, Nr. 98 vom 10. 9. 1947
22 Nach einer stenographischen Notiz von Frau Schroeder (6. 3. 1939) war Lav Alkonic, »... 41 Jahre alt, 1,86 groß, dunkel, leicht graumeliert, sehr sportlich, Professor der Geschichte und Philosophie, Jagdflieger a. D., schwer abgestürzt, aber alles gut verheilt.«
23 Da Frau Schroeder mit dem Jugoslawen Lav Alkonic verlobt war, fragte sie Hitler Anfang 1939: »Mein Führer, wie würden Sie sich verhalten, wenn sich eine Ihrer Sekretärinnen mit einem Jugoslawen verheiraten würde?« Hitler antwortete: »Das kommt gar nicht in Frage.« Frau Schroeder machte daraufhin den Einwand, daß die Sekretärin ja weggehen könnte. Hitler entgegnete kalt: »Das würde ich zu verhindern wissen.« (Sh. auch Notiz eines tel. Gespräch Christa Schroeder am 29. 10. 1971 mit Frau Elke Fröhlich.)
24 Aus einem Brief an ihre Freundin Johanna Nusser, den Frau Schroeder am 22. 2. 1941 vom Berghof schrieb, geht hervor, daß Frau Schroeder Schwierigkeiten hatte: »... Inzwischen habe ich auch mit den betr. Herrn über L. [Lav Alkonic] gesprochen. Der ›Verdacht‹ fußt lediglich auf Djuksić's Schreiben, das seinerzeit von der Postprüfstelle Wien zurückbehalten wurde. Um L. von dem Verdacht, den er selbst verschuldet hat, zu befreien, blieb mir nichts anderes übrig, als der Wahrheit gemäß zu antworten. Die Formulierung ist viell. nicht ganz glücklich, aber ich wußte nicht, wie ich es der Gestapo anders plausibel machen sollte, daß die so schwerwiegende Bemerkung von L. selbst konstruiert wurde. Hoffentlich ist die Sache nun abgetan. Aber in Anbetracht dieses Vorganges können wir ihm – jedenfalls so lange der Krieg dauert – nicht schreiben. Dies riet mir auch der Generalkonsul v. Neuhausen aus Belgrad, mit dem ich auf einer Einladung von General Hanesse im ehem. Rothschild-Palais zusammentraf. Neuhausen war nicht entzückt von L., er habe einige geschäftliche Transaktionen gemacht, die nicht sehr fair gewesen wären. Außerdem glaube er, daß L. mit dem dortigen Generalstab zusammenarbeite. ›Sie verstehen, was ich damit meine‹, sagte er wörtlich. Und

selbst, wenn ich mir nicht das Geringste zu schulden kommen ließe, könne der ›Andere‹ Gespräche, die er angeblich mit mir geführt haben will, konstruieren, also Hand ab.
Der Gestapo-Mann erwähnte dann noch, daß L. bei deutschen Firmen mit ›seinen Beziehungen zur RK‹ [Reichskanzlei] hausieren gehe. Wieviel wahres daran ist, läßt sich schlecht feststellen. Auf jeden Fall sagte ich, das dürfe man nicht so tragisch nehmen, das täte jeder andere auch. Hoffentlich gibt sich das O. K. W. mit meinem Schreiben zufrieden, nicht daß sie noch weiter in der Sache rumfieseln...«

25 Alfred Jodl, geb. 10. 5. 1890 in Würzburg, zog 1895 mit seinen Eltern nach Landau und besuchte ab 1899 in München das Theresiengymnasium. 1903 Aufnahmeprüfung in die Kadettenanstalt. 1910 Dienst als Fähnrich in 4. bayr. Feldart. Rgt. in Augsburg. Anschließend Kriegsschule in München, 1912 Beförderung zum Leutnant (4. bayr. Feldart. Reg.). 1914 als Frontoffizier im Ersten Weltkrieg (Oktober 1914 verwundet). 1917 als Oberleutnant Adjutant beim Art. Kdr. des 8. bayr. Infdv. Nach dem Krieg bei der Reichswehr (Gebirgsart. Landsberg) und 1920 Ausbildung zum Generalstabsoffizier in München, am 5. 5. 1921 Beförderung zum Hauptmann. Lernte Hitler 1923 bei politischen Versammlungen kennen. 1931 Major und ab 1932 zum Reichswehrministerium (T 1) nach Berlin versetzt. 1933 Oberstleutnant und 1935 als Oberst in den ab Februar 1934 so bezeichneten Wehrmachtsamt des Reichskriegsministeriums.
Bei der Neugliederung des Oberkommandos der Wehrmacht (OKW) am 7. 2. 1938 Leiter der Abt. Landesverteidigung. Vom 1. 10. 1938 bis 22. 8. 1939 Art. Kdr. 44 in Wien (April 1939 Generalmajor). Ab dem 23. 8. 1939 im OKW Chef des Wehrmachtsführungsamtes (ab 1. 1. 1942 Wehrmachtsführungsstab). Als Hitlers persönlicher Stabschef beriet er ihn in strategischen und taktischen Fragen. Hitler schätzte Jodl sehr, vielleicht auch deswegen, weil er Bayer war und nicht der adeligen preußischen Offizierskaste entstammte, die Hitler nicht leiden konnte. 1940 zum General d. Art. und am 30. 1. 1944 zum Generaloberst befördert. Am 7. 5. 1945 in Reims unterzeichnete Jodl im Auftrag von Dönitz die Teilkapitulation der Wehrmacht vor den westlichen Alliierten. Mit der Regierung Dönitz am 23. 5. 1945 in Mürwik bei Flensburg interniert, wurde er im Nürnberger Prozeß am 30. 9. 1946 zum Tode verurteilt und am 16. 10. 1946 im Alter von 56 Jahren durch den Strang hingerichtet.

26 Johanna Nusser war eine langjährige Freundin von Frau Schroeder, die später auch bei dem Spruchkammerverfahren als Zeugin aussagte und Frau Schroeder nach ihrer Entlassung aus der Internierung half. Sie gab ihr 1950 die noch vorhandenen Briefe zurück,

die Frau Schroeder an sie aus Berlin, dem Berghof und den Führerhauptquartieren geschrieben hatte. Teile davon hat Frau Schroeder auch David Irving z. Verfügung gestellt, der sie dem Institut für Zeitgeschichte in München übergab. Dies sind aber nur Teile und teilweise überarbeitete Versionen von Frau Schroeder.

27 Die Stellen und Anlagen, von denen aus Hitler seine Feldzüge leitete, wurden ›Führerhauptquartier‹ (FHQ) genannt. Hitler gab den einzelnen Quartieren, die je nach den Feldzügen wechselten, verschiedene Namen, wobei er seinen Decknamen ›Wolf‹ aus der Kampfzeit bevorzugte, den er von Adolf = Arwolf ableitete (Aussage Ada Klein). Frau Schroeder hat folgende Daten notiert, die aber nicht ganz mit den zeitgeschichtlich abgesicherten Daten übereinstimmen:
»1. Führerhauptquartier im Polenfeldzug: 4. 9. 1939 Führer-Sonderzug, a) Bad Polzin, Tucheler Heide, Großborn.
10. 5.–5. 6. 1940: FHQ ›Wolfsschlucht‹ bei Bruly de Pêsche an der belg. franz. Grenze.
27. 6.–5. 7.1940: FHQ ›Tanneberg‹ in Kniebis im nördlichen Schwarzwald.
Ab 24. 6. 1941: FHQ ›Wolfsschanze‹ bei Rastenburg, Bhf. ›Görlitz‹.
16. 7.–30. 10. 1942: FHQ ›Werwolf‹, Mala Michalowska bei Winniza.
10. 12. 44–15. 1. 1945: FHQ ›Adlerhorst‹, Wiesental bei Ziegelberg im Taunus.
Ab 16. 1. 1945: FHQ in Berlin RK.«

28 Hitlers Haus in Obersalzberg wurde nach dem Um- bzw. Neubau 1936 ›Berghof‹ genannt. In Hitlers Stab und im engeren Kreis wurde aber nur vom ›Berg‹ gesprochen. »Auf dem Berg«, »am Berg« usw. waren in diesem Kreis die gängige Bezeichnung dafür.

29 Sh. Anmerkung 20.

30 Heinrich Hoffmann, geb. 12. 9. 1885 in Fürth, arbeitete nach dem Schulbesuch im Fotogeschäft seines Vaters. 1908 kam er nach München und war da als selbständiger Fotograf tätig. Im 1. Weltkrieg Bildberichterstatter. Veröffentlichte 1919 einen Bildband über die Räterepublik. Als 425tes Mitglied trat er, nachdem er Hitler kennengelernt hat, am 6. 4. 1920 der NSDAP bei. Er erhielt von Hitler das ausschließliche Recht, Bilder und Bildberichte von Hitler zu veröffentlichen. Dadurch war es Hoffmann möglich, einen großen Bildverlag mit Filialen in Berlin und Wien aufzubauen. 1933 Mitglied des deutschen Reichstags, 1938 verlieh ihm Hitler den Titel Professor. Nach dem Krieg im Mai 1945 in München von der US-Armee interniert, wurde er am 31. Mai 1950 entlassen. Hoffmann starb am 16. 12. 1957 im Alter von 72 Jahren in München. Nach Frau Schroeders Anmerkungen im Zoller-Buch stammen die Seiten 219–225 von Heinrich Hoffmann. Trotzdem hat sie den Text,

betreffend dem angeblichen Paratyphus Hoffmanns mit rotem Kugelschreiber folgendermaßen korrigiert:
»...Hoffmanns Beteuerungen und das ärztliche Gutachten, daß er niemals Paratyphus gehabt hatte, konnten Hitler nicht überzeugen, er vermied es auch fernerhin mit seinem ›Hoffotografen‹ zusammen zu kommen und verschloß sich allen seinen Rechtfertigungen. Hoffmann war später der Meinung, daß Bormann Hitler eingeredet hatte, es habe sich Hoffmanns Sohn, der ebenfalls Heinrich hieß, in Wien untersuchen lassen und das Attest laute also auf dessen Namen, nicht auf den des Vaters.« (Der letzte Satz ist gestrichen). Weiter auf Seite 226 gestrichen: »...nachdem er Brückner aus dem Wege geräumt hatte« und »...daß Hitler mit Schaub eine aufrichtige Freundschaft« verband.

31 Hier handelt es sich um Helene Maria v. Exner, geb. 16. 4. 1917 in Wien. Sie stammte aus einer Wiener Arztfamilie und arbeitete nach Realgymnasium und Ausbildung an der Wiener Universität als Diätassistentin. Vom 22. 9. 1942–9. 7. 1943 war sie als Diätköchin bei Marschall Antonescu in Bukarest, bevor sie am 15. 7. 1943 zu Hitler kam. Als Fritz Darges, der als Ersatz für den am 18. 10. 1940 entlassenen Max Wünsche Ende 1940 Hitlers Adjutant wurde, sich in sie verliebte, wurde gegen Ende 1943 ihre arische Abstammung überprüft. Dabei stellte sich heraus, daß in der Linie ihrer Großmutter jüdische Vorfahren waren. Hitler entließ sie daraufhin am 8. Mai 1944. Offiziell wurde sie in Urlaub geschickt und ging nach Wien zurück. Hitler veranlaßte später die ›Arisierung‹ der Familie Exner, was Bormann durchführen mußte. Frau v. Exner heiratete später und lebt heute in Österreich.

32 Albert Zoller, geb. 14. 5. 1904 in Metz, flüchtete bei der Besetzung Frankreichs in den von der deutschen Wehrmacht nicht besetzten südöstlichen Teil Frankreichs (Vichy-Regierung), um von da später in die nordfranzösischen Kolonien Algerien und Marokko überzuwechseln. Als Angehöriger einer Spezialeinheit war er im November 1942 (3. bis 7. 11. 1942, brit.-amerik. Landung in Franz. Nordafrika) mit der Durchführung der Landung der Alliierten beteiligt. Nach einiger Zeit als französischer Verbindungsoffizier bei der 8. britischen Armee (General Bernhard Montgomery) in Tunesien, machte er anschließend mit dieser die Landung in Sizilien (10. 7. 1943) und Italien mit. Er trat dann als Verbindungsoffizier (franz. Truppen unter General de Lattre) zu der 7. amerikanischen Armee (General Alexander Patchs) über, mit der er am 15. 8. 1944 in Südfrankreich landete. Anschließend Feldzug mit der 7. US-Armee bis Berchtesgaden.
Zoller spezialisierte sich im Laufe des Feldzuges auf die Einvernahmen von deutschen Gefangenen, wo er schnell zum Fachmann für Radarfragen avancierte. Er verhörte sowohl deutsche Wissen-

schaftler und Techniker als auch zahlreiche hohe Wehrmachtsoffiziere. Als die 7. amerikanische Armee Süddeutschland und Tirol besetzte, wurden viele Größen des Dritten Reiches, die sich nach dort abgesetzt hatten, gefangengenommen. In einem provisorischen Gefangenenlager in Augsburg (Bärensiedlung) wurden sie gesammelt und durch das CIC-Center der 7. US Armee einvernommen. Zoller hat dort als Angehöriger des 7th US Army Interrogations Center viele prominente Größen des Dritten Reichs einvernommen.

33 Frau Schroeder sagte, daß sie die Skizzen Hitlers auf der Terrasse des Berghofs aus einem Schuhkarton genommen habe, als Schaub gerade wieder in Hitlers Arbeitszimmer ging, um den Panzerschrank weiter auszuräumen.

34 Hier handelt es sich um die Tochter von Hitlers Halbschwester, Angela Raubal, geborene Hitler. Ihre Tochter, Angela Maria Raubal, genannt ›Geli‹, wurde am 4. 1. 1908 in Linz geboren, Volksschule und anschließend Staats-Realschule in Linz. Am 14. 7. 1924 besuchte die 16jährige Geli mit ihrem Bruder Leo Hitler im Gefängnis Landsberg a. L. und lernte dort ihren berühmt gewordenen Onkel kennen. 1925 besuchte sie ihn wieder in München auf einem Schulausflug. Nach dem Abitur 1927 holte Hitler die 19jährige, deren Mutter seit März 1927 Hitlers Haushalt im Haus Wachenfeld führte, nach München, wo sie sich am 7. 11. 1927 an der Universität München als Studentin der Medizin immatrikulierte. Sie kam im Oktober 1927 nach München und wohnte in der Pension ›Klein‹ in der Königinstraße 43/0. Nach kurzer Zeit brach sie das Medizinstudium im Wintersemester 1927/28 ab und begann dann eine Gesangs- und Musikausbildung im Gesangsstudio Streck in der Gedonstraße. Am 5. 7. 1928 fuhr sie nach Linz zurück, da ihr Paß am 18. 7. 1928 abgelaufen war. Einen Monat später, am 5. 8. 1928 kam sie wieder nach München und wohnte dann in der Thierschstraße bei Rupprecht, wo in der Nähe auch Hitler seit dem 1. 5. 1920 wohnte (Thierschstraße 41). Als Hitler am 10. 9. 1929 eine 9 Zimmerwohnung am Prinzregentenplatz 16 im zweiten Stock mietete, nahm er am 5. 11. 1929 Geli in seiner Wohnung auf. Der um 19 Jahre ältere Hitler verliebte sich in seine lebenslustige Nichte und nahm sie überall mit hin. Als Geli 1931 einen 16 Jahre älteren Violinisten aus Linz heiraten wollte (Aussage ihrer Mutter am 17. 5. 1945 in Berchtesgaden; CIC, 101st Airborne Division), Hitler und seine Schwester ihr aber den Umgang mit ihm untersagten, erschoß sich die 23jährige Geli am 18. 9. 1931 nach einem Streit mit Hitler in Hitlers Wohnung in München (Schuß in die Herzgegend von oben; verblutet). Die wahren Umstände und Gründe des Selbstmordes konnten nie geklärt werden. Man kann aber annehmen, daß sie – wenn es kein Unfall war – durch die Reglementierung ihres Lebens durch Hitler, in einem Moment der Auswegslosigkeit Selbstmord

beging. Ihre Mutter sagte im Mai 1945 vor d. CIC in Berchtesgaden aus, »...daß diese Handlung ihrer Tochter für sie unerklärlich war.« Wörtlich sagte sie: »...Ich kann es nicht verstehen, warum sie es tat. Vielleicht war es ein Unfall, und Angela tötete sich, während sie mit der Pistole spielte, die sie sich unter der Hand von ihm (A. H.) beschafft hatte.« Die Leiche von Geli wurde nach Wien überführt und dort am 21. 9. 1931 im Wiener Zentralfriedhof beigesetzt. Ihre Zimmer in Hitlers Wohnung und im Haus Wachenfeld wurden von Hitler verschlossen. Erst am 25. April 1945 beauftragte Hitler Schaub mit der restlosen Vernichtung von Gelis gesamten persönlichem Besitz.

35 Aus den stenographischen Aufzeichnungen von Frau Schroeder geht eindeutig hervor, daß Frau Schroeder dem Capt. Bernhard, alias Albert Zoller, freundlich gesinnt war, ihn sympathisch fand und die von ihm gewünschten Aufzeichnungen nicht unter sonderlichen Zwängen gemacht hat. Dafür sprechen u. a. folgende Stellen aus den Stenoaufzeichnungen:

28. 5. 1945: »...Nach 2 Tagen Verhör durch Capitaine Albert Bernhard, Franzose, sehr verbindlich. Ich wurde aufgefordert, schriftliche Arbeiten anzufertigen über die Einstellung des Führers zu seinen ersten Mitarbeitern. B. kam zunächst alle paar Tage und gab mir immer neue schriftliche Anordnungen... B. kommt jetzt täglich. Ich arbeite fleißig und trage Material zusammen... Die unsympathische Kaiser kam zu Besuch. B. führte sie aus. Herzweh!«

21. 5. 1945: »...wurde nach wochenlagen Vermutungen das Lager [Augsburg] tatsächlichen verlegt und zwar nach M. Seckenheim. Großes Gepäck mußte abgegeben werden. Beratung mit B. und dann gab ich es doch fort... B. hat meine Bitte erfüllt und war über Reutlingen gefahren. Unterwegs kam er an das Auto, auf dem ich mit Annemarie Schauermann und dem Amerikaner Limburger saß. Er flüsterte mir, mich mit Augen suchend, zu, daß er nichts erreicht hätte... B. schien durch die Bildergeschichte sehr verärgert. [Hier handelt es sich um die Ölbilder, die Frau Schroeder vom Berghof mitgenommen hatte.] Er setzte sich für mich ein, jedenfalls sagte er es, konnte jedoch nichts erreichen. Ich war sehr unglücklich, spielte wieder mal mit dem Gedanken, Schluß zu machen. Mehr als einmal fühlte ich nach der im Rock eingenähten Phiole mit der Blausäure.

B. kam jetzt seltener. Die Arbeit war ziemlich beendet. Sie muß nur noch nachgefeilt werden und Lichter bekommen...

In Seckenheim war ich aus vielerlei Gründen unglücklich. B. kam sehr selten, der Verlust der Bilder, der Diebstahl meiner letzten Habseligkeiten, die frostige Atmosphäre...«

10. 9. 1945: »B. war kurz da, um sich zu verabschieden für einige

Tage. Hoffentlich müsse ich nicht nach Nürnberg, dann sähe er schwarz... B. sagte, ich solle mir auf jeden Fall die Adresse von Kr. merken...«
Auch ihre Differenzen mit Johanna Wolf im Lager Augsburg (sh. Anmerkung 20), sprechen für ihre damalige, wenn auch kurze, Sympathie für Zoller und auch ihre, zumindest zeitweilige Absicht, »...auch nach meiner Entlassung im Lager zu bleiben und für den Ami zu arbeiten...«

35a Sh. Anmerkung 181
35b Sh. Anmerkung 360
35c Hans Frank, geb. 23.5.1900 in Karlsruhe, nach dem Abitur Studium der Rechtswissenschaften in München, 1923 Eintritt in die NSDAP und Beteiligung am Putsch. Promotion 1924 und ab Mai 1927 mit Heinrich Heim Rechtsanwaltpraxis in München (verteidigte öfter Hitler). Ende 1927 Leiter der Rechtsabteilung und Mitglied der Reichsleitung d. NSDAP. 1930 Mitglied des Reichstags. März 1933 Staatsminister d. Justiz in Bayern, Führer d. Bundes nationalsozialistischer Deutscher Juristen, SS-Obergruppenführer. 1939 Generalgouverneur in Polen. 1945 inhaftiert, wurde Frank im Nürnberger Kriegsverbrecherprozeß zum Tode verurteilt und am 16.10.1946 im Alter von 46 Jahren durch den Strang hingerichtet.

36 Ich glaube nicht, daß diese Version von Frau Schroeder stimmt. Nach ihrer Entlassung aus der Internierung scheint Frau Schroeder bereit gewesen zu sein, mit Zoller zusammenzuarbeiten, und sie scheint auch mit einer Veröffentlichung des Buches in Deutschland unter ihrem Namen, zumindest am Anfang, einverstanden gewesen zu sein. Dafür spricht auch Zollers Einführung in der französischen Ausgabe seines Buches und das stenographische Fragment eines Briefes vom 1.12. – höchstwahrscheinlich von 1948 –, das nur an Zoller gerichtet gewesen sein kann.
Aus der Einführung Zollers in der zuerst erschienenen französischen Ausgabe seines Buches ›Douze ans auprès d'Hitler‹ von 1949 (Seite 10):
»...Keiner dieser Herren war jedoch in der Lage, Hitler mit der Fähigkeit zu analysieren, die derjenigen der jungen Frau vergleichbar war; sie [Frau Schroeder] verstand es, seine Persönlichkeit mit einem Scharfblick, einer Beobachtungsgabe und einer Treffsicherheit heraufzubeschwören, die ihrem Bericht den Stempel absoluter Aufrichtigkeit verleihen.
Bei der Auflösung des ›7th Army Interrogation Center‹ im Dezember 1945 wurde sie als Zeugin nach Nürnberg gebracht, und ich verlor sie dann aus den Augen. Von einem deutschen Entnazifizierungsgericht wurde sie in der Folge zu einer zweijährigen Haftstrafe in einem Internierungslager verurteilt. Nach Verbüßung

Anmerkungen und Hinweise des Herausgebers 299

ihrer Haftstrafe fand sie Aufnahme in einer religiösen Ordensgemeinschaft, wo sie zu groben Küchenarbeiten herangezogen wurde. Dort bin ich ihr wieder begegnet. Wir beschlossen gemeinsam, dieses Buch zu verfassen, in der ausschließlichen Absicht, die Charakterzüge Hitlers festzuhalten und seine psychische Verfassung zu untersuchen...«

Aus dem stenographischen Fragment eines Briefes vom 1. 12. [1948?] von Frau Schroeder (ohne Anschrift), der nur an Zoller gerichtet gewesen sein kann:

»Haben Sie vielen Dank für Ihren Brief vom 1. 12. Ich habe eigentlich die Absicht, Ostern nach Düsseldorf zu kommen, doch leider zerschlug sich mein Plan. Ein Ihnen zugedachter Brief blieb wegen Zeitmangels immer wieder liegen. Es tut mir sehr leid, daß Sie nicht mehr in Düsseldorf sind, denn auf Grund Ihres letzten Briefes hätte ich eine Besprechung sehr begrüßt. Doch da dies wieder nicht möglich ist, will ich versuchen, Ihnen schriftlich meine Absicht mitzuteilen, und zwar, wie Sie es selbst wünschen, in aller Aufrichtigkeit. Ich werde die einzelnen Punkte beziffern, damit Sie keine meiner Fragen übersehen.

1. Welchen Titel soll das Buch bekommen? etwa so: Hitler privat – Erlebnisbericht seiner Sekretärin Christa Schroeder, herausgeben von A. Zoller?
Ohne Sie als Herausgeber zu nennen, könnte ich nicht die Genehmigung zur Veröffentlichung meines Namens geben, da Einführung und verbindende Worte in dem Buch von Ihnen stammen und meine ursprünglichen Aufzeichnungen von Ihrem Stil beeinflußt wurden.
2. Zu Ihrer Bemerkung, daß sich die Reklame auf mich konzentrieren würde, bitte ich um Mitteilung, in welcher Weise sich das in Deutschland auswirken könnte.
    a) Ist geplant, in deutschen Zeitungen oder Zeitschriften Auszüge abzudrucken?
3. Für den Fall, daß es zur Veröffentlichung des Buches in England bzw. Amerika kommt, müssen alle abfälligen, von mir nicht beabsichtigten Bemerkungen über Schaub gestrichen werden, z. B. auf Seite 222: 18 R.: ›charakterlosen unkultivierten‹ Schaub.
S. 227, 1. Zeile: statt ›geheimste‹ ›privateste‹ Anweisungen aus... die letzten 2 Absätze ganz streichen. Dies ist unbedingt erforderlich, auch in Ihrem Interesse. Darüber später mehr.
4. Viele Ausdrücke von Ihnen sind nicht glücklich gewählt, so z. B. auf Seite 110: ›Es ist sicher, daß E. B. [Eva Braun] Leni Riefenstahl in instinktiver Weiblichkeit verabscheute.‹ Dieses Wort ist unmöglich. Es wäre zu ersetzen durch ›haßte‹. Der von Ihnen angehängte Satz: ›Aber hat sie nicht alles in... gerechnet‹... wäre besser ganz zu streichen.

Seite 216: Sie schreiben: ›Dabei hätten die Über... Apparate...‹
Seite 201: 1 R: ›Regelmäßig wurde uns der Ausgang untersagt.‹
Seite 100, 2. Zeile: Statt ›Standartenführer‹... ›General Fegelein‹.
2. Absatz, 12. Zeile: ›Manchmal gab ich ‚ihr' einen Fußtritt‹, ist ein ganz gemeiner Ausdruck, von mir nicht gebraucht. Ebenso wenig wie der folgende Satz: ›Und Adolf wunderte sich dann über das mürrische (?) Benehmen des Tieres.‹...« [Ende des Brieffragmentes].
Als Frau Schroeder wohl aber merkte, daß Zoller stilistisch viel von ihren Aufschreibungen geändert hatte und wie sie ihm schrieb, »... meine ursprünglichen Aufzeichnungen von Ihrem Stil beeinflußt wurden...«, verlangte sie wohl Änderungen, die aber höchstwahrscheinlich nicht mehr durchgeführt werden konnten. So verweigerte sie dann wohl auch ihr Einverständnis, als Verfasserin genannt zu werden.

37 In dem Zoller-Buch finden sich Randanmerkungen von Frau Schroeder, wie z. B.: »von Hoffmann«, »von Schaub«, oder nur »von wem?« Eine weitere Erläuterung dazu gibt eine Durchschrift eines Briefes von Frau Schroeder an Frau Christian vom 21. 11. 1972:
»... Interessant ist aber, daß der franz. Vernehmungsoffizier mir Aussagen in den Mund gelegt hat, die sagenhaft sind, in Wirklichkeit aber seinen vertraulichen Gesprächen mit Generalstäblern entstammen müssen, die er in seiner Eigenschaft als Vernehmungsoffizier, aber bestimmt nicht für ein privat von ihm herausgegebenes Buch hätte verwenden dürfen. Eine raffinierte Methode, solche Aussagen der ›Geheimsekretärin‹ in den Mund zu legen, aber für Außenstehende und nicht Eingeweihte, anscheinend glaubwürdig. Nur ein Beispiel. Der Franzose schreibt – mir in den Mund gelegt –: ›Kam bei Lagebesprechungen das Gespräch auf die Gerüchte über die Massenmorde und Folterungen in den KZ-Lagern, so antwortete Hitler nicht oder brach das Gespräch brüsk ab. Nur selten bequemte er sich zu Antworten, und dann auch nur zu ausweichenden. Vor Zeugen würde er niemals die unmenschliche Härte der von ihm erlassenen Gesetze zugegeben haben.
Eines Tages wurde Himmler von einigen Generalen wegen der in Polen begangenen Greuel zur Rede gestellt. Zu meiner Überraschung verteidigte er sich mit der Versicherung, daß er nur die Befehle des Führers ausführe. Aber gleich darauf fügte er hinzu: ‚Die Person des Führers darf aber auf keinen Fall damit in Zusammenhang gebracht werden. Die volle Verantwortung übernehme ich.'

Es war übrigens selbstverständlich, daß kein Parteigenosse, kein SS-Führer, so einflußreich sie auch gewesen seien, gewagt haben würde, ohne Hitlers Einverständnis so weitgehende Maßnahmen zu treffen...‹
Dieses Vorkommnis erscheint mir absolut glaubwürdig«, bemerkt Frau Schroeder weiter, »und es stammt, es kann nur stammen von jemand, der bei den Lagebesprechungen anwesend war, der aber nicht genannt werden wollte, also hat's die ›Geheimsekretärin‹ gesagt. Raffinierter geht's doch weiß Gott nicht.«
In einer kurzen Steno-Notiz findet sich weiter folgende Anmerkung von Frau Schroeder:
»*Typisch:*
Er [Hitler] will persönlich in Zusammenhang mit bestimmten Dingen einfach nicht in Erscheinung treten. Deshalb die eine Sache, die absolut einwandfrei sozusagen, die andere völlig amoralisch ist: Er erteilte Himmler unter vier Augen Befehl in der jüdischen Angelegenheit, verlangt aber, daß sein Name nie in diesem Zusammenhang fällt, ein Befehl, der auch streng eingehalten wird...«
Hier wäre anzumerken, daß es im Schrifttum des persönlichen Stabes des Reichsführers SS Himmler mehrere Stellen gibt, in denen sich Himmler ausdrücklich auf den Führerbefehl beruft und in seiner Rede vor Generalen am 26. Januar 1944 erklärte er wörtlich: »Als mir der Führer den Befehl erteilte, die totale Endlösung der Judenfrage durchzuführen, hatte ich zunächst Bedenken, ob ich meiner SS so schwere Maßnahmen zumuten könnte. Aber es handelt sich um einen Führerbefehl, so daß alle Bedenken zurückgestellt werden mußten.«

38 Zoller selbst macht in dem Vorwort zu der französischen Ausgabe seines Buches folgende Angaben:
»...In meiner Eigenschaft als verhörender Offizier, Angehöriger des ›7th Army Interrogation Center‹ der amerikanischen Streitkräfte, hatte ich Gelegenheit, unmittelbar in Kontakt mit ihnen zu treten. Eine von Hitlers Sekretärinnen, die ich Mai 1945 im Augsburger Sammellager kennengelernt hatte, wo sie sich in allem, was aus Wehrmacht, Partei und Regierung an Prominenz vertreten war, verlor, ließ später ihren früheren Chef aufgrund von Beobachtungen und Gesprächen, die sie mit ihm geführt hatte, lebendig vor mir erstehen.
In Augsburg habe ich mit einigen wichtigen Vertretern des Nazi-Regimes lange Unterhaltungen über Hitler geführt: mit Göring, mit Funk, dem Nachfolger Schachts, mit Frick, der Hitler die deutsche Staatsbürgerschaft verliehen hatte, mit von Warlimont, dem Chef des Führerhauptquartiers, mit Dr. Morell, seinem Leibarzt, mit Schaub, seinem Adjutanten usw.« (Anm.: Die Angaben zu Frick und Warlimont stimmen nicht.)

39 In der Nacht vom 15. auf 16. 3. 1939.
40 Wilhelm Frick, geb. 12. 3. 1877 in Alsenz (Pfalz), studierte nach dem Abitur Rechtswissenschaft in München, Promotion in Heidelberg. Anschließend 1907 Bezirksamt in Pirmasenz, ab 1904 im Polizeidienst in München (1917 Oberamtmann im Polizeipräsidium und ab 1919 Leiter der politischen Polizei). Frick hatte sehr früh Kontakt zur NSDAP und unterstützte sie, wo er nur konnte. Nach dem Putsch 1923 wegen Beteiligung verurteilt, aber schon 1924 wegen Wahl in den Reichstag vorzeitig entlassen. Frick wurde am 23. 1. 1930 der erste nationalsozialistische Länderminister (Thüringen) und nach der Machtübernahme durch Hitler am 30. 1. 1933 Reichsinnenminister und am 1. Mai 1934 Preußischer Innenminister. Er schuf die ›Juristische Untermauerung‹ der Machtergreifung, wobei er die Weimarer Verfassung aushöhlte. Mit der Zeit trat Frick immer mehr in den Hintergrund (konnte sich gegenüber Göring und Himmler nicht durchsetzen). Am 24. 8. 1943 wurde er der letzte Reichsprotektor für Böhmen und Mähren. 1945 verhaftet und in Nürnberg vor Gericht gestellt wurde er zum Tode verurteilt und als 69jähriger am 16. 10. 1946 durch den Strang hingerichtet.
41 Hans Heinrich Lammers, geb. 27. 5. 1879 in Lublinitz (Oberschlesien), studierte an der Universität Heidelberg und Breslau Rechtswissenschaft (1901 Referendar, 1906 Gerichtsassesor, und 1912 Richter in Beuthen). Von 1914 bis 1918 Militärdienst im Ersten Weltkrieg. 1921 Oberregierungsrat und Promotion. Bereits 1922 als Ministerialrat im Reichsministerium des Innern tätig. Ab 1932 Mitglied der NSDAP, wurde Lammers am 30. 1. 1933 Staatssekretär und im November 1933 Chef der Reichskanzlei. 1937 Reichsminister ohne Geschäftsbereich und 1939 Mitglied des Ministerrates für die Reichsverteidigung, dessen Vorsitzender Göring war. 1940 SS-Obergruppenführer. Lammers gewann im Laufe des Krieges einiges an Einfluß, da er z. B. in Kabinettsitzungen den Vorsitz übernahm, und ab 1943 mußten die Vorlagen, die Hitler zur Unterschrift zugingen, durch Lammers, Keitl und Bormann durchgesehen werden. Anfang 1945 setzte er sich in die Zweigstelle der Reichskanzlei nach Bischofswiesen bei Berchtesgaden ab (hier hatten Lammers, Keitel, Jodl usw. ihre Arbeitssitze, wenn Hitler am Berghof war), wo er in Österreich von der US-Armee verhaftet und über das Lager Augsburg nach Nürnberg gebracht wurde. In dem ›Wilhelmstraßenprozeß‹ wurde er am 14. 4. 1949 durch ein Militärgericht zu 20 Jahren Gefängnis verurteilt, jedoch schon am 16. 12. 1951 entlassen. Dr. Lammers starb 83jährig am 4. 1. 1962 in Düsseldorf.
42 Wilhelm Stuckart, geb. 16. 11. 1902 in Wiesbaden, studierte Rechts- und Volkswirtschaft an den Universitäten Frankfurt und München. Angehöriger des Freikorps Epp und schon im Dezember 1922

Mitglied der NSDAP. 1926 Rechtsberater der Partei in Wiesbaden, Oktober 1926 Referendarexamen, 1928 Promotion. Ab 9. 12. 1930 Richter in Rüdesheim. Am 5. 2. 1932 aus den Staatsdienst ausgeschieden, übernahm er im Gau Pommern den Rechtsschutz der SA und SS. Als Rechtsanwalt und ab 4. 4. 1933 als kom. Oberbürgermeister in Stettin. Ab 30. 6. 1933 Staatsrat im Preuß. Unterrichtsministerium und ab 1. 9. 1933 Mitglied des Preuß. Staatsrates, am 11. 3. 1935 Staatssekretär im Reichsministerium des Innern bei Frick. Beteiligung bei der Erstellung verschiedener NS-Gesetze, Veröffentlichungen über die nationalsozialistische Rechtstheorie und Teilnehmer der Wannseekonferenz im Januar 1942 (SS-Obergruppenführer). 1945 verhaftet und in Nürnberg von einem Militärgericht zu vier Jahren Gefängnis verurteilt. Dr. Stuckart starb im Alter von 51 Jahren bei einem Autounfall 1953.
43 Sh. Anmerkung 30.
44 Franz Felix Pfeffer von Salomon, geb. 19. 2. 1888 in Düsseldorf, studierte nach dem Abitur Rechtswissenschaft an der Universität Heidelberg, anschließend Referendar in Dühmen/W. Ab 1907 Militärschule und am 20. 8. 1909 Leutnant (Inf. Rgt. 13 in Münster/W). Im Ersten Weltkrieg Frontoffizier (hochdekoriert), Oberleutnant 1915, ab September 1918 als Hauptmann im Generalstab tätig. 1918, bis zum Kapp-Putsch im März 1920, Führer des ›Westfälischen Freikorps Pfeffer‹. Wegen Teilnahme am Kapp-Putsch 1920 verurteilt, aber wieder freigelassen. Anschließend Freikorpskämpfer im Baltikum, Litauen, Polen und Oberschlesien. In Libau wurde er durch die Absetzung der lettischen Regierung Ulmanis bekannt. Pfeffer war in verschiedene Femeaktivitäten verwickelt und wurde als Fememörder verfolgt. 1922 im ›Rheinisch-Westfälischen Treubund‹ und ab 1923 im Ruhrkampf gegen die französische Besatzung tätig (Todesurteil durch ein franz. Militärgericht ausgesprochen). Frontbannführer in Elberfeld, Anfang 1924 Übertritt Pfeffers mit seiner Organisation zur NSDAP. Pfeffer wurde SA-Führer und Gauleiter in Westfalen; 1925 Gauleiter Ruhr, nachdem aus den Gauen Rheinland-Nord und Westfalen der neue Gau Ruhr gebildet wurde.
Im August 1926 kam Pfeffer auf Hitlers Wunsch nach München. Hitler ernannte Pfeffer zum Obersten SA-Führer (OSAF), nachdem am 1. 11. 1926 die Oberste SA-Führung in München geschaffen wurde. Neuaufbau und Organisation der SA durch Pfeffer in den Jahren 1927 bis 1930 (SS und HJ wurden u. a. dem OSAF unterstellt). Durch Schwierigkeiten mit der SA, die Pfeffer mit ehemaligen Offizieren zu einer selbständigen Organisation in der Partei ausbaute, wäre Hitler Pfeffer gern bald wieder losgeworden. Als im Juli 1930 der Deutsche Reichstag von Brüning aufgelöst wurde, war für Hitler die politische Lage günstig, und er suchte parlamentari-

schen Boden zu gewinnen. Dazu mußte Hitler aber den selbstbewußten militanten Kurs der SA ändern, und er konnte außerdem nun dem Drängen der Parteileute nachgeben und Pfeffer fallen lassen. So erfolgte am 29. 8. 1930 der ›Rücktritt‹ von Pfeffer als OSAF, und Hitler übernahm selbst am 2. 9. 1930 die Oberste SA-Führung. Er rief Röhm aus Bolivien zurück und ernannte ihn zum Chef des Stabes (später zum Stabschef der SA).

OSAF Pfeffer wurde von Hitler mit Dank verabschiedet. Er blieb in München (Pasing) ohne Amt, aber mit Bezügen wohnen, bis er nach der Wahl am 6. 11. 1932 Reichstagsabgeordneter wurde und nach Berlin ging. 1933 Polizeipräsident in Kassel und 1938 Regierungspräsident in Wiesbaden. Im Zusammenhang mit dem Attentat auf Hitler am 27. 11. 1944 kurze Zeit verhaftet, wurde er nach dem Krieg interniert und lebte nach seiner Entlassung 1946 in Wiesbaden. Später wieder politisch tätig, wurde er 1952 in den Landesvorstand der hessischen DP gewählt. Mitte 1960 kam Pfeffer wieder nach München, wo er am 12. 4. 1968 im Alter von 80 Jahren starb.

45 Otto William Heinrich Wagener, geb. 29. 4. 1888 in Durlach (Baden), nach dem Abitur (9. 7. 1906) Militärschule in Karlsruhe; 1910 Ernennung zum Leutnant und Truppendienst. Vom 1. bis 31. 7. 1914 in Döberitz Kurs als Flugzeugbeobachter. Am 1. 8. 1914 Frontoffizier (55. Res. Inf. Reg.), im November 1914 Oberleutnant und Brigadeadjutant. Am 18. 12. 1915 Hauptmann und Bataillonsführer (3. Res. Inf. Rgt. 110). Ab dem 11. 7. 1916 zum Generalstab der Armeegruppe Stein kommandiert und bis zum 5. 5. 1918 in verschiedenen Stäben tätig. Am 6. 5. 1918 infolge ehrengerichtlichen Spruches mit schlichtem Abschied vom Militär entlassen. Anfang 1919 als Freikorpsoffizier in Polen und ab Sommer 1919 Generalstabschef im Baltikum (Zusammenfassung aller Freikorps zur Deutschen Legion). Im November 1919 nach kurzem Aufenthalt in Karlsruhe wieder als Freikorpsoffizier in Oberschlesien (mit Pfeffer in Torn usw.), Sachsen und Ruhrgebiet bis Februar 1922. Im März 1920 nach dem Kapp-Putsch in Karlsruhe inhaftiert. Anschließend Direktionsassistent in einer Pumpenfabrik und Ende 1920 (1920-1925) in der Nähmaschinenfabrik Haid und Neu seines Vaters (Direktor und Vorstand) sowie auch in anderen Unternehmen als Aufsichtsrat in Karlsruhe. Betätigung in industriellen und sozialen Verbänden, zahlreiche Reisen ins Ausland. 1924 Dr. phil. h. c. an der Universität Würzburg. 1925 verließ Wagener die väterliche Firma und wurde Teilhaber einer Holzfabrik (den Teilhaber, Hauptmann a. D. Gustav Wolff, holt er sich später als Geschäftsführer in das WPA der NSDAP).

Im August 1929 auf dem Parteitag der NSDAP in Nürnberg lernte er Hitler kennen, und als ihm sein Freund Pfeffer vorschlug, bei ihm als Stabschef in der OSAF zu arbeiten, willigte er ein und trat am

16. Juli bis zum 30. Oktober 1942 verlegte
er sein FHQ näher an die Front in die
‑aine. Das FHQ ›Werwolf‹ war 15 km von
niza entfernt und lag an der Straße nach
omur. Es war in einem Wald gelegen und
e ein Schwimmbad. Das FHQ ›Werwolf‹
and aus Blockhäusern mit nur einem Bun‑
Bilder rechts), lag im Wald, hatte ein
wimmbad und war von einem Stachel‑
tzaun gesichert.

21. Juli 1942 besuchte Christa Schroeder in
niza eine der größten Fleischfabriken Ruß‑
s. Das Bild unten zeigt Christa Schroeder
aboratorium des Fleischkombinats
niza.

Hitler übte jeden Tag mit seiner Schäferhündin ›Blondi‹, für die er einen eigenen Hundeführer, Thurow, hatte (Bild oben).

Der zugelaufene Scotchterrier, den Hitler als ›Handfeger‹ bezeichnete, im Zimmer von Christa Schroeder 1942 (Bild links).

Christa Schroeder im Februar 1942 in ihrem Arbeitszimmer im FHQ ›Wolfsschanze‹ (Bild unten).

er mit seinen Adjutanten Julius Schaub
den Sekretärinnen Gerda Daranowski und
anna Wolf 1943 im FHQ ›Wolfsschanze‹.
Sekretärinnen trugen Uniformen, die
no von Arent entworfen hatte.

Der engere Stab Hitlers im Kasino im FHQ
›Werwolf‹ bei Winniza am 20. September 1942
(Bild unten: v.l.n.r. Johanna Wolf, Nicolaus v.
Below, Christa Schroeder, unbekannt, Walter
Hewel, Albert Bormann, Julius Schaub, Jesco
v. Puttkammer, Gerhard Engel, Richard
Schulze).

Am 20. Juli 1944 um 12.42 Uhr explodierte de Sprengkörper, den Graf v. Stauffenberg in de Gästebaracke des FHQ ›Wolfsschanze‹ unter den Lagetisch Hitlers gestellt hatte.

Hitler überlebte und empfing Mussolini um 15.30 Uhr am Bahnhof Görlitz des FHQ (Bild Mitte).

Kurz nach Mitternacht sprach Hitler (Bild unten) über den Sender Königsberg zum deu schen Volk (v.l.n.r.: Dr. Dietrich, Hitler, Bormann, Dönitz, Schaub, Jodel, unbekannt Fernmeldemonteur, Junge, Schroeder).

10. 9. 1929 seine Stelle in der OSAF in München an. Neben anderen organisatorischen Aufgaben beschäftigte er sich vorwiegend mit finanztechnischen- und wirtschaftlichen Fragen der SA. Als Pfeffer von Hitler als OSAF entlassen wurde, übernahm Wagener auf Anordnung Hitlers die Leitung der SA bis zum 31. Dezember 1930 (Rückkehr Röhms aus Bolivien).
Am 1. 1. 1931 wurde Dr. Wagener Leiter des Wirtschaftspolitischen Amtes (WPA) in der Reichsleitung der NSDAP, das im Juni 1932 infolge einer Umorganisation zur ›Hauptabteilung IV‹ (Wirtschaft) wurde. Am 4. 9. 1932 trat er von diesem Amt zurück und ging nach Berlin, wo er im Stabe des Führers zur besonderen Verfügung war. Nach der Machtübernahme Hitlers wurde er am 20. 4. 1933 wieder Leiter des Wirschaftspolitischen Amtes der NSDAP und am 3.5.1933 zum ›Reichskommissar für Wirtschaft‹ ernannt. Dem Druck der Industrie und Görings nachgebend, enthob ihn Hitler plötzlich am 12. 6. 1933 seiner Staats- und Parteiämter (»... die für den Reichsverband deutscher Industrie (RVI) eingesetzten Wirtschaftskommissare Wagener und Möllers wurden abberufen und Wagener wurde auch als Leiter der Wirtschaftspolitischen Abteilung NSDAP abgesetzt...«). Am 28. 6.1938 sollen ihm Hitler und Göring in der Reichskanzlei erklärt haben, daß Telefongespräche abgehört worden sind, wonach Wagener als Nachfolger des zurückgetretenen Wirtschaftsministers Alfred Hugenberger vorgeschoben werden sollte. Am 30. 6. 1933 wurde der aus der Industrie kommende Dr. Kurt Schmitt Reichswirtschaftsminister.
In einem Parteigerichtsverfahren verlangte Dr. Wagener eine Klärung, wo dann festgestellt wurde, daß die Telefongespräche nicht auf Veranlassung Wageners geführt worden sind. Ende 1933 Reichstagsabgeordneter des Wahlkreises Koblenz-Trier. Am 30. 6. 1934 im Zuge der Röhm-Affäre kurze Zeit verhaftet, zog er sich anschließend nach Sachsen auf das von ihm 1932 gekaufte Rittergut Streckenwalde, Post Wiesenbad (Erzgebirge), zurück, wo er sich in der Landwirtschaft betätigte. Er blieb aber bis 1938 Reichstagsabgeordneter und SA-Gruppenführer.
Im Zweiten Weltkrieg wurde Wagener 1940 zum Militärdienst eingezogen und brachte es bis 1944 zum Generalmajor. Von englischen Truppen gefangengenommen, kam er Ende 1944 nach England in ein Kriegsgefangenenlager in Wales. Am 7. Januar 1947 wurde Dr. Wagener nach Italien ausgeliefert, wo ihm Kriegsverbrechen vorgeworfen wurden. Ende 1947 verurteilt, blieb er bis zum 4. 6.1952 in italienischen Gefängnissen inhaftiert. Dr. Wagener betätigte sich Mitte der fünfziger Jahre auch wieder politisch als Vorsitzender der Seeckt-Gesellschaft, einer neutralistisch-nationalistischen Organisation. Er lebte in Chieming-Stöttham (Bayern), wo er am 9. 8. 1971 im Alter von 83 Jahren starb.

46 Aus den stenographischen Aufzeichnungen von Frau Schroeder: »Nach drei Monaten wurde mir gesagt, daß ich der Partei beitreten müsse, da nur Pg. [Parteigenossen] beschäftigt werden dürften. Da ich von Politik nicht das Mindeste verstand, die Stellung aber nicht verlieren wollte, unterschrieb ich also das Beitrittsformular zur NSDAP, und alles war gut. Es änderte sich dadurch nichts in meinem Leben. Dadurch, daß ich Mitglied der Sektion Reichsleitung war, kam ich nie mit den kleinen Dienststellen in Verbindung und wurde bis auf einige Male somit auch niemals aufgefordert, an Versammlungen und dergleichen teilzunehmen. Wohl ging ich einige Male zu den großen Massenkundgebungen, die im Zirkus Krone stattfanden, aber ich konnte keinen Kontakt weder zu den Rednern noch zu den Massen finden und kam mir furchtbar dumm vor.«

47 Baltikumkämpfer waren Angehörige der verschiedenen ›Deutschen Freikorps‹, die 1918/19 zusammen mit Angehörigen der Baltikumländer gegen die Rote Armee gekämpft haben, um das Vordringen der russischen Truppen zu verhindern und die deutsche Ostgrenze zu sichern. Im Herbst 1919 standen mit den Freikorps noch etwa 420000 Mann in Deutschland unter Waffen. Aus den Freikorpskämpfern rekutierten sich später viele militante Anhänger der NSDAP.

48 Nach der Neugründung der NSDAP hatten die Gauleiter die SA in ihrem Bereich mehr oder weniger unter ihrem Kommando. Nach Wageners Darstellung: »... hatte Hitler durchaus erkannt, daß die endgültige Abhängigkeit der Gauleiter von ihm nur durch die Schaffung einer zentral geführten SA erreicht werden kann...« Diese undankbare Aufgabe übertrug Hitler Pfeffer, der sich dessen auch wohl bewußt war.

49 Den unzufriedenen Gauleitern hatte Hitler bereits auf der Generalversammlung der NSDAP im September 1928 klarzumachen versucht, »... daß er die SA vor allem als zentralistisches Instrument seiner Befehlsgewalt brauche, um die Einheit der Partei zu sichern.«

50 In dem Exemplar von Pfeffer, »Die Geschichte der SA«, von Dr. Hans Volz, ist nachzulesen: »Pfeffers Arbeit beschränkte sich nicht nur auf Organisationsfragen, die mit dem SA-Dienst in unmittelbarem Zusammenhang standen, sondern er wollte die straff gegliederte SA gleichzeitig als einen wichtigen Faktor im Kampfe der NSDAP auf wirtschaftlichem Gebiet einsetzen und nahm Aufgaben in Angriff, zu deren Lösung die Partei als solche damals noch nicht imstande war. Dieser Arbeit widmete sich besonders Dr. Wagener, der seit dem August [September] 1929 Pfeffers Stabschef war. Es handelt sich vor allem um das SA-Versicherungswesen und die SA-Wirtschaftsstelle (Zeugmeisterei).« (Interessant ist eine

handschriftliche Anmerkung Pfeffers: »W. [Wagener] kommt hier etwas zu kurz weg.«)
51 Röhm übernahm als Chef des Stabes (später Stabschef) die SA offiziell am 5.1.1931. Vorher erließ er am 1. Januar 1931 einen zündenden Aufruf an die SA.
52 Ernst Röhm, geb. 28.11.1887 in München, nach dem Abitur 1906 Fahnenjunker (Kgl. Bayr. 10. Inf. Rgt. in Ingolstadt). 1908 Kriegsschule in München, Leutnant, 1912 Oberleutnant. Im Ersten Weltkrieg Truppenoffizier (Adjt. b. Batt. d. 10. Inf. Rgt.). Nach verschiedenen Verwundungen (u. a. auch Nasenschuß, es wurde ihm ein Stück aus seinem Oberschenkel eingesetzt) wieder als Adjt. b. 10. Inf. Rgt. 1915 Kompanieführer und Hauptmann. Nach einer erneuten Verwundung vorübergehend Dienst im Bayerischen Kriegsministerium (Adjt. beim Chef d. Armeeleitung v. Kressenstein). 1917 meldete sich Röhm wieder an der Front (Stab d. 12. bayr. Inf. Div. in Rumänien). Ende 1917 bis zum Kriegsende an der Westfront beim Generalstab d. 12. bayr. Inf. Div., wo er General Ludendorff kennenlernte. Ab 1. Januar 1919 als Adjutant der 11. Bayr. Inf. Brigade wieder in Ingolstadt und anschließend zum ›Bayerischen Schützenkorps‹ nach Ohruf unter Oberst v. Epp. Als am 26. 4. 1919 das Korps Epp dem Gruppenkommando West unterstellt wurde, war Röhm Anfang Mai 1919 bei der Befreiung Münchens von der Räteherrschaft dabei. Anschließend in der Stadtkommandantur. 1921 im Stab des Bayrischen Schützenkorps (Oberst v. Epp), dort mit der Verwaltung des Waffenreferats betraut. Diesen Posten baute Röhm zur Zentrale für alle Waffenangelegenheiten und als Verbindungsstelle zu den verschiedenen Verbänden in Bayern – u. a. auch der NSDAP – aus.
Röhm lernte Hitler schon 1919 kennen und trat im Januar 1920 (Mitglied Nr. 623, d. h. als 123tes Mitglied) der Partei bei. Half bei der Organisation der NSDAP (Röhm war einer der wenigen, die Hitler mit ›du‹ ansprachen) und besorgte beim Putsch 1923 Waffen. Wegen aktiver Teilnahme (Besetzung des Wehrkreiskommandos des Kriegsministeriums i. d. Schönfeldstraße) verurteilt, im Dezember 1923 aus der Reichswehr entlassen. 1924 Reichstagsabgeordneter der ›Nationalsozialistischen Freiheitspartei‹ wurde er Organisator des ›Frontbann‹, einer national-militanten Nachfolgeorganisation der SA und der Wehrverbände. Als Hitler am 20. 12. 1924 aus Landsberg entlassen wurde und er mit Röhms Absicht, den Frontbann ohne parteipolitische Bindung (ebenso wie Ludendorff) über den damaligen völkischen Parteigliederungen stehen zu lassen, nicht einverstanden war (Hitler wollte »seine« Partei), legte Röhm, nachdem er noch am 17. 2. 1925 die Führung der SA übernommen hatte, am 1. 5. 1925 die Führung des Frontbann und der SA nieder. (»...Der Weg, den ich zur Erreichung dieses Zieles [Zusam-

menschluß von deutschen Frontsoldaten und deutsche Jugend in einem wehrhaften Verband] gegangen bin«, schrieb Röhm am 1. 5. 1925, »hat nicht die Unterstützung Seiner Exz. des Generals Ludendorff und nicht die Billigung Adolf Hitlers gefunden. Auf der anderen Seite vermag ich auch eine Wehrbewegung, wie sie Exz. Ludendorff fordert, und eine SA, wie sie Adolf Hitler für notwendig hält, nicht zu führen. Ebensowenig denke ich jedoch daran, ohne Unterstützung dieser Männer oder gar gegen ihren Willen einen Verband, der auf den Nationalsozialismus eingestellt ist, zu führen.«)

Röhm ging 1928 nach Bolivien, war bis Ende 1929 als Ausbilder in der bolivianischen Armee (Oberstleutnant) tätig. Als ihm Hitler nach der Entlassung von Pfeffer wieder die Führung der SA anbot, wurde er am 5. 1. 1931 Chef des Stabes (später Stabschef der SA). Nach der Machtübernahme Hitlers am 1. 1. 1933 Reichsminister ohne Geschäftsbereich und am 1. 12. 1933 Staatsminister der Bayerischen Staatsregierung. Als die Forderungen der SA nach einer ›zweiten Revolution‹ immer stärker wurden und Röhm in Reichswehrkreisen, Industrie sowie bürgerlichen Kreisen durch sein revolutionär, rabaukenhaft-militantes Gebaren und seine Forderung, die SA zu einem selbständigen Volksheer unter seiner Führung auszubauen auf Widerstand stieß, wurde er Hitler unbequem und zu einem Risiko. Hitler verhaftete Röhm am 30. 6. 1934 in Bad Wiessee und ließ ihn im Gefängnis Stadelheim in München ermorden. Röhm wurde durch den SS-Führer Eicke eine geladene Pistole ausgehändigt, mit dem Befehl, sich in 10 Minuten zu erschießen. Nachdem Röhm dieser Aufforderung nicht nachkam, wurde der 47jährige durch die SS-Führer Eicke und Lippert um sechs Uhr abends durch drei Revolverschüsse in Brust, Hals und Herz erschossen.

53 Die Hitler-Jugend (HJ) entstand in Plauen (Vogtland) unter Paul Kurt Gruber, geboren am 21. 10. 1904 in Syrau bei Plauen. Bei dem Deutschen Turnfest am 15. 7. 1923 hatte er die NSDAP und den Jungsturm Adolf Hitler kennengelernt, nach dessen Vorbild er seine Gruppe in Plauen aufzog. Am 2. 10. 1925 durch Hitler zum Führer der nationalsozialistischen Jugendbewegung bestellt. Am 3. und 4. 7. 1926 in Weimar wurde die Großdeutsche Jugendbewegung in »Hitler-Jugend, Bund deutscher Arbeiterjugend« (HJ), benannt. Gruber wurde erster Reichsführer der HJ und kam als Referent für Jugendfragen in die Reichsleitung der NSDAP. Im November 1926 Unterstellung der HJ als Jugendorganisation der SA unter OSAF Pfeffer. Am 27. 4. 1931 wurde die Reichsleitung der HJ von Plauen nach München verlegt. Mit dieser Verlegung war der Einbau der HJ in den Parteiapparat der NSDAP abgeschlossen. Am 29. 10. 1931 trat Kurt Gruber als Reichsleiter der HJ zurück, und am 30. 10.

1931 wurde Baldur von Schirach Reichsjugendführer und Leiter der neugeschaffenen Dienststelle »Reichsjugendführer der NSDAP«.

54 Als die Räume der Reichsleitung der NSDAP in der Schellingstraße 50 nicht mehr ausreichten, kaufte Hitler am 5. 7. 1930 für 1,5 Mio Reichsmark das ehemalige Barlow-Palais an der Briennerstraße 45. Das 1828 erbaute Palais wurde durch Prof. Troost und Hitler umgebaut und das Dachgeschoß zu einem Stockwerk erweitert. Schon am 1. 1. 1931 wurde, das nun ›Braunes Haus‹ genannte Gebäude, von der gesamten Reichsleitung der NSDAP bezogen (im Erdgeschoß links Reichsschatzmeister Schwarz, rechts das Oberste Parteigericht unter Buch, im 1. Stock Hitlers Räume, die Oberste SA-Führung, Zimmer von Heß sowie die des Reichsgeschäftsführers Bouhler. Im 2. Stock die Rechtsabteilung, die Kanzlei Hitlers und später die Reichspressestelle. Im 3. Stock Reichsführung der SS und das Parteiarchiv (später Reichsrevisoren und Reichspolitische Abt. d. NSDAP). Später wurden noch verschiedene Gebäude dazu gekauft und im Zuge der Umgestaltung des Königsplatzes an der Arcisstraße der Führerbau und Verwaltungsbau neu gebaut, die heute noch erhalten sind.

55 M. A. Turner, Jr. schrieb in der Einleitung seines Buches »Hitler aus nächster Nähe«: »... Wageners Bemühungen, Hitlers Äußerungen möglichst getreu festzuhalten, wurde dadurch gesteigert, daß er fest davon überzeugt war, Hitler habe ihm, im Gegensatz zu den meisten Personen seiner Umgebung, seine wahren Gedanken aufgedeckt. ›Hitler hat‹, schrieb er [Wagener] 1946 – allen Ernstes –, ›kaum einem anderen so häufig und so lange seinen Genius offenbart.‹ Daran glaubte Wagener offensichtlich fest, obwohl er selbst in einem enthüllenden Passus in den Aufzeichnungen darüber berichtet, wie Hitler ihn davor gewarnt habe, seine Äußerungen als seine wahre Meinung anzusehen, weil es seine Gewohnheit sei, verschiedene, sogar engegengesetzte Gesichtspunkte zu prüfen, indem er sie sich zu eigen mache.« Letzteres bestätigte auch immer wieder Frau Schroeder von Hitler, der auch in späteren Jahren nach diesem Grundsatz weiter verfuhr.

56 Gregor Strasser, geb. 31. 5. 1892 in Geisenfeld, besuchte nach dem Abitur in Burghausen und praktischer Tätigkeit die Universität München und Erlangen (Approb. als Apotheker). Am 1. August 1914 Kriegsfreiwilliger beim 1. bayr. Fußart. Rgt. und ab dem 7. 1. 1916 als Leutnant d. R. bis Kriegsende an der Front. Anschließend beim Freikorps Epp, wo er sein Sturmbatallion Niederbayern führte (Befreiung Münchens v. d. Räterepublik). Am 1. 1. 1920 selbständig (kaufte in Landshut eine Medizinaldrogerie). 1921 ging Strasser mit seinen Gefolgsleuten zur NSDAP Hitlers über, der ihn als Gauleiter von Niederbayern einsetzte. Wegen aktiver Teil-

nahme mit seinem SA-Batallion aus Landshut am Putsch 1923 in Landsberg inhaftiert und verurteilt. Frühzeitige Entlassung, da er bei der Wahl am 6. 4. 1924 als Abgeordneter in den Bayerischen Landtag gewählt wurde. Fraktionsführer des am 7. 1. 1924 in Bamberg gegründeten ›Völkischen Block in Bayern‹, wo Strasser den nationalsozialistischen Flügel vertrat. Am 7. 12. 1924 Wahl zum Reichstagsabgeordneten der ›Nationalsozialistischen Freiheitspartei‹. Nach der Haftentlassung Hitlers im Dezember 1924 legte Strasser mit Ludendorff und v. Graefe am 12. 2. 1925 die Reichsführerschaft der ›Nationalsozialistischen Freiheitspartei‹ nieder, und am 29. 4. trennte er sich von den Deutsch-Völkischen.

Ab dem 10. 7. 1925 organisierte Strasser die NSDAP in Norddeutschland. Er gab mit Goebbels als Schriftleiter die ›Nationalsozialistischen Briefe‹ heraus. Mit seinem Bruder Otto stand er oft in Opposition zu Hitler. Gründete auf einer Tagung der nord- und westdeutschen Gauleiter in Hannover am 22. 11. 1925 die ›Arbeitsgemeinschaft Nordwest‹, die von Hitler am 14. 2. 1926 bei einer Führertagung in Bamberg wieder aufgelöst wurde. Gründung des ›Kampfverlages‹ in Berlin durch Gregor und Otto Strasser 1927. Am 2. 1. 1928 wurde Strasser Vorsitzender des Organisationsausschusses der NSDAP. Nach einem Konflikt Hitlers mit seinem Bruder Otto (Parteiaustritt von Otto Strasser), legte Gregor die Herausgeberschaft der Zeitungen des Kampfverlages nieder, stellte sich aber auf Hitlers Seite. Am 18. 10. 1930 verkündete er im Reichstag die Ziele der NSDAP und kündigte den schärfsten Kampf gegen die Regierung Brüning (nationalsozialistisches Arbeitsbeschaffungs- und -finanzierungsprogramm) an. Als am 9. 6. 1932 die Vereinheitlichung der politischen Organisation der NSDAP erfolgte, wurde Gregor Strasser Leiter der ›Reichsorganisationsleitung der NSDAP‹.

Hitler lehnte im August 1932 den ihm von Schleicher angebotenen Posten eines Vizekanzlers ab. Zwischen dem 3. und 12. 12. 1932 kam es dann zum offenen Kampf zwischen Strasser und Hitler, da Schleicher Strasser den Posten des Vizekanzlers und Arbeitsministers angeboten hatte. Hitler hat es Strasser nie verziehen, daß er Schleicher grundsätzlich zugestimmt hatte, und er klagte ihn in Berlin der Treulosigkeit an. Am 8. 9. 1932 gab Strasser, trotz seiner vielen Anhänger in der NSDAP, kampflos auf und trat von allen Ämtern der Partei zurück. Er verließ Berlin in Richtung Italien und kam erst Ende 1932 wieder nach Berlin. Trotz eines Gesprächs mit Hindenburg am 11. 1. 1930, sah er keine Chance mehr, Hitler entgegen zu treten. Aus der Partei ausgeschlossen, zog er sich ganz von der Politik zurück und wurde Geschäftsführer bei den Schering-Werken in Berlin. Am

Anmerkungen und Hinweise des Herausgebers 311

30. 6. 1934 wurde der 42jährige Gregor Strasser im Gestapokeller in der Prinz-Albrecht-Straße in Berlin durch Himmlers Schergen erschossen.

57 Kurt von Schleicher, geb. 7. 4. 1882 in Brandenburg a. d. Havel, 1891 in die Kadettenanstalt Plön und 1896 Kadettenanstalt in Berlin-Lichterfelde. Am 1. 3. 1900 Leutnant im 3. Garderegiment zu Fuß in Berlin. 1909 Oberleutnant. 1910 bis 1913 zur Kriegsakademie kommandiert, dann als Hauptmann im Großen Generalstab bis Mai 1917 (Oberste Heeresleitung, OHL). Anschließend Truppenkommando als 1. Generalstabsoffizier (Ia) bei der 237 Inf. Div. (Ostfront, Galizien). Am 11. 8. 1917 in den Generalstab des Generalquartiermeisters ins Große Hauptquartier versetzt. Am 15. 7. 1918 Beförderung zum Major. Im Februar 1919 mit der OHL nach Kolberg, Herbst 1919 im neuen Reichswehrministerium in der Abteilung T 1 die Gruppe III (innen- und außenpolitische Angelegenheiten). Am 23. 12. 1923 Beförderung zum Oberstleutnant. Schleicher übernahm am 28. 1. 1926 die neue Dienststelle ›Wehrmachtsabteilung‹ im Reichswehrministerium. Am 1. 3. 1926 zum Oberst und am 23. 1. 1929 zum Generalmajor befördert, wurde er am 1. 3. 1929 Chef des Ministeriums im Reichswehrministerium unter dem Reichswehrminister Groener. Am 1. 10. 1931 Beförderung zum Generalleutnant. Zunehmender politischer Einfluß Schleichers. Später unter Brüning, setzte er sich für eine nach rechts erweiterte Regierung ein. Am 2. 6. 1932 wird Schleicher unter Papen Reichswehrminister unter Beförderung zum General d. Infanterie.
Hindenburg erklärte Hitler am 13. 8. 1932, daß er ihm nicht die gesamte Regierungsgewalt übertragen wolle. Schleicher richtete sein Augenmerk auf Gregor Strasser, der sich im Gegensatz zu Hitler (der die Regierung allein bilden wollte) seinen Vorstellungen aufgeschlossener zeigte. Schleicher versprach sich von der Absplitterung der Strasseranhänger in der NSDAP eine Schwächung von Hitlers Position. Am 2. 12. 1932, nach dem Rücktritt Papens, wird Schleicher von Hindenburg zum Reichskanzler ernannt (blieb weiter Reichswehrminister). Aber schon am 28. 1. 1933 trat Schleicher als Reichskanzler wieder zurück, da er nicht mehr die Unterstützung Hindenburgs hatte. Als Hitler am 30. 1. 1933 zum Reichskanzler ernannt wurde, zog sich Schleicher ins Privatleben zurück und wurde am 30. 6. 1934 im Auftrag Görings im Alter von 52 Jahren von fünf Mördern zusammen mit seiner Frau in seinem Haus in Berlin ermordet.

58 Martin Bormann, geb. 17. 6. 1900 in Halberstadt besuchte das Realgymnasium bis zur Obersekunda. Am 5. 6. 1918 zum Feldart. Rgt. 55 eingezogen, am 8. 2. 1919 als Kanonier entlassen. Anschließend ging er auf ein Gut in Mecklenburg und Ende 1919 auf das Gut

des Rittergutbesitzers von Treufels in Herzenberg, wo er als Eleve in der Landwirtschaft und später als Geschäftsführer (Verwalter) tätig war. 1922/23 Abschnittsleiter in der Organisation von Roßbach. Bei dem Fememord an dem Landwirtschaftseleven Kadow beteiligt, wurde Bormann am 15. 3. 1924 zu einem Jahr Gefängnis verurteilt. Nach Entlassung ab März 1925 im Frontbann tätig. Eintritt in die NSDAP am 10. Februar 1927, bis zum 31. 3. 1928 als Gauobmann bei der NSDAP in Thüringen und vom 1. 4. bis 15. 11. 1928 Gaugeschäftsführer in Jena. Am 16. 11. 1928 durch Pfeffer in den Stab der OSAF nach München geholt. Bormann übernahm am 25. 8. 1930 die Leitung der Hilfskasse der NSDAP, bis er am 4. 7. 1933 zum ›Stabsleiter im Stabe des Stellvertreters des Führers‹ ernannt wurde. In dieser Eigenschaft war er Verbindungsmann zwischen Rudolf Heß und Hitler. Er führte seine Tätigkeit vom Führerbau in München und im ›Verbindungsstab‹ in Berlin aus, die beide ›Dienststellen des Stellvertreters des Führers‹ waren. Wenig später übertrug ihm Hitler auch die Verwaltung seines Privatvermögens und beauftragte ihn mit dem Aufbau der ›Verwaltung Obersalzberg‹, die unter seiner Leitung den riesigen Ausbau des gesamten Gebietes am Obersalzberg durchführte.
Nach dem Englandflug von Heß am 10. 5. 1941, wurde die ›Dienststelle Stellvertreter des Führers‹ in ›Partei-Kanzlei‹ umbenannt, und Martin Bormann wurde ›Leiter der Partei-Kanzlei‹ und mit den Befugnissen eines Reichsministers ausgestattet. Die Führung der Partei übernahm ab diesen Zeitpunkt Hitler wieder selbst. Am 12. 4. 1943 wurde Bormann zum ›Sekretär des Führers‹ ernannt: »Reichsleiter Bormann führt als mein persönlicher Sachbearbeiter die Bezeichnung ›Sekretär des Führers‹«, hieß es in dem Erlaß Hitlers. Damit wurde dokumentiert, daß Bormann Aufträge Hitlers, die er weiterzugeben hatte, nicht in seiner Funktion als ›Leiter der Partei-Kanzlei‹, sondern im persönlichen Auftrag Hitlers weitergab. Bormann war für Hitler einfach unentbehrlich geworden und Hitler wußte, daß der ihm mit einer Art Hundetreue ergebene Bormann alle seine Befehle und Anordnungen ohne zu fragen und ohne Gewissensbisse weitergeben und durchführen würde. Bormann blieb bis zu Hitlers Tod wie ein Schatten an seiner Seite. Bei dem Ausbruch aus der Reichskanzlei am 1. 5. 1945 verübte der 44jährige Bormann zusammen mit Dr. Stumpfegger am 2. 5. 1945 zwischen 1.30 und 2.30 Uhr (amtlich 24.00 Uhr) Selbstmord durch Einnahme von Blausäure. Nachdem man Bormanns Leiche nicht fand, wurde er am 10. 3. 1954 vom Amtsgericht Berchtesgaden amtlich für tot erklärt. Erst am 7./8. 12. 1972 wurde sein Skelett bei Ausgrabungen in Berlin gefunden.

59 Gerda Buch, geb. 23. 10. 1909 in Konstanz, besuchte dort bis 1918 die Volksschule. Ende 1918 Umzug mit ihrem Vater, Major a. D.

Walter Buch, nach Scheuern (Schwarzwald). Mit 14 Jahren kam Gerda Buch im Dezember 1923 nach München, wo sie eine Ausbildung als Kindergärtnerin absolvierte, und mit 20 lernte sie durch ihren Vater Anfang 1929 Martin Bormann kennen. Am 1. 4. 1929 trat sie der NSDAP bei, und bereits am 2. September 1929 heiratete die 1,80 m große Gerda Buch den 10 cm kleineren Martin Bormann. Hitler und Heß fungierten als Trauzeugen. Das Ehepaar Bormann zog dann in eine kleine Wohnung nach Icking und bereits nach sieben Monaten, am 14. 4. 1930, entband Frau Bormann von ihrem ersten Sohn Adolf Martin (genannt ›Krönzi‹). Anfang 1932 zog die Familie Bormann nach Pullach (spätere Parteisiedlung), bis Bormann, nachdem er 1935 von Dr. Seitz das Kindersanatorium am Obersalzberg gekauft hatte, das Haus nach der Renovierung am Obersalzberg bezog. Gerda Bormann gebar in der Zeit von 1930 bis 1943 zehn Kinder, wobei einer von den am 9. 7. 1931 geborenen Zwillingen (Evengard) sowie Volker, geb. am 18. 9. 1943, starben.

Als der Obersalzberg am 25. 4. 1945 durch 318 britische Bomber angegriffen wurde, ist das Haus Bormann völlig zerstört worden. Frau Bormann überlebte mit ihren Kindern in den 1944 gebauten Luftschutzbunkern. Am 26. 4. 1945 fuhr sie mit ihren Kindern, Frau Hanke (Frau des Gauleiters v. Breslau) und ihrer Schwägerin mit Kindern (insgesamt etwa 18 Personen) mit einem Bus nach St. Christian im Grödnertal (Dolomiten), wo vom Gauleiter Hofer ein Ausweichquartier vorgesehen war. Sie hatte u. a. einige Diplomatenkoffer mit Aufschreibungen und Briefen von Martin Bormann dabei. Nachdem sie dort am 30. 4. ankamen, war das vorgesehene Haus von einer Wehrmachtsdienststelle bereits besetzt. Am 1. Mai wurde Gerda Bormann ein Haus in Wolkenstein zugewiesen, wo sie mit ihren Kindern unter dem Namen ›Borgmann‹ lebte. Im Sommer 1945 ging sie ins Krankenhaus nach Bozen und am 10. 10. 1945 kam sie in die Frauenstation des Lazaretts nach Meran, wo sie am 23. 3. 1946 um 10.30 Uhr mit 37 Jahren an Unterleibskrebs starb.

60 Walter Buch, geb. 24. 10. 1883 in Bruchsal, trat nach dem Abitur in Konstanz 1902 als Fahnenjunker in das bad.Inf.Rgt. Kaiser Wilhelm III. Nr. 114 in Konstanz ein. Am 27. Januar 1904 zum Leutnant ernannt, anschließend Lehroffizier (1913 Oberleutnant). Im Ersten Weltkrieg aktiver Offizier als Kompanie- und Bataillonsführer (1915 Hauptmann), im März 1918 als Major in Döberitz an der Lehrschule und im September 1918 im Kriegsministerium in Berlin tätig. Am 20. 11. 1918 Verabschiedung als Major a. D. Anschließend Kleintierzüchter (Hühnerfarm) in Scheuern bei Gernsbach im Murgtal (bad. Schwarzwald). Ostern 1920 lernte er Hitler kennen, als er ihm im Auftrag seines Vaters ein Buch überbrachte. Im November 1922 Eintritt in die NSDAP und im August 1923 von

Hitler nach Nürnberg geschickt, um dort die SA aufzubauen. Nach dem Putsch 1923 bis Ostern 1924 Vertreter für Wein und Spirituosen in München. Anschließend wieder SA-Führer von München-Oberbayern und am 1.1.1928 an Stelle des im Nov. 1927 verstorbenen Ulanen-Generals Heinemann zum Vorsitzenden des ›Untersuchungs- und Schlichtungsausschusses‹ (USCHLA) der NSDAP, ab 31.3.1933 ›Oberstes Parteigericht‹ genannt, ernannt. Mitglied des Reichstages, Reichsleiter und SS-Obergruppenführer. Am 30.4.1945 wurde Buch von der US-Armee interniert. Zu 5 Jahren Arbeitslager verurteilt, wurde er am 29.7.1949 nach Revision des Urteils entlassen. Am 12.9.1949 verübte der 66jährige Walter Buch Selbstmord durch Ertränken im Ammersee.

61 ›USCHLA‹ ist die Abkürzung für ›Untersuchungs- und Schlichtungsausschuß‹ der Reichsleitung der NSDAP, der ab dem 31.3.1933 von Hitler die Bezeichnung ›Oberstes Parteigericht‹ erhielt. Er hatte den Zweck, »... die gemeinsame Ehre der Partei und die des einzelnen Parteigenossen zu wahren sowie nötigenfalls Meinungsverschiedenheiten einzelner Mitglieder auf gütlichem Wege auszugleichen«.

62 Die ›SA-Versicherung‹, die als lokale Selbsthilfe bei der Giesinger SA in München entstanden war, wurde Anfang 1927 auf die gesamte SA ausgedehnt und von der Obersten SA-Führung (OSAF) in einer besonderen Unterabteilung Versicherungswesen verwaltet. Diese vertrat auch die SA gegenüber der Versicherungsgesellschaft, bei der sich die OSAF mangels eigener Kapitalreserven rückversichern mußte. Wegen starker finanzieller Belastungen wurde am 1.7.1927 die Haftpflichtversicherung fallengelassen, und man beschränkte sich nur mehr auf eine Unfallversicherung. Am 1.12.1928 war die SA-Versicherung aber bereits so kapitalkräftig, daß sie bis auf Tod und Invalidität auf alle Rückversicherungen verzichten konnte. Als die beteiligte Versicherungsgesellschaft wegen des erhöhten Risikos Ende 1928 eine Heraufsetzung der Prämien forderte, ergriff die OSAF die Gelegenheit, um auch die letzte Rückversicherung abzustoßen. Unter der Leitung von Martin Bormann, der seit dem 15.11.1928 im Stabe der Obersten SA-Führung das Versicherungswesen bearbeitete, wurde die SA-Versicherung am 1.1.1929 zu einem groß aufgezogenen Parteiunternehmen ohne private Beteiligung mit einer eigenen Verwaltung ausgebaut und am 1.9.1930 in ›Hilfskasse der NSDAP‹ umgewandelt. Bis zum 3.7.1933 leitete Martin Bormann, der am 4.7.1933 zum Stabsleiter von Rudolf Heß ernannt wurde, die Hilfskasse der NSDAP.

63 Arno Breker beschrieb Martin Bormann in seinem Buch »Im Strahlungsfeld der Ereignisse« folgendermaßen (S. 186): »... Die Ursachen seines jähen Aufstiegs waren ein phänomenales Gedächtnis,

enorme Arbeitskraft und ein außergewöhnlicher Spürsinn im Aufbau organisatorischer Zusammenhänge, dazu absolute Zuverlässigkeit und Treue gegenüber seinem Herrn.«

64 In einem Schreiben Bormanns an alle Reichsleiter, Gauleiter und Verbändeführer vom 15. 5. 1941 führte Bormann über seine Arbeit folgendes aus: »...Ich habe seit 1933, als ich vor die Aufgabe gestellt wurde, die Mitarbeit der NSDAP an Gesetzen und Verordnungen sicherzustellen und durchzuführen, als ich vor die weitere Aufgabe gestellt wurde, laufend die politischen Richtlinien an die Dienststellen der Partei zu geben, als ich vor die schwierige Aufgabe gestellt wurde, eine einheitliche Meinung der bei unzähligen Vorgängen beteiligten verschiedenen Dienststellen der NSDAP herzustellen, gearbeitet wie ein Pferd! Ja, mehr als ein Pferd, denn ein Pferd hat einen Sonntag und seine Nachtruhe, und ich habe in den vergangenen Jahren kaum einen Sonntag und herzlich wenig Nachtruhe gehabt...«

65 Albert Bormann, s. Anmerkung 88.

66 Sicher war Bormann bestrebt in dem NS-System mit seinen vielen korrupten Funktionären Ordnung zu halten, und es ist immer wieder festzustellen, daß er Mißstände aufgriff, anprangerte und auch abstellte, wodurch er sich innerhalb des Systems und seiner Funktionäre viele Feinde schuf. In einem Schreiben an Heß teilte er schon am 5. 10. 1932 seine Einstellung mit: »...Für mich und alle wirklichen Nationalsozialisten gilt nur die Bewegung, nichts anderes. Was oder wer der Bewegung nützt, ist gut, wer ihr schadet, ist ein Schädling und mein Feind...« Bormann hat alle Befehle Hitlers getreu durchgeführt, er hat nie gefragt, ob sie richtig, human oder zweckmäßig waren.»...Der Führer ist der Führer, er wird's schon recht machen...«, führte er schon 1932 aus. Wenn eine Anordnung oder ein Befehl von Hitler kam, dann mußte das ausgeführt werden. Das war Bormanns Devise.

Abgesehen von der Frage, was ein ›sauberer Nationalsozialist‹ (Formulierung von Frau Schroeder) als Träger eines brutalen und diktatorischen Systems ist, wurde Martin Bormann vom Internationalen Militärtribunal in Nürnberg (Urteil vom 1. 10. 1946) nachgewiesen, daß er an der Entwicklung der Pläne zur Versklavung und Ausrottung der russischen Bevölkerung sowie wirtschaftlicher Ausbeutung teilnahm. Auch an der Judenverfolgung war er aktiv beteiligt (»...Die dauernde Ausschaltung der Juden... durch Anwendung ›rücksichtsloser Gewalt‹ in besonderen Lagern im Osten...«) als auch am Zwangsarbeiterprogramm. Ebenso erließ er eine Reihe von Befehlen über die unmenschliche Behandlung von Kriegsgefangenen.

67 Rudolf Heß, geb. 26. 4. 1894 in Alexandrien, im Ersten Weltkrieg Leutnant und wurde 1919 Mitglied der Thule-Gesellschaft in Mün-

chen, später Zeitfreiwilliger beim Freikorps Epp. Am 1. 7. 1920 trat er als Mitglied Nr. 1600 (1100tes Mitglied) der DAP bei und lernte Hitler kennen. Führer der nationalsozialistischen Studentenhundertschaft und am Putsch 1923 aktiv beteiligt. Nach Verurteilung zu 1½ Jahren Festungshaft in Landsberg a. L., die er bis 1925 verbüßte, wurde Heß kurze Zeit Assistent bei Prof. Dr. Karl Haushofer im Rahmen der Deutschen Akademie. Anschließend als Privatsekretär Hitlers angestellt, begleitete er diesen bei den meisten seiner Reisen und Versammlungen. Dezember 1932 Vorsitzender der politischen Zentralkommission der NSDAP, im April 1933 zum Stellvertreter des Führers und im Dezember 1933 in dieser Eigenschaft zum Reichsminister ernannt (er nahm an der Bearbeitung von Gesetzentwürfen sämtlicher Reichsressorts teil). Am 4. 2. 1938 Mitglied des Geheimen Kabinettsrates, am 30. 8. 1939 Mitglied des Ministerrates für die Reichsverteidigung. Im September 1939 nach Kriegsausbruch von Hitler zu seinem Nachfolger nach Göring bestellt. Am 10. 5. 1941 flog er ohne Genehmigung Hitlers in einem Alleinflug nach England (Schottland), um dort vor dem Angriff Hitlers auf die UdSSR einen Separatfrieden mit dem Deutschen Reich zu sondieren. Von Hitler wurde er daraufhin als Verräter gebrandmarkt und als geistesgestört bezeichnet. Heß blieb in England bis Kriegsende interniert und ist anschließend in Nürnberg vor Gericht gestellt worden (Oktober 1945). Am 30. 9. 1946 wurde Heß vom Internationalen Militärtribunal in Nürnberg zu einer lebenslangen Freiheitsstrafe verurteilt und sitzt heute noch in der Militärstrafanstalt Berlin-Spandau ein.

68 Die Thule-Gesellschaft ging aus dem 1912 gegründeten Germanenorden hervor. Die Aktivisten im Germanenorden bildeten die erste antisemitische Loge, einen Geheimbund, der bewußt der jüdischen Freimaurerloge, als Front gegen das Judentum, entgegentreten sollte. Vor allem war es Sebottendorf und Nauhaus, die in München einen Zirkel gründeten, in dem nur Personen ›arischer Abstammung‹ aufgenommen werden konnten (Symbol: Hakenkreuz mit Wodanbild). In den Räumen des Sportklubs des Hotels Vier Jahreszeiten wurden die Logensitzungen abgehalten. Der ›Münchner Beobachter‹ wurde erworben und verbreitete die antisemitischen Parolen der Loge. Als die Gesellschaft entsprechende Mitglieder hatte, wurde der Deckname ›Thule‹ angenommen und am 17. 8. 1918 sind die Logenräume feierlich eingeweiht worden. Jedes Logenmitglied trug eine Bronzenadel, die auf dem Schild das von zwei Speeren durchkreuzte Hakenkreuz zeigte (die weiblichen Mitglieder, ›Schwestern‹, trugen ein einfaches goldenes Hakenkreuz). In der Räterepublik wurden im April 1919 einige Mitglieder der Thule-Gesellschaft erschossen. Später gingen aus der Thule-Gesellschaft die Deutsche Arbeiterpartei (D.A.P.), die spätere

NSDAP unter Hitler und die Deutsch-Sozialistische Arbeitsgemeinschaft, die spätere Deutsch-Sozialistische Partei (D.S.P.) hervor. Das ›Heil und Sieg‹, den Gruß der Thule-Leute, machte Hitler zum ›Sieg-Heil‹ der Deutschen, den ›Völkischen Beobachter‹, der aus dem ›Münchner Beobachter‹ entstand, zum Kampfblatt und das ›Hakenkreuz‹ zum Symbol der NSDAP. Die Thule-Gesellschaft existierte noch bis 1933, spielte aber keine Rolle mehr, nachdem ihr ›geistiges Gut‹ von Hitler und der NSDAP aufgesogen worden war.

69 Karl Haushofer, geb. 27. 8. 1896 in München, nach dem Abitur Militärdienst, Promotion 1913, Kriegsakademie und am Ende des Ersten Weltkrieges Generalmajor. 1919 für Erdkunde habilitiert, 1921 Honorar-Professor. Rudolf Heß, der kurze Zeit bei Haushofer Assistent war, wurde von der Geopolitik, deren Begründer Haushofer war, stark beeinflußt. Freundschaftliches Verhältnis zu Heß bis zu dessen Englandflug 1941. Präsident für das Deutschtum im Ausland. Haushofer starb 1946 in München.
Sein ältester Sohn Albrecht Haushofer, geb. 7. 1. 1903, widmete sich nach Abitur und Universität (Promotion) ebenfalls der Lehre der Geopolitik seines Vaters. Als Dozent und Leiter des Geopolitischen Seminars an der Hochschule für Politik in Berlin kam er ebenfalls viel mit Heß zusammen. Mitarbeiter des Auswärtigen Amtes bis 1941, wo er vorher von Genf aus Verbindungen für etwaige Friedensverhandlungen aufnahm und Heß stark beeinflußte, der sich vor seinem Englandflug auch von Haushofer beraten ließ. Haushofer unterhielt freundschaftliche Beziehungen zu Lord Hamilton, den Heß nach seinem Flug nach England sprechen wollte. Nach dem Attentat auf Hitler im Juli 1944 wurde Haushofer Ende 1944 verhaftet und festgehalten. Wenige Tage vor Kriegsende wurde er am 23. 4. 1945 von SS-Männern bei einem Transport hinterrücks erschossen.

70 Walter Funk, geb. 18. 8. 1890 in Trakehnen (Ostpr.) studierte nach dem Abitur in Insterburg an der Universität Leipzig Rechts- und Volkswirtschaft. Journalist in Berlin und Leipzig bei verschiedenen Tageszeitungen. Ab 1916 Redakteur der Berliner Börsenzeitung (von 1922 bis 1930 Chefredakteur). Beitritt zur NSDAP im November 1930 und als Wirtschaftsbeauftragter Hitlers bei der NSDAP tätig. 1932 Reichstagsabgeordneter und am 30. 1. 1933 Pressechef der Reichsregierung und Staatssekretär bei Goebbels im Propagandaministerium. Im November 1937 wurde Funk Reichswirtschaftsminister. Nach dem Krieg interniert, wurde er vom Nürnberger Militärtribunal zu lebenslänglicher Haft verurteilt. Am 10. 5. 1957 wurde Funk frühzeitig aus dem Militärgefängnis Berlin-Spandau entlassen, er starb im Alter von 69 Jahren am 31. 5. 1960 in Düsseldorf.

71 Bernhard Köhler, geb. 30. 9. 1882 in Greiz i. Vogtland, studierte

nach dem Abitur Naturwissenschaften und Psychologie. 1914 Kriegsfreiwilliger, Leutnant und Kompanieführer bis 1918. Köhler kam 1919 nach München und traf Dietrich Eckart und Gottfried Feder. 1920 kurze Zeit Schriftleiter des ›Völkischen Beobachters‹. Nach dem Putsch 1923 Studium der Volkswirtschaft und Betätigung in Wirtschaftsunternehmen. 1930 wieder aktiv politisch tätig; 1931 Grundlegung der Propaganda der NSDAP für die Beseitigung der Arbeitslosigkeit. Mitte 1932 Eintritt in die Wirtschaftspolitische Abteilung der Reichsleitung der NSDAP. Am 15.7.1933 wurde Köhler Leiter der Kommission für Wirtschaftspolitik.
72 Sh. Anmerkung 61.
73 Xaver Schwarz, geb. 27.11.1875 in Günzburg/Donau, besuchte die Volks- und eine dreijährige Fortbildungsschule. Bis zum 15.9.1893 als Inzipient beim Amtsgericht in Günzburg und anschließend bei einem Notar tätig. Am 12.1.1895 als zweijähriger Freiwilliger Militärdienst, Sergeant und Kommandanturschreiber in München bis zum September 1899. Anschließend vom 1.6.1900 im Verwaltungsdienst der Stadt München tätig, im Juni 1925 als Verwaltungsoberinspektor in den Ruhestand. Im Ersten Weltkrieg Kriegsdienst als Leutnant. Bereits 1922 Mitglied der NSDAP. Nach dem Putsch 1923 wurde Schwarz 1924 erster Kassier der ›Großdeutschen Volksgemeinschaft‹ und nach der Neugründung der NSDAP am 21.3.1925 zum Reichsschatzmeister der NSDAP ernannt. Im Dezember 1929 Stadtrat in München und 1933 Mitglied des Reichstages, SS-Obergruppenführer und Reichsleiter. Anfang 1945 Kommandeur eines Volkssturmbataillons in Grünwald, wo ihm Hitler zu seinem 65. Geburtstag ein Haus geschenkt hatte. Im Mai 1945 durch die US-Armee interniert. Xaver Schwarz starb am 2.12.1947 im Alter von 72 Jahren im Internierungslager Regensburg.
74 Der ›Verbindungsstab‹ in Berlin Wilhelmstraße 64 war eine ›Dienststelle des Stellvertreters des Führers‹ (Rudolf Heß mit Stabsleiter Martin Bormann), die eigentlich im Führerbau an der Arcisstraße in München ihren Hauptsitz hatte.
75 Das in den Jahren 1738 bis 1739 erbaute Palais in der Wilhelmstraße 77 des Grafen von der Schulenburg wurde 1796 von der Familie Radziwill gekauft, die das Radziwillpalais 1875 dem Reich verkaufte. Bis 1878 umgebaut und renoviert, zog der erste Reichskanzler Bismark dort ein. In der Weimarer Republik wurde das Reichskanzlerpalais auch Sitz der Reichsregierung, wodurch ein Erweiterungsbau auf dem unbebauten Grundstück zwischen dem Reichskanzlerpalais und dem Borsigpalais notwendig wurde. Vom Mai 1928 bis Anfang 1931 wurde an dem Neubau des Dienstgebäudes der Reichskanzlei gearbeitet. In dem alten Reichskanzlerpalais hatte seit Oktober 1932 zeitweise der Reichspräsident Hindenburg

gewohnt, da sein Reichspräsidentenpalais bis Mitte 1933 umgebaut wurde. Als Hitler 1933 Reichskanzler wurde, stand ihm daher das Reichskanzlerpalais nicht zur Verfügung, und er mußte im Dienstgebäude der Reichskanzlei in Lammers Wohnung einziehen. Prof. Troost renovierte und möblierte dann ab Mitte 1933 das freigewordene Reichskanzlerpalais. Diese Arbeiten dauerten bis Mai 1934, erst dann konnte Hitler einziehen. Albert Speer, der den Umbau des Reichskanzlerpalais für Troost beaufsichtigte, wurde von Hitler dann 1933 beauftragt, eine neue Raumaufteilung des Dienstgebäudes der Reichskanzlei an der Wilhelmstraße zu planen. Im Oktober 1933 wurde dieser Umbau durchgeführt. Am 22. 5. 1934 wurde das Borsigpalais dazu erworben und ausgebaut. Vom Juli 1935 bis Januar 1936 ist im Garten der Reichskanzlei ein zweigeschossiges Gebäude mit einem großen Empfangssaal und Wintergarten errichtet worden. 1935 bis 1937 wurden dann alle Gebäude an der Voßstraße aufgekauft, und 1938 begann Speer mit dem Bau der Neuen Reichskanzlei sowie mit dem Neubau eines Wohn- und Garagengebäudes in der Hermann-Göring-Straße (1937). Bereits am 7. 1. 1939 war die Neue Reichskanzlei (Voßstraße) fertiggestellt, von der sechs Jahre später nur noch Ruinen und Trümmer übrigblieben.

76 Rolf Reiner war damals stellvertretender Leiter des Verbindungsstabes der NSDAP in Berlin. Er wurde am 2. 1. 1899 in Gmunden am Traunsee (Österr.) geboren. Realgymnasium in München. Ab 10. 1. 1917 Kriegsfreiwilliger Fahnenjunker, 1918 Leutnant. 1919 beim Württembergischen Freikorps Haas in München. Anschließend bei der Reichswehr in Schwäbisch-Gmünd. Ende 1920 Studium an der Universität in München. 1921 bei der ›Reichskriegsflagge‹ des Hauptmann Röhm. Anfang 1923 Adjutant des Oberstleutnant Kriebel im ›Kampfbund‹, dem die ›NSDAP‹, die ›Reichskriegsflagge‹ und der ›Bund Oberland‹ angehörten. Beim Putsch 1923 aktiv beteiligt, zu 1 Jahr und 3 Monaten Haft in Landsberg verurteilt. Anschließend mit Röhm in Bolivien. Als Röhm von Hitler am 5. 1. 1931 zum Chef des Stabes der SA (später Stabschef) ernannt wurde, wurde Reiner Röhms 1. Adjutant bis zum 30. 1. 1933. Am 1. 2. 1933 zum stellvertretenden Leiter des Verbindungsstabes der NSDAP in Berlin und zum SS-Gruppenführer ernannt. Mitglied des Reichstages ab Mai 1933. Ab März 1934 Chef von Röhms Ministeramt bei der OSAF. Im Zuge der Röhm-Affaire am 1. Juli 1934 verhaftet, aber als SS-Führer nach kurzer Zeit wieder entlassen.

77 Sh. Anmerkung 18.

78 Sophie Stork, geboren am 5. 5. 1903 in München, war Malerin und lernte Hitler durch Wilhelm Brückner, mit dem sie seit 1929 befreundet war, im Frühjahr 1932 auf dem Obersalzberg kennen.

Sie war öfter auf dem Obersalzberg eingeladen, da Hitler die begabte Malerin und Keramikerin sehr schätzte. Sie wurde von dem Kreis um Hitler ›Charly‹ genannt (s. Briefe Eva Brauns usw.) und war nicht, wie Maser schreibt: »Eine Freundin Eva Brauns namens Charlotte.« Sie erhielt auch Aufträge von Hitler, wie z. B. die handmodulierten Kacheln für den Ofen im Wohnzimmer, Teetische usw. Nach der Auflösung ihrer Verlobung durch Brückner 1936 erhielt sie nach Aussage von Frau Schroeder von Hitler eine beachtliche Geldzuwendung (40 000 RM), wodurch sie nach dem Krieg erhebliche Schwierigkeiten bekam. Sophie Stork starb am 21. 10. 1981 im Alter von 78 Jahren in Seeshaupt.

79 Johanna Maria Magdalena Ritschel, geboren am 11. 11. 1901 in Berlin, erhielt, nachdem sich ihre Mutter 1904 scheiden ließ, den Namen ihres Stiefvaters, des jüdischen Kaufmanns Friedländer. Von 1907 bis 7. 8. 1914 (Ausbruch des 1. Weltkrieges) besuchte sie die Schule im Ursulinenkloster in Vilvorde (Belgien) und dann das Kollmorgen'sche Lyzeum in Berlin. Abitur im Herbst 1919 in Berlin. Anschließend im Pensionat in Holzhausen bei Goslar. Am 26. 7. 1920 verlobte sich die 18jährige Magda mit dem Industriellen (Tuchfabrikant) Günther Quandt und heiratete am 4. 1. 1921 den um 20 Jahre älteren Millionär. Am 1. 11. 1921 Geburt ihres Sohnes Harald. 1929 Scheidung von Quandt. Nach Eintritt in die NSDAP 1930 arbeitete sie ehrenamtlich als Sekretärin in der Gauleitung Berlin bei Dr. Lippert, wo sie Dr. Goebbels kennenlernte und für ihn arbeitete. Sie heiratete ihn am 19. 12. 1931, aus der Ehe gingen 6 Kinder hervor. Magda Goebbels wurde eine glühende Verehrerin Hitlers, der auch ihren Charme sehr schätzte. Am 23. April 1945 zog sie mit ihren Kindern zu Hitler in den Bunker an der Wilhelmstraße. Am 1. Mai 1945 beging sie im Alter von 43 Jahren, nachdem sie ihre 6 Kinder vergiften ließ, Selbstmord durch Gifteinname (Blausäure).

80 Arthur Kannenberg, geb. 23. 2. 1896 in Berlin-Charlottenburg, besuchte in Berlin die Werdersche Oberrealschule; Einjährige Reife. In den bekannten gastronomischen Betrieben seines Vaters, Oskar Kannenberg, ab 1912 Ausbildung als Koch, Kellner, Weinküfer und Buchhalter. Ab 1915 als Soldat beim Telegrafen Battl. I, 1918 als Gefreiter entlassen. 1924 übernahm Kannenberg die Betriebe seines Vaters, Restaurant Kannenberg und Hotel Stadt Berlin sowie den Restaurations-Großbetrieb ›Onkel Toms Hütte‹ in Berlin-Grunewald. 1930 mußte Kannenberg infolge der allgemeinen Wirtschaftskrise Konkurs anmelden, er verlor alle seine Betriebe und hinterließ einige Gläubiger. Anschließend wurde Kannenberg Geschäftsführer der ›Pfuhls-Wein- und Bierstuben‹ in der Königgrätzer Straße, wo neben rechten- und nationalsozialistischen Reichs- und Landtagsabgeordneten, auch Dr. Goebbels und

Göring verkehrten. Hier lernte Hitler bei einem Besuch Kannenberg kennen. Kannenberg, damals immer in finanziellen Schwierigkeiten, gefiel Hitler, er führte eine vorzügliche Küche, spielte Akkordeon und sang dazu. Hitler bot ihm die Leitung des Kasinos des ›Braunen Hauses‹ in München an. Kannenberg trat seine Stellung am 1. 12. 1931 an und zog mit seiner Frau am 28. 3. 1932 von Berlin nach München. Hitler übertrug ihm auch die Führung der Kantinenbetriebe d. Reichsführerschule d. NSDAP in der Schwanthalerstr. 68. Als Hitler Reichskanzler wurde, holte er Kannenberg am 23. 3. 1933 nach Berlin in die Reichskanzlei, wo er bis 1945 als Hausintendant Hitlers tätig war. Am 10. 4. 1945 setzte er sich nach Karlstein (Bad Reichenhall) an den Thumsee ab. George Allan, 1945 CIC-Interrogater (101st Airborne Div.), verhörte Kannenberg am 10. 5. 1945. Nach der Internierung vom 27. 5. 1945 bis 25. 7. 1946 war Kannenberg an verschiedenen Orten tätig, bis er im September 1957 in Düsseldorf in der Schneider-Wibbel-Gasse das Lokal ›Schneider-Wibbel-Stuben‹ übernahm. Kannenberg starb am 26. 1. 1963 im Alter von 68 Jahren in Düsseldorf.

81 Julius Gregor Schaub, geb. 20. 8. 1898 in München, besuchte die Volks- und Drogisten-Fachschule in München bis 1916. Nach der Gehilfenprüfung bei der Handelsgesellschaft deutscher Apotheker tätig. Am 31. 1. 1917 als Krankenwärter zum Militärdienst eingezogen, verbrachte er die meiste Zeit selbst im Lazarett. Durch einen Sturz verletzte er sich an beiden Beinen. 1918 aus dem Lazarett entlassen, als Vertragsangestellter beim Hauptversorgungsamt München in der Barerstraße. Eintritt in die NSDAP am 10. 10. 1920, aktive Teilnahme am Putsch 1923 und anschließende Flucht nach Kärnten (Österreich). Festnahme a. d. Grenze Salzburg am 20. 4. 1924 und anschließende Verurteilung zu 1½ Jahren Festungshaft in Landsberg. Am 31. 12. 1924 frühzeitig entlassen, wurde er am 1. 1. 1925 von Hitler als Privatangestellter eingestellt, wo er bis 1945 als Faktotum Hitlers blieb. Mitglied des Reichstages und SS-Obergruppenführer. Am 23. 4. 1945 ist Schaub von Berlin nach München geflogen und hat im Auftrag Hitlers den Panzerschrank in seiner Wohnung und anschließend den in Hitlers Arbeitszimmer am Berghof ausgeräumt und den Inhalt vernichtet. Am 27. 4. 1945 fuhr Schaub nach Zell/See und Mallnitz (Sprengung des Führersonderzuges) und flüchtete dann mit einem falschen Ausweis als Herr Josef Huber nach Kitzbühel (Tirol), wo er am 8. 5. 1945 von der US-Armee (36th CIC Det.) festgenommen und bis zum 17. 2. 1949 in verschiedenen Lagern interniert war. Julius Schaub starb am 27. 12. 1967 im Alter von 69 Jahren in München.

82 Kurt Hölsken war ein Büroangestellter im Büro von Rudolf Heß im ›Braunen Haus‹ in München.

83 Henriette von Schirach, geb. 3. 2. 1913 in München, war eine Toch-

ter des Fotografen Heinrich Hoffmann. Da Hitler bei Hoffmann Ende der zwanziger Jahre und Anfang 1930 viel verkehrte, lernte sie ihn schon in jungen Jahren kennen. Nach dem Abitur 1930 trat Henriette Hoffmann der NSDAP bei und studierte an der Universität München. In München lernte sie auch ihren späteren Mann, den Reichsjugendführer Baldur von Schirach kennen, den sie im März 1932 heiratete. Später lebte sie in Berlin, Kochel und Wien und war mit ihrem Mann auch öfter am Obersalzberg. Nach 1945 war Henriette v. Schirach längere Zeit interniert und lebt heute in München.

84 Gemeint ist das Buch von Henriette von Schirach »Anekdoten um Hitler«, Geschichten aus einem halben Jahrhundert, Türmer Verlag, Berg/Starnberger See, 1980.

85 Sh. Anmerkung 20.

86 Dietrich Eckart, geb. 23. 3. 1868 in Neumarkt (Oberpfalz), nach dem Abitur Studium der Medizin an der Universität Erlangen, das er 1891 abbrechen mußte (Nervenheilanstalt). Von 1892 bis 1899 in Neumarkt, Leipzig, Regensburg und Berlin journalistisch und schriftstellerisch tätig. Mitte 1900 wurde er in Berlin Redakteur am ›Berliner Lokalanzeiger‹, arbeitete an verschiedenen anderen Zeitungen mit, sowie weitere schriftstellerische Beschäftigung. Er schrieb vor allem Theaterstücke und beschäftigte sich mit der Nachdichtung von Ibsens ›Peer Gynt‹. 1915 heiratete Eckart und ging nach München, wo er im Dezember 1918 die antisemitische Zeitschrift ›Auf gut deutsch‹ gründete. Im August 1919 kam er mit der von Anton Drexler gegründeten DAP in Verbindung und von 1920 an übte er einen wachsenden Einfluß auf Hitler aus. Beginn des Hitler-Kultes in seiner Zeitschrift. Im August 1921 wurde Eckart Schriftleiter des ›Völkischen Beobachters‹ und schrieb 1923 das ›Sturmlied‹, das von der NSDAP verbreitet wurde. Im März 1923 löste Rosenberg Eckart als Schriftleiter im VB ab und im April brachte ihn Christian Weber ins Berchtesgadener Land auf den Obersalzberg, da er wegen Verunglimpfung des Reichspräsidenten Ebert vor Gericht gestellt werden sollte. Nach seiner Rückkehr wurde Eckart am 13. 11. 1923 in München wegen angeblicher Beteiligung am Putsch verhaftet, aber am 20. 12. 1923 wieder entlassen. Er starb im Alter von 55 Jahren am 26. 12. 1923 am Obersalzberg.

87 Die ›Privatkanzlei des Führers‹ oder die ›Privatkanzlei Adolf Hitlers‹, wie sie offiziell genannt wurde, erhielt nach der Anordnung Bouhlers vom 1. 2. 1935, »... alle an Hitler gerichteten privaten Schreiben (Glückwunschschreiben, fremdsprachige Briefe, Unterschriftsbitten, Patenschaftsgesuche von Pg., Ehrenbürgerbriefe, Dankschreiben, Bittgesuche alter Pg. um Geldspenden, Geschenke, Zeitungen, Zeitschriften, Broschüren usw.)«
Die Privatkanzlei Hitlers wurde bis 1933 von Rudolf Heß geführt.

Ab Januar 1933 wurde sie von München nach Berlin verlegt und, nachdem Heß Stellvertreter Hitlers wurde, übernahm die Leitung der Privatkanzlei Hitlers Albert Bormann. Nach einer Anordnung Bouhlers hatte sie 1935 folgende Mitarbeiter: Leiter Albert Bormann, v. Ihne, Bentheim, Wolf, Wittmann, Stasch, v. Poniski und Borchert.
Am 3.6.1938 wurde Albert Bormann Hauptamtsleiter und als Adjutant in den persönlichen Stab Hitlers berufen, da die ›Privatkanzlei Adolf Hitlers‹ als eigenes Amt in die ›Kanzlei des Führers der NSDAP‹ eingegliedert und mit einer Reihe neuen Aufgaben betraut wurde. Albert Bormann behielt aber die Leitung dieses Amtes bei (Verfügung Hitlers vom 3.6.1938).

88 Albert Bormann, geb. 2.9.1902 in Halberstadt, arbeitete nach dem Abitur im Bankwesen und als kaufmännischer Angestellter in Weimar. Auf Veranlassung seines Bruders Martin Bormann, trat er am 27.4.1927 in die NSDAP sowie SA ein, arbeitete 1930/31 am Aufbau der HJ in Thüringen mit. Am 12.5.1931 holte ihn sein Bruder Martin in die Hilfskasse der NSDAP nach München. Kurze Zeit später kam er in die Privatkanzlei Hitlers zu Heß und im Februar 1933 wurde er Leiter der ›Privatkanzlei Adolf Hitler‹ in Berlin. Von 1934 an war Bormann auch noch bis 1945 persönlicher Adjutant Hitlers. SA-Sturmbannführer, und NSKK-Gruppenführer sowie Reichtagsabgeordneter (seit 1938) und Reichshauptamtsleiter. Am 21.4.1945 flog Bormann mit seiner Frau nach Ainring und war dann bis zum 29. April am Berghof. Am 2.5.1945 fuhr er mit seiner Familie von Hintersee ab und kam nach verschiedenen Aufenthalten, er nahm den Namen Roth an, nach Forsting bei Mühldorf, wo er als landwirtschaftlicher Arbeiter bis zum 5.4.1949 unerkannt lebte. Er stellte sich dann, wurde bis zum 4.10.1949 interniert und lebt heute in Süddeutschland.
89 Sh. Anmerkung 75.
90 Sh. Anmerkung 41.
91 Sh. Anmerkung 81.
92 Schaub sagte nach dem Krieg folgendes aus (Nü. Intg. No 292): »...Am 22.4.45 ließ Hitler mich rufen, nachdem er die Besprechung mit Keitel und Jodl hatte. ›Schaub‹, sagte er, ›sämtliche Akten müssen verbrannt werden.‹ Und zwar diejenigen Akten, die in seinem Arbeitsraum waren. Ich ließ die Akten herausschaffen in den Hof, mit Benzin übergießen und verbrannte sie...«
93 Die Geschenklisten wurden nach Personen und Geschenken nach Jahren geordnet geführt, so daß Hitler sehen konnte, was er den betreffenden Personen in den letzten Jahren geschenkt hatte. Im BA Koblenz sind z.B. derartige Listen für die Jahre 1935 und 1936 vorhanden (BA Koblenz R 43 II 967b, sh. 27–31).
94 In ihren stenographischen Aufzeichnungen notierte Frau Schroe-

der: »...Da auf Hitlers Festen in der RK nicht getanzt wurde, war er bestrebt, anderweitig für Unterhaltung zu sorgen. Er zog deshalb erste Sänger und Sängerinnen der Berliner Oper heran sowie Tänzer und Tänzerinnen von der Theateroper sowohl als auch von der Charlottenburger Oper. Er veranstaltete jedes Jahr ein Künstlerfest, ein Fest für die Großindustriellen, dessen Hauptzweck die Zeichnung namhafter Beträge für das WHW (Winterhilfswerk) war. Während der Olympiade gab er auch den Sportlern ein großes Fest in d. RK. Für die Parteileute pflegte er in München im neuen ›Braunen Haus‹ jedes Jahr einen großen Empfang zu geben. Niemals war bei den Festen E.B. [Eva Braun] zugegen. Dagegen lud er zu den Künstlerfesten seine Sekretärinnen ein, wodurch E.B. auf diese zu Zeiten so etwas wie Neid verspürte.«

95 Hitler hatte seit Anfang an Begleiter, die für seine Sicherheit sorgten. 1921 bis 1923 war dies vorwiegend Ulrich Graf (z. T. 1920/21 auch Christian Weber). Im März 1923 wurde die erste ›Stabswache‹ Hitlers unter Julius Schreck gegründet, die aus 12 Leuten bestand. Sie bildeten den Grundstock des späteren ›Stoßtrupp Hitler‹. Nach seiner Entlassung aus Landsberg, umgab sich Hitler 1925 wieder mit einer zuverlässigen Leibwache (10 Mann und Schreck), die aus Julius Schreck, Julius Schaub, Emil Maurice, Edmund Schneider, Hansgeorg Maurer, Erich Mandtal, Alois Rosenwink, Ernst Wagner, Michael Steinbinder, Erhard Heiden u. a. bestand. Bis 1932 wechselten einige Leute, wobei ab 1930 auch Josef Dietrich neben seinen SS-Führertätigkeiten für die Sicherheit Hitlers bei den Wahlreisen zunehmend eingeschaltet wurde. Am 29. 2. 1932 wurden aus den SS-Abschnitten 12 SS-Männer in Berlin ausgewählt, von denen dann 8 das erste ›SS-Begleitkommando‹ unter der Führung von Bodo Gelzenleuchter bildeten und bei der Reichsleitung der NSDAP in München angestellt wurden. Es waren dies Bruno Gesche, Franz Schädle, Erich Kempka, August Körber, Adolf Dirr, Kurt Gildisch und Willi Herzberger. Dem SS-Begleitkommando, das neben den Kriminalbeamten des RSD (ab 1933) immer in Hitlers Nähe war und ihn im nachfolgenden Auto auf allen seinen Fahrten, später in FHQ's usw. begleitete, oblag die Bewachung und der präsente Schutz Hitlers. Nach Gelzenleuchter übernahm Herzberger und dann Gildisch die Führung des ›SS-Begleitkommandos ‚Der Führer'‹. Im Mai 1934 wurde Bruno Gesche Führer des Begleitkommandos, das er mit Unterbrechungen bis zum 17.12.1944 leitete. Ab 20.12.1944 war Franz Schädle Führer des Begleitkommandos, das inzwischen auf weit über 100 Männer (mit Ordonnanzen, Diener, Fahrer, Telefonisten usw.) angewachsen war. Ende 1944 stellten 13 SS-Führer und 14 Unterführer u. Mannschaften allein

Anmerkungen und Hinweise des Herausgebers 325

nur den persönlichen Begleitschutz Hitlers. Insgesamt hatte das ›Begleitkommando des Führers‹ 143 SS-Führer und Mannschaften.
96 Hier handelt es sich um den SS-Obersturmbannführer Paul Wernicke, geb. 14.1.1899 in Ribbeck (Kreis Templin). Nach einer kaufmännischen Lehre und Kriegsdienst, war er als Gutsverwalter und später als Prokurist tätig. Nach dem Eintritt in die SS 1930 wurde er im Februar 1933 zum ›Sonderkommando des Führers‹ in die Reichskanzlei abgeordnet (Bewachungsdienst in der RK). Am 2.5.1934 kam Wernicke, der entsprechende Büroerfahrung hatte, in die ›Persönliche Adjutantur des Führers‹, wo er bis zum 18.10.1940 Dienst tat. Als Wilhelm Brückner am 18.10.1940 als Chefadjutant entlassen wurde, entließ Hitler auch gleichzeitig Wernicke, da er den »Ärger mit der Adjutantur satt hatte« und Hitler auch eine Verjüngung der Mitarbeiter anstrebte. Wernicke kam dann zur LSSAH, wo er nach einer Ausbildung ab dem 2.7.1941 als Kommandant eines Div.-Stabs-Quartier nach Rußland an die Front kam.
97 Fritz Wiedemann, geb. 16.8.1891 in Augsburg, trat nach dem Abitur 1910 als Fahnenjunker in das 3. Bayr. Inf. Rgt. ein, 1912 Leutnant nach Besuch der Kriegsschule München. Nach einem schweren Unfall erst im Oktober 1915 als Adjutant im Regimentsstab des 16. Bayr. Inf. Rgt. eingesetzt, wo er u.a. auch Hitler, der dort als Meldegänger diente, kennenlernte. Ab 1918 Landwirt im Allgäu. 1921 ging Wiedemann nach Fuchsgrub, wo er mit anderen die Zentralmolkerei Pfarrkirchen gründete. Er traf Hitler 1921 bei einem Regimentstreffen, wo Hitler ihm den Aufbau der SA anbot, was Wiedemann jedoch ablehnte. Als es ihm 1933 wirtschaftlich schlecht ging, bat er Amann, bei Hitler vorzusprechen, ob er nicht wieder zur Reichwehr als Offizier kommen könnte. Vor Weihnachten 1933 traf er Hitler im ›Braunen Haus‹, der ihm eine Stelle als Adjutant anbot. Am 1.2.1934 trat Wiedemann seinen Dienst im Stab von R. Heß an. Eintritt in die NSDAP. Nach der Einarbeitung bei Heß wurde er am 1.1.1935 zum Adjutant Hitlers in der Persönlichen Adjutantur ernannt. NSKK-Brigadeführer und ab 1938 Reichstagsabgeordneter. Mehrere Auslandsreisen, u.a. bei Lord Halifax in London usw. Wiedemann geriet immer mehr in Widerspruch zu Hitler, und Anfang Januar 1939 entließ Hitler Wiedemann mit den Worten: »Ich kann Leute in hoher Stellung und in meiner nächsten Umgebung nicht gebrauchen, die mit meiner Politik nichts zu tun haben wollen.« Wiedemann erhielt dann im März 1939 den Posten eines Generalkonsuls in San Francisco. Am 16.1.1941 forderte die USA die Schließung aller deutscher Konsulate und Abreise des Personals bis zum 14.7.1941. Wiedemann mußte daher im Juli 1941 die USA verlassen und wurde von Hitler im November 1941 als Generalkonsul nach Tientsin (China) kom-

mandiert, von wo er am 18. 9. 1945 durch die US-Armee zuerst nach Washington und dann am 7. 10. 1945 nach Nürnberg als Zeuge zurückgebracht wurde. Wiedemann war bis zum 5. Mai 1948 inhaftiert und starb im Alter von 78 Jahren am 24. 1. 1970 in Fuchsgrub.

98 In der Unterredung mit Wiedemann, Anfang Januar 1939, die nach Aussagen von Wiedemann nur fünf Minuten gedauert haben soll, sagte Hitler: »Ich entlasse Sie nach San Francisco. Sie können annehmen oder ablehnen! Sie können Ihre Stelle sofort antreten.«

99 Karl Krause, geb. 5. 3. 1911 in Michelau, lernte das Tischlerhandwerk und meldete sich am 1. 4. 1931 zur Reichsmarine, wo er bis zum 2. 7. 1934 als Obermatrose Dienst tat. Als Hitler 1934 ›einen Matrosen‹ als Diener haben wollte, wurde Krause (1,89 m groß) am 1. 8. 1934 von Hitler unter anderen Bewerbern persönlich ausgewählt und in 2 Monaten in der Hotelfachschule München-Pasing zum Diener ausgebildet. Im September 1934 trat er als Leibdiener Hitlers am Obersalzberg an. Beförderung bis zum SS-Obersturmführer. Er blieb Hitlers Diener bis zum 10. 9. 1939. Als Hitler von Krause beim Polenfeldzug ein Glas Fachinger verlangte, Krause aber die Fachingerflasche vergessen hatte, log er Hitler an (Krause stellt diesen Vorgang in seinem Buch nicht, bzw. anders dar). Er wurde als Diener sofort entlassen und zu Kannenberg nach Berlin zurückgeschickt. Ab 1. 3. 1940 wieder bei der Marine (Norwegenfeldzug) wurde er nach Krankheit und Kommandierung ab dem 2. 11. 1940 zur LSSAH als Oberscharführer der Waffen-SS und ab Dezember 1943 zur 11. SS-Panzer Div. ›Hitler-Jugend‹ an die Front versetzt. 1945 SS-Untersturmführer und hoch dekoriert. Nach dem Krieg bis Juni 1946 interniert, lebt Krause heute in Mitteldeutschland.

100 Hans Hermann Junge, geb. 11. 2. 1914 in Wilster (Holstein), absolvierte nach der Volksschule eine kaufmännische- und Bürolehre bis Mai 1933 und war anschließend als Angestellter tätig. Nach dem Eintritt in die SS am 1. 11. 1933, meldet er sich am 1. 8. 1934 freiwillig zur LSSAH und kam am 1. 7. 1936 zum SS-Begleitkommando ›Der Führer‹. Ab 1940 wurde er von Hitler, der Junge sehr schätzte, als Diener und Ordonnanz (1,89 m groß) beschäftigt. Am 19. 6. 1943 heiratete er eine der Sekretärinnen Hitlers, Gertraud Humps. Anschließend (14. 7. 1943) zur Waffen-SS kommandiert, kam er am 1. 12. 1943 zum Fronteinsatz bei der 12. SS-Panzer Div. Hitler Jugend, wo er am 13. 8. 1944 im Alter von 30 Jahren als SS-Obersturmführer gefallen ist.

101 Heinz Linge, geb. 23. 3. 1913 in Bremen, lernte den Maurerberuf und besuchte anschließend ein Technikum. Mit 20 Jahren am 17. 3. 1931 Eintritt in die LSSAH. Am 24. 1. 1935 wurde er von Hitler als Diener ausgesucht (1,84 m groß) und nach der Ausbildung in der Hotelfachschule München-Pasing war er bis 1945

Ordonnanz und Diener Hitlers. Nach der Entlassung von Krause wurde er der von Hitler bevorzugte Leibdiener. Linge erlebte 1945 im Bunker Hitlers Selbstmord und wurde am 2.5.1945 von der Roten Armee gefangengenommen und nach Rußland gebracht. 1950 vor ein Gericht gestellt, ist er zu 25 Jahren Strafarbeit verurteilt worden. 1955 wurde Linge entlassen, er starb im Alter von 67 Jahren 1980 in Bremen.

102 Die ›Leibstandarte SS Adolf Hitler‹ (LSSAH) war eigentlich die 3. Stabswache Hitlers. Sie wurde von Josef Dietrich 1933 im Auftrag Hitlers aufgestellt. Am 30.1.1933 ließ Hitler Dietrich, der ihn bereits früher bei zahlreichen Wahlreisen begleitet hatte, nach Berlin kommen und gab ihm den Auftrag, neben dem seit dem 29.2.1932 bestehenden ›SS-Begleitkommando Hitlers‹ eine zuverlässige ›Stabswache‹ aufzustellen. Aus allen SS-Standarten wurden SS-Männer ausgesucht (mindestens 1,80 m groß und unter 25 Jahre alt) und nach Berlin zur Stabswache kommandiert. 117 ausgesuchte SS-Führer und -Männer bildeten am 17.2.1933 den Grundstock des ›SS-Sonderkommandos Berlin‹, das unter SS-Gruppenführer Dietrich zunächst eine private Schutztruppe Hitlers darstellte. Zuerst in der Friesenkaserne in Berlin untergebracht, wurde das ›SS-Sonderkommando‹ im April 1933 in die Hauptkadettenanstalt nach Lichterfelde verlegt, wo es immer weiter ausgebaut wurde und die Wachen im Innenhof der Reichskanzlei stellte sowie repräsentative Aufgaben bei Veranstaltungen übernahm. Ab dem 3.9.1933 wurden die SS-Sonderkommandos zur ›Adolf-Hitler-Standarte‹ zusammengefaßt. Ab dem 9.11.1933 führt die, inzwischen schon 835 Mann starke Truppe, die Bezeichnung ›Leibstandarte Adolf Hitler‹ und ab dem 13.4.1934 die Bezeichnung ›Leibstandarte SS Adolf Hitler‹.

103 Josef Dietrich, geb. 25.5.1892 in Hawangen, besuchte die Volksschule und war anschließend in der Landwirtschaft als Kutscher (Berufsangabe i. d. Kriegsstammrolle Dietrichs 1911) tätig. Arbeitete von 1909 bis Mitte 1911 in der Schweiz als Hotelangestellter. Militärdienst vom 18.10.1911 bis 27.11.1911 beim 4. F.A.R. 2. Bat. in Augsburg, »wegen Krankheit (Sturz vom Pferd) entlassen«. In Memmingen bei einem Bäcker Botendienste bis zum 5.8.1914. Anschließend Frontdienst im Ersten Weltkrieg in Frankreich und Italien, zum Schluß bei der Sturmpanzerwagen Abt. 13 als Panzerwagenführer, die am 19.2.1918 aufgestellt wurde (am 20.11.1918 wurde die Abt. aufgelöst). Am 26.3.1919 als Vize-Wachtmeister nach Hawangen entlassen, kam Dietrich am 4.4.1919 nach München. Ab 24.2.1920 bei d. Bayerischen Landpolizei als Wachtmeister (Streifzug 1. Gruppe in Oberschleißheim). Anschließend arbeitete er bei d. Österr. Tabakregie in München und später kurz im Zolldienst. Durch seine Bekannt-

schaft mit Christian Weber, der ihn ab 1925 in seiner Tankstelle (Blau-Bock-Tankstelle) beschäftigte (Berufsangabe v. Dietrich: ›Garagenmeister‹), übernahm er bereits Aufgaben in der NSDAP. Am 1.5.1928 Beitritt zur NSDAP und persönliche Bekanntschaft mit Himmler. SS-Eintritt am 5.5.1928 (jedoch bereits am 1.8.1928 SS-Standartenführer!). Dietrich wurde ab 1929 beim Eher-Verlag bezahlt (Beruf: ›Packer‹!), um seine Führungsaufgaben in d. SS wahrnehmen zu können. Am 18.5.1929 Führer d. SS-Brigade Bayern und ab 11.7.1930 (nicht mehr beim Eher-Verlag als Packer angestellt) Führer der SS-Gruppe Süd sowie Reichstagsabgeordneter. 16.1.1933 Führer des ›SS-Sonderkommandos‹ in Berlin, Aufbau der ›Leibstandarte SS Adolf Hitler‹. 1934 Beteiligung an dem Mord von 6 SA-Führern und Beförderung zum SS-Obergruppenführer. Bei Kriegsausbruch 1939 im Fronteinsatz in Polen, Balkan, Frankreich und Rußland. Am 20.4.1942 Generaloberst d. Waffen-SS, Ardennenoffensive 1944, anschließend in Ungarn und Wien in Einsatz. Am 8.5.1945 von der US-Armee in Österreich gefangengenommen, wurde er im Sommer 1946 im sog. ›Malmedy-Prozeß‹ in Dachau zu lebenslanger Haft verurteilt (1950 auf 25 Jahre herabgesetzt). Am 20.10.1955 entlassen, lebte Dietrich in Ludwigsburg, wo er am 21.4.1966 im Alter von 74 Jahren starb.

104 LAH war die Abkürzung für ›Leibstandarte Adolf Hitler‹. Diese Bezeichnung galt nur kurz 1933. Richtige Bezeichnung ›Leibstandarte SS Adolf Hitler‹ = LSSAH, wobei das SS im allgemeinen Sprachgebrauch weggelassen wurde und nur von der LAH gesprochen wurde.

105 Gemeint ist die Hotelfachschule in München-Pasing.

106 Heinrich Himmler, geb. 7.10.1900 in München, war nach dem Abitur 1917 als Fahnenjunker bis 1918 in Ausbildung (Fähnrich). Studium der Landwirtschaft an d. Techn. Hochschule in München. 1923 bei d. Organisation ›Reichskriegsflagge‹, Laborassistent in einer Kunstdüngerfirma. Teilnahme am Putsch 1923. Eintritt in die NSDAP am 2.8.1925 im Stab bei Gregor Strasser. Eintritt in die SS 1925 und am 6.1.1929 ›Reichsführer SS‹ (RFSS). 1930 Reichstagsabgeordneter. Im März 1933 kommissarischer Polizeipräsident in München (ab April auch Leiter d. politischen Polizei) und am 17.6.1936 RFSS und Chef der Deutschen Polizei. Aufbau von Gestapo, SD, Konzentrationslager, Waffen-SS usw. Am 25.8.1943 Reichsinnenminister. Am 6.5.1945 von Dönitz aller Funktionen enthoben, wurde Himmler am 20.5.1945 von d. Brit. Armee festgenommen. Am 23.5.1945 verübte der 44jährige Himmler Selbstmord durch Einnahme von Blausäure.

107 Am 25.9.1941 erließ Hitler den ›Grundsätzlichen Befehl‹ über die Geheimhaltung, den der Reichsminister des Inneren am 1.12.1941

an die Obersten Reichsbehörden bekanntgab. Er enthielt 4 Punkte und wurde bei allen militärischen- und Reichsstellen ausgehängt. Punkt 1 lautete:
»Niemand: Keine Dienststelle, kein Beamter, kein Angestellter und kein Arbeiter dürfen von einer geheimzuhaltenden Sache erfahren, wenn sie nicht aus dienstlichen Gründen unbedingt davon Kenntnis erhalten müssen.«
108 Sh. Anmerkung 362.
109 Nach verschiedenen Besprechungen Hitlers (21. Juni mit Hindenburg u. später mit Blomberg) nahm Hitler mit Göring am 28. 6. 1934 in Essen an der Trauung des Gauleiters Terboven teil und besuchte anschließend die Kruppwerke in Essen.
110 Die ›Ju 52‹ war ein von Hugo Junkers konstruierter dreimotoriger Ganzmetall-Tiefdecker. Es war ein äußerst robustes und zuverlässiges, wenn auch langsames Flugzeug, von dem bis 1945 über 4000 Stück gebaut wurden. Bis 1944 war es auch das Standartflugzeug der Deutschen Lufthansa. Die Ju 52 war offiziell für 17 Passagiere zugelassen, in der militärischen Version für 20 Soldaten.
111 Joseph Goebbels, geb. 29. 11. 1897 in Rheyt (Rheinland) studierte nach dem Abitur in Rheyt Germanistik in Bonn, Freiburg, Würzburg, 1921 Promotion. 1923 bis Mitte 1924 in Köln bei der Dresdner Bank anschließend Sekretär von Franz Wiegerhaus, MdR der Völkischen Freiheitspartei und später als Redakteur bei der Zeitschrift ›Völkische Freiheit‹. 1924 bei Gauleiter Kaufmann und Eintritt in die NSDAP. 1926 wurde Goebbels Gauleiter von Berlin und im Mai 1928 Reichstagsabgeordneter. Im November 1928 übernahm er die Leitung der Reichspropaganda von Gregor Strasser. Am 19. 12. 1928 heiratete er Magdalena Quandt, die geschiedene Frau des Industriellen Günter Quandt. Ernennung zum ›Reichsminister für Volksaufklärung und Propaganda‹ am 14. 3. 1933. Goebbels führte die Kontrolle und Gleichschaltung der Medien in Deutschland durch. Am 13. 2. 1943 im Sportpalast in Berlin Verkündung des ›totalen Krieges‹ (»... Wollt ihr den totalen Krieg?«). 1944 ›Generalbevollmächtigter für den totalen Kriegseinsatz‹. Im April 1945 im Bunker mit Hitler, verübte er am 1. 5. 1945 mit seiner Frau, nachdem er vorher seine sechs minderjährigen Kinder durch Gift töten ließ, im Alter von 47 Jahren Selbstmord durch Erschießen.
112 Hitler ließ bereits am Abend des 28. 6. 1934 viele höhere SA-Führer nach Bad Wiessee beordern. Entweder irrt sich Frau Schroeder im Datum (»Start der Maschine um 3 Uhr in der Früh am 29. Juni«?) oder es wurden noch zusätzliche SA-Führer nach Bad Wiessee beordert.
113 Otto Dietrich, geb. 31. 8. 1897 in Essen wurde am 10. 8. 1915 zum

Kriegsdienst eingezogen, 1918 als Leutnant d. R. entlassen (Abitur in Gent 1918). Anschließend Studium Philosophie und Staatswissenschaft an der Universität München, Frankfurt und Freiburg, 1921 Promotion. Bei verschiedenen Industrieunternehmungen tätig. 1928 Redakteur der ›München-Augsburger-Zeitung‹ und 1929 erste Kontakte mit der NSDAP, Eintritt in die Partei am 1. 4. 1929, SS am 24. 12. 1932 (1941 SS-Obergruppenführer). Mitarbeiter der Reichsleitung der NSDAP. 1930/31 stellvertretender Chefredakteur der ›Nationalzeitung‹ in Essen. Anfang 1931 erhielt er den Auftrag Hitlers, eine Pressestelle der Partei einzurichten. Seit dieser Zeit begleitete Dietrich Hitler auf allen seinen Wahlreisen und gehörte von da an auch zum engeren Kreis um Hitler bis 1945, auch auf dem Berghof. 1933 Vorsitzender des Reichsverbandes der Deutschen Presse und am 31. 8. 1933 zum ›Reichspressechef‹ ernannt. Schrieb eine Reihe von NS-Bücher. Am 8. 5. 1945 von der Britischen Armee interniert, wurde Dr. Dietrich im ›Wilhelmstraßenprozeß‹ am 14. 4. 1949 zu sieben Jahren Gefängnis verurteilt, aber schon am 16. 8. 1950 entlassen, starb Dietrich am 22. 11. 1952 im Alter von 48 Jahren in Düsseldorf.

114 Als Hitler im Januar 1933 zum Reichskanzler ernannt wurde, stellte er nebem dem seit 29. 2. 1932 bestehenden ›SS-Begleitkommando‹, einige Kriminalbeamte zu seinem Schutz ein. Die 6 Kriminalbeamten des Reichs-Kriminalpolizeiamtes Berlin seines Vorgängers aus der Reichskanzlei übernahm er nicht. Bereits im April/März 1933 wurde unter Leitung, des von Hitler nach Berlin geholten, Leutnant der bayerischen Landespolizei, Johann Rattenhuber, ein ›Kommando z.b.V.‹ aus acht Münchner Kriminalbeamten aufgestellt, das folgende Aufgaben hatte:
»1. Begleitdienst.
 2. Allgemeine Sicherungsfragen beim Führer oder den Regierungsmitgliedern.
 3. Pflege von Erhebungen und Verfolgung von Attentatsplänen, die den Führer oder andere Regierungsmitglieder betreffen.
Die Kriminalbeamten des Kommandos z.b.V wurden vom Führer selbst nach Berlin gebeten, um dort den persönlichen Schutz zu übernehmen.«
Während das ›Kriminalkommando z.b.V‹ am 30. 11. 1934 noch 18 Kriminalbeamte hatte, besaß es am 27. 3. 1935 bereits 49 Mitarbeiter (34 Kriminalbeamte, 2 Flieger u. 4 Krim.-Bea. sowie 9 Hilfskräfte), die auf verschiedene Dienststellen (Reichsminister, Obersalzberg usw.) verteilt waren. Ab April 1935 wurde das ›Führerschutzkommando‹ (Kriminalkommando) in eine gesonderte Polizeibehörde, den ›Reichssicherheitsdienst‹ (RSD) überführt (nicht zu verwechseln mit dem SD = Sicherheitsdienst des RFSS der SS)

und die Anzahl der Beamten bis 1945 immer weiter erhöht. Die Stärke des Reichssicherheitsdienstes (RSD) betrug im Frühjahr 1944 etwa 250 Mann, wovon rd. 220 Kriminalbeamten, der Rest Verwaltungsbeamte, Fahrer und Stenotypistinnen waren. Die Kriminalbeamten waren auf 13 Dienststellen mit je einem Dienststellenleiter aufgeteilt.

115 Johann Rattenhuber, geb. 30. 4. 1897 in Oberhaching bei München, rückte im Frühjahr 1916 nach dem Besuch des Gymnasium Schäftlarn (Notabitur 1916) zum 16. bayr. Inf. Rgt. ein, im Oktober 1918 Leutnant. Anschließend in der Garnison Ingolstadt nahm er im April/Mai 1919 als Führer einer Sicherheitskompanie beim Freikorps Epp an der Niederwerfung der Räterepublik in Freising und München teil. Ab September 1919 studierte Rattenhuber einige Semester an der Universität München. Am 5. 9. 1920 Eintritt in die Ordnungspolizei Bayreuth. Am 10. 2. 1922 nach München zur Landespolizei versetzt, am 1. 8. 1925 zum Leutnant d. Polizei befördert worden. Am 10. 3. 1933 zum Adjutant des damaligen Polizeipräsidenten Himmler ernannt (bestätigt am 19. 4. 1933), wurde er im April 1933 beauftragt, das ›Kommando z.b.V.‹ für Hitler in Berlin aufzustellen. Beförderung zum Hauptmann der Polizei am 1. 6. 1933. Bis zum 3. 7. 1934 wurde Rattenhuber bei der bayerischen Polizei geführt. Ab dem 4. 7. 1934 im Zuge der Rangangleichung zum SS-Obersturmbannführer ernannt und nach Berlin versetzt. Leiter der nun selbständigen Dienststelle ›Reichssicherheitsdienst‹ (RSD) ab April 1935, Beförderung zum Major der Polizei (20. 4. 1934) mit der Rangangleichung als SS-Standartenführer am 15. 9. 1935. Aufbau der verschiedenen RSD-Dienststellen und Führung des RSD bis 1945 im Bunker des Reichskanzlerpalais in Berlin. Am 30. 1. 1944 zum Generalmajor und am 24. 2. 1945 zum SS-Gruppenführer ernannt. Beim Ausbruch aus der Reichskanzlei wurde Rattenhuber durch einen Beinschuß schwer verwundet. Am 2. 5. 1945 von der Roten Armee gefangengenommen und nach Rußland gebracht. Rattenhuber wurde am 16. 11. 1951 aus russischer Kriegsgefangenschaft entlassen und starb am 30. 6. 1957 im Alter von 60 Jahren in München-Grünwald.

116 Bruno Gesche, geb. 5. 11. 1905 in Berlin, nach dem Besuch der Volksschule 1919 als Banklehrling und Angestellter bis 1924. Anschließend verschiedene Tätigkeiten als Arbeiter. Eintritt in die NSDAP schon 1922 in Hannover und im Oktober 1928 in die SS. SS-Sturmführer im Juni 1931. Ab dem 8. 3. 1932 beim ›SS-Begleitkommando‹ Hitlers, übernahm Gesche am 10. 3. 1934 die Führung des Kommandos, die er mit Unterbrechungen bis zum Dezember 1944 als SS-Obersturmbannführer beibehielt. Wegen

eines Alkoholdeliktes im FHQ ›Felsennest‹ bei Bad Nauheim, von Hitler entlassen und von Himmler am 20. 12. 1944 zum SS-Unterscharführer degradiert, kam er an die Front nach Italien. Von der Brit. Armee gefangengenommen, war Gesche bis 1947 interniert und lebte dann in Hannover, wo er am 10. 8. 1980 im Alter von 75 Jahren starb.

117 Von Freunden wurde Bruno Gesche kurz ›Conny‹ genannt.
118 Diese Darstellung hat mir vor einigen Jahren ein ehemaliger Angehöriger des Kommandos, der damals dabei war, bestätigt. Er sagte, »... daß sie nicht wußten, was eigentlich los war und wo es hingehen sollte«. Das Kommando war verärgert, »da Hitler so wenig Vertrauen gezeigt hat und uns nicht informiert hat. Es hätte ja zu einer Schießerei usw. kommen können, und wir waren darauf nicht vorbereitet und haben nichts gewußt...« Hitler ist wohl tatsächlich nur mit seinem Stab und dem Kriminalkommando unter Rattenhuber nach Bad Wiessee gefahren (Kempka, der als Fahrer im ersten Flugzeug mitflog, war der einzige vom Begleitkommando der am Anfang mit dabei war; sh. auch Aussage v. Kempka nach dem Krieg).
119 Als mir Frau Schroeder früher die Vorgänge, die sie hier niederschrieb, einmal erzählte, war ich skeptisch und sagte: »Waren Sie da wirklich dabei und war das so?« Frau Schroeder wurde ärgerlich und antwortete: »Glauben Sie, daß ich lüge?« Sie erzählte mir dann noch einige Details, so daß man annehmen kann, daß es sich tatsächlich so abgespielt hat. Eine gewisse Bestätigung gab mir das schon zitierte Gespräch mit einem Augenzeugen, der sich jedoch nicht mehr daran erinnern konnte, ob Frau Schroeder dabei gewesen ist. »In dem allgemeinen Durcheinander damals«, so sagte er, »hat man auf so was nicht besonders achtgegeben.« Er schloß nicht aus, daß Frau Schroeder dabei gewesen war.
Röhm saß in Hitlers Wagen unter Bewachung und wurde von Schreck, Hitlers Fahrer, nach München-Stadelheim gebracht. Hitler wurde von Kempka nach München gefahren. Die inhaftierten SA-Führer wie Uhl, von Spreti, Heines usw. sind in einem requirierten Kleinautobus über die Strecke Hausham von Männern des Begleitkommandos nach Stadelheim gebracht worden, »da man befürchtete, daß auf der Straße von Holzkirchen nach Gmund herauskommende SA-Leute, den Leiter von Röhms Stabswache Uhl evtl. befreien könnten«.
120 Im Gefängnis Stadelheim wurden am 30. 6. 1934 die SA-Führer Uhl, von Spreti, Heines, Hayn, Heydebreck, Schneidhuber und Schmidt erschossen. Weitere Exekutionen erfolgten am 1. 7. 1934 im KZ Dachau und an vielen anderen Orten in Deutschland. Die offizielle Liste der Opfer des 30. 6. und 1. 7. 1934 wies 83 Namen aus, die wirkliche Zahl der Opfer war aber weitaus größer.

121 Hitler flog am Abend des 30.6.1934 mit dem Flugzeug von München nach Berlin zurück.
122 Sh. Anmerkung 80.
123 Freda Kannenberg, geb. 25.5.1898 in Fretsdorf (Kreis Ost-Prignitz), heiratete Kannenberg 1922 in Berlin und betrieb mit ihrem Mann die Kannenberg Restaurants in Berlin. Sie war eine gute Köchin und ging mit Kannenberg nach dem Konkurs seiner Betriebe am 22.3.1932 nach München, wo beide das Kasino im ›Braunen Haus‹ betrieben. Ab 1.8.1933 in Berlin an der Seite von Kannenberg in der Reichskanzlei und später auch am Berghof, wo sie ihren Mann unterstützte (bei offiziellen Anlässen arrangierte sie z.B. die Tischdekoration). Nach dem Krieg Aufenthalt in Karlstein bei Reichenhall. Sie eröffnete später mit ihrem Mann 1957 ein Restaurant in Düsseldorf. 1974 (Arthur Kannenberg starb am 26.1.1963) zog sie nach Much, wo Frau Kannenberg am 12.2.1980 im Alter von 82 Jahren verstorben ist.
123a Sh. Anmerkung 127.
124 Es existieren einige Fotos, die Kannenberg mit seinem Akkordeon zeigen. Auch bei seiner Vernehmung durch die CIC in Berchtesgaden sagte er, daß er Hitler oft mit dem Akkordeon unterhalten habe.
125 Richard Schulze, geb. 2.10.1914 in Berlin-Spandau trat nach dem Abitur im März 1934 am 23.11.1934 in die LSSAH ein. Vom 24.4.1935 bis zum 30.4.1936 SS-Junkerschule in Tölz und Beförderung zum SS-Untersturmführer am 20.4.1936. Anschließend verschiedene Kommandos, bis er am 1.4.1939 als Adjutant zu Ribbentrop ins Auswärtige Amt kam. Dabei nahm er in Moskau an d. Unterzeichnung des Deutsch-Russischen Nichtangriffpaktes am 24.8.1939 teil. Vom 26.2.1940 bis 18.6.1940 und 15.2.1941 bis 6.8.1941 Frontdienst. Schulze war bis Anfang August 1941 zum Auswärtigen Amt kommandiert. Anschließend vom 6.8.1941 bis zum 12.11.1941 zuerst Ordonnanzoffizier und ab 27.10.1942 Adjutant bei Hitler im FHQ bis zum 12.11.1943. Kommandierung zur SS-Junkerschule Tölz als Lehrgruppenkommandant und Beförderung zum SS-Sturmbannführer. Zwischendurch erneute Adjutantentätigkeit bei Hitler nach der Entlassung von Darges (sh. Anmerkung 262) im FHQ vom August 1944 bis Dezember 1944. Teilnahme an der Ardennenoffensive Ende 1944. Am 12.1.1945 wurde Schulze die Führung der SS-Junkerschule Tölz übertragen. Am 29.4.1945 wurde er in Niederbayern von der US-Armee gefangengenommen und kam in das Kriegsgefangenenlager Moosburg. Er blieb in verschiedenen Lagern bis zum 10.1.1948 interniert und wurde dann entlassen. Schulze lebt heute in Norddeutschland.
126 Gemeint ist der Iman Jahaya von Jemen, König des Königreich

Jemen (Yemen) in Südwestarabien, der im Februar 1948 ermordet wurde.
127 Frau Magdalena Haberstock, geboren 1892 in Berlin war die Frau des Berliner Kunst- und Antiquitätenhändlers Karl Haberstock, der im Auftrag Hitlers Gemälde für ihn ankaufte. Frau Haberstock starb 1983 in Augsburg.
128 Max Wünsche, geb. 20. 4. 1914 in Kittlitz (Kr. Löbau Oberhaus), Oberschule und ab 1. 4. 1928 Handelslehre, anschließend Gutsverwalter und kaufmännische Tätigkeit. Am 10. 7. 1933 zur LSSAH, vom 25. 4. 1935 bis 31. 3. 1936 SS-Junkerschule in Tölz, am 20. 4. 1936 zum SS-Untersturmführer befördert. Am 11. 9. 1938 Beförderung zum SS-Sturmführer und Kommandierung zu Hitler als Ordonnanzoffizier und später Adjutant bis zum 24. 1. 1940. Anschließend mehrere Frontkommandos, bis er am 1. 6. 1940 wieder Dienst als Adjutant im FHQ verrichtete. Am 18. 10. 1940 zusammen mit Brückner von Hitler entlassen, führte er verschiedene Frontkommandos (hochdekoriert) bis er am 24. 8. 1944 als SS-Obersturmbannführer und Regimentskommandeur von der Brit. Armee gefangengenommen wurde. Nach dem Krieg bis Anfang 1948 interniert, lebt Wünsche heute in Norddeutschland.
129 Bei dieser Gelegenheit wurde auch der SS-Sturmbannführer Paul Wernicke entlassen (sh. Anmerkung 96).
130 Am 17. Oktober 1940 empfing Hitler am Berghof die italienische Kronprinzessin Maria-José, eine Schwester von Leopold d. III., König von Belgien. Sie war mit Umberto von Savoyen, dem Sohn des italienischen Königs Victor Emanuel III. verheiratet.
131 Lt. Schreiben Martin Bormanns an den Minister Dr. Lammers vom 26. 3. 1941 ist Brückner am 18. 10. 1940 aus der Adjutantur ausgeschieden (BA Koblenz R 43 II 967a, Bl 48). Anstelle von Max Wünsche wurde Fritz Darges als Adjutant zu Hitler kommandiert, Brückners Tätigkeit übernahm Schaub.
132 Alwin-Broder Albrecht, geb. 18. 9. 1903 in St. Peter (Friesland), meldete sich nach dem Abitur am 30. 3. 1922 zur Reichsmarine. Am 1. 4. 1924 Fähnrich z. S., 1. 10. 1926 Leutnant z. S., 1. 7. 1928 Oberleutnant z. S. und am 1. 6. 1934 Beförderung zum Kapitänleutnant. Als Hitlers Verbindungsoffizier zur Marine, Karl-Jesko von Puttkamer, am 19. 6. 1938 zu einem Flottenkommando abkommandiert wurde, vertrat ihn der am 1. 11. 1937 zum Korvettenkapitän ernannte Albrecht vom 27. 6. 1938 bis 30. 6. 1939 bei Hitler. Als Albrecht Anfang 1939 eine Frau mit ›Vorgeschichte‹ geheiratet hatte und Großadmiral Raeder nachträglich davon erfuhr, suspendierte er Albrecht sofort vom Dienst. Als das Hitler hörte, wurde er wütend, da Albrecht zu seinem Stab gehörte und Raeder ihn nicht verständigt hatte. Er ließ Albrecht mit seiner Frau auf den Berghof kommen, und Hitler gefiel die Frau. Als

Raeder darauf bestand, Albrecht als Militärattaché nach Tokio zu versetzen, ernannte Hitler ihn am 1. 7. 1939 einfach zu seinem persönlichen Adjutanten und verlieh ihm den Rang eines NSKK-Oberführers. Das führte zu einer tiefgreifenden Auseinandersetzung zwischen Hitler und dem Großadmiral Raeder. Albrecht wurde am 30. 6. 1939 unter Verleihung des Rechts zum Tragen der bisherigen Uniform aus dem aktiven Wehrmachtsdienst entlassen. Albrecht blieb in der Persönlichen Adjutantur Hitlers unter Reichsleiter Bouhler bis 1945 mit Aufgaben in der Reichskanzlei (Bearbeiten von privaten Briefen an Hitler, Überwachung der vielen Bauarbeiten und Bearbeitung organisatorischer Fragen in der RK) beauftragt. Am 1. 5. 1945 verschwand Albrecht spurlos und wurde nicht mehr aufgefunden (Selbstmord oder bei Kämpfen gefallen).

133 Gerda Daranowski, geb. 13. 12. 1913 in Berlin, kam nach ihrer Schulausbildung und Beschäftigung als Kontoristin bei Elisabeth Arden in Berlin nach einer längeren Tätigkeit in der ›Privat Kanzlei Hitlers‹, 1937 mit 24 Jahren als dritte Sekretärin in die ›Persönliche Adjutantur‹ Hitlers. »Dara«, wie sie von ihren Freunden genannt wurde, war anschließend mit in den FHQ's Hitlers und heiratete am 2. 2. 1943 den damaligen Major der Luftwaffe, Eckhard Christian, der als Adjutant des Chefs des Wehrmachtsführungsstabes im FHQ tätig war. Nach einer kurzen Unterbrechung ihrer Tätigkeit kam sie Ende 1943 wieder als Sekretärin Hitlers in das FHQ, wo sie bis 1945 blieb. Bei dem Ausbruch aus der Reichskanzlei am 1. 5. 1945 gelang es ihr, sich nach Westdeutschland durchzuschlagen. Sie lebt heute in Norddeutschland.

134 Sh. Anmerkung 34.

135 Hitlers erste Schule war die Volksschule in Finkelham bei Wels, die er ab dem 1. 5. 1895 besuchte.

136 Interessant ist in diesem Zusammenhang eine Notiz eines Stenofragmentes aus dem Nachlaß von Frau Schroeder: »Rauchen? Nicht ehrlich. Am 11./12. 3. 42 sagte er [Hitler] in der Wolfsschanze: ›Ich habe 30–40 Zigaretten geraucht, den Rest in die Donau geworfen.‹ Uns Mädchen im Treppenzimmer hat er gesagt: ›Ich habe als junger Mann im Bett Pfeife geraucht, das Bett sei in Brand geraten, und von da ab habe er nie mehr geraucht!‹«

137 Seine Mutter liebte Hitler wohl sehr. Seine Schwester Paula sagte am 26. 5. 1945 (CIC-Einvernahme in Berchtesgaden) folgendes aus: »... Der Tod der Mutter hat auf mich und Adolf einen großen Eindruck gemacht; wir haben sehr an der Mutter gehangen. Die Mutter starb 1907. Als die Mutter tot war, kam Adolf nicht mehr nach Hause ...«

138 Paula Hitler schrieb in einem Brief am 5.2.1957: »...an meinen Bruder, der ihr beiderseitiges Wesen [der Eltern] vereinigt in sich trug. Den unbeugsamen Willen des Vaters und den warmen Glanz von den Augen der Mutter...«

139 Hitler ist von seinem Vater sehr viel geschlagen worden. Seine Halbschwester, Angela Hammitzsch, sagte im Mai 1945 (CIC-Einvernahme in Berchtesgaden) folgendes aus: »...Sein Vater, der schlug ihn, wenn er nach der Schule nicht nach Hause kam, mehr als 2 bis 3 mal in der Woche.« Hitler soll zu ihr gesagt haben: »...Ich habe mir damals überlegt – wenn ich heimgehe, werde ich von meinem Vater geschlagen, aber ich kann nicht spielen. Aber wenn ich wegbleibe, kann ich eine Stunde spielen und die Prügel dauern nicht länger als 5 Minuten. So zog ich es vor, zu spielen...« Auch seine Schwester Paula Hitler sagte am 25.5.1945 (CIC-Einvernahme in Berchtesgaden) aus: »...Adolf ist als Kind immer spät heimgekommen. Er hat jeden Abend seine Tracht Prügel gekriegt, weil er nicht pünktlich zu Hause war...«

140 Sh. Anmerkung 143.

141 Leo Raubal, geb. 11.6.1879 in Stadt Ried (Österreich), war Steuerbeamter und starb im Alter von 31 Jahren am 10.8.1910 in Linz.

142 Paula Hitler, geb. 26.1.1896 in Hafeld (Österreich), war Hitlers einzige Vollschwester. Nach der Volksschule Lyzealschule und kaufmännische Ausbildung. In den zwanziger Jahren als Kanzleikraft Paula Hietler in der Österreichischen Bundesländer-Versicherung in Wien tätig. Am 2.8.1930 angeblich wegen ihres Bruders Adolf von der Geschäftsleitung entlassen. Hitler unterstützte sie dann mit einer monatlichen Rente von 250 Schilling und nach 1938 mit 500 Reichsmark bis 1945. In den letzten Kriegsjahren war sie in einem Lazarett in Wien als Schreibkraft tätig. Am 14.4.1945 wurde sie von 2 SS-Männern als ›Paula Wolf‹ nach Berchtesgaden geholt, wo ihr (und ihrer Halbschwester Angela) von Schaub am 24.4.1945 im Auftrag Hitlers 100000 RM übergeben worden sind (sh. Aussage Schaub vom 5.5.1951, Bay HStA München). Sie wohnte in der Dietrich-Eckart-Hütte, wo sie am 26.5.1945 vom CIC der 101st Airborne Division aufgespürt und verhört wurde. Paula Hitler fuhr anschließend wieder nach Wien zurück, wo sie in einem Kunstgewerbegeschäft arbeitete. Am 1.12.1952 kam sie wieder nach Berchtesgaden und nahm dort ihren ständigen Wohnsitz, um ihre Ansprüche aus dem privaten Testament Hitlers zu stellen. Sie nannte sich wieder Paula Wolf, ein Deckname, den Hitler in den zwanziger Jahren immer verwendet hatte, und bemühte sich bis zu ihrem Tode um das Erbe von Hitler. Paula Wolf-Hitler starb

...sicht des ›Berghofs‹ am Obersalzberg, den
...ler nach dem Umbau am 6. 7. 1936 bezog.

...rista Schroeder im Steingarten vor dem
...us Wachenfeld 1935.

...ler und Eva Braun mit ihren Hunden am
... Juni 1942 auf der Terrasse des Berghofs.

Die Sekretärinnen Hitlers Christa Schroeder und Johanna Wolf beim Frühstück auf der Terrasse des Hauses Wachenfeld 1935.

Dr. Goebbels, Eva Braun, Karl Hanke, Christa Schroeder und Albert Speer warten 1938 auf der Terrasse des Berghofs auf Hitler.

Eva Braun mit Freundinnen nach einem Alpenrundflug 1936 (v.l.n.r.: Sofie Storck, Marianne Petzl, Flugzeugführer, Eva Braun und Erna Hoffmann).

er mit der italienischen
nprinzessin Maria-José
Nachmittag des 17. Okto-
1940 im Kehlsteinhaus
Obersalzberg beim Tee.
ckner, Wünsche (Wer-
e und Rotte) wurden we-
der Vorbereitungen zu
em Besuch am 18. 10. 1940
h eine Intrige Kannen-
s von Hitler entlassen.

sta Schroeder 1938 vor
Globus Hitlers in der
ßen Halle‹ des Berghofs.

er und seine Haushälterin
i Winter, Johanna Wolf
der Direktor Jakob Wer-
on Daimler-Benz, der
r Anfang 1925 nach sei-
Entlassung aus Lands-
einen Mercedes zur Ver-
ng stellte, in der ›Großen
e‹ des Berghofs 1937.

Hitlers Gäste Sylvester 1938 in der ›Großen Halle‹ des Berghofs (x = Frau Schroeder; erste Reihe v.l.n.r.: Heinrich Hoffmann, Margarete Braun, Dr. Morell, Ehepaar Bouhler, Gerda Bormann, Hitler, Eva Braun, Martin Bormann, Anni Brandt).
Hitlers Bild in Eva Brauns Zimmer am Berghof. Links die Türe zur Diele, rechts die Türe, die über einen gemeinsamen Vorraum in Hitlers Zimmer führte.

Hitlers Gäste Sylvester 1940 in der ›Großen Halle‹ des Berghofs (erste Reihe v.l.n.r.: Wilhelm Brückner, Christa Schroeder, Eva Braun, Hitler, Margarete Braun, Adolf Wagner, Dr. Dietrich; oben rechts Heinrich Heim, der die Monologe Hitlers aufschrieb. Heim gehörte im Gegensatz zu vielen Personen, die dies behaupten, wie dieses Foto beweist, »wirklich« zum engeren Kreis Hitlers.

am 1. 6. 1960 im Alter von 64 Jahren in Schönau bei Berchtesgaden. Fünf Monate später stellte das Amtsgericht Berchtesgaden den Erbschein aus, indem ihr zwei Drittel von Hitlers Nachlaß zugesprochen wurden.

143 Angela Franziska Johanna Hitler, geb. 28. 7. 1883 in Wien, nach Besuch der Volksschule in Braunau a. I., Passau und Lambach zog sie mit der Familie nach Leonding bei Linz. Am 14. 9. 1903 heiratete die 20jährige in Leonding den 24jährigen Steueramtsadjunkt Leo Raubal aus Linz (geb. a. 11. 6. 1879 in Stadt Ried, Österreich). Sie gebar 3 Kinder (Leo, geb. 2. 10. 1906, Angela, ›Geli‹, geb. 4. 1. 1908 u. Elfriede, geb. 10. 1. 1910). Sieben Monate nach der Geburt der Tochter Elfriede starb Leo Raubal am 10. 8. 1910 in Linz. Angela Raubal arbeitete ab dem 3. 6. 1919 als Vorsteherin eines Mädchenheims in Wien, wo sie später als Küchen- und Heimleiterin bis Oktober 1926 tätig war. Am 17. 6. 1924 besuchte sie ihren Bruder im Gefängnis Landsberg. Als Hitler 1925/26 das Haus Wachenfeld am Obersalzberg mietete, holte er am 3. 3. 1927 seine Schwester als Haushälterin aus Wien zu sich, auf deren Namen das Haus auch die ersten Jahre lief (sh. Steuererklärung Hitlers von 1929). Auch als Hitler das Haus am 26. Juni 1933 kaufte, blieb sie als seine Haushälterin im Haus Wachenfeld. Als Frau Raubal am Parteitag 1935 in Nürnberg gegen Eva Braun, die sie nicht leiden konnte, bei Hitler hetzte, bat er sie, sein Haus zu verlassen. Am 18. 2. 1936 verließ sie den Obersalzberg und lernte auf der anschließenden Kur in Bad Nauheim den Direktor der Staatsbauschule Dresden, Prof. Martin Hammitzsch kennen, der sie Ende 1936 heiratete. Sie sah Hitler zum letzten Mal 1942 in Berlin. Im April 1945 kam sie (wie auch ihre Schwester Paula) nach Berchtesgaden, wo ihr von Schaub im Auftrag Hitlers 100000 RM übergeben wurden, was der CIC bei der Einvernahme nicht bekannt wurde (sh. Aussage von Schaub am 5. 5. 1951, Bay HStA München). Anschließend fuhr sie wieder nach Dresden zurück. Sie starb am 30. 10. 1949 im Alter von 66 Jahren gestorben ist.

144 Alois Hitler, geb. 13. 1. 1882 in Braunau/Inn, verließ bereits mit 13 Jahren das Elternhaus, da er sich mit seinem Vater nicht verstand. Er arbeitete in der Landwirtschaft und lernte später Kellner. 1900 fünf Monate Kerker wegen Diebstahl und 1902 acht Monate wegen des gleichen Delikts. Mit 24 Jahren arbeitete er in Paris, von wo aus er 1909 nach London und Dublin (Irland) ging und dort heiratete. Aus der Ehe mit Brigid Hitler ging ein Sohn, William Patrick Hitler, hervor, der durch einen Artikel ›Mon oncle Adolphe‹, im ›Paris Soir‹ am 5. 8. 1939 bekannt wurde. Anfang der zwanziger Jahre kam Alois H. nach Hamburg, wo er vom Landgericht Hamburg am 7. 3. 1924 wegen

Bigamie zu einer sechsmonatigen Haft verurteilt wurde. Aus dieser ›zweiten‹ Ehe ging ein Sohn, Heinz Hitler, hervor. Er besuchte die Nationalpolitische Erziehungsanstalt (Napola) in Ballenstedt/Harz. 1938 Militärdienst. Er fiel als Unteroffizier im August 1942 in Rußland. Alois Hitler ging anschließend wieder nach England, kam aber 1930 nach Deutschland zurück, wo er in Berlin zunächst als Kellner arbeitete. 1934 eröffnete er in Berlin-Wilmersdorf eine Weinstube. Im Herbst 1937 pachtete er am Wittenbergplatz ein Restaurant, das er ›Alois‹ nannte (Gaststättenbetriebe am Wittenbergplatz 3, Konditorei/Bier- und Wein-Stuben). Er betrieb das Lokal bis Kriegsende, was aber Hitler völlig ignorierte. Nach dem Krieg nahm er den Namen ›Hans Hiller‹ an und zog nach Hamburg, wo er am 20. 5. 1956 im Alter von 74 Jahren starb.

145 Sh. Anmerkung 86.

146 Diese Darstellung ist nicht ganz richtig. Es gab bereits Übersetzungen von ›Peer Gynt‹ (z. B. von Christian Morgenstern u. a.). Eckart schwebte vor, das Drama dem ›deutschen Gefühlsleben‹ anzupassen. Im Herbst 1911 war er mit der Nachdichtung fertig, die jedoch, wegen Schwierigkeiten mit Ibsens Sohn, erst im Februar 1914 in Berlin uraufgeführt wurde.

147 Julius Schreck, geb. 13. 7. 1898 in München, absolvierte nach der Volksschule eine kaufmännische Lehre, 1915 im Pelzwarengeschäft Bauch und ab 1. 2. 1916 als Kaufmann in der Kriegsledergesellschaft München tätig. Vom 1. 12. 1916 Militärdienst im Ersten Weltkrieg, am 23. 4. 1919 als Vizefeldwebel entlassen. Nach dem Krieg vom 20. 4. 1919 bis 30. 9. 1919 beim Freikorp Epp und anschließend vom 1. 12. 1920 bis 15. 2. 1921 arbeitslos, dann Vertreter einer Großhandlung in München. Am 5. 10. 1921 Eintritt in die NSDAP und SA-Führer in Giesing (mehrere Strafen). Am 13. 11. 1922 wurde er hauptamtlicher Angestellter der NSDAP in der Parteileitung Corneliusstraße 12 und ab dem 15. 5. 1923 im Oberkommando der Sturmabteilung (SA) in der Schellingstraße 39 als Stabsfeldwebel angestellt. Schreck gründete am 5. März 1923 eine ›Stabswache‹ von 12 Männern zum persönlichen Schutz von Hitler. Am Putsch 1923 aktiv beteiligt, flüchtete er am 20. 11. 1923 nach Reutte (Österr.), wo er am 3. 1. 1924 festgenommen wurde. 1925 drei Tage Festungshaft in Landsberg a. L. (am 22. 1. 1925 entlassen). Anschließend sofort wieder für die NSDAP tätig, gründete er nach Hitlers Rückkehr im April 1925 wieder eine Leibwache für Hitler und wurde nach Maurice Ende 1927 Hitlers ständiger Fahrer und Begleiter (Beruf: ›Berichterstatter!‹). Die im April 1925 von Schreck gegründete Stabswache Hitlers wandelte er im Auftrag Hitlers ein paar Wochen später in ›Schutzstaffel‹ (SS) um. Schreck

wurde am 21.9.1925 der erste Führer der SS, die nun auch in anderen Städten aufgebaut wurde. Am 30.2.1932 zum SS-Sturmführer befördert, war Schreck seit 1927 bis zu seinem Tode der ständige Fahrer Hitlers gewesen. Am 1.1.1935 Ernennung zum SS-Brigadeführer. Schreck starb am 16.5.1936 im Alter von 37 Jahren an einer Gehirnblutung.

148 Erich Kempka, geb. 16.9.1910 in Oberhausen (Rhld.), lernte nach der Volksschule Elektrotechniker bis 1928 und war dann bis zum 31.3.1930 als Mechaniker bei der Fa. DKW angestellt. Eintritt in die NSDAP und SS am 1.4.1930 als Kraftfahrer beim Gau Essen beschäftigt, kam er am 29.2.1932 zum SS-Begleitkommando Hitlers als zweiter Fahrer (Vertreter von Schreck) zur Reichsleitung der NSDAP nach München. Nach dem Tod von Schreck 1936 wurde Kempka Hitlers ständiger Fahrer und Führer des Kraftfahrzeugparks Hitlers, der bis 1945 40 Kraftfahrzeuge und 60 Kraftfahrer und Mechaniker hatte. Kempka war im April 1945 in Berlin Zeuge von Hitlers Verbrennung. Am 1./2. Mai 1945 gelang es ihm beim Ausbruch aus der Reichskanzlei, sich nach Berchtesgaden durchzuschlagen. Am 18. Juni 1945 durch die US-Armee dort verhaftet, war Kempka bis zum 9.10.1947 in verschiedenen Lagern interniert. Er lebte dann in München und später in Westdeutschland. Kempka starb am 24.1.1975 in Freiburg-Heutingsheim im Alter von 64 Jahren.

149 Das Gasthaus ›Lambach‹ lag an der Landstraße von München nach Salzburg am Chiemsee. Hitler, der das Wirtsehepaar gut kannte, kehrte dort auf seiner Fahrt von München nach Berchtesgaden immer ein. Später wurde dort für ihn und seine Begleitung ein eigenes Zimmer, das sogenannte ›Hitler-Stübchen‹ reserviert.

150 Max Amann, geb. 24.11.1891 in München, absolvierte nach der Volksschule eine kaufmännische Lehre. 1912 zum Militärdienst eingezogen, kam er 1914 als Unteroffizier mit dem neugegründeten Res. Inf. Rgt. 16 List an die Front. Dort war er als Feldwebel und Regimentsschreiber Hitlers Vorgesetzter im Ersten Weltkrieg. 1919 entlassen, war Amann bei der Abwicklungsstelle des Kriegsministeriums und später bei der Landesrentenversorgungsstelle in München tätig. Am 1.10.1921 ist er aufgrund seiner Bekanntschaft mit Hitler als Geschäftsführer der NSDAP beigetreten. Nebenbei war Amann Verlagsleiter des ›Völkischen Beobachters‹. Nach dem Putsch 1923 blieb Amann Verlagsleiter und wurde Anfang 1924 Stadtrat in München. Am 4.9.1931 schoß sich Amann bei einem Jagdunfall in den linken Arm, der bis zur Schulter amputiert werden mußte. 1932 SS-Obergruppenführer, 1933 Reichstagsabgeordneter und Vorsitzender des Vereins deutscher Zeitungen, Reichsleiter der NSDAP und im Dezember 1933

Präsident der Reichspressekammer und persönlicher Bankier Hitlers durch die Verwaltung der riesigen Honorare, die Hitler aus seinem Buch ›Mein Kampf‹ und anderen Publikationen erhielt. Nach dem Krieg am 4. Mai 1945 durch die US-Armee verhaftet, war er lange Zeit interniert. In einem Gerichtsprozeß am 8. 9. 1948 wurde er zu 2½ Jahren Gefängnis (wegen Körperverletzung, begangen 1933) und 3 Monate später von der Spruchkammer München zu 10 Jahren Arbeitslager verurteilt. Amann wurde jedoch 1953 frühzeitig entlassen und starb am 30. 3. 1957 im Alter von 65 Jahren in München.

151 Adolf Müller, geb. 4. 5. 1884 in München, lernte nach der Volksschule Elektromechaniker und erhielt ab 1907 eine Ausbildung im väterlichen Buchdruckergewerbe. 1914 kurze Zeit Militärdienst (wegen Schwerhörigkeit entlassen). Gründete Ende 1914 zusammen mit Otto Köninger die Druckereifirma ›Münchner Buchgewerbehaus M. Müller & Sohn‹, die aus der von seinem Vater 1891 gegründeten Zuschneiderschule und Modeverlag ›M. Müller & Sohn‹, hervorgegangen ist. Die Firma befaßte sich mit dem Druck und Vertrieb von Zeitungen und Zeitschriften. 1920/21 kam Müller mit dem Frz. Eher Verlag in Geschäftsverbindung und lernte durch Dietrich Eckart Hitler kennen. Er druckte dann die NS-Zeitungen ›Münchener Beobachter‹, später ›Völkischer Beobachter‹, den ›Illustrierten Beobachter‹ und das ›Schwarze Korps‹ (SS-Zeitschrift). Am 1. 11. 1933 ist die Firma in eine GmbH umgewandelt worden, mit Max Amann, dem Frz. Eher Verlag und Adolf Müller als Gesellschafter. Müller verübte nach dem Krieg am 23. 5. 1945 im Alter von 61 Jahren Selbstmord durch Erschießen.

152 Viktor Emanuel III., geb. 11. 11. 1869, wurde nach der Ermordung seines Vaters am 3. 8. 1900 König von Italien. Nach der faschistischen Revolution im Oktober 1922 durch Mussolini, hatte er keinen großen politischen Einfluß, wehrte sich aber auch nicht gegen die faschistische Politik. 1943/44, als er erkannte, daß der Krieg verloren war, an der Seite des Marschalls Badoglio gegen das System Mussolinis, ging er nach Sizilien und Neapel zu den Alliierten über. Viktor Emanuel mußte jedoch wegen seines Verhaltens 1922 am 12. 4. 1944 das Kronrecht an seinen Sohn Umberto übergeben und dankte am 9. 5. 1946 als König ab. Er starb am 29. 12. 1947 in Ägypten im Alter von 78 Jahren.

153 Elsa Cantacuzène, Tochter eines rumänischen Prinzen, wurde am 23. 2. 1865 in Fraundorf bei Gmunden, Bez. Linz, geboren und heiratete am 26. 5. 1898 in Starnberg den Münchner Verleger und Kommerzienrat Hugo Bruckmann (13. 10. 1863 – 3. 9. 1941), der in München einen großen Verlag für Kunst- sowie Musikgeschichte und Politik führte. In dem Salon des Verlegerehepaares Bruckmann am Karolinenplatz 5 verkehrte die nationale Gesellschaft

Münchens. Hier eröffneten sich für Hitler, von Frau Elsa Bruckmann sehr stark gefördert, viele gesellschaftliche und wirtschaftliche Verbindungen. Die Bruckmanns unterstützten Hitler auch finanziell in großzügiger Weise (Parteieintritt am 1.4. 1925). Nach dem Tod ihres Mannes 1941 lebte Frau Bruckmann bis zum Januar 1945 in München. Sie starb im Alter von 80 Jahren am 7. 6. 1946 in Garmisch-Partenkirchen.

154 Emil Kirdorf, geb. 1847, war von 1892 an Generaldirektor der Gelsenkirchner Bergwerks-AG. Kirdorf lernte Hitler bei Frau Bruckmann kennen und nahm auf Einladung Hitlers am Parteitag der NSDAP 1929 in Nürnberg als dessen Gast teil. Er regte später an, daß alle im Rheinisch-Westfälischen Kohlensyndikat zusammengeschlossenen Unternehmen ab Januar 1931 pro Tonne verkaufter Steinkohle 5 Pfg. an die Kasse der NSDAP abführen sollten. Kirdorf starb 1938.

155 Emil Maurice sagte nach dem Krieg 1945 aus, »... daß Hitler den ersten Band in Landsberg allein geschrieben habe... dabei hat ihm Rudolf Heß redaktionell mitgeholfen. Den zweiten Band schrieb er am Obersalzberg in Berchtesgaden.«

156 Der später nach dem Krieg in Millionenstückzahlen gebaute Volkswagen wurde durch Ferdinand Porsche und Jakob Werlin mit Hitler schon 1934 in seinen Grundzügen entworfen (sh. Skizzen Hitlers von 1933 sowie beim Treffen Hitler, Porsche und Werlin im Hotel Kaiserhof in Berlin 1934).

156a Sh. Anmerkung 288.

157 Hitler lernte Frau Viktoria von Dirksen 1922 im Berliner Nationalen Klub kennen. Er wurde von ihr eingeladen und verkehrte in ihren Zirkeln, die sie veranstaltete (Donnerstag-Soiree im Hotel Kaiserhof usw.). Hitler wurde von Frau von Dirksen stark gefördert. Viele Adelige, Prominenz aus Politik und Wirtschaft lernte Hitler durch sie kennen.

158 Hitler kaufte seine Garderobe fast ausschließlich bei dem Berliner Herrenmoden- und Uniformgeschäft Wilhelm Holters in Berlin Wilhelmstraße 49.

159 Dr. Walter Schultze gab in seiner Einvernahme durch die bayerische Polizei nach dem Putsch 1923 u. a. an: »Richtig ist, daß ich Hitler, als er vor der Feldherrnhalle niederstürzte, in ein Auto brachte und außerhalb Münchens in der Villa Hanfstaengl verbunden habe. Es handelte sich jedoch nicht, wie wir beide ursprünglich glaubten, um einen Schulterschuß, sondern, wie ich schon während der Fahrt festgestellt hatte, um eine Luxation.«

160 Walter Schultze, geb. 1.1.1894 in Hersbruck, studierte nach dem Abitur in Landshut an der Universität München Medizin. Militärdienst im Ersten Weltkrieg, als Leutnant entlassen,

machte er Anfang 1919 sein Univ. Examen (Promotion). Ende 1920 Eintritt in die NSDAP und Teilnahme am Putsch 1923 als Chef des Sanitätswesens der SA. Als Arzt an verschiedenen Krankenhäusern, 1925 Facharzt der Chirurgie. Am 1.3. 1926 bis 1.3. 1931 Medizinalrat bei der Landw. Berufsgenossenschaft in der Pfalz und ab 1.3. 1931 Obermedizinalrat an der Landw. Berufsgenossenschaft Oberbayern in München. Von 1933 bis 1945 Ministerialdirektor und Leiter der Gesundheitsabt. im Bayr. Innenministerium. Reichsamtsleiter, Mitglied des Reichstages, Reichsdozentenführer und SS-Gruppenführer. Im Mai 1945 von der US-Armee interniert, wurde Schultze in zwei Gerichtsverfahren (1948 und 1960) der Beihilfe am Euthanasieprogramm angeklagt und verurteilt. Dr. Schultze starb im Alter von 85 Jahren am 27.11. 1979 in Krailing.

161 Adelheid Klein, geb. 12.8. 1902 in Weingarten, besuchte in der Schweiz die Grundschule und war anschließend als Angestellte in einem Münchner Antiquitätengeschäft tätig. Bereits im August 1922 lernt sie Hitler bei einer Versammlung kennen, dem sie 1925 nach seiner Entlassung wieder begegnet. Bis 1926 war sie mit Hitler befreundet. Sie arbeitete von 1925 bis 1927 beim ›Völkischen Kurier‹ und ›Völkischen Beobachter‹. Ab August 1927, als ihre Freundschaft mit Hitler beendet war, wurde sie als Sekretärin beim Frz. Eher Verlag München bei Amann eingestellt. Im April 1936 heiratete sie Dr. Walter Schultze und lebt heute in Süddeutschland.

162 Albert Forster, geb. 26.7. 1902 in Fürth, wurde nach kaufmännischer Lehre Bankangestellter. 1923 zur NSDAP gestoßen, arbeitete er in der Redaktion Streichers in Nürnberg am ›Stürmer‹ (ein antisemitisches Hetzblatt) mit. 1930 Reichstagsabgeordneter und Organisator der NSDAP in Danzig. 1933 Preußischer Staatsrat und SS-Gruppenführer. Er erließ am 1.9. 1939 das Gesetz über die Wiedervereinigung von Danzig mit dem Reich. Oktober 1939 Reichsstatthalter und Gauleiter von Danzig und Westpreußen. Am 9.3. 1945 bei Hitler zu dem von Frau Schroeder zitierten Vortrag. Im Juni 1946 in einem engl. Kriegsgefangenenlager erkannt, wurde er an Polen ausgeliefert und am 29.4. 1948 zum Tode verurteilt. Über die Hinrichtung, die 1954 erfolgt sein soll, ist nichts bekannt geworden.

162a Als »Tiger« wurde ein Panzer bezeichnet, der seit 1941 entwickelt wurde. Am 20.4. 1942 wurden Hitler im FHQ die ersten Tiger-Panzer (Porsche- und Henschel-Tiger) vorgeführt (Gewicht 56–62 t, 6,2 m lang, 8,8 cm Kanone mit Mündungsbremse, 655 PS-Motor, 37 km/h, Frontpanzerung 102 mm). 1942 Erprobung des Tigers I, der sich jedoch nicht sonderlich bewährte. Der Tiger II, genannt »Königstiger« (Länge 7,3 m, 57–67 t, 700 PS-Motor, 42 km/h,

8,8 cm Kanone lang) war ab November 1942 im Einsatz. Bis 1944 sind dann im Durchschnitt 83 Fahrzeuge im Monat gebaut worden.
163 Hier handelt es sich um Karl Fiehler, geb. 31. 8. 1895 in Braunschweig. 1902 in München Realschule und kaufmännische Lehre. 15. 5. 1915 Militärdienst. Als Leutnant (3. 5. 1917) wurde Fiehler im Dezember 1918 entlassen und arbeitete ab 18. 3. 1919 als Verwaltungsangestellter bei der Stadt München. Am 5. 11. 1923 dem ›Stoßtrupp Hitler‹ und der NSDAP beigetreten, nahm er aktiv am Putsch teil. Am 28. 4. 1924 zu 15 Monaten Festung verurteilt. 1925 Stadtrat und ab 1926 Ortsgruppenleiter der NSDAP in Schwabing. Seit 1930 Reichsleiter der NSDAP und am 20. 3. 1933 Ernennung zum Oberbürgermeister der Stadt München bis 1945. Am 8. 5. 1945 durch die US-Armee verhaftet, wurde Fiehler am 16. 1. 1949 aus der Internierung entlassen und starb am 8. 12. 1969 im Alter von 74 Jahren in München.
164 Dies bestätigten auch nach dem Krieg die Architekten Speer und Giesler.
165 Sir Winston Spencer Churchill, geb. 30. 11. 1874, war von 1940 bis 1945 britischer Premierminister und ein erbitterter Gegner Hitlers. Durch seinen eisernen Durchhaltewillen rettete er Großbritannien 1940–1941 aus einer gefährlichen Lage und Isolierung. Churchill starb im Alter von 81 Jahren am 24. 1. 1965.
166 Franklin Delano Roosevelt, geb. 30. 1. 1882, war von 1933 bis zu seinem Tode 1945 Präsident der USA. Mit dem Pacht- und Leihgesetz vom 11. 3. 1941 unterstützte er Großbritannien und die Sowjetunion im Kampf gegen Hitler schon vor dem Kriegseintritt der USA am 11. 12. 1941. Roosevelt starb im Alter von 63 Jahren am 12. 4. 1945.
167 Josef Wissarionowitsch Stalin, geb. 21. 12. 1879, unterzeichnete zunächst am 23. 8. 1939 einen Nicht-Angriffs- und Konsulativpakt mit Hitler. Nach dem Angriff deutscher Truppen auf die Sowjetunion am 22. 7. 1941 ließ er sich zum Marschall und Oberbefehlshaber der Roten Armee ernennen und wurde ein erbitterter Gegner Hitlers. Durch eine geschickte Politik (Konferenzen von Teheran und Jalta) gelang es ihm nach dem Sieg über das nationalsozialistische Deutschland, die Weichen für die Weltmachtstellung der Sowjetunion zu stellen. Stalin starb am 5. 3. 1953 im Alter von 74 Jahren.
168 Benito Mussolini, geb. 29. 7. 1883 in Predappio, war Volksschullehrer, begann aber schon 1904 in Trient als Redakteur des sozialistischen ›Popolo‹ seine politische Tätigkeit. 1912 im Parteivorstand. Im 1. Weltkrieg bis 1917 an der Front, gründete Mussolini am 18. 2. 1919 den ›Fascio di Combattimento‹ (Kriegsteilnehmer-Bund) aus dem die ›Faschistische Partei Italiens‹ hervorging, als deren Führer (›Duce‹) er am 27. 10. 1922 den Marsch der ›Schwarz-

hemden« nach Rom durchführte und Ministerpräsident wurde. Nach verschiedenen Feldzügen, trat er am 10. 6. 1940 mit seinem Land in den Krieg an Hitlers Seite ein. Die Niederlage in Afrika führte am 25. 7. 1943 zu seinem Sturz und zur Kapitulation Italiens am 8. 9. 1943. Am 28. 4. 1945 wurde Mussolini von italienischen Aufständischen festgenommen und im Alter von 62 Jahren erschossen. Seine Leiche wurde in Mailand auf der Piazzale Loreto mit dem Kopf nach unten aufgehängt, was auch Hitler im Bunker der Wilhelmstraße noch erfuhr und für den Befehl zur Verbrennung seiner Leiche ausschlaggebend gewesen sein dürfte.

169 Jon Antonescu, geb. 2. 6. 1882 in Piteski (Karpaten), wurde Kavallerieoffizier. Beim Balkanfeldzug 1913 gegen Bulgarien Rittmeister und Generalstabsoffizier. Im 1. Weltkrieg Major, dann Militärattaché in Paris und London. 1913 Chef des Großen Generalstabs in Rumänien und im September 1940 Regierungschef von Rumänien. Antonescu trat im Juni 1941 an der Seite von Hitler in den Krieg gegen die Sowjetunion ein. Am 5./6. 8. 1944 noch bei Hitler im FHQ wurde er am 23. 8. 1944 von rumänischen Monarchisten unter König Michael verhaftet und in einem Prozeß vor einem Volkstribunal in Bukarest als Kriegsverbrecher zum Tode verurteilt. Am 1. 6. 1946 wurde der 64jährige Marschall Antonescu in Bukarest hingerichtet.

170 Miklós Horthy, geb. 18. 6. 1868, war Admiral und vom 1. 3. 1920 bis 16. 10. 1944 als ungarischer Reichsverweser (seit 1937 auf Lebenszeit) Regierungschef. Am 27. 6. 1941 erklärte er an der Seite von Hitler der Sowjetunion den Krieg. Als Horthy am 11. 10. 1944 ein Waffenstillstandsabkommen mit der Sowjetunion unterzeichnen ließ und es am 15. 10. 1944 bekanntgab, wurde Horthy in einem von deutscher Seite unterstützten Staatsstreich am 16. 10. 1944 interniert und nach Deutschland gebracht, wo er 1945 in Österreich von der US-Armee befreit wurde. Nach einem vorübergehenden Aufenthalt in der Schweiz starb Horthy im Alter von 89 Jahren am 9. 2. 1957 in Estoril bei Lissabon.

171 Mustapha Ismet (1934 nahm er den Namen Inönü an), geb. 24. 9. 1884 in Izmir, wurde Artillerieoffizier in Istanbul. 1908 als Hauptmann im Generalstab. Teilnahme an der jungtürkischen Revolution. 1915 Oberst und neben Kemal Pascha (Attatürk) als Generalstabschef im Krieg gegen Griechenland. Am 29. 10. 1923 Ministerpräsident. Nach dem Tod von Attatürk wurde Inönü am 10. 11. 1938 Staatspräsident der Türkei. Inönü verstand es, sein Land aus dem Krieg Hitlers herauszuhalten und spielte in der Nachkriegspolitik der Türkei eine große Rolle. Inönü starb am 25. 12. 1973 im Alter von 89 Jahren in Ankara.

172 Carl von Mannerheim, geb. 4. 6. 1867 in Villnas (Finnland), war 1886 russischer Garde-Kavallerieoffizier. 1904 Oberst im rus-

sisch-japanischen Krieg. Im 1. Weltkrieg Kommandant einer russ. Heeresgruppe. Später im Kampf gegen Rußland und kommunistische Finnen. Im Mai 1933 Feldmarschall und Vorsitzender des Nationalverteidigungsrates in Finnland. In den finnischen Kriegen (Dezember 1939 und 1941–1944) Führung der finnischen Armee, am 4. 6. 1942 zum Marschall von Finnland ernannt. 1944– 1946 Staatspräsident. Mannerheim starb im Alter von 84 Jahren am 27. 1. 1951 in der Schweiz.
173 Sh. Anmerkung 79.
174 Emmy Sonnemann, geb. 24. 3. 1893 in Hamburg, war eine bekannte deutsche Bühnenschauspielerin und heiratete am 20. 4. 1935 Hermann Göring. Geburt einer Tochter. Sie wohnte mit Göring in ›Karinhall‹, einem prunkvollen Wohnsitz in der Schorfheide bei Berlin. Bei Ende des Krieges auf dem Obersalzberg, wo Göring ein Landhaus hatte. In Fischhorn von der US-Armee kurzzeitig interniert, wurde sie von 1945–1947 wiederholt in Haft genommen. Am 26. 6. 1948 entlassen, lebte Frau Göring in Etzelwang (Oberpfalz) und anschließend in München. Sie starb am 8. 6. 1973 im Alter von 80 Jahren in München.
175 Inga Ley war Schauspielerin und Tänzerin. Sie lernte Dr. Ley in Görlitz kennen, wo sie am dortigen Theater spielte. Sie heiratete Dr. Ley 1938 und verübte aus unbekannten Gründen Ende 1943 Selbstmord in Berlin.
176 Winifred Williams, geb. 23. 6. 1897 in Hasting (Sussex/England), kam, nachdem sie mit 2 Jahren schon Vollwaise war, zu dem Klavierpädagogen Klindworth in die Nähe von Berlin, der ein leidenschaftlicher Verehrer von Richard Wagner war. 1914 lernte sie die Familie Wagner kennen und heiratete mit 18 Jahren am 22. 9. 1915 den 28 Jahre älteren Siegfried Wagner, der am 4. 8. 1930 verstarb. Am 1. 9. 1923 lernte sie Hitler, der sie im Haus Wahnfried besuchte, kennen. Daraus ergab sich ein freundschaftliches Verhältnis. Ab 1933 besuchte Hitler bis zum Ausbruch des Krieges regelmäßig die Wagner-Festspiele. 1951 verzichtete Winifred Wagner auf die Leitung der Festspiele und starb im Alter von 82 Jahren am 5. 3. 1980 in Überlingen.
177 Sh. Anmerkung 133.
178 Theodor Innitzer, geb. 25. 12. 1875 in Neugeschrei (Erzgebirge), wurde am 25. 6. 1902 zum Priester geweiht. Habilitation an der Universität Wien 1911. Am 13. 3. 1933 Kardinal. Beim Anschluß Österreichs politisch umstrittene Haltung. Dr. Innitzer starb am 9. 10. 1955 im Alter von 80 Jahren in Wien.
179 Als Hitler 1933 Reichskanzler wurde, ließ er für seinen Sonderzug eigens eine Reihe von Speise-, Salon- und Begleitwagen bauen. Bis 1943 wurden nicht weniger als 40 Wagen hergestellt. Seit 1937 reiste Hitler in einem 10-Wagenzug, der im Anhalter Bahnhof in

Berlin stationiert war. 1938 wurde er um einen Befehlswagen und zwei Flakwagen verstärkt. Der ›Sonderzug‹ Hitlers, der dann den Decknamen ›Amerika‹ trug, bestand in der Regel aus 12–14 Spezialwagen, die für Hitler von der Deutschen Reichsbahn (DR) und der Industrie gebaut wurden. Hinter den zwei Lokomotiven (meist Dampflokomotiven BR S 05) und am Schluß des Zuges befanden sich je ein speziell gebauter und gepanzerter Flakwagen (26 Mann Besatzung), mit je einer Vierlings 2 cm Kanone. Hitlers Salonwagen (Führerwagen) bestand aus einem nußholzgetäfelten Salon und einem Schlafraum mit danebenliegendem Badabteil sowie die Schlafabteile für den Diener und den Adjutanten. Der nächste Wagen war der militärische Befehlswagen, in dem u. a. die Lagebesprechungen abgehalten wurden. In den Kabinen dieses Wagens befanden sich auch die Funkräume, Funkstation und die Fernschreiber. Dahinter kam ein Speisewagen und vier bis fünf Schlafwagen, in denen das Begleitkommando, Kripo, Hitlers Stab, seine Gäste und das OKW untergebracht waren. In diesem Sonderzug war Hitlers Hauptquartier im Polen- und Balkanfeldzug. Er fuhr damit durch ganz Frankreich und war dann im Bahnhof Görlitz im FHQ ›Wolfsschanze‹ stationiert. Er wurde am 1. Mai 1945 in Mallnitz (Österreich) gesprengt.

180 Umberto von Savoyen, geb. 15. 9. 1904, war der Sohn des Königs Victor Emanuel III. von Italien. Er heiratete am 8. 1. 1930 die belgische Prinzessin Maria José. Er lebte mehr oder weniger im Schatten von Mussolini und seinem Vaters. Im 2. Weltkrieg formell Oberbefehlshaber der ital. Nordarmee, seit dem 15. 4. 1942 der Heeresgruppen Süd- und Mittelitalien. Im September 1943 Flucht nach Pesara. Am 4. 6. 1944 übertrug ihm sein Vater die königlichen Rechte. Nach der Abdankung Victor Emanuels am 9. 5. 1946, König von Italien, doch schon am 2. 6. 1946 durch Volksentscheid abgedankt. Umberto lebte dann in Portugal, er starb am 18. 4. 1983 im Alter von 79 Jahren in Genf.

181 Joachim von Ribbentrop, geb. 30. 4. 1893 in Wesel, kam durch seinen Vater nach London (1909) und 1910 nach Kanada. Banklehre in Montreal. Später arbeitete er in New York und Ottawa. Im 1. Weltkrieg 1915 Leutnant, 1918 bei einem Stab in der Türkei. Nach dem Krieg Angestellter einer Baumwollimportfirma in Berlin. Im Juli 1920 heiratete er Annelies Henkel (Erbtochter der Sektkellerei Henkel), anschließend Vertreter der Fa. Henkel in Berlin. 1925 von einer Tante, deren Vater geadelt wurde, adoptiert. 1930 Eintritt in die NSDAP und 1933 außenpolitischer Mitarbeiter Hitlers. Am 24. 4. 1934 Beauftragter für Abrüstungsfragen, im Mai 1935 Verhandlungen in London (Abschluß des deutsch-englischen Flottenabkommens), 1936 Botschafter in

London. Unterzeichnung des Antikominternpaktes zwischen Deutschland und Japan, dem 1937 Italien beitrat. Seit Februar 1938 Reichsminister des Auswärtigen. Im Mai 1945 in Hamburg, wo er untergetaucht war, von der Britischen Armee verhaftet, wurde Ribbentrop im Nürnberger Kriegsverbrecherprozeß zum Tode verurteilt und am 16. 10. 1946 im Alter von 53 Jahren durch den Strang hingerichtet.

182 Emil Hacha, geb. 12. 7. 1872 in Trhove-Sviny bei Budweis, studierte Rechtswissenschaft (Promotion). Rechtsanwaltsgehilfe und nach einer Tätigkeit im Böhmischen Landesausschuß in Prag, wurde er 1916 Hofrat am Verwaltungsgerichtshof in Wien, 1925 Präsident. 1938 als Staatspräsident der Tschechoslowakischen Republik unterzeichnete er am 15. 3. 1939 das Berliner Dokument, durch das Böhmen und Mähren unter das Protektorat des Deutschen Reiches kam. Als Staatspräsident von Böhmen und Mähren 1945 inhaftiert, starb Dr. Hacha am 27. 6. 1945 im Alter von 73 Jahren in einem Gefängnis in Prag.

183 Am 15. März 1939 um 3 Uhr früh unterzeichnete Dr. Hacha, bis zur physischen Erschöpfung unter Druck gesetzt, das Dokument, durch das Böhmen und Mähren als scheinautonomes Gebiet des Tschechentums unter das Protektorat der deutschen Reichsregierung gestellt wurde.

184 Sh. Anmerkung 40.

185 Sh. Anmerkung 42.

186 Sh. Anmerkung 179.

187 Jakob Werlin, geb. 10. 5. 1886 in Andritz bei Graz (Österreich), besuchte die Bürger- und Handelsschule bis 1902, Praktikum in einer Zahnräderfabrik in Graz. 1903 bis 1910 kaufmännischer Angestellter bei den Puch-Automobilwerken in Graz, anschließend Filialleiter der Firma Puch in Budapest. 1914 Kriegsfreiwilliger im Ersten Weltkrieg, Entlassung 1917 als Vize-Feldwebel. Von 1917 bis 1921 Filialleiter bei Hansa-Lloyd (später Gemeinschaft Deutscher Automobilfabriken) in Essen. Im April 1921 wurde Werlin Filialleiter der Firma Benz u. Cie (später Daimler-Benz-Aktiengesellschaft) in München. Das Geschäft und die Benz-Garage waren in dem Gebäude der Druckerei Adolf Müller (sh. Anmerkung 151) in der Schellingstraße 39, wo auch der ›Völkische Beobachter‹ der NSDAP gedruckt wurde. Hier lernte Werlin Hitler kennen, der eine große Leidenschaft für Autos hatte. Hitler unterhielt sich oft mit Werlin über Autos und kaufte, nachdem er vorher zwei Selve Automobile hatte (8/20 PS-Selve Anfang 1920 und einen 32/7, 97-PS Selve, Auto Nr. II A 5734 Ende 1920) bei Werlin im Juni 1921 sein erstes 10/30 PS-Daimler-Benz Automobil (Auto Nr. II A 6405) sowie im September 1923 einen weiteren 16/15 PS-Mercedes (Auto Nr. II A 2309), den Hitler mit

Schweizer Franken bezahlte. Nach dem Putsch 1923 wurden alle Autos Hitlers konfisziert.
Am 12. 9. 1924 besuchte Werlin Hitler im Gefängnis Landsberg, wo er mit Hitler bereits wieder über die Anschaffung eines neuen Mercedes gesprochen hat. Am 13. 9. 1924 schrieb Hitler an Werlin aus dem Gefängnis u. a. folgendes: »... Ich würde Sie nun bitten, mir nach der eingetroffenen Rückantwort aus Mannheim gefälligst mitteilen zu wollen, zu welchem Preis ich den 11/40 bzw. den 16/15 Wagen haben könnte und ob auch ein 11/40 sofort lieferbar wäre. Den grauen Wagen, den Sie zur Zeit in München haben, bitte ich aber auf alle Fälle solange reservieren zu wollen, bis ich über mein Schicksal (Bewährungsfrist?) die notwendige Klarheit habe...« Am 20. 12. 1924 wurde Hitler frühzeitig aus dem Gefängnis entlassen. Zwei Monate später, im Februar 1925, stellte Werlin dem damals völlig mittellosen Hitler einen 20 000 RM teuren 15/70/10-Kompressor-Mercedes auf Kredit zur Verfügung (sh. auch Oron J. Hale, ›Adolf Hitler: Taxpayer‹). Mit diesem Auto (Auto Nr. II A 6629) fuhr Hitler bis 1929 über 470 000 km in den Wahlkämpfen durch Deutschland.
Werlin gehörte seit dem Ende der 20er Jahre zu dem privaten Kreis Hitlers, auch auf Haus Wachenfeld und später am Berghof. Am 3. 5. 1939 wurde wegen ›Mitwirkung der Parteistellen bei Personalentscheidungen in der Organisation der gewerblichen Wirtschaft‹ von der Gauleitung München-Oberbayern festgestellt: »... gegen Werlin bestehen keinerlei politische Bedenken. Werlin ist ein persönlicher Freund des Führers...« Eintritt in die NSDAP und SS am 10. Dezember 1932, am 30. 1. 1942 Beförderung zum SS-Obergruppenführer. Am 24. 11. 1933 wurde Jakob Werlin Vorstandsmitglied der Daimler-Benz-Aktiengesellschaft und später Generaldirektor. Am 16. 1. 1942 ernannte Hitler Werlin zum ›Generalinspektor für das Kraftfahrwesen‹ und stattete ihn mit außergewöhnlichen Vollmachten aus. Im Mai 1945 in München von der US-Armee interniert, war Werlin bis zum 9. 11. 1949 in Haft. Er starb am 23. 9. 1965 im Alter von 79 Jahren in Salzburg.

188 Frau Schroeder übergab David Irving nur einen Teil ihrer Briefe und z. T. in von ihr abgeänderter Form, die dieser an das Institut für Zeitgeschichte übergab (Sammlung Irving).

189 Hitler hatte am 28. 4. 1939 den Reichstag einberufen, um auf Roosevelts Botschaft vom 15. 4. 1939 zu antworten, in der er Hitler um eine ›Nichtangriffszusicherung‹ gebeten hatte.

190 Nachdem Frau Schroeder in ihren Briefen an ihre Freundin das wiedergab, was sie von Hitler und seiner Umgebung hörte, gibt das einen Hinweis darauf, daß sich Hitler nach dem Blitzsieg über Polen ein schnelles Einlenken von England und Frankreich versprach.

Anmerkungen und Hinweise des Herausgebers 349

191 Hier handelt es sich um Ernst Bahls, geboren am 29. 7. 1915 in Bergen (Rügen). Er besuchte das Realgymnasium in Bergen bis 1934 (Oberprima). Am 1. 4. 1934 Arbeitsdienst und am 30. 7. 1934 trat er in die LSSAH in Berlin-Lichterfelde ein. Am 1. 4. 1936 kam Bahls als SS-Junker in die SS-Führerschule nach Braunschweig. Beförderung zum SS-Standartenjunker am 1. 10. 1936 und am 20. 4. 1937 zum SS-Untersturmführer. Ab dem 1. 5. 1937 bis 1938 Dienst als Zugführer (Panzerspähwagen) in der LSSAH. Am 20. 3. 1938 zur Adjutantur des Führers kommandiert, wurde er am 11. 9. 1938 zum SS-Obersturmführer befördert und als Ordonnanzoffizier Hitlers eingesetzt. Bahls starb am 9. 9. 1939 im Alter von 24 Jahren im Polenfeldzug an einer Hirnhautentzündung. Als Ersatz für Bahls wurde der SS-Obersturmführer Hans Pfeiffer am 10. 10. 1939 als Ordonnanzoffizier zu Hitler abkommandiert.
192 Sh. Anmerkung 100.
193 Hier handelt es sich um Heinz Lorenz, geb. 7. 8. 1913 in Schwerin. Er besuchte das Realgymnasium und studierte anschließend Rechts- und Volkswissenschaft in Rostock und Berlin. Er unterbrach das Studium und arbeitete als Werkstudent ab dem 1. 10. 1932 als Pressestenograph beim DTB (Deutsches Telegraphenbüro), 1934 Hilfsschriftleiter in der Redaktion. Auslandsreisen und Ende 1936 vom DNB (Deutsches Nachrichtenbüro) zum Reichspressechef Dr. Dietrich gekommen, dem er außenpolitische Berichte des DNB vorzulegen hatte. Ende 1942 Hauptschriftleiter bei DNB und im FHQ Hitlers bis zum 29. 4. 1945. Er überbrachte Hitler noch die Nachricht über Himmlers Verhandlungen mit Folke Graf Bernadotte. 1945 von der Brit. Armee interniert war Lorenz bis Mitte 1947 inhaftiert. Er lebt heute in Norddeutschland.
194 Rudolf Schmundt, geb. 13. 8. 1896 in Metz, besuchte das Realgymnasium in Brandenburg/Havel und trat nach dem Notabitur am 4. 8. 1914 als Fahnenjunker in d. Füs. Rgt. Nr. 35 ein, am 22. 3. 1915 Leutnant. Ab 1921 bei der Reichswehr, 1. 4. 1925 Oberleutnant im Inf. Rgt. 9, am 1. 3. 1931 Hauptmann, 1936 Major. Am 29. 1. 1938 als Nachfolger von Hoßbach zum ›Chefadjutanten der Wehrmacht beim Führer‹ kommandiert. Am 4. 8. 1939 Oberst und am 1. 1. 1942 Generalmajor. Im Oktober wurde Schmundt zusätzlich Chef des Heerespersonalamts. 1. 4. 1943 Generalleutnant. Beim Attentat auf Hitler am 20. 7. 1944 schwer verletzt, starb Schmundt am 1. 10. 1944 im Alter von 48 Jahren im Lazarett Rastenburg in Ostpreußen.
195 Damit meinte Schmundt Tabletten gegen die Seekrankheit.
196 Dr. Otto Dietrich (sh. Anmerkung 113) bestätigte nach dem Krieg diese Angaben von Frau Schroeder. Er sagte am 9. 8. 1948 in Nürnberg folgendes aus: »... Ich habe für diese peinlich genaue

Art der Geheimhaltung ein Beispiel in Erinnerung. Am Vorabend des Frankreichfeldzuges, am 9.5. 1940 abends, wurde mir eine Stunde vor Abfahrt des Zuges mitgeteilt, mich zu einer Reise in Hitlers Stab nach Hamburg zu einer Werftbesichtigung bereitzumachen. Der Zug fuhr in Richtung Hamburg nach Norden ab, wurde aber plötzlich nachts um 1 Uhr kurz vor Hamburg nach Westen umgeleitet. Und auch dann erfuhr ich noch nichts authentisches vom wahren Ziel der Reise, bis wir am 10. 5. um 6 Uhr in der Frühe auf der Station Euskirchen in der Eifel den Zug verließen. Und so wie in diesem Fall wurde es stets ähnlich gehandhabt...«

197 Wilhelm Keitel, geb. 22. 9. 1882 in Helmscherode (Niedersachsen), nach dem Abitur am 9.3. 1901 als Fahnenjunker zum Feldart. Rgt. 46 in Wolfsbüttel. 1902 Leutnant, 1914 als Hauptmann im 1. Weltkrieg, 1918 1. Generalstabsoffizier eines Marinekorps. 1920 bei der Reichswehr, bis 1922 Lehrer an einer Kavallerieschule. 1923 Major und ab 1925 im Reichswehrministerium (Organisationsabt. T 2), 1930 Abteilungschef. Am 1. 10. 1931 Oberst und 1933 bis 1934 Infanterieführer in Potsdam und Bremen. Am 1. 10. 1935 Chef des Wehrmachtsamtes im Reichskriegsministerium, General am 1.8. 1937. Als Chef des Oberkommandos der Wehrmacht (OKW) am 4. 2. 1938, war er Hitlers nächster militärischer Berater bis 1945. Keitel unterzeichnete am 9.5. 1945 in Berlin-Karlshorst die bedingungslose Kapitulation der deutschen Wehrmacht. Am 13.5. 1945 in Flensburg-Mürwik verhaftet, wurde Keitel im Nürnberger Kriegsverbrecherprozeß am 1. 10. 1946 zum Tode verurteilt und am 16. 10. 1946 im Alter von 63 Jahren durch den Strang hingerichtet.

198 Erich Hilgenfeldt, geb. 2. 7. 1897 in Heinitz (Kreis Ottweiler), Oberrealschule und Büroangestellter in der Holzindustrie, kaufmännischer Leiter von Industrieunternehmen. 1927 Eintritt in die NSDAP, 1933 Gauinspektor d. Insp. I des Gaues Groß-Berlin und Amtsleiter der Reichsleitung der NSDAP. Leiter des Hauptamtes für Volkswohlfahrt sowie Reichsbeauftragter für das Winterhilfswerk (WHW). Mitglied des Reichstages seit 1933. Über den Verbleib von Hilgenfeldt nach 1945 widersprechende Angaben; 1945 Selbstmord in Berlin oder in polnischer Haft im Sommer 1945 umgekommen.

199 Gemeint sind die Kriminalbeamten des Reichssicherheitsdienstes (RSD).

200 Maxime Weygand, geb. 21.2. 1867 in Brüssel, trat 1885 in die französische Militärakademie St. Cyr ein. Als Regimentskommandeur bei der Kavallerie wurde er im September 1914 zum Chef der 9. Armee ernannt (General Foch). 1918 Chef des Stabes des Oberbefehlshabers der alliierten Armeen im Westen des General

Foch. Weygand diktierte am 11. 11. 1918 in Compiègne den deutschen Unterhändlern den Text des Waffenstillstandsabkommens. Chef des Generalstabes und Generalinspekteur der Armee sowie Vizepräsident des Obersten Kriegsrates. 1935 in Pension gegangen, übernahm er 1939 wieder ein Armeekommando. Als Oberbefehlshaber der franz. Armee bat er am 12. 6. 1940 die Deutsche Regierung um Waffenstillstand. Im September 1940 Verteidigungsminister der Vichy-Regierung, 1942 von der Gestapo verhaftet, wurde er bei Hamburg interniert. Von der Brit. Armee befreit, ist er in Frankreich wegen Kollobaration mit den Deutschen verhaftet worden. 1948 rehabilitiert, starb er am 28. 1. 1965 im Alter von 97 Jahren in Paris.

201 Paul Reynaud, geb. 15. 10. 1878 in Barcelonette, studierte Rechtswissenschaft und war Rechtsanwalt in Paris. Seit 1919 Parlamentsangehöriger und seit 1930 Mitglied der französischen Regierung (Finanzminister, Kolonialminister, Justizminister). Nach dem Rücktritt Daladiers im Frühjahr 1940 übernahm er am 22. 3. 1940 die Kabinettsbildung. Am 18. 5. 1940 leitete Reynaud das Präsidium des Verteidigungsministeriums und am 5. 6. 1940 auch das Außenministerium, am 16. 6. 1940 unter dem Eindruck des deutschen Sieges über Frankreich zurückgetreten. Von der Vichy-Regierung verhaftet, wurde er im November 1942 nach Deutschland ausgeliefert, wo er im KZ Sachsenhausen und Buchenwald, später in Kufstein gefangengehalten wurde. Im Mai 1945 von der US-Armee befreit, war er wieder politisch tätig. 1948 Finanz- und Wirtschaftsminister, in den Jahren bis 1960 auf verschiedenen Posten. Er starb am 21. 9. 1966 im Alter von 87 Jahren in Paris.

202 Hitler nahm erst ›nach‹ seinem Besuch in Paris auf dieser Fahrt (25. 6. und 26. 6. 1940) neben seinem Stab die ehemaligen Kriegskameraden Max Amann und Ernst Schmidt mit.

203 Am 23. 6. 1940 besuchte Hitler Paris zwischen 5 und 6 Uhr morgens in einer Blitzvisite. Neben seinem Stab nahmen daran auch Speer, Giesler und Breker teil.

204 Benno von Arent, geb. 19. 6. 1898 in Görlitz (Sachsen), besuchte verschiedene Schulen in Godesberg, Mönchen-Gladbach und Berlin. Militärdienst von 1916 bis 1918 und anschließend Freikorpsteilnehmer im Osten. Später als Innenarchitekt tätig. Bühnenbildner am ›Berliner Theater‹. Wurde als Bühnenbildner bekannt und trat 1931 in die NSDAP ein, wo er Gründer des ›NS-Bühnenkünstlerbundes‹ sowie Vorstandsmitglied der ›NS-Reichstheaterkammer‹ wurde (›Reichsbühnenbildner‹). 1945 von der Roten Armee interniert, war er bis 1953 in Rußland. Arent starb am 14. 10. 1956 im Alter von 58 Jahren in Bonn.

205 Otto Gahr, Juwelier und Goldschmied, hatte ein renommiertes und exklusives Geschäft in der Münchner Maximilanstraße 3. Er

arbeitete seit den 20er Jahren für Hitler und hat z. B. Anfang 1923 die ersten Standarten der SA hergestellt.
206 Am 1. 3. 1941 erfolgte in Wien der Beitritt Bulgariens zum Dreimächtepakt (Deutschland-Italien-Japan; ›Achsenpakt‹) im Schloß Belvedere, an dem der bulgarische Ministerpräsident Filoff, Graf Ciano (Italien) und Botschafter Oshima (Japan) sowie Hitler teilnahmen.
207 Lav Alkonic (Lav), der ehemalige jugoslawische Verlobte von Frau Schroeder.
208 OKW = Abkürzung für ›Oberkommando der Wehrmacht‹.
209 Gestapo = Abkürzung für ›Geheime Staatspolizei‹, eine gefürchtete Polizeiorganisation, die unter Himmler ohne gerichtliche Kontrolle, Hausdurchsuchungen, Verhaftungen, KZ-Einweisungen usw. durchführen konnte.
210 Chefadjutant Wilhelm Brückner.
211 Mit der Entlassung von Wilhelm Brückner am 18. 10. 1941 durch Hitler wurde auch der in der Persönlichen Adjutantur beschäftigte SS-Sturmbannführer Paul Wernicke mit entlassen (sh. Anmerkung 96).
211a Neben Wernicke wurde auch noch der in der Persönlichen Adjutantur beschäftigte SA-Sturmführer Kurt Rotte von Hitler entlassen. Kurt Emil Rotte, geb. 17. 12. 1901 in Zahna (Bez. Halle), Volks- und Bürgerschule, Staatl. Präparanten-Anstalt Joachimsthal, ab 1928 drei Jahre kaufmännische Ausbildung als Mühlenkaufmann. Vom 1. 10. 1931 bis 20. 6. 1934 selbständiger Kaufmann. Eintritt in die SA am 25. 7. 1930 (NSDAP am 1. 2. 1930). Am 2. 6. 1934 SA-Obertruppführer im Stab OASF und ab 1. 12. 1937 Dienst in der Persönlichen Adjutantur des Führers. Ende Oktober 1940 zusammen mit Brückner und Wernicke von Hitler entlassen. Anschließend Militärdienst, 1945 gefallen.
212 Hitler war vom 21. 3. bis 24. 3. 1941 in München und anschließend am 25. 3. 1941 in Wien, wo Jugoslawien dem Achsenpakt beitrat. Er reiste aber sofort ab und war am 26. 3. 1941 wieder in Berlin.
213 Mit ›Wolfen‹ ist die Sekretärin Johanna Wolf gemeint.
214 Frau Schroeder war mit der Opernsängerin Gretl Slezak seit 1935 befreundet. Margarete Slezak, geb. 9. 1. 1901 in Breslau, wurde von ihrem Vater, Leo Slezak, als Sopranistin ausgebildet und kam 1930 an die ›Deutsche Staatsoper‹ nach Berlin, ab 1933 bis 1943 trat sie am ›Städtischen Opernhaus‹ in Berlin-Charlottenburg auf. Hitler kannte M. Slezak von München, wo sie auch im ›Gärtnerplatz-Theater‹ aufgetreten ist. Obwohl sie Vierteljüdin war, ließ Hitler sie bis Kriegsende als Künstlerin auftreten und lud sie oft in die Reichskanzlei ein. Nach dem Krieg verschiedene Auslandsauftritte. Sie starb am 30. 8. 1953 im Alter von 52 Jahren in Rottach-Egern.

215 Lav Alkonic (Lav), der ehemalige jugoslawische Verlobte von Frau Schroeder.
216 Karl Ahrens war der Hausmeister der Reichskanzlei in Berlin und gehörte mit zur Adjutantur.
217 ›Owambo‹ war der Spitzname des Chefadjutanten Wilhelm Brückner. Als er am 18.10.1941 entlassen wurde, machte er Urlaub und trat am 1.6.1941 als Major d.R. in die Wehrmacht ein. Seine Versorgung wurde erst im Mai 1941 geklärt.
218 Hier machte Frau Schroeder eine Anmerkung auf den Brief und schrieb daneben: ›Schaub‹. Den Grund für Schaubs Degradierung, die scheinbar einmal erfolgt sein muß, konnte ich nicht herausfinden.
219 Das Führerhauptquartier ›Wolfsschanze‹ war das größte Hauptquartier Hitlers, an dem bis 1945 gebaut wurde. Mit Unterbrechungen war Hitler hier vom 24.6.1941 bis zum 20.11.1944 als Feldherr tätig. Es lag im Görlitzer Stadtwald, 8 km von der Stadt Rastenburg in Ostpreußen entfernt. Das nur für einen ›Blitzkrieg‹ eingerichtete FHQ (Hitler sprach einmal von ›vier Wochen‹!) wurde im Laufe des Krieges immer weiter ausgebaut. Im Frühjahr 1944 wurde durch die Organisation Todt noch eine Verstärkung der Bunker durchgeführt. Am 24. Januar 1945 wurden die Anlagen unter dem Decknamen ›Inselsprung‹ gesprengt.
220 Die betreffende Passage im Zoller-Buch von Frau Schroeder ist nicht gestrichen. Dort steht folgende Version von ihr: »Unter den meisten von uns herrschte eine optimistische Stimmung, aber Hitler war erstaunlich ernst. Als einer seiner militärischen Adjutanten, der Rußland aufgrund eines kurzen Aufenthaltes zu kennen glaubte [hier handelt es sich um den Adjutanten Richard Schulze, der damals als Adjutant Ribbentrops bei der Unterzeichnung des deutsch-russischen Nichtangriffspaktes mit in Moskau gewesen war, Anm. d. Herausgb.], mit Bestimmtheit versicherte, dieser Feldzug würde nur kurze Zeit dauern, und von dem riesigen Land als von einer ›großen Seifenblase‹ sprach, erwiderte Hitler nachdenklich, daß er Rußland eher mit dem Schiff im ›Fliegenden Holländer‹ vergleichen möchte. Er fügte hinzu: ›Der Beginn eines jeden Krieges ist wie das Aufstoßen eines großen Tores in einen dunklen Raum. Man weiß nicht, was hinter dem Dunkel verborgen ist.‹«
221 In einem Brief an Frau Christian schrieb Frau Schroeder: »...Daß wir nie bei Lagebesprechungen anwesend waren, weißt Du ja am besten. D.h. in den ersten 2 Tagen in der ›Wolfsschanze‹, wo improvisierte Lagebesprechungen im Kasino stattfanden, wenn man das ›Lagebesprechung‹ nennen kann, waren wir zwei dabei. Aber das wurde ja dann auch schnell wieder abgeschafft. Erinnerst Du Dich: Der Chef vor der Karte Europas stehend: ›In 4 Wochen sind wir in Moskau...!‹«

222 Hier machte Frau Schroeder auf dem Brief dazu eine Anmerkung: »Wie konnte ich nur so leichtfertig urteilen!«
223 Sh. Anmerkung 222.
224 Heinrich Heim, geb. 15. 6. 1900 in München, studierte nach dem Abitur Rechtswissenschaft. Schon als Student trat er am 19. 7. 1920 als 1222. Mitglied der NSDAP bei. 1926/27 Staatsprüfung für den höheren Justiz- und Verwaltungsdienst, seit 1. 8. 1927 Rechtsanwalt in München. Ab Herbst 1928 bis Ende 1930 Kanzleigemeinschaft mit dem Rechtsanwalt Hans Frank (Verteidiger Hitlers). Im August 1933 kam Heim durch Martin Bormann zum Stabe von Rudolf Heß (Heim kannte Heß vom gemeinsamen Studium her) und ab 15. 8. 1933 wurde Heim Hauptstellenleiter in der Reichsleitung der NSDAP. 1934 Reichsamtsleiter, ab 2. 7. 1936 Oberregierungsrat in der Staatsrechtlichen Abteilung des Stabes ›Stellvertreter des Führers‹ bis 1940. Von 1940 bis Ende 1942 Adjutant von Martin Bormann im FHQ und von diesem u. a. mit der ›geheimen‹ Aufzeichnung von Hitlers Gesprächen während der Teestunden usw. beauftragt. Kurze Unterbrechung seiner Tätigkeit vom 21. 3. 1942 bis 31. 7. 1942 durch Auftrag Bormanns, dem Maler Leipold bei der Vorbereitung seiner Ausstellung in München behilflich zu sein. In dieser Zeit von knapp 4 Monaten vertrat ihn Dr. Picker im FHQ. Bis Ende 1942 im FHQ und dann als Ministerialrat in München als Leiter eines Referates in der Staatsrechtlichen Abteilung, das sich mit Grundfragen der Neugestaltung Europas befaßte bis April 1945. Am 3. 5. 1945 von der US-Armee interniert, wurde Heim in verschiedenen Lagern festgehalten und Mitte 1948 entlassen. Heim lebt heute in Süddeutschland.
225 Henry Picker, geb. 6. 2. 1912 in Wilhelmshaven, studierte Rechtswissenschaft (Promotion). Kam am 21. 3. 1942 als Vertreter von Heinrich Heim in das FHQ ›Wolfsschanze‹, wo er bis zum 31. 7. 1942 (Rückkehr von Heim) im Auftrag Bormanns Hitlers Gespräche aufzeichnete. Im August 1942 Ablösung von Picker durch Bormann. Kurze Zeit Landrat in Norden (Ostfriesland). Nach dem Krieg hat Picker die Gesprächsaufzeichnungen (und die von Heim) als ›Tischgespräche‹ herausgegeben, die er immer ausführlicher kommentierte (man vergleiche die 1. Auflage mit der 12. Auflage!). Dr. Picker lebt heute in Süddeutschland.
226 Interessant ist in diesem Zusammenhang eine schriftliche Darstellung, die Heinrich Heim im Oktober 1976 an den ›Daily Telegraph‹ London übergab. Heim schrieb darin u. a. folgendes:
»Zu 11)
Weder während meines Wiederdaseins im FHQ (August/Mitte September 1942) noch je danach, habe ich Martin Bormann den Namen Picker aussprechen hören, geschweige, daß auf Nieder-

schriften durch ihn oder gar auf Abschriften die Rede gekommen wäre, die er von Heimschen Niederschriften sich hatte fertigen lassen; wohl aber habe ich durch Martin Bormanns persönlichen Referenten, den Ministerialdirigenten Dr. K. W. Hanssen, der in seiner Eigenschaft als Generalstaatsanwalt am Kammergericht durch russische Hand in Berlin ums Leben gekommen sein wird, im August 1942 erfahren, der Reichsleiter [Bormann] teilte die Empfindung, die ich hatte, als ich den Flug von Rom nach Werwolf in München unterbrechend – auf Hanssens Schreibtisch im Führerbau neben den Skripten von mir Abschriften, die das Vorzimmer gefertigt hatte, liegen sah: das konnte nicht sein! In unseren Augen war das ein Volksbesitz, der unberührt in die Zukunft zu kommen hatte: Kein Einzelmensch durfte darüber verfügen wollen; was für mich auch der Grund war dafür, daß ich mir selbst einen Durchschlag nicht habe fertigen lassen...« (Frau Schroeder: »Höchst anmaßend versah Picker die Heim'schen Aufzeichnungen mit dem Vermerk: ›F. d. R. Picker‹.«)

227 Gemeint ist das Buch ›Adolf Hitler, Monologe im Führerhauptquartier 1941–1944, Die Aufzeichnungen Heinrich Heims.‹ Herausgegeben von Werner Jochmann. Verlag Albrecht Knaus, Hamburg 1980.

228 Gemeint ist das Buch von Henry Picker, ›Hitlers Tischgespräche‹, erstmals herausgegeben vom Athenäum-Verlag in Bonn 1951, spätere Auflagen beim Seewald-Verlag, Stuttgart, mit immer weiterführenden Kommentaren und Anmerkungen von Picker (Studienausgaben!).

229 Interessant ist hier auch ein Brief, den Frau Schroeder am 3. Februar 1980 an eine der ehemaligen Sekretärinnen Martin Bormanns schrieb: »...Man stelle sich vor: A. H. soll 1943 das Original-Urheberrecht für die Tischgespräche dem Dr. P. übertragen haben!!! Das ist doch einfach undenkbar, nachdem A. H. vorhatte, uns (Wolf und mir) nach Beendigung des Krieges seine Erinnerungen zu diktieren. Alles, was sich in den Tischgesprächen niedergeschlagen hat, wäre ja doch auch Bestandteil dieser Erinnerungen gewesen bzw. geworden, alles, was er gedacht, erlebt, geplant hatte. Es gibt doch nichts, was in den Gesprächen nicht behandelt wurde. Und da soll er das Original-Urheberrecht an P. übertragen haben! |————————|
|————| Er [Hitler] hat doch nie gewollt, daß mitgeschrieben wurde. So erinnert sich Dara daran, daß A. H. einmal sehr interessante Ausführungen im kleinen Kreis gemacht hatte, nach deren Beendigung ich impulsiv zu A. H. gesagt hätte: ›Schade, mein Führer, daß wir das nicht mitgeschrieben haben!‹ Darauf habe er gesagt: ›Dann hätte ich nicht so sprechen können!‹ Und

dann soll er, ich muß es nochmals sagen, ohne zu wissen, was da alles aufgeschrieben wurde, so großzügig gegenüber P. verfahren haben!...«

230 In drei Briefausschnitten, die Frau Schroeder dem Manuskript beilegte, sind Ausführungen einer der Sekretärinnen Bormanns festgehalten:
11.11.1980 »|————————————————|
|————————————————————|
Wenn er [Picker] jetzt wieder im Februar zum Geburtstag einlädt, führt er wieder etwas im Schilde, um seine eigenen Veröffentlichungen ja nicht in Vergessenheit geraten zu lassen |—|
|————————————————| Ich finde es unbedingt richtig, wenn Sie ihm absagen und auch klar sagen, daß Sie es nicht mit Ihrem Gewissen vereinbaren können. Ich wünschte nur, daß Baur etc. ebenfalls nicht erscheinen... Ich hoffe auch noch auf den Tag, wo ich dem Picker meine Ansicht über ihn entgegenschleudern kann – irgendwie habe ich das Gefühl, daß sich noch alles einer Lösung zubewegen wird – es geht langsam, aber vielleicht gelingt es doch noch, |————|
|————————| Wenn ich noch daran denke, wie er im letzten Moment noch vor Gericht geltend machte, daß Heim nicht berechtigt sei, sich Ministerialrat zu nennen!!! Alles ist in meinem Gehirn (Computer – wie Sie so schön sagen) notiert!! Und schon, was er vor 38 Jahren gemacht hat, ebenfalls!!...«
15.2.1982: »... Übrigens noch zur Fotokopie der Klüterblätter: Das wußte ich, daß Heim bereits 1951 Schaub getroffen hat und dieser ihm dann versicherte, daß A.H. [Hitler] nichts von den Aufzeichnungen wußte. Gerade deshalb ist ja das Pickersche Gebahren so |————————| wie ich immer versucht habe, überall aufzuzeigen. Auch weil der Picker mit seinen |————| Schreibereien nicht weiter das Feld beherrschen sollte, habe ich damals bei Jochmann doch meine Hilfe angeboten und auch bestätigt, daß diese Sachen strengstens von A.H. (und auch dem Kreis dort) ferngehalten wurden. Eine |———|
|————————| vom Picker, daß A.H. [Hitler] ihm die Autorenrechte übertragen haben soll. Picker hatte doch damals gar keine weiteren Kontakte und war nur drei Monate da. Die Kontakte hat er doch alle erst jetzt aufgenommen mit seinen ewigen Einladungen etc., natürlich bedient er sich der NS-Veteranen |——————————| Mich kann nur ärgern, daß alle mitmachen oder mitgemacht haben!! ...Wieso kann er überhaupt von ›alten Freundschaften‹ reden. Dara z.B. hat mir schon vor Jahren gesagt, daß sie Picker seinerzeit im FHQ überhaupt nicht gesehen oder nicht beachtet hat. Und so war es auch, der hat sich doch damals abseits halten müssen. Auch das

Gerede vom ›lieben alten Freund Breker‹ |————————|
|–| Den hat der damals doch nie gekannt!!«
27.5.1982: »...Für die gemeinsame Abwehrfront gegen Picker wäre ich an sich sehr. Es wird sich noch eine Gelegenheit bieten, ich bin jetzt zu drastischeren Taten entschlossen. Natürlich sind seine Geschichten im Vorwort haarsträubend, ich kann nur nicht verstehen, daß das nicht R. Schulze und die anderen, die das doch gelesen haben müssen, längst aufgefallen ist...«
231 Brief an Arno Breker.
232 Gerhard Michael Engel, geb. 13.4.1906 in Rubenz, trat nach dem Abitur am 1.10.1925 in die Reichswehr ein. Nach Besuch der Infanterieschule in Dresden, Beförderung zum Leutnant am 1.9.1930 (1.7.1933 Oberleutnant, 1.3.1937 Hauptmann). Im März 1938 kam Engel als Heeresadjutant und Ordonnanzoffizier in die Adjutantur der Wehrmacht zu Hitler, wo er bis Ende 1942 im FHQ blieb. Beförderung zum Major am 1.1.1940 und 1.3.1943 Oberstleutnant. Nach Frontkommandierung kam er im April 1943 bis Mitte Mai 1943 nochmals in das FHQ. Anschließend Frontdienst, 1.5.1944 Oberst, 1.11.1944 Generalmajor und 1.4.1945 Generalleutnant. Am 7. Mai 1945 von der US-Armee gefangengenommen, blieb Engel bis zum 26.9.1947 interniert. Engel starb am 9.12.1976 in München im Alter von 70 Jahren.
233 Gemeint ist Frau von Below, die Frau des früheren Luftwaffenadjutanten Hitlers, Nicolaus von Below (Äußerung von Frau Schroeder gegenüber dem Herausgeber).
234 Gemeint sind ›nur‹ die Anmerkungen und Kommentare von Picker, nicht der eigentliche Text der Tischgespräche selbst.
235 Es handelt sich hier um den Koch Otto Günther, der 1937 von der Mitropa in Hitlers Sonderzug und dann in die FHQ's Hitlers kam. Er unterstand Kannenberg und kochte für die rd. 150 bis 200 Menschen, die im FHQ ›Wolfsschanze‹ waren. Den Spitznamen ›Krümel‹ erhielt er durch ein Schild, das er über der Küchentür hängen hatte. Es lautete: »Wer den Krümel nicht ehrt, ist den Kuchen nicht wert.«
236 Am 26.6.1941 eroberte die 8. deutsche Panzer-Division Dünaburg mit den intakten Brücken über die Düna.
237 Der Fotograf Heinrich Hoffmann und der Adjutant Richard Schulze.
238 Major Gerhard Engel, sh. Anmerkung 232.
239 Aus diesen Äußerungen von Frau Schroeder geht deutlich hervor, daß Hitler damals noch an einen ›Blitzsieg‹ geglaubt hat und man annahm, daß der Rußlandfeldzug bis Oktober 1941 beendet sein werde.
240 Diese Schilderung ist m.E. zeitgeschichtlich sehr interessant, da

Frau Schroeder hier die Gespräche und Gedanken Hitlers von Mitte August 1941 wiedergibt.

241 Am 9.10. 1941 gab der Reichspressechef Dr. Otto Dietrich im Auftrag Hitlers eine Erklärung heraus, »...daß die militärische Entscheidung im Osten gefallen« und Rußland »erledigt« sei (!).

242 Am 19.12. 1941 übernahm Hitler nach der Entlassung von Generalfeldmarschall von Brauchitsch selbst den Oberbefehl über das Heer. Hitler äußerte sich dazu folgendermaßen:»Das bißchen Operationsführung kann jeder machen. Die Aufgabe des Oberbefehlshabers des Heeres ist es, das Heer nationalsozialistisch zu erziehen. Ich kenne keinen General des Heeres, der diese Aufgabe in meinem Sinne erfüllen könnte...«

243 Sh. Anmerkung 103.

244 Eduard Dietl, geb. 21.7. 1890 in Bad Aibling, ging 1908 nach Bamberg als Berufssoldat, 1912 Leutnant und 1914 Oberleutnant. Teilnahme am 1. Weltkrieg. 1917 Hauptmann und Bataillonsadjutant. 1918 im Freikorp Epp und 1920 als Hauptmann bei der Reichswehr in München. Eintritt in die DAP am 5.2. 1920 als 24.tes Mitglied (vor Hitler!). Taktiklehrer an der Münchner Infanterieschule. Am 1.2.1931 Major und Bataillonskommandeur in Kempten. Am 6.5. 1935 Oberst (Gebirgsjägerregiment 99). Aufstellung der 3. Gebirgsdivision in Graz 1938 als Oberstleutnant. Teilnahme am Norwegenfeldzug (Verdtg. v. Narvik) und Beförderung zum Generalleutnant (19.6. 1940). 1942 Oberbefehlshaber der 20. Gebirgsarmee und Beförderung zum Generaloberst (1.6. 1942). Dietl kam bei einem Flugzeugabsturz am 23.6.1944 im Alter von 53 Jahren ums Leben.

245 Fritz Todt, geb. 4.9. 1891 in Pforzheim, studierte an der Techn. Hochschule in München und Karlsruhe bis 1920 (Promotion 1922). Von 1910–1911 Militärdienst, im Ersten Weltkrieg Offizier (Flieger) bis 1918. Geschäftsführer der Straßenbaufirma Sager und Woerner in München bis 1933. Mitglied der NSDAP seit dem 5.1. 1923, Mitarbeiter des nationalsozialistischen Kampfbundes Deutscher Architekten und Ingenieure in München, außerdem Fachberater für Straßenbau im damaligen Amt für Wirtschaftstechnik und Arbeitsbeschaffung der NSDAP. 1932 Leiter der Fachgruppe Bau-Ingenieure. Am 5.7. 1933 von Hitler mit dem Bau der Reichsautobahnen als ›Generalinspektor des deutschen Straßenwesens‹ beauftragt. 1934 Leiter des Amts für Technik, 1936 Hauptamt für Technik. Mai 1938 Gründung der ›Organisation Todt‹ (OT), die den Bau des Westwalls und anderer kriegswichtiger Bauten bis 1945 durchführte. 1939 Generalmajor der Luftwaffe und seit 17.3. 1940 Reichsminister für Bewaffnung und Munition. Nach einem Besuch bei Hitler am 7.2. 1942 im FHQ ›Wolfsschanze‹ stürzte die Heinkel 111 am Morgen des 8.2. 1942,

Anmerkungen und Hinweise des Herausgebers 359

mit dem 50jährigen Dr. Todt an Bord, über den Bäumen am Platzrand des Flugplatzes im FHQ ›Wolfsschanze‹ ab, wobei Dr. Todt den Tod fand.
246 Am 2.2.1943 wurde die verlorene Schlacht um Stalingrad beendet. Von den am 22.11.1942 eingeschlossenen rd. 250000 deutschen Soldaten der 6. Armee wurden 34000 ausgeflogen, 91000 gerieten in Gefangenschaft und 125000 sind gefallen oder erfroren.
247 Blondi war die Schäferhündin Hitlers, die er am 29. April 1945 vergiften ließ.
248 »Nützlich«, »eiskalt« und »brutal« waren viel zitierte Aussprüche Hitlers, die man überall in seinen Ausführungen wiederfinden kann.
249 Albert Speer, geb. am 19.3.1905 in Mannheim, studierte nach dem Abitur 1923 Architektur an der Techn. Hochschule Karlsruhe, München und Berlin. 1927 bis 1932 Assistent bei Prof. Tessenow in Berlin. 1931 Eintritt in die NSDAP, Umbau eines Gauhauses in der Voßstraße und Goebbels' Ministerium sowie Dienstwohnung. Gestaltung der Maifeier am 1. Mai 1933 mit neuen improvisierten Mitteln. Nach dem Tod von Prof. Troost wurde Speer der bevorzugte Architekt Hitlers und gehörte bis 1945 zu Hitlers engerem Kreis, auch auf dem Berghof. 1936 Auftrag Hitlers zur Neugestaltung von Berlin, 1937 ›Beauftragter für Bauen im Stab des Führers‹ und Ernennung zum ›Generalbauinspektor für Berlin‹. 1938 bis 1939 Neubau der Reichskanzlei und am 8.2.1942 wurde Speer als 36jähriger von Hitler als Nachfolger für Dr. Todt zum Reichsminister für Bewaffnung und Munition ernannt. Am 23.5.1945 mit der Regierung Dönitz in Flensburg verhaftet, wurde er im Nürnberger Kriegsverbrecherprozeß am 1.10.1946 zu 20 Jahren Gefängnis verurteilt. Am 30.9.1966 aus der Haft in Berlin-Spandau entlassen, starb Speer am 1.9.1981 im Alter von 76 Jahren in London an den Folgen eines Schlaganfalls.
250 Gemeint ist der Fotograf Heinrich Hoffmann, sh. Anmerkung 30.
251 In einem Brief an Dr. Picker vom 3.1.1984 wurde Frau Schroeder sehr deutlich und sprach das aus, was sie schon lange bewegt und beschäftigt hatte: »... Daß Sie alle Ihre Buch-, Interview-, pp-Einnahmen bis auf den letzten Pfennig einer Societé zuführen, die die notwendigen Gebäude für ein AH-Museum im Raume München beschaffen soll, klingt für mich sagenhaft. Es ist mir einfach unvorstellbar, daß die BRD die Genehmigung zum Bau eines AH-Museums erteilen wird...«
Mit ›Societé‹ ist die *Societé d'Histoire Contemporaine* – mit Dr. Picker als Präsidenten – in Genf gemeint, mit ›AH-Museum‹ ein Adolf-Hitler-Museum!

»... Was nun Ihre Einladung zum 5. 2. 84 betrifft, so ist es mir unmöglich zu kommen. Erstens aus gesundheitlichen Gründen und dann aber auch, weil ich in Ihrem Hause immer wieder an die größte Dummheit meines Lebens erinnert werde, nämlich, daß ich Ihnen die *gesamten* kostbaren architektonischen Skizzen H's [Hitlers] zu einem Betrag überlassen habe, der wenige Jahre später für eine einzige Zeichnung von Ausländern gezahlt wurde. Hätte ich wenigstens meinen Willen, die letzten 3 Zeichnungen, die ich unbedingt behalten wollte, durchgesetzt. Die Zeichnungen haben eine so enorme Wertsteigerung erfahren, daß ich heute – hätte ich sie behalten – eine wohlhabende Frau wäre...«

252 Vom 16. 7. 1942 bis 30. 10. 1942 und vom 19. 2. 1943 bis 13. 3. 1943 wurde das FHQ Hitlers nach Mala Michalowska, ca. 15 km nordöstlich von Winniza verlegt, das von Hitler den Decknamen ›Wehrwolf‹ erhielt. Es bestand überwiegend aus Holzbaracken in einem Laubwald mit einem Bunker.

253 Abflug von Hitlers FHQ nach Winniza in das FHQ ›Wehrwolf‹.

254 Eine typische Aussage von Hitler, die von Frau Schroeder, wie so oft in ihren Briefen, übernommen wurde.

255 Sh. Anmerkung 100.

256 Sh. Anmerkung 133.

257 Sh. Anmerkung 31.

258 Hitler flog am 10. März 1943 kurz zur Heeresgruppe Süd.

259 Max Bircher Benner war ein Schweizer Arzt, der 1897 in Zürich eine Privatklinik eröffnete und 1903 ein theoretisch-praktisches Werk über seine Ernährungstherapie veröffentlichte. Später wurden an den Universitätskliniken der Wert der ›Rohkost nach Bircher Benner‹ anerkannt und durchgeführt.

260 Constanze Manziarly, geb. 14. 4. 1920 in Innsbruck als Tochter eines griechischen Vaters und einer Tirolerin, nach Realschule Ausbildung als Diätassistentin (Haushaltschule Innsbruck). Ab 13. 9. 1943 in Bischofswiesen im Kurheim Zabel. Nach der Entlassung von Frau Marlene von Exner durch Hitler am 8. 5. 1944 kam Constanze Manziarly September 1944 als Diätköchin zu Hitler in das FHQ ›Wolfsschanze‹ und ›Adlernest‹. Zum Schluß hatte sie im Bunker des Reichskanzlerpalais eine kleine Diätküche, wo sie für Hitler kochte und auch an den Teeabenden teilnahm. Sie soll am 2. 5. 1945 nach dem Ausbruch aus der Reichskanzlei in Berlin im Alter von 25 Jahren Selbstmord durch Einnahme von Blausäure verübt haben.

261 Theodor Morell, geb. 22. 6. 1886 in Trais-Münzenberg, studierte nach dem Abitur 1906 in Gießen an den Universitäten Gießen (1907), Heidelberg (1909), Grenoble (1910), Paris (1910) und München Medizin; Promotion am 23. 5. 1913 in München. Anschließend Schiffsarzt bis 1914. Kriegsfreiwilliger, Bataillonsarzt bis

1917. Ab 1918 Praxis in Berlin, Bayreuther Straße. 1933 Eintritt in die NSDAP und Praxis am Berliner Kurfürstendamm 216. Im Mai 1936 lernte Dr. Morell durch Heinrich Hoffmann in München Hitler kennen, dessen Leibarzt er bis zum 21. 4. 1945 blieb. Sehr umstrittene Behandlung von Hitler durch Dr. Morell. Am 23. 4. 1945 aus Berlin ausgeflogen, kurz am Berghof, am 18. 5. 1945 von der CIC im Städtischen Krankenhaus von Bad Reichenhall durch Mr. Erich Albrecht verhört und am 17. 7. 1945 festgenommen. Dr. Morell war in verschiedenen Lagern interniert und schwer krank, er starb am 26. 5. 1948 im Krankenhaus Tegernsee im Alter von 62 Jahren.

262 Hier handelt es sich um den Adjutanten Friedrich Darges, geb. 8. 2. 1913 in Dülseberg/Altmarkt. Nach dem Besuch der Oberrealschule in Hermannsburg arbeitet Darges in dem Molkereibetrieb seines Vaters, kaufmännische Lehre und Angestellter bis März 1934. Am 1. 4. 1933 Eintritt in die SS und am 4. 4. 1934 SS-Junkerschule Bad Tölz, am 20. 12. 1934 SS-Standartenjunker, SS-Unterstumführer am 20. 4. 1935 bei der SS-Standarte ›Germania‹ Zugführer. Ab 1. 7. 1936 zur Dienstleistung bei Reichsleiter Martin Bormann kommandiert, wurde Darges am 6.8.1937 Adjutant von Bormann im Stabe Heß. Am 11. 10. 1939 Dienst bei der SS-Standarte ›Deutschland‹ und am 4. 6. 1940 beim SS-Rgt. ›Der Führer‹ in Holland. Als Max Wünsche als Adjutant Hitlers abgelöst wurde, kam Darges im Oktober 1940 als Ordonnanzoffizier zu Hitler bis zum 16. 3. 1942. Anschließend Truppendienst, bis er am 1. März 1943 in das FHQ als persönlicher Adjutant Hitlers zurückkam. Beförderung zum SS-Obersturmbannführer am 30. 1. 1944. Hitler wollte gern, daß Darges Margarete Braun, Evas Schwester, heiraten sollte, aber Darges hielt sich zurück und wandte sich Hitlers Diätköchin, Frau Helene von Exner zu. Es ist anzunehmen, daß ihm Hitler dies übelnahm, jedenfalls schilderte Frau Schroeder dann den geringfügigen Anlaß, der die sofortige Ablösung von Darges als Adjutant Hitlers zur Folge hatte: »... Bei einer Lagebesprechung wurde Hitler von einer Fliege oder Mücke belästigt. Er befahl dem Adjutanten Darges, die Fliege zu vertreiben. Da dieser so tat, als ob er den Befehl nicht verstanden habe, wurde Hitler wütend und schrie ihn an: ›Wenn ein Schreiber [damit meinte er einen Marineangehörigen, der als Schreibkraft gearbeitet hatte] mit einem 1-Mann-Torpedo einen Kreuzer versenken kann, dann werden Sie ja wohl als Sturmbannführer eine Mücke vertreiben können.‹ Darges kam sofort am 28. 7. 1944 an die Front zur 5. SS-Panzer-Div. ›Wiking‹, wo er am 8. 5. 1945 von der US-Armee interniert wurde. Darges wurde am 30. 4. 1948 aus der Haft entlassen und lebt heute in Norddeutschland.

263 Am 23. 2. 1944 fuhr Hitler mit seinem Sonderzug vom FHQ ›Wolfs-

schanze‹ nach Berchtesgaden auf den Obersalzberg, da in der ›Wolfsschanze‹ die Bunker von der Organisation Todt wegen der Gefahr von Fliegerangriffen beachtlich verstärkt wurden. Hitler blieb mit kurzen Unterbrechungen bis zum 14. 7. 1944 am Berghof, den er danach nie wiedersah.

264 Die Zyankali-Giftampullen sind im KZ-Sachsenhausen hergestellt worden. Es waren hauchdünne Glasampullen, die eine Länge von ca. 30 mm und einen Durchmesser von etwa 8 mm hatten und mit ca. 1 ccm wasserfreier Blausäure gefüllt waren, der etwas Oxalsäure zugesetzt war. Die Ampullen wurden in einer Messinghülle mit einem aufsteckbaren Messingkappe, ähnlich einem Lippenstift, aufbewahrt.

265 Sh. Anmerkung 101.

266 Wilhelm Arndt, geb. 6. 7. 1913 kam von der LSSAH nach der Ausbildung in der Dienerschule Pasing 1943 zu Hitler als Diener. 1944 SS-Hauptscharführer. Hitler mochte den großen blauäugigen Arndt sehr gern, Frau Schroeder sagte, »er wäre Hitlers Lieblingsdiener gewesen«. Er flog am 22. 4. 1945 mit einer Ju 352 aus der Führerstaffel von Berlin-Staaken ab. Das Flugzeug stürzte in Börnersdorf ab, wobei Arndt ums Leben kam. Weitere Diener von Hitler im FHQ Wolfsschanze waren die SS-Unterscharführer Fehrs und Wauer sowie der SS-Rottenführer Becker.

267 Benito Mussolini.

268 Claus Graf Schenk von Stauffenberg, geb. 15. 11. 1907 in Jettingen war Berufsoffizier bei der Reichswehr. 1927 Leutnant und 1934 Hauptmann. Im 2. Weltkrieg bei der 6. Panzer-Div. in Polen und Frankreich. Als Major 1940 im Generalstab des Heeres. Ab dem 6. 1. 1943 in Afrika wurde er bei einem Tieffliegerangriff am 7. 4. 1943 schwer verwundet. Am 1. 7. 1944 als Oberst Chef des Stabes des Befehlshabers des Ersatzheeres. In Verbindung mit den Generalen Olbricht, Beck, Wagner und Feldm. Witzleben plante Stauffenberg die Beseitigung von Hitler. Am 20. 7. 1944 legte er im FHQ ›Wolfsschanze‹ eine Mappe mit Sprengstoff unter den Lagetisch und verließ das FHQ mit dem Flugzeug nach der Explosion. In Berlin gefangengesetzt, wurde Stauffenberg durch ein Standgericht noch am gleichen Tag um 23 Uhr im Hof des OKW in der Bendlerstraße in Berlin im Alter von 37 Jahren erschossen.

269 Sh. Anmerkung 194.

270 Hitler verließ das Hauptquartier ›Wolfsschanze‹ am 20. 11. 1944 mit seinem Sonderzug.

271 Am 10. 12. 1944 verließ Hitler in seinem Sonderzug Berlin und fuhr in sein neues FHQ ›Adlerhorst‹ in der Nähe von Bad Nauheim. Er kehrte nach der gescheiterten Ardennenoffensive am 16. 1. 1945 nach Berlin zurück.

272 Auch die Sekretärin Johanna Wolf sagte nach dem Krieg aus

Anmerkungen und Hinweise des Herausgebers 363

(Musmano papers): »... und es wurde mir viel eher klar als ihm, daß der Krieg zuende gehe. Er sah nur die ganz allgemeinen Folgen, – ganz anders z. B. eine Frau, die zu ihrer Familie einen durch den Krieg Vermißten zählte. Er hatte den Kontakt zum Volk verloren. Bis zum letzten Tag noch sprach er vom Sieg...«

273 Walter Buch sagte nach dem Krieg 1945 aus, daß Hitler einmal auf eine entsprechende Frage zu ihm gesagt habe: »Die Frau, die er liebe, heißt Germania...«
In ihren stenographischen Aufzeichnungen notierte Frau Schroeder: »... Hitler sah gern schöne Frauen um sich, aber eine gewisse Scheu, die Angst, sich zu blamieren, hielt ihn vor Abenteuern mit Frauen zurück. In dieses Kapitel gehört z. B. auch, daß er nach 1933 die früher von ihm so geliebte ›kurze Wichs‹ nicht mehr trug, weil er durch die kurze Lederhose seine Würde als Reichskanzler gefährdet sah. Die Angst, sich lächerlich zu machen, war bei Hitler krankhaft. Es ist auch nie vorgekommen, daß ihn einer seiner Diener in Unterhosen gesehen hätte. Alles, was über die vermeintlichen Geliebten Hitlers geschrieben wurde, entbehrt jeder Wahrheit und hatte in manchen Fällen lediglich eine Verehrung Hitlers für die Künstlerinnen usw. zur Grundlage, oder wie im Fall Riefenstahl auch Anerkennung für ihre Arbeit.
Wenn man diese Scheu, die ihn aus Angst vor Krankheiten oder aus Angst sich zu kompromittieren, vor Abenteuern mit schönen Frauen zurückhielt, als unnormal bezeichnen will, dann war er unnormal. Den Frauen, denen er oder die ihm in Liebe zugetan waren, bewahrte er eine erstaunliche Dankbarkeit. Jedes Jahr zu Weihnachten, bekamen sie eine Aufmerksamkeit, sei es in Gestalt von einer besonders schönen Bonbonniere, einer Geschenkpakkung Parfüm oder später im Krieg ein paar Pfund Bohnenkaffee...«

274 Dr. von Hasselbach, einer der Begleitärzte Hitlers, sagte nach dem Krieg u. a. folgendes aus: »Hitler hatte eine ausgesprochene Scheu, seinen Körper zu zeigen [auch Dr. v. Hasselbach hat ihn nie ganz ausgezogen gesehen und untersucht]. Ob er eine körperliche Mißbildung an seinen Geschlechtsteilen hatte, darüber könnte wahrscheinlich sein früherer Fahrer und Diener Maurice etwas wissen, der mir gegenüber in der Gefangenschaft Andeutungen machte.«

275 Gemeint ist das Buch von Heinz Linge »Bis zum Untergang, Als Chef des Persönlichen Dienstes bei Hitler«, herausgegeben von Werner Maser, F. A. Herbig Verlagsbuchhandlung München-Berlin, 1980.

276 Emil Maurice, geb. 19. 1. 1897 in Westermoor (Schleswig/Holstein), lernte Uhrmacher vom 14. 1. 1914 bis 1. 10. 1917 in Gettort. Am 1. 10. 1917 in München als Uhrmachergehilfe und vom 30. 10.

1917 bis zum 25. 1. 1919 beim Militär. Ab 1. 2. 1919 wieder als Uhrmacher tätig. Ende 1919 trat Maurice als 94. Mitglied (Nr. 594) der DAP bei (Hitler hatte die Nr. 555), wo er bereits 1919 in der Liste der ersten »Ordnungsmänner (Nr. 8) auffiel. Gründete und führte ab dem 1. 12. 1919 die Sportabteilung (später Sturmabteilung = SA) der NSDAP. Seit 1921 auch Fahrer von Hitlers Auto. Als Mitglied der »Stabswache« und des »Stoßtrupp Hitler« aktiv am Putsch 1923 beteiligt. Mit Hitler 9 Monate in der Festung Landsberg und nach der Entlassung Intimus Hitlers und als sein Fahrer tätig. Mitglied der neuen Stabswache Hitlers von 1925 (10 Mann + Schreck). Eintritt in die SS 1925 (SS-Nr. 2), Inspektor der SS von 1925 bis 1927 unter Heiden. Nach einer Auseinandersetzung mit Hitler wegen seiner Verlobung mit Geli Raubal im Dezember 1927, war seine Freundschaft mit Hitler abrupt beendet, und er wurde von Hitler entlassen. Maurice verklagte Hitler im April 1928 auf Lohnzahlung von 3000 RM beim Arbeitsgericht München. Als Hitler zur Nachzahlung von 500 RM verurteilt wurde, machte sich Maurice mit dem Geld 1928 als Uhrmacher in München selbständig. Seit 1933 Ratsherr d. Stadt München. Am 1. 1. 1936 Stellvertreter der Reichshandwerksmeister und Mitglied des Reichstages. SS-Oberführer seit 30. 1. 1939. Im Februar 1940 kurz zur Luftwaffe eingezogen, war Maurice bis Kriegsende als Uhrmacher tätig. Am 25. 5. 1945 von d. US-Armee bis zum 3. 6. 1948 in verschiedenen Lagern interniert, starb Maurice am 6. 2. 1972 in Starnberg im Alter von 75 Jahren.
277 Sh. Anmerkung 34.
278 Anni Schuler, geb. 27. 2. 1905 in Pfakofen b. Regensburg, nach Volksschule hauswirtschaftliche Ausbildung, anschließend bis zu ihrer Verehelichung mit Georg Winter am 1. 5. 1929 bei der Gräfin Törring in München. Als 24jährige kam sie mit ihrem Mann (Dienerehepaar, ihr Mann war Kammerdiener bei General Epp gewesen) am 1. 10. 1929 als Haushälterin in Hitlers Wohnung am Prinzregentenplatz 16, wo sie 2 Zimmer bewohnte. Frau Winter blieb Hitlers Haushälterin bis zum Kriegsende im Mai 1945. Am 8. 6. 1945 von der US-Armee interniert, lebte sie nach ihrer Entlassung in München. Frau Winter starb am 17. 10. 1970 im Alter von 65 Jahren in München.
279 Frau Maria Reichel und deren Mutter, Frau Dachs, waren die Wirtinnen von Hitlers Zimmer in der Thierschstraße 41/I, wo Hitler vom 1. 5. 1920 bis zum 10. 9. 1929 gewohnt hatte.
280 Angela (Geli) Raubal war ein sehr lebenslustiges Mädchen und hatte mehrere Männerbekanntschaften, mit denen sie sich verloben bzw. verheiraten wollte (z. B. bald nach ihrer Ankunft in München mit Hitlers Fahrer Emil Maurice im Dezember 1927). Ob Frau Schroeder nun nicht genau wußte, ob der Mann jünger oder

älter war, ob er Kunstmaler oder Musiker war, läßt sich nicht mehr feststellen. Nach der Aussage der Mutter von Geli vor der CIC 1945, war es ein 16 Jahre älterer Musiker (Violinist) aus Linz.
281 In den stenographischen Aufzeichnungen von Frau Schroeder befindet sich folgende Notiz: »... Als H's [Hitlers] Fahrer, Emil Maurice, sich Weihnachten 1928 [Anmerkung: Die Jahreszahl 1928 stimmt nicht, es war Weihnachten 1927] mit Geli verlobte, wurde er von H. aufgefordert, entweder die Verlobung sofort zu lösen oder seinen Dienst zu quittieren. Da M. [Maurice] der ersten Aufforderung nicht nachkam, entließ ihn Hitler, worauf M. Klage einreichte und H. [Hitler] zur Zahlung einer Abfindungssumme vom Arbeitsgericht verurteilt wurde. In einem anderen Fall – Geli hatte sich mit einem Linzer Maler verlobt – nahm Frau Raubal nach Rücksprache mit ihrem Bruder die bereits erteilte Heiratsgenehmigung zurück. Onkel Adolf verlangte eine Bewährungszeit von einem Jahr, worauf der Maler an Geli einen entrüsteten Brief über ihren Onkel schrieb, wo von Despotismus die Rede war, wobei er dachte, er hätte einen Pg. vor sich, und daß er außerdem ganz falsche Anschauungen über die Ehe hätte. Allem Anschein ist es Hitler aber doch gelungen, die junge Liebe auseinander zu bringen.
Es ist nicht anzunehmen, daß er intime Beziehungen zu Geli unterhalten hat. Dies dürfte gerade der auch von Geli nicht begriffene Punkt sein, der sie in den Tod trieb. Von anderen Männern hielt er sie zurück, ohne sie von sich aus zu entschädigen. Sie äußerte mehrfach, ›daß sie sich bei ihrem Onkel wie in einem goldenen Käfig fühle‹.
Hitler ließ sie am 18. 9. 1931 über Berchtesgaden, wo sie bei ihrer Mutter gewesen war, kommen, begab sich nach ihrem Eintreffen am Vormittag aber sofort in die Stadt, mit dem Versprechen, zum Mittag zurück zu sein. Statt dessen kam er um 4 Uhr und sagte, daß er gleich nach Nürnberg fahren müsse. Sie bat ihn dann um Genehmigung, nach Wien zu fahren und ihre Stimme prüfen lassen zu dürfen, was sie schon lange vorhatte. Aber auch das lehnte er strikt ab. So trennten sie sich im Streit. Mißgünstige Freundschaft von E. B. [Eva Braun]. Wußte in diesem Zusammenhang von einem angeblichen Brief E. B.'s., den Geli nach H's Abreise in seinem Mantel gefunden habe. E. B. soll ihm heimlich – sie war damals bei Foto Hoffmann tätig – bei seinen Besuchen Lügenbriefe zugesteckt haben. Einen solchen Brief soll nun Geli gefunden haben und aus Verzweiflung: Von anderen Männern trennt er sie, er selbst hat nie Zeit, dafür findet sie Briefe anderer Mädchen bei ihm. Dies alles war zuviel für das temperamentvolle Mädchen. Sie sagte zu seiner Haushälterin, daß sie ins Kino gehen würde...«

282 Den Brief hatte Frau Schroeder noch im Lager Augsburg. Sie gab ihn Albert Zoller, der ihn behielt und nicht mehr zurückgab. Die den Brief betreffenden Passagen im Zoller-Buch sind daher authentisch und auch von Frau Schroeder wiedergegeben worden.
283 Sh. Anmerkung 30.
284 Nach der Aussage von Julius Schaub von 1945 soll Hitler erst nach dem Tod von Geli Vegetarier geworden sein.
285 Über das Mädchen Stefanie, geboren 1887 in Linz, dem Hitler einmal einen Brief geschrieben hatte, sh. die Ausführungen bei Franz Jetzinger, »Hitlers Jugend«, Europa Verlag, Wien 1956.
286 Maria Reiter, geb. 23. 12. 1908 in Berchtesgaden, lernte Hitler 1925 in Berchtesgaden kennen (sh. auch Bericht im »Stern«, Nr. 24, von 1959). In den 50er Jahren lebte sie mit Hitlers Schwester Paula in Berchtesgaden zusammen.
287 Sh. Anmerkung 161.
288 Sigrid von Laffert, geb. 28. 12. 1916 auf Damaretz Mecklenburg, lernte Hitler bei ihrer Tante, Viktoria von Dirksen, kennen. Sie heiratete später den Sohn des deutschen Botschafters in Paris, Graf Hans Welczek, der mit ihr während des Krieges als Diplomat in Spanien war. Sie lebt heute in Österreich.
289 Die Geschwister Höpfner waren in den 30er Jahren bekannte Tänzerinnen, die in Revuen und in Filmen auftraten.
290 Jenny Walter (Künstlername Jugo), geb. 14. 6. 1906 i.d. Steiermark (Östr.) war in den 30er Jahren eine bekannte Filmschauspielerin (24 Spielfilme). In zweiter Ehe mit Frederico Benfer verheiratet lebte sie in Italien und Amerika, heute in Süddeutschland.
291 Sh. Anmerkung 79.
292 Frau des Industriellen Herbert Quandt.
293 Sh. Anmerkung 214.
294 Leni Riefenstahl, geb. 22. 8. 1902 in Berlin, Kollmorgen'sches Lyzeum und Kunstakademie, Tanz- und Ballettausbildung. Bis 1927 als Tänzerin aufgetreten, kam sie 1925 durch Luis Trenker zum Film. 1926 erste Rolle in dem Film der »Heilige Berge«. Mehrere Filme bis 1932. Ab 1931 eigene Filmfirma, die ›Riefenstahl-Produktion‹. 1934 Film »Triumph des Willens« vom Parteitag d. NSDAP in Nürnberg und 1936 Film über die Olympischen Spiele in Berlin. Nach dem Krieg interniert, später als Filmregisseurin und Fotografin tätig, lebt heute in München.
295 Unity Valkyrie Mitford, geboren am 8. 8. 1914 in London, kam am 22. 10. 1934 als Studentin nach München (Deutschkurs a. d. Deutschen Akademie). Sie war eine fanatische Anhängerin der ›British Union of Fascists‹ ihres Schwagers Oswald Mosley und verkehrte in München in SA- und SS-Kreisen. Nach dem Polizeibericht vom 1. 8. 1935 war sie eine »begeisterte Anhängerin des Nationalsozialismus und hatte einige Zusammenkünfte mit dem Führer«. Am

3. 9. 1939 machte sie im Englischen Garten (nähe der Königinstr. 15, Einmündung i. d. Kaulbachstr.) einen Selbstmordversuch und schoß sich mit einer Pistole in den Kopf. Sie wurde später auf Hitlers Veranlassung über die Schweiz nach England gebracht, wo sie am 20. 5. 1948 verstorben ist.

296 Interessant sind in diesem Zusammenhang zwei Aussagen von Vertrauten Hitlers nach dem Krieg. Sie zeigen eindeutig, daß Hitler Eva Braun nicht im Sinne einer Geliebten, wie das immer in der Literatur und den Zeitschriften dargestellt wurde, geliebt hat.

Julius Schaub wurde z. B. 1945 gefragt:»Hat Hitler Eva Braun geliebt?«
Antwort: »Er hat sie gern gehabt.«
Frage: »Was heißt das, das weiß ich nicht, was das heißt, wenn Sie in München sagen, ›Er hat sie gern gehabt‹. Hat er sie geliebt?«
Antwort: »Er hat sie lieb gehabt.«
Heinrich Hoffmann sagte 1945 aus: »Hitler ist ab 1930 öfter in meinem Geschäft gewesen und hat bei solchen Gelegenheiten die Braun bei mir kennengelernt und sie öfters gesehen... Ich meine: Hitlers Verhältnis zu Eva Braun war immer ein platonisches...«

297 Sh. Anmerkung 161.
298 Sh. Anmerkung 214.
299 Sh. Anmerkung 276.
300 Sh. Anmerkung 150.
301 V. B. = Zeitung »Völkischer Beobachter«.
302 Inge und Lola Epp waren Solotänzerinnen von internationalem Rang. Hitler lernte sie 1926 kennen, als sie 15 bzw. 17 Jahre alt waren. Sie sind später in Marischka-Revuen in Berlin aufgetreten. Berühmt war ihr »Spiegeltanz«, 1931 heirateten beide ins Ausland.
303 Sh. Anmerkung 160.
304 Sh. Anmerkung 214.
305 Leo Slezak, geb. 18. 8. 1873 war Kammersänger und Filmschauspieler, er starb am 1. 7. 1946 in Egern am Tegernsee.
306 Am 12. März 1938 überschritten deutsche Truppen die österreichischen Grenzen, und Hitler fuhr mit seinem Stab von München aus in Braunau a. I. über die Grenze nach Linz.
307 BKD = SS-Begleitkommando.
308 Anton Drexler, geb. 13. 6. 1884 in München, war ab dem 2. 10. 1902 Schlosser in der Eisenbahn-Centralwerkstätte in München und gründete am 5. 1. 1919 die D. A. P. (Deutsche Arbeiter Partei). deren Vorsitzender er bis zum 28. 7. 1921 war. Als Hitler am 28. 7. 1921 den Vorsitz übernahm, geriet Drexler immer mehr in den Hintergrund und spielte in der Partei und politisch keine große

Rolle mehr (1924–1928 nationalsoz. Abgeordneter im Bayerischen Landtag). 1925 Differenzen mit Hitler. Er starb am 25. 2. 1942 im Alter von 57 Jahren in München.
309 Sh. Anmerkung 10.
310 Dr. Otto Wagener (sh. Anmerkung 45) erwähnt z. B. in seinen Aufzeichnungen, daß der Fotograf Heinrich Hoffmann auf Hitlers Wahlreisen im Jahr 1932 häufig »seine kleine Laborantin Eva Braun mitnahm, die Hitler gerne am Abend zur Ablenkung am Tisch sah«, die jedoch seiner Meinung nach, damals »überhaupt keine Rolle spielte.«
311 Marianne Petzl, geb. 19. 12. 1899 in Wien, war die Tochter der Opernsängerin Maria Petzl, die Hitler von seiner Wiener Zeit her kannte und bewunderte. Durch die Bekanntschaft mit Erna Gröpke (deren Vater Kammersänger war), der späteren Frau des Fotografen Heinrich Hoffmann, lernte Hitler sie kennen und wurde von diesem ab 1935 bis 1944 oft auf den Obersalzberg eingeladen, wo sie sich mit Eva Braun anfreundete. Im August 1937 heiratete sie den Bauingenieur Fritz Schönmann, an der Hochzeit nahm Hitler teil. Frau Schönmann starb am 17. 3. 1981 im Alter von 81 Jahren in München.
312 Erna Gröpke, geb. 28. 8. 1904 in Köln war die Tochter des Kammersängers Adolf Gröpke. Sie heiratete 1934 den Fotografen Heinrich Hoffmann in München und gehörte mit diesem zum engeren Kreis Hitlers. Sie lebt heute in Süddeutschland.
313 Frau Anni Winter, Hitlers Haushälterin in München, sagte nach dem Krieg aus: Frau Winter vertritt die Meinung, »daß trotz Evas unterwürfiger Ergebenheit, Hitler sich auf irgendeine Weise von ihr freigemacht hätte, wenn nicht der Krieg gekommen wäre«. (Sh. Musmano papers i. d. University Library d. Duquesne Iniversity Pittsburgh).
314 Hermann Göring, geb. 12. 1. 1893 in Rosenheim, nach Gymnasium in Ansbach i. d. Kadettenanstalt Karlsruhe und Groß-Lichterfelde in Berlin. März 1912 Leutnant, ab Herbst 1914 bei den Fliegern, im Mai 1915 Flugzeugführer. Bei Kriegsende Oberleutnant (Jagdgeschwader Richthofen). Nach dem Krieg in Dänemark u. Schweden. Anfang 1922 in München, übernahm er im März 1923 das Oberkommando der SA. 1923 beim Putsch verwundet, flüchtete er ins Ausland. Als am 14. 5. 1926 d. Haftbefehl gegen ihn aufgehoben wurde, trat er am 1. 4. 1928 wieder in die NSDAP ein. Am 10. 4. 1933 Preußischer Ministerpräsident und Innenminister. 28. 4. 1933 Reichsminister für Luftfahrt. Am 20. 4. 1935 heiratete er die Schauspielerin Emmy Sonnemann. 18. 10. 1936 Beauftragter für den Vierjahresplan, am 19. 7. 1940 durch Hitler zum Reichsmarschall ernannt. Am 20. 4. 1945 fuhr Göring von Berlin auf sein Landhaus am Obersalzberg. Am 23. 4. 1945 von Hitler

9. August 1937 war Hit-
Teehaus am Mooslahner-
f (Obersalzberg) fertig,
Hitler von nun an nach-
tags regelmäßig besuchte.
Bild zeigt Hitler mit
itz, Speer, Bormann,
er, Schaub u. a. am 30. Mai
3 vor dem Eingang zum
haus.

ler mit den Kindern von
er vor dem Kamin im Tee-
s am Mooslahnerkopf.

Eva Braun war eine begeisterte Fotografin und filmte auch viel mit ihrer Schmalfilmkamera. Im National Archiv Washington liegen noch 33 Foto-Alben von Eva Braun und auch viele Filme blieben erhalten. Auf dem Bild oben filmt Eva Braun im Mai 19:: Hitler mit Dr. Morell und Hermann Esser auf der Terrasse des Berghofs.

Da Hitler immer sehr lange schlief, frühstückte sein engerer Kreis bei schönem Wetter auf der Terrasse des Berghofs. Im Hintergrund der Anbau für das Begleitkommando, Telefonzentrale, Zahnarztzimmer und Adjutanten (v.l.n.r.: Eva Braun, Walter Hewel, Karl Wolff, Hans Pfeiffer, unbekannt).

Am 3. Juni 1944 heiratete Hermann Fegelein, Verbindungsoffizier der Waffen-SS bei Hitler, in Salzburg Margarete Braun, die Schwester von Eva Braun. Martin Bormann und Heinrich Himmler waren als Trauzeugen anwesend.

Eva Braun, die Hermann Fegelein sehr mochte, wollte, daß die Hochzeit wie ihre »eigene würde«. Die Hochzeit wurde dann auch entsprechend am Kehlsteinhaus gefeiert.

Das Ende Hitlers und seiner Residenzen:

Der nach einem Bombenangriff am 25. April 1945 zerstörte Berghof am Obersalzberg.

Lageplan der Reichskanzlei in Berlin mit Hitlers letztem FHQ im Bunker, wo er am 30. 4. 1945 Selbstmord beging. 1 = Neue Reichskanzlei, 2 = Ehrenhof, 3 = Reichskanzlerpalais, 4 = Führerbunker mit Vorbunker, 5 = Unterirdischer Gang z. d. Bunkern in der Voss-Straße (Bild Mitte).

Der zerstörte Ehrenhof in der Reichskanzlei nach der Einnahme durch die Rote Armee am 3. Mai 1945 (Bild unten).

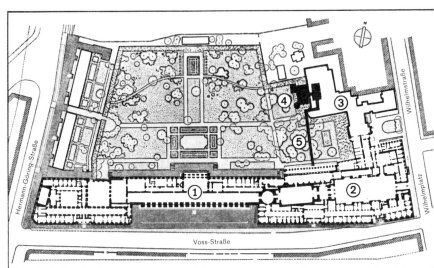

aller Ämter enthoben und von d. SS gefangengesetzt. In d. SS-Kaserne in Salzburg inhaftiert, wurde er von Luftwaffenangehörigen befreit. Göring stellte sich am 7. 5. 1945 der 7. US-Armee und nahm sich am 16. 10. 1946 im Nürnberger Gefängnis im Alter von 52 Jahren das Leben durch Einnahme von Blausäure.
315 Sh. Anmerkung 174.
316 Robert war der tüchtige Kammerdiener von Hermann Göring.
317 Der 7. Parteitag der NSDAP fand vom 10. bis 17. 9. 1935 in Nürnberg statt.
318 In den Stenoaufzeichnungen von Frau Schroeder steht: »... Sie [Eva Braun] erzählte mir dann, wie sie um ihn [Hitler] gekämpft hat, wie sie zweimal Selbstmordversuch verübt hat, das eine Mal, weil Frau Raubal, die aus begreiflichen Gründen gegen die Freundschaft ihres Bruders zu E. B. [Eva Braun] Stellung nahm, auf einem Parteitag in Nürnberg eine Hetzkampagne gegen E. losgelassen hatte. Frau R. [Raubal] fand, daß sich E. [Eva Braun] auf der Tribüne zu auffallend benommen hätte und erstattete über diese unglaubliche Frechheit ihrem Bruder Bericht, in der Hoffnung, daß er E. sofort fallenlassen würde. Dies war aber ein Bumerang. A. H. ließ sich keine Vorschriften machen, auch nicht von seiner Schwester. Und wenn er gar nicht an E. gehangen hätte, so wäre die Bevormundung seiner Schwester Grund genug gewesen, das Gegenteil zu tun. Er ließ nicht E. fallen, die sich in Ahnung des gegen sie geplanten Unheils mit Veronal vergiftet hatte, aber noch ›rechtzeitig‹ gefunden wurde, sondern entband seine Schwester von ihren bisherigen Pflichten als Hausdame im Haus Wachenfeld. Sie ging nach Nauheim wegen ihres durch die Erregung geschwächten Herzens, lernte dort einen Professor der Dresdner Hochschule kennen und heiratete diesen.«
319 Prof. Martin Hammitzsch war Direktor der Staatsbauschule in Dresden.
320 Hermann Fegelein, geb. 30. 10. 1906 in Ansbach, Abitur 1926 in München, studierte 2 Semester a. d. Universität München und trat am 20. 4. 1927 bei d. Landespolizei München als Offiziers-Anwärter ein, wo er am 16. 8. 1929 wieder austrat. Anschließend in der Reitschule seines Vaters tätig. Eintritt in die SS am 10. 4. 1933, Führer einer SS-Reitergruppe, 1935 Gründung d. SS-Hauptreitschule in München, 1937 Kommandeur der Schule. SS-Sturmbannführer am 30. 1. 1936. Am 1. 3. 1940 SS-Obersturmbannführer und Kommandeur d. SS-Totenkopf-Reiterstandarte, 5. 8. 1941 Führer d. SS Kav. Brigade und Kommandeur d. Kampfbrigade Fegelein bis Ende 1943 (Div. Komd.). Ab 1. 1. 1944 wurde Fegelein Verbindungsoffizier d. Waffen-SS bei Hitler und am 3. 6. 1944 heiratete er die Schwester von Eva Braun, Margarete Braun, in Salzburg. Am 21. 6. 1944 von Hitler zum Generalleutnant der

Waffen-SS ernannt. Am 25. 4. 1945 verließ er den Bunker d. Reichskanzlerpalais und wurde am 27. 4. 1945 von SS-Obersturmbannführer (RSD-Kriminaldirektor) Peter Högl in seiner Wohnung in d. Bleibtreustraße 10–11 verhaftet, nachdem er vorher Eva Braun angerufen hatte, mit ihm Berlin zu verlassen. Hitler degradierte ihn und verurteilte Fegelein, nachdem am 28. 4. 1945 Himmlers Verhandlungen mit d. Graf Folke Bernadotte bekannt wurden, zum Tode. Fegelein wurde in der Nacht des 28. 4. 1945 im Garten der Reichskanzlei in Berlin im Alter von 38 Jahren erschossen.

321 Fegelein wurde am 1. 1. 1944 als Himmlers Verbindungsoffizier d. Waffen-SS zu Hitler kommandiert. Er war der Nachfolger des damaligen SS-Obergruppenführers Karl Wolff.

322 Walter Hewel, geb. am 25. 3. 1904 in Köln, kam nach dem Abitur im Oktober 1923 nach München und studierte an d. Techn. Hochschule. Er trat am 20. 10. 1923 dem ›Stoßtrupp Hitler‹ bei und war aktiv am Putsch beteiligt. Bis 30. 12. 1924 in Haft im Gefängnis Landsberg a. L. Anschließend Kaufmannslehre in Hamburg bis 1926 und dann ein Jahr in England. 1927 ging er als Kaufmann und Pflanzer (Gummi) nach Niederländisch-Indien. Im Juni 1933 dort Eintritt in die NSDAP. Januar bis Mai 1934 Leiter des Dezernats Außenbesitzungen in Niedl.-Ind. und vom März bis September 1935 Wirtschaftsreferent d. Ortsgruppe Bandoeng (Niedl.-Ind.). Im März 1936 Rückkehr nach Deutschland und bis Februar 1937 Hauptstellenleiter im Ostasienreferat d. Auslandsorganisation d. NSDAP. August 1937 Hauptreferent i. d. Englandabteilung d. Dienststelle des Botschafters Ribbentrop, am 12. 7. 1937 SS-Sturmbannführer. Ab 1940 Botschafter und Vertreter des Reichsaußenministers Ribbentrop bei Hitler im FHQ, Beförderung zum SS-Brigadeführer am 9. 11. 1942. Am 21. 4. 1944 stürzte er bei einem Flugzeugunglück in Ainring ab und wurde schwer verletzt. Hewel war bis zum Ende bei Hitler im Bunker des Reichskanzlerpalais und verübte nach dem Ausbruch aus der Reichskanzlei am 2. 5. 1945 in Berlin-Wedding im Alter von 41 Jahren Selbstmord durch Erschießen.

323 Sh. Anmerkung 262.

324 Adolf Wagner, geb. 1. 10. 1890 in Alringen (Lothringen), Oberrealschule in Metz, Militärdienst 1909–1910. Studium a. d. Universität Straßburg und Aachen. Von 1914 bis 1918 Kompanieführer und 1917 Leutnant. Bereits 1923 Mitglied der NSDAP, 1924 Mitglied des Bay. Landtages. Vom Oktober 1919 bis Oktober 1929 Direktor und Generalbevollmächtigter verschiedener Bergwerksgesellschaften. Ab 1. 11. 1929 Gauleiter d. Gaues Groß-München (ab 16. 11. 1930 München-Oberbayern). Am 12. 4. 1933 Staatsminister des Inneren und Stellvertreter d. Ministerpräsidenten, am

28.11.1936 Bayr. Staatsminister f. Unterricht und Kultus. Wagner gehörte zum engeren Kreis Hitlers, auch am Obersalzberg, er starb am 12.4.1944 im Alter von 53 Jahren an einem Schlaganfall in München.

325 Margarete Braun, geb. 31.8.1915 in München, nach Volksschule besuchte sie d. höhere Mädchenschule in Medingen. Ab dem 10.4. 1932 beim Verlag des Fotografen Heinrich Hoffmann als Kontoristin bis 1943. Am 1.9.1943 Besuch d. bayer. Staatslehranstalt für Lichtbildwesen. Am 3.6.1944 heiratete sie im Alter von 28 Jahren den Verbindungsoffizier der Waffen-SS bei Hitler, Hermann Fegelein, in Salzburg. Bei Kriegsende im April 1945 auf dem Berghof am Obersalzberg fuhr sie mit einer Freundin Eva Brauns nach Garmisch-Partenkirchen. Sie heiratete wieder und lebt heute in Süddeutschland.

326 In ihren stenographischen Aufzeichnungen notierte Frau Schroeder: »...E. [Eva Braun] war oft unleidlich, mißmutig, vergrämt, wehleidig. Sie konnte aber auch ebenso anmutig und liebreizend sein. Ich wurde manchmal von einer mir selbst unerklärlichen Sympathiewelle erfaßt, die mich zu E. hinführte. Zuweilen gehörte ich aber auch zu dem Kreis derer, die sich durch E's unausgeglichenes launisches Wesen abgestoßen fühlten. E. ließ mich im März 1945 zum ersten Mal einen Einblick in ihre inneren Kämpfe tun, die sie seit Jahren vor den anderen geheimhielt und die die Ursache für ihr unausgeglichenes Wesen waren. Sie mußte immer im Hintergrund bleiben, nie durfte sie z.B. gemeinsam mit A.H. Seite an Seite im Theater sitzen. Wenn sie schon in die gleiche Vorstellung ging wie er, dann saß sie als kleines anonymes Mädchen im Parkett, während er oben in der ›Führerloge‹ saß. Er scheint nicht immer gerade zart und rücksichtsvoll an ihr gehandelt zu haben. Wenn sie z.B. auf Kurzbesuch in Berlin war – was nicht sehr oft vorkam – so ging er abends ins Theater und anschließend ins KddK und saß dort bis zum anderen Morgen in Gesellschaft schöner Frauen, während sie in ihrem Zimmer in der RK wartete...«

327 In ihren stenographischen Aufzeichnungen notierte Frau Schroeder: »...Daß ihr Hermann [Fegelein] als Mann gefiel und daß er auch das hübsche Mädchen [Eva Braun] überaus gern hatte, das zu ihm besser als zu dem alten kranken Mann paßte, konnte einem aufmerksamen Beobachter, der bei den kleinen intimen Festen dabei war, die E.B. in den letzten Wochen ihres Lebens in ihrem Berliner Zimmer in der RK vor oder nach einem Luftangriff abhielt, nicht entgehen...«

328 Bei der Verhaftung von Fegelein am 28.4.1945 in seiner Berliner Wohnung i. d. Bleibtreustraße 10–11 durch Peter Högl (RSD) war eine rothaarige Frau beim ihm in seiner Wohnung. Sie entkam

unter einem Vorwand, über ihre Identität bestehen verschiedene Versionen.

329 Hermann Esser, geb. 27.7. 1900 in Rörmoos (Lkr. Dachau), humanistisches Gymnasium in Kempten, von 1917 bis 1918 Militärdienst. Anschließend journalistische Tätigkeit bei einer sozialdemokratischen Zeitung in Kempten. Mitte 1919 in München lernt er in der Presseabteilung des Wehrkreiskommandos Hitler kennen. Ab Oktober 1919 bei d. DAP und am 8.3. 1920 Eintritt in die NSDAP als 381. Mitglied (Nr. 881). 1920 erster Schriftleiter des ›Völkischen Beobachters‹. Neben Hitler damals einer der agilsten und aggressivsten Redner der NSDAP. Nach dem Putsch 1923 zu 3 Monaten Haft verurteilt. Am 27.2. 1925 als NSDAP-Mitglied Nr. 2 wieder Propagandaleiter d. NSDAP bis 1929. Ab 1926 Herausgeber des ›Illustrierten Beobachters‹ (Partei-Illustrierte) bis 1932. 1929 Fraktionsvorsitzender d. NSDAP im Stadtrat München, 1932 im Bayr. Landtag, März 1933 Mitglied d. Bayr. Staatsregierung. Nov. 1933 Mitglied d. Reichstages und dessen Vizepräsident. 29. 11. 1934 Preiskommissar für Bayern, am 3. 4. 1936 Präsident d. Reichsfremdenverkehrsverband und am 27. 1. 1939 Staatssekretär f. d. Fremdenverkehr. Am 11. 5. 1945 von d. US-Armee bis zum 27. 12. 1947 in Nürnberg interniert. Ab dem 9. 9. 1949 wieder verhaftet, war Esser bis Mitte 1952 im Gefängnis. Er starb am 7. 2. 1981 im Alter von 80 Jahren in Dietramszell.

330 Christian Weber, geb. 25. 8. 1883 in Polsingen, Volksschule, 1897 Jungknecht im Gut Polsingen. Vom 5. 10. 1901 bis 28. 9. 1904 und vom 1. bis 13. 10. 1906 Militärdienst (Jäger zu Pferde) in Nürnberg u. München. Anschließend als Pferdebursche in Neumarkt. Anfang 1913 in München bei der Pferdehandlung Göbel als Pferdeknecht und ›Bereiter‹ tätig. Vom 6. 8. 1914 im 1. Weltkrieg, am 3. 1. 1919 als Sergeant entlassen. In München als Nachkriegsschieber und Händler tätig, bereits am 18. 1. 1919 betrieb Weber ein Pferdeverleihgeschäft, lernte Weber Anfang 1920 Hitler kennen (Parteieintritt am 15. 8. 1921, Nr. 3850), der die ›Qualitäten‹ des schlagkräftigen und sehr geschäftstüchtigen Kaufmanns Weber schnell erkannte. Bis zum Putsch 1923 spielte Weber eine bedeutende Rolle in der Leitung d. NSDAP, ab Herbst 1922 u. a. Leiter des Fuhrparkes usw. 1926–1934 Stadtrat und Fraktionsführer, 1935–1945 Ratsherr und Ratspräsident d. Stadt München. 1933–1945 Präsident des Kreistages sowie 10 weitere Titel und Ämter. SS-Standartenführer und Inspekteur der SS-Reiterschulen. Weber, der 1945 Millionär war und in der Residenz wohnte, wurde am 1. 5. 1945 von der US-Armee verhaftet. Auf dem Transport von Ulm nach Heilbronn in der Nacht vom 10. auf 11. 5. 1945 verunglückte der US-Lastkraftwagen und der 61jäh-

rige Weber starb an der Unfallstelle in der schwäbischen Alp an seinen schweren inneren Verletzungen.
331 Sh. u. a. die Ausführungen von Christian Weber, »Wie Hitler den Obersalzberg entdeckte«, in der ›Berliner Illustrierten Nachtausgabe‹, Nr. 191 vom 17. 8. 1934.
332 Helene Capito, geb. 21. 5. 1876, in Düsseldorf, war die Frau des Mitbesitzers der Berliner Pianofortefabrik-AG, Edwin Bechstein (11. 2. 1859–15. 9. 1934, Sohn des Firmengründers Carl Bechstein). Sie lernte Hitler Ende Juni 1921 in Berlin durch Dietrich Eckart kennen (Hitler sprach damals u. a. im ›Nationalen Klub‹). Im Mai 1922 war Hitler wieder in Berlin. Als ihm das Hotel Excelsior, wo er absteigen wollte, die Aufnahme verweigerte, war er Gast bei Bechsteins und führte dort Besprechungen mit dem völkischen Flügel der Deutschnationalen (Graf Reventlow u. Albrecht v. Graefe-Goldebee) über eine gemeinsame Zusammenarbeit. Die Bechsteins unterstützten Hitler und besuchten ihn 1924 öfter im Gefängnis Landsberg a. L. In dem Salon von Frau Bechstein lernte Hitler viele einflußreiche Leute aus Gesellschaft und Wirtschaft kennen, die ihn später unterstützten. Frau Bechstein starb am 20. 4. 1951 in Berlin.
333 Das Berghaus des Kommerzienrat Winter erhielt den Geburtsnamen von seiner Frau, die Margarete Winter-Wachenfeld (geborene Wachenfeld) hieß.
334 Die beiden Angaben der Jahreszahlen stimmen nicht. Das Haus Wachenfeld wurde später auf Hitlers Namen eingetragen. 1931 erklärte Hitler dem Finanzamt, »daß er das Haus seit 1928 für seine Schwester Frau Raubal gemietet habe«. Auch das Kaufdatum von 1934 stimmt nicht, da Hitler das Haus am 26. 6. 1933 von den Erben der Frau Winter-Wachenfeld gekauft hat.
335 Sh. Anmerkung 143.
335a Sh. Anmerkung 393.
336 Sh. Anmerkung 9.
337 Der Unfall ereignete sich am 15. August 1933 in Reit i. Winkl.
338 Sh. Anmerkung 78.
338a Sh. Anmerkung 377.
338b Sh. Anmerkung 378.
339 Ob Hitler beim Neubau des Berghofs 1936 das Haus Wachenfeld wegen Gelis Zimmer stehen ließ und es nur durch zwei Durchbrüche an das neue Haus anschloß, bleibt dahingestellt.
340 Alois Degano, geb. 3. 3. 1887 in Schmerold, studierte in München Architektur und war dann selbstständiger Architekt und Baumeister in Gmund am Tegernsee. Durch seine Bekanntschaft mit dem Reichsschatzmeister Schwarz, dessen Landhaus Degano in Gmund baute, lernte er Anfang 1933 Hitler kennen und trat am 1. 5. 1933 der NSDAP bei. Im Herbst 1933 plante und baute er das

Landhaus von Göring am Obersalzberg und 1936 den Berghof Hitlers, 1937 das Dienstgebäude der Reichskanzlei in Berchtesgaden. Zum ›Baurat‹ ernannt führte er noch weitere Parteibauten bis 1945 aus. Degano starb am 26. 7. 1960 im Alter von 73 Jahren in Gmund am Tegernsee.

341 Gerhardine Andersen, geb. 3. 3. 1904 in Stuttgart, arbeitete nach der Schulausbildung 1910–1920 (Düsseldorf) in den väterlichen Holzkunstwerkstätten in Bremen. Mit 19 Jahren lernte sie dort Prof. Troost kennen. Mit 20 kam sie 1924 nach München zu architektonischen und kunsthistorischen Studien. 1925 heiratete sie den 26 Jahre älteren Prof. Troost. Durch die Bekanntschaft ihres Mannes mit Hitler lernte sie diesen 1930 kennen, 1932 Eintritt in die NSDAP. Nach dem Tod von Troost am 21. 1. 1934 führte Frau Troost das Architekturatelier zusammen mit Prof. Gall weiter. Bau des Haus der Deutschen Kunst, Umbau Königsplatz und Parteibauten, Ehrentempel usw. Später auf kunstgewerblichem Gebiet tätig (Geschenke für Göring, Mussolini, Ritterkreuz-Urkunden u. -Kassetten usw.). 1935 im Vorstandsstab des Haus der Deutschen Kunst, 1938 künstlerischer Beirat der Bavaria-Filmkunst GmbH in München. 1937 von Hitler zum Professor ernannt. Noch im Herbst 1944 bei Hitler im FHQ. Nach 1945 in Schützing am Chiemsee tätig, lebt sie heute in Süddeutschland.

342 Paul Ludwig Troost, geb. 17. 8. 1878 in Elberfeld, studierte nach dem Besuch des Realgymnasiums in Elberfeld an d. Technischen Hochschule in Darmstadt Architektur. Studienreise nach Italien und ab 1920 bei Prof. Dülfer in München. 1902 Habilitation und selbstständiger Architekt in München. 1912 Amerikareise, anschließend arbeitete Troost als Innenarchitekt für den Norddeutschen Lloyd, wo er die Innenausstattung der großen Lloydschiffe (z. B. München, Ohio, Homeric, Berlin und Europa usw.) bis Herbst 1929 ausführte. 1925 heiratet er Gerhardine Andersen, die er 1923 in Bremen kennengelernt hatte. Im Hause des Verlegers Bruckmann lernte er 1929 Hitler kennen, der von der baukünstlerischen Gestaltung von Prof. Troost beeindruckt war. Er übertrug Troost den Umbau des Barlow-Palais zum ›Braunen Haus‹. 1932 Planungen für das Haus der Deutschen Kunst, für den Umbau des Königsplatzes (Ehrentempel und Parteibauten usw.). Paul Troost starb am 21. 1. 1934 im Alter von 55 Jahren in München.

343 Diese Version von Frau Schroeder stimmt nicht ganz, da Hitler Prof. Troost schon 1929 im Hause Bruckmann am Karolinenplatz 5 in München kennenlernte.

344 In einer anderen Darstellung schrieb Frau Schroeder: »... Der Vorsprung des Bücherschrankes war niemals als Sitzgelegenheit gedacht, er war viel zu schmal und zu tief und jeder fand nach

Anmerkungen und Hinweise des Herausgebers 375

einer Weile diese Art des Sitzens unbequem und trotzdem wurde sie immer wieder – meistens sogar von denselben – gewählt. Warum? Weil man auf diese Weise A. H. [Hitler] am nächsten saß, der meistens einen Platz auf der Bank unter dem Fenster wählte.«

345 Sie waren von Sophie Storck, der Freundin von Wilhelm Brückner, bemalt worden.

346 Sh. Anmerkung 311.

347 In einer anderen Version schrieb Frau Schroeder: »Bei diesem Teehaus handelte es sich um einen kleinen steinernen Pavillon, der im Gelände des Obersalzbergs an einem ausgesuchten Platz stand, von dem man sowohl ins Berchtesgadener Tal als auch nach Salzburg hinein schauen konnte. Der Pavillon war in Form eines nicht sehr hohen Turmes gebaut und enthielt, neben dem Aufenthaltsraum für das Begleitkommando, einen runden Raum mit schmalen hohen Fenstern, die den Blick aufs Gebirge frei gaben. Um den großen runden Tisch standen bequeme Polstersessel. Über dem großen Tisch hing ein sehr schöner Kristall-Chromleuchter, an den Wänden Leuchter, die Bienenwachskerzen trugen. Über dem Kamin hing ein gelbgerahmter Spiegel. Der Kamin im Teehaus wurde nie angezündet. Der Raum wurde durch eine Heizungsanlage unter dem Steinfußboden erwärmt.«

348 Roderich Fick, geb. 16. 11. 1886 in Würzburg, besuchte von 1893 bis 1906 Volksschule und Gymnasium in Zürich. Von 1907 bis 1911 Architekturstudium a. d. Techn. Hochschule in München, Dresden und Zürich. von 1914–1918 Militärdienst im 1. Weltkrieg. Nach Auslandstätigkeit (Spanien) ab 1920 in Herrsching und ab 1923 auch in München als freier Architekt. 1926–1930 Assistent bei Prof. O. Graf a. d. Techn. Hochschule in München. 1935 bei d. Eröffnung des Hauses der ›Deutschen Ärzte‹, das Fick gebaut hatte, lernte er Hitler kennen und erhielt dann verschiedene Aufträge in Pullach und am Obersalzberg. 1936 Professor für Bauwissenschaft a. d. Techn. Hochschule in München. Als Nachfolger von Degano von 1936–1941 mit verschiedenen Bauten am Obersalzberg beauftragt (Teehaus Hitlers, SS-Kaserne, Verwaltungsbauten, Wasserversorgungsanlagen usw.). Im März 1939 als ›Reichsbaurat‹ mit der Neugestaltung d. Stadt Linz beauftragt (später zunehmend Giesler). Nach 1945 als Architekt tätig starb Fick am 13. 7. 1955 im Alter von 69 Jahren in Herrsching.

349 In ihren stenographischen Aufzeichnungen notierte Frau Schroeder folgendes: »...Je nachdem, ob unterhaltsame Gäste dabei waren, verliefen die Teehausnachmittage ruhig oder lebhaft. Da es sich fast immer um den gleichen Kreis von Gästen handelte, schleppte sich die Unterhaltung oft nur mühsam dahin. War es noch dazu heiß oder A. H. hatte nachts schlecht geschlafen, überfiel ihn in dem hohen weichen chintzbezogenen Sessel die Mattig-

keit. Er bat seine Gäste, ruhig weiterzusprechen, das störe ihn nicht, sondern er würde im Gegenteil sofort wach, wenn das Gespräch aufhörte. Und sobald er die Unterhaltung nicht führte, war es fad. Gewöhnlich war es so, daß einer den anderen nicht leiden konnte. Die betreffenden Damen, die gerade bei Eva in Gunst standen, wurden von den anderen mit Vorsicht behandelt. So herrschte oft eine sehr unfreie Atmosphäre, die sensible Menschen sehr belasten konnte. Die Langeweile tat ihr Übriges...«

350 In den Stenoaufzeichnungen von Frau Schroeder steht: »...Wollen wir uns noch ein bißchen an den Kamin setzen?« Die Zustimmung war meistens nicht jubelnd; denn die Sitzungen am Kamin zogen sich sehr in die Länge und endeten, wenn H. [Hitler] nicht zum Sprechen aufgelegt war, meistens in beklemmendem, brütendem Schweigen.«

351 In den Stenoaufzeichnungen schildert Frau Schroeder die Halle folgendermaßen: »... Die über 20 Meter lange holzgetäfelte Halle, an den Wänden herrliche Gobelins und Gemälde, der Boden mit fraisefarbenem Velour bespannt und außerdem mit schönen, echten Teppichen belegt, enthielt nur ganz wenig Möbel: vor dem großen Kamin je nach der vorhandenen Personenzahl zu erwartende Sitzgelegenheiten mit mehreren kleinen viereckigen Tischen, rechts vom Kamin eine mit Lederkissen belegte Sitzbank, daneben eine große Kommode mit einem wunderschönen Frauenbildnis von Bordone und immer standen auf der niederen Kommode, genau in der Farbe des Gewandes, ein Strauß dunkelroter Nelken.
Ging man dann die aus Untersberger Marmor gehauenen Stufen weiter hinunter in die Halle, so traf man auf den großen Bechsteinflügel, links, hinter einem Gobelin verdeckt, lag die Filmwand und darunter stand holzverkleidet die tannene Selbsteinlage mit Schallplatten-Musikschrank.«

352 Das Fenster in der Halle hatte eine Breite von 9 m und war in 90 Einzelfenster unterteilt. Hitler, der sehr stolz auf das große Fenster war, sagte einmal zu seinem Adjutanten Wiedemann: »Ich habe eigentlich ein Haus um ein Fenster herumgebaut.«

353 In ihren Stenoaufzeichnungen notierte Frau Christa Schroeder : »...Wenn irgendeine Dame anwesend war, deren Konkurrenz E. [Eva Braun] fürchtete, dann ging sie entweder sehr bald in ihr Zimmer oder sie war ungenießbar, so daß er selbst [Hitler] es merkte und sie dann gern überredete, sich zurückzuziehen, da sie müde sei.«

354 Über die Frage, ob Heß im Auftrag bzw. mit Hitlers Wissen nach England geflogen ist oder aus eigener Initiative, ist in den letzten Jahren viel diskutiert worden. In einem Brief schrieb eine der ehemaligen Sekretärinnen Bormanns: »...Ich selbst bin weiterhin

der Ansicht, daß A. H. [Hitler] nichts von dem Flug wußte. Daß das ehrlich war, ergibt sich auch aus dem, was M. B. [Martin Bormann] mir seinerzeit erzählte, M. B. war durchaus echt!!! Es ist doch unwahrscheinlich, daß A. H. so idiotisch gewesen sein soll, Heß wegzuschicken, um mit einem Mann zu reden, den er überhaupt nicht kannte, der außerdem ein Freund von Churchill war...« Auch Hans Baur, Hitlers Flugzeugführer, gab an: »...daß der Führer von dem Heßflug nichts gewußt hatte, wie ich in meinem Buch auch geschrieben habe. Hatte ich doch ein Gespräch im Reichskanzleigarten zwischen Führer und Göring angehört, wobei Hitler nicht wußte, daß ich in seiner Nähe war, als er Göring anschrie: ›Der kann doch bloß verrückt gewesen sein, er muß doch wissen, daß er mir damit nur in den Rücken fällt‹ und anderes mehr.«

356 Gemeint ist Hitlers »Zweites Buch«, das in Ergänzung von »Mein Kampf« wesentliche Fragen der deutschen Außenpolitik behandelte. Sh. »Hitlers Zweites Buch«, ein Dokument aus dem Jahre 1928, eingeleitet und kommentiert von Gerhard L. Weinberg, Deutsche Verlags-Anstalt, Stuttgart 1961.

357 Am 22. 10. 1937 besuchte der Herzog von Windsor mit seiner Frau Hitler am Berghof. Eduard Albert, Prinz von Großbritannien, geboren am 23. 6. 1894 in White Lodge, Richmond Park, war der älteste Sohn des Königs Georg V. von England. Am 20. 1. 1936 wurde er als Eduard VIII., König von England. Als er im Dezember 1936 die Amerikanerin Wallis Simpson heiraten wollte, mußte er am 10. 12. 1936 auf den britischen Thron verzichten. Er heiratete Mrs. Simpson am 3. 6. 1937 in Frankreich und war anschließend viel auf Reisen. Im Zweiten Weltkrieg als Generalmajor Verbindungsoffizier zwischen d. Brit. und Franz. Armee tätig. Gouverneur der Bahama-Inseln bis 1945. Lebte bis zu seinem Tode am 28. 5. 1972 im Alter von 77 Jahren in Paris.

358 Am 20. 10. 1937 besuchte Aga Khan III. Hitler am Berghof. Er wurde am 2. 11. 1877 in Karachi geboren und wurde bereits im Alter von 8 Jahren zum Oberhaupt der Ismaeliten-Sekte (41. Imam d. Ismaeli) ernannt. Aga Khan starb am 11. 6. 1957 im Alter von 79 Jahren in Genf.

359 Am 4. 9. 1936 besuchte David Lloyd George Hitler am Berghof. Er wurde am 17. 1. 1863 in Manchester geboren, war Rechtsanwalt und kam schon 1890 als Radikal-Liberaler in das Unterhaus (Führer d. radikalen-antiimperialistischen Flügels d. Liberalen). Im 1. Weltkrieg Kriegsminister und ab 1916 Ministerpräsident. Mit Wilson und Clemenceau schuf George den Friedensvertrag von Versailles 1919. Am 19. 10. 1922 Rücktritt als Ministerpräsident, später trat er für Hitler ein, den er bewunderte. Er starb am 26. 3. 1945 im Alter von 81 Jahren in Llanystumdwy.

360 Robert Ley, geb. 15.2.1890 in Niederbreidenbach (Rheinland), studierte Chemie a. d. Univerität Münster. Von 1914 bis 1918 im 1. Weltkrieg. Promotion 1923 und anschließend Nahrungsmittelchemiker bei d. I. G.-Farben in Leverkusen. 1924 lernte er Hitler kennen und war 1925 Gauleiter von Rheinland. 1930 Mitglied des Preußischen Landtages. Ende 1932 Leiter des Amtes der Politischen Organisation (Organisationsleiter d. NSDAP). Nach 1933 Auflösung der Gewerkschaften und Bildung der ›Deutschen Arbeitsfront‹, Parteischulung und Leitung der Ordensburgen. Am 10. Mai 1945 in Salzburg von der CIC verhaftet, kam Dr. Ley nach Nürnberg, wo er sich am 25.10. 1945 im Alter von 55 Jahren in seiner Zelle erhängte.

361 Knut Hamsun, geb. 4.8. 1859 in Lom im Gudbrandstal (Norwegen) wurde nach verschiedenen Tätigkeiten in Norwegen und Amerika einer der bekanntesten Schriftsteller Norwegens. Lebte zwischenzeitlich länger in Deutschland. 1920 Nobelpreis für Literatur. Während des Zweiten Weltkrieges sympathisierte Hamsun mit den Nationalsozialisten und trat der norwegischen Quisling-Partei bei. Nach dem Krieg deswegen zu einer hohen Geldstrafe verurteilt, starb Hamsun am 19. 2. 1942 im Alter von 92 Jahren bei Grimstad in Norwegen.

362 Josef Terboven, geb. 23.5. 1898 in Essen meldete sich nach d. Besuch d. Oberrealschule in Essen 1916 als Kriegsfreiwilliger, 1918 Leutnant. Studium d. Rechtswissenschaft a. d. Universität Freiburg und München. 1923 Beteiligung am Putsch, anschließend Bankbeamter. 1926 Eintritt in die NSDAP, 1928 Gauleiter von Essen. Seit 1930 Mitglied des Reichstages, 1933 Preußischer Staatsrat. 1939 Reichsverteidigungskommissar. Am 24.4. 1940 zum Reichskommissar für Norwegen ernannt, wo er die NS-Politik durch harte Maßnahmen vertrat. Terboven beging am 4.5. 1945 im Alter von 46 Jahren Selbstmord in Oslo.

363 Herta Ostermeier, geb. 4.4. 1913 in Nürnberg, lernte Eva Braun in der 4.Volksschulklasse in München kennen, sie besuchte mit ihr auch das Lyzeum und war die engste Freundin von Eva Braun. Eva Braun war oft bei der Familie Ostermeier, da sich ihre Eltern wenig um sie kümmerten. 1933 lernte Herta Ostermeier durch Eva Braun Hitler kennen. 1936 heiratete sie Herrn Schneider und war in der Folge bis April 1945 mit ihren Kindern (die oft als die Kinder Hitlers bezeichnet wurden) längere Zeit zu Gast bei ihrer Freundin Eva Braun am Obersalzberg. Am 28. April 1945 fuhr sie zusammen mit Margarete Fegelein, der Schwester von Eva Braun, mit einem Lastkraftwagen und Personenauto vom Berghof nach Garmisch-Partenkirchen ab. Sie lebt heute in Süddeutschland.

364 Gemeint sind der Vorbunker (gebaut 1936) und der etwas tiefer gelegene Bunker Hitlers (gebaut 1943) die sich unter dem Reichs-

kanzlerpalais in der Wilhelmstraße in den Park der Reichskanzlei erstreckten. Sie waren durch einen Treppenabgang des Reichskanzlerpalais und durch einen ca. 105 m langen Gang (wegen der im Voßstraßen-Bunker gelagerten Vorräte ›Kannenberg-Gang‹ genannt) von den Bunkern der Voßstraße sowie von einem turmartigen Eingang im Park der Reichskanzlei zu erreichen. Den in vielen Zeichnungen dargestellten Gang zum Propagandaministerium Goebbels gab es nicht.

365 Es handelt sich um das Bild des Königs Friedrich von Adolf Graff. Hitler, der in seiner Durchhaltepolitik sich immer wieder an Friedrich den Großen orientierte, stellte eine Analogie zu dessen Einstellung bei der Niederlage dar, wie aus einen Brief des Königs Friedrich an Podewills vom 27. 4. 1745 ersichtlich: »...ich will entweder meine Stellung behaupten oder ich will, daß alles zugrunde geht und der preußische Name mit mir begraben werde.«

366 Was Hitler damit meinte, ist unverständlich, Frau Schroeder bestätigte jedoch mehrmals diese Äußerung Hitlers.

367 Otto Skorzeny, geb. 12. 6. 1908 in Wien, studierte a. d. Techn. Hochschule in Wien Maschinenbau (1931 Diplom-Examen). 1932 Eintritt in die NSDAP. Betriebsleiter und Teilhaber in einem Gerüstbaugeschäft. Im September 1939 Militärdienst und ab April 1940 Ingenieuroffizier b. d. SS-Division ›Das Reich‹. Am 4. 4. 1943 Kommandierung zum Reichssicherheitshauptamt (Abt. VI) Berlin. Am 12. 9. 1943 durch das Kommandounternehmen zur Befreiung von Mussolini bekannt geworden. Verschiedene Aufgaben bis Skorzeny am 16. 10. 1944 in d. Budapester Burg Horthy gefangennahm. Kommandounternehmen i. d. Ardennenoffensive. Am 6. 2. 1945 Beförderung zum SS-Obersturmbannführer. Am 15. 5. 1945 in d. Steiermark interniert, floh er am 28. 7. 1948 aus dem Lager Darmstadt und ging nach Spanien, wo er ein Ex- u. Importgeschäft in Madrid betrieb. Skorzeny starb am 6. 7. 1975 im Alter von 67 Jahren in Madrid.

368 Nicolaus von Below, geb. 20. 9. 1907 in Jargelin (Krs. Greifswald), besuchte das Realgymnasium in Metz, Berlin u. Hannover (1914–1928). Bis 1929 als Flugschüler a. d. Deutschen Verkehrsfliegerschule, 1929–1933 b. Inf. Rgt. 12, 1933 Leutnant. 1933–1936 bei der Luftwaffe (offiziell Reichsluftfahrtministerium), Jagdschwader Richthofen in Döberitz. Ab 5. 3 1936 beim Jagdgeschwader Horst Wessels (später Jagdgesch. 26) in Düsseldorf. Ab 16. 6. 1936 als Adjutant der Luftwaffe bei Hitler bis 1945, Major 1940 und 1944 Oberst d. Luftwaffe. Below gehörte mit seiner Frau zum engeren Kreis Hitlers, auch am Berghof. Anfang 1946 von d. Brit.-Armee bis zum 14. 5. 1948 interniert. Below starb am 24. 7. 1983 im Alter von 75 Jahren in Detmold.

369 »Schoko-Dallmann« waren runde Blechdosen, die Schokoladentafeln enthielten (Koffeinhaltige Vitamintabletten mit Schokoladenüberzug).

370 Es war keine Ju 52 sondern eine Ju 352 aus der Führerstaffel, die der Major Friedrich Gundelfinger flog.

371 Börnersdorf, ein kleines Dorf in der Nähe von Pirna bei Dresden, wurde durch den STERN-Reporter Gerd Heidemann bekannt, der aufgrund der Angaben von Hitlers Flugzeugführer Hans Baur (»...Als ich Hitler Meldung machte, war er sehr erregt, denn ausgerechnet in dieser Maschine war einer seiner Diener (Arndt) mitgeflogen, der ihm besonders am Herzen lag. Hitler: ›Ich habe ihm außerordentlich wichtige Akten und Papiere anvertraut, die der Nachwelt Zeugnis von meinen Handlungen ablegen sollen!‹«) und das aus dem Buch von Nerin E. Gun, »Eva Braun-Hitler« (Brief von Eva Braun an ihre Schwester Margarete vom 23. 4. 1945: »...Ist Arndt mit dem Brief und Koffer angekommen, wir hörten nur das Flugzeug sei überfällig...«) seine ›Geschichte‹ mit den »Tagebüchern Hitlers« ganz einfach aufhängte.
Ich glaube nicht, daß Hitler seinem Diener Arndt wichtige politische oder persönliche Akten und Papiere mitgegeben hat. Hitler hatte in den Kampfjahren eines gelernt: Nichts schriftlich von sich zugeben! Nur dadurch konnte er die Jahre ab 1920 bestehen und politisch überleben. Von dieser Praxis ist er auch nach der Machtübernahme 1933 nicht abgegangen. Dies bestätigte auch Frau Schroeder in mehreren Gesprächen. Außerdem hat Hitler Schaub in den letzten Apriltagen ausdrücklich damit beauftragt, alles zu vernichten, was er in seinen Panzerschränken in Berlin, München und am Berghof unter Verschluß hatte. Diesen Befehl Hitlers hat Schaub bekannterweise auch gründlich ausgeführt. Nachdem Hitler z. B. seinen beiden Schwestern im April 1945 je 100 000 RM aushändigen ließ, ist eher anzunehmen, daß in dem Koffer Zuwendungen für die Schwester von Eva Braun, Fam. Braun, bzw. daß es ein Koffer von Eva Braun war, den sie zum Berghof sandte.

372 Nach den im Nachlaß vorhandenen Briefen wurde Frau Schroeder am 22. Juli 1949 durch die Frau eines beim Führerbegleitkommandos gewesenen SS-Mannes gefragt, ob sie nichts über den Verbleib ihres Mannes wüßte: »...Es handelt sich um meinen Mann... – SS-Oberscharführer – geb.... Nach Aussagen von ... kennen sie meinen Mann persönlich – evtl. nur den Namen nicht –. Er war viel mit..., einem älteren SS-Mann zusammen. Anfang Mai erhielt ich durch eine Reihe von Anfragen von dem Pfarrer aus Börnersdorf b. Dresden folgende Nachricht: Ein am 21./22. April 45 gestartetes Flugzeug ist hier abgestürzt und die Toten sind am 25. 4. 45 von der Wehrmacht beigesetzt worden. Die Namen sind

folgende: Major Gundelfinger, Funker Basler, Ahrend [hier handelt es sich um Hitlers Diener Arndt], Budka, Becker, Fiebers, Schleef, 1 Unbekannter u. zwei Frauen E. Krüger u. Christine Schröder. – Die beiden Frauen waren verkohlt... und haben anhand der Wäschestücke die Toten identifiziert. Der Unbekannte war ebenfalls vollkommen verkohlt und konnte von dem Überlebenden Westermayer nicht identifiziert werden. Man vermutet, daß der Unbekannte wohl mein Mann sein könnte, da es sich um Leute vom Begleitkommando handelte... Kurz muß ich noch erwähnen, daß seit dem 20. April 45 jede Spur meines Mannes fehlt. Er soll am 21./22. 4.45 mit dem Flugzeug nach Oberbayern geflogen sein. Mit 2 Sekretärinnen und Diener...«

373 Sh. Anmerkung 266.
374 Frau Schroeder schrieb am 16. September 1949 an den Pfarrer von Börnersdorf: ».... Unter den Toten des Flugzeugs sollen sich auch 2 Frauen befunden haben, deren Leichen verkohlt waren und die anhand von Wäschestücken als E. Krüger und Christine Schroeder identifiziert wurden. Hierzu möchte ich Ihnen der Ordnung halber mitteilen, daß weder Else Krüger noch ich mich in diesem Flugzeug befunden haben. Wir waren wohl für den Flug mit dieser Maschine eingeteilt, unser Gepäck wurde auch darin untergebracht, doch war es uns selbst in dem damaligen allgemeinen Wirrwarr nicht mehr möglich, zu dieser Maschine zu gelangen. Wir wurden von einem anderen Flugzeug aus in einer Transport-Ju mit nach Salzburg genommen... Außerdem wäre ich Ihnen für eine Mitteilung dankbar, ob von den Gepäckstücken nichts erhalten blieb... So befanden sich in meinem Gepäck u. a. meine gesamten Papiere, vor allem unersetzliche Zeugnisse und dann ein silberner Becher mit dem Signum ›ECS‹ in einem Wappenschild, der mir besonders viel an Erinnerung bedeutet...« In seiner Antwort teilte der Pfarrer von Börnersdort mit, »... daß der Koffer beim Standesamt abgegeben wurde, der Inhalt des Koffers soll aber nur einzelne Wäschestücke enthalten haben. Beim Russeneinmarsch ist selbiger leider in die Hände der Russen gefallen. Lediglich ein kleines Pappetui mit einigen Farbfilmfotografien, von denen ich Ihnen eines beilege. Können Sie festhalten, wer die Frau ist?«
(Anm.: Else Krüger war die Sekretärin von Martin Bormann, die aber bis zum 1. 5. 1945 in der Reichskanzlei in Berlin blieb und nach dem Ausbruch überlebte. Der silberne Becher war für Frau Schroeder von dem Berliner Juwelier Wilm angefertigt worden. Hitler hatte ihr dazu das Monogramm ECS (Emilie Christine Schroeder) entworfen.
375 Karl-Jesko Otto von Puttkamer, geb. 24. 3. 1900 in Frankfurt a. O., nach Abitur 1917 Eintritt in Reichsmarine (1920 Leutnant z. S.),

1. 10. 1930 Kapitänleutnant. Vom 10. Oktober 1933 bis März 1935 Verbindungsoffizier d. Marine zum Oberkommando d. Heeres in Berlin. 1. 2. 1938 Korvettenkapitän. Ab 1. 3. 1935 als 2. Adjutant (nach Hoßbach) Verbindungsoffizier der Marine bei Hitler. Vom 1. 7. 1938 bis 10. 10. 1939 kurzzeitig Kommandant des Zerstörers »Hans Lody«. Anschließend wieder im FHQ Hitlers, 1. 4. 1941 Kapitän z. S. und am 1. 9. 1943 Ernennung zum Konteradmiral. In d. Nacht vom 20./21. 4. 1945 flog er von Berlin nach Salzburg und war dann am Berghof. Am 10. 5. 1945 von der US-Armee interniert, wurde Puttkamer am 12. 5. 1947 entlassen. Er starb am 4. 3. 1981 im Alter von 80 Jahren in Neuried.

376 Sh. Anmerkung 261.

377 Werner Haase, geb. 2. 8. 1900 in Köthen/Anhalt, nach Abitur im Herbst 1918 Militärdienst (Inf. Rgt. 66). Anschließend (1919) Studium der Medizin, Promotion 1924, Fachausbildung als Chirurg, 1927 Schiffsarzt. 1934 in Berlin a. d. Chirurgischen-Universitätsklinik bei Prof. Magnus. Eintritt in die SS am 1. 4. 1934. Ab 8. 3. 1935 auf Vorschlag von Dr. Brandt als Begleitarzt zum Stab des Führers befohlen. 15. 9.1935 SS-Sturmführer, am 25. 6. 1936 Habilitation in Berlin. 20. 4. 1938 SS-Oberstumführer u. a. 16. 6. 1943 SS-Oberstumbannführer. Oberarzt i. d. Charité in Berlin, im April 1945 im Bunker d. Voßstraße i. d. Reichskanzlei Leiter d. Krankenstation. Am 3. 5. 1945 v. d. Roten Armee dort gefangengenommen, übergab er die Reichskanzlei praktisch an die Rote Armee. Prof. Dr. Haase starb Ende 1945 in Moskau im Alter von 45 Jahren.

378 Hans-Karl von Hasselbach, geb. 2. 11. 1903 in Berlin, nach Abitur in Hirschberg (Schl.) Studium d. Medizin a. d. Universitäten Breslau, Rostock, München u. Freiburg. Promotion am 14. 7. 1927. Chirurgische Fachausbildung ab 15. 10. 1936 a. d. Chirurgischen Universitätsklinik in München. Am 1. 5. 1933 Eintritt i. d. NSDAP und am 13. 8. 1934 in d. SS. Seit Frühjahr 1936 als Vertreter von Dr. Brandt Begleitarzt im Stab des Führers. Am 8. 10. 1939 SS-Hauptsturmführer, ab September 1939 Militärdienst bei einer Sanitätskompanie. Vom September 1942 bis September 1944 ständiger Begleitarzt Hitlers im FHQ. Am 20. 4. 1943 Ernennung zum Professor durch Hitler. Im Oktober 1944 zusammen mit Dr. Brandt und Dr. Giesing von Hitler wegen Dr. Morell entlassen, bis 1945 als Chefarzt eines Feldlazaretts im Westen. Am 13. 4. 1945 von d. US-Armee interniert, blieb Dr. Hasselbach bis z. 2. 8. 1948 in Haft. Anschließend als Chirurg in Bielefeld und München tätig, lebt Prof. Dr. v. Hasselbach heute in Süddeutschland.

379 Erwin Giesing, geb. 7. 12.1907 in Oberhausen (Rhld.), studierte nach dem Abitur 1926 a. d. Universitäten Marburg, Düsseldorf u.

Köln (Promotion 1932) ab 1936 Facharzt f. Hals-Nasen-Ohrenheilkunde. Ab 1. 8. 1932 Mitglied d. NSDAP u. SA-Sturmbannführer (SA-Obersturmbannführer am 20. 4. 1936). Als Spezialarzt a. Virchow-Krankenhaus in Berlin bis 1939. Anschließend Militärdienst (1. 7. 1940 Oberarzt d. R.) in verschiedenen Lazaretten tätig. Am 20. 7. 1944 zu Hitler i. d. FHQ gerufen, behandelte er Hitlers Ohrenverletzungen nach dem Attentat. Im September 1944 mit Dr. Brandt und v. Hasselbach wegen Dr. Morell entlassen. Anschließend i. einem Lazarett i. Hamburg. Im Juni 1945 von d. US-Armee interniert, wurde Dr. Giesing im März 1947 entlassen und war anschließend als Arzt in Krefeld tätig. Er starb am 22. 5. 1977 im Alter von 69 Jahren in Krefeld.

380 Im Zusammenhang mit einer Vergiftung im Lager Ludwigsburg notierte Frau Schroeder in den Stenoaufzeichnungen folgendes: »...Der Chef nahm im Herbst 44 dauernd ›Anti-Gas-Tabletten‹, die 2 starke Gifte enthalten, u. a. auch ›Belladonna‹. Ich entsinne mich an die Affaire, als Dr. Giesing, der Hals-, Nasen- und Ohrenarzt, diese Tabletten bei ihm entdeckte und behauptete, alle Beschwerden, die der Chef habe, kämen von dem regelmäßigen Einnehmen dieser starken Gifte. Der Chef klagte über das starke Nachlassen seiner Sehkraft. Aufgedunsen. Ich entsinne mich, wie oft er sich juckte.«

381 Sh. Anmerkung 132.

382 Hier handelt es sich um Heinrich Doose, geb. 1. 7. 1922 in Kiel. Er gehörte seit 1934 zur SS-Leibstandarte. 1937 kam er zum Führer-Begleitkommando und war dort der Fahrer des Adjutanten Schaub bis 1945 (1943 bis Sept. 1944 Fronteinsatz in Rußland). Am 30. 1. 1945 SS-Untersturmführer. Er war auch als Fahrer von General Burgdorf und Maisel bei Rommels erzwungenem Selbstmord, den er miterlebte, zugegen. Am 21. 4. 1945 von Berlin nach Ainring geflogen, holte er Schaub in München von d. Wohnung Hitlers ab und fuhr ihn auf den Obersalzberg, wo er bei der Vernichtung des Inhalts von Hitlers Panzerschrank mithalf. Er hat Schaubs Familie nach Kitzbühel/Tirol gebracht und wurde Ende Juni 1945 von d. CIC-Berchtesgaden verhaftet. Nach seiner Entlassung lebte er in München und starb am 16. 1. 1952 im Alter von 28 Jahren in Piding.

383 Es ist möglich, daß es sich hier um das 2. Exemplar des Manuskripts Hitlers zur deutschen Außenpolitik handelt (Hitlers »Zweites Buch«), das im Sommer 1928 von Hitler geschrieben wurde (sh. u. a. bei Weinberg, Seite 15).

384 In den Stenoaufzeichnungen schrieb Frau Schroeder: »Ich erwirkte von ihm die Erlaubnis, daß sich die Mädchen verschiedene Möbelstücke mitnehmen durften. Was mit den Gemälden geschehen sollte, wußte er auch nicht. Ich sollte jedem ein Anden-

ken davon mitgeben und mir selbst auch nehmen. Es wurde dann vom Zerstören der Kavernen gesprochen...«

385 Die Gemälde, die Frau Schroeder vom Berghof mitgenommen hat sind in der Anlage 2 zusammengestellt.

386 Johannes Göhler, geb. 15. 9. 1918 in Bischofswerda (Sachsen), 1933 Hitler-Jugend, kaufmännische Lehre, 1936 Eintritt in die SS, 1937 b. d. SS-Verfügungstruppe, 1941 SS-Untersturmführer im Reiter-Rgt. 1 (SS-Kav-Brig., später Kav. Div. ›Florian Geyer‹). 1942 SS-Obersturmführer und Kmdt d. 4. SS-Reiterregt. 1. 9. 1943 SS-Hauptsturmführer. Ab dem 1. 8. 1944 Adjutant von Hermann Fegelein bis 1945. Am 21. 12. 1944 Beförderung z. SS-Sturmbannführer. Am 22./23. 4. 1945 flog er in Hitlers Ju 290 von Berlin nach Salzburg zum Berghof (Göhler gab nach dem Krieg an, daß auch eine Kiste mit vielen Briefen Eva Brauns an Hitler (von 1930 ab) verbrannt worden ist).

387 In einer Notiz hat Frau Schroeder folgende Gemälde Hitlers bzw. Maler festgehalten:
»Pieter Aertsen, Caneletto 1697–1768, Joachim Beuckelaer, Guiliano Burgiardini, Anton van Dyck 1599–1641, Jacob F. van Es, Francesco Guardi, Jan Davidsz de Heem 1646, Jan Huysum 1682, Nicolaus Maes 1632–1693, Paris Bordone 1500–1571 (Tizian Schulen, der ihn am meisten nachgeahmt hat), i. Berghof: Venus u. Amor und weibliches Bildnis, Frau mit entblößter Brust i. d. re. Hd. Apfel haltend, Palma Veccttio 1480–1528, Giovanni Paolo Sannini 1692–1768, Andrea Orevitali 1480–1525, Rubens, Frans Seyders 1571, Joris van Son, Jan Fyt, Menzel, Hans Makant, Schenau, PH. Hackert, Böckel, Alt, Defregger 1886, Ed. Grützner 1846–1925, Jol. Peter Hasoncleve, Max Klinger 1857–1920, Leibl 1844, Fr. v. Lembach, Hans Makart, v. Menzel, Moritz v. Schwind, Spitzweg, Hans Thoma u. Ferd. Waldmüller.«
Besonders hing Frau Schroeder an dem Bild »Nana« von Amselm Feuerbach, nachdem Hitler einmal zu ihr gesagt haben soll, daß sie ihr ähnlich sehe. Sie ließ sich für ihre Wohnung eine große Reproduktion herstellen, die sie in ihrem Wohnzimmer hängen hatte. Sie schrieb u. a. in ihren stenographischen Aufzeichnungen:
»Die Nana von Anselm Feuerbach angekauft 1939 durch die Galerie Haberstock in Berlin. Römische Schustersfrau aus Travetere hatte schon vor Feuerbach anderen Künstlern als Modell gestanden. Aber keinem ist es gelungen, ein Werk nach ihr zu schaffen, das sie überlebt hätte. Ihre herbe Schönheit, groß zu fassen und stilvoll auszuprägen blieb Feuerbach vorbehalten. Sieben Jahre lang hat diese Nana seine Kunst und sein Leben beherrscht...von den zahlreichen Gemälden abgesehen, zu denen sie das Vorbild abgab.«

388 Wilhelm Ohnesorge, geb. 8. 6. 1872 in Gräfenhainichen b. Biele-

Anmerkungen und Hinweise des Herausgebers 385

feld, studierte Mathematik und Physik in Heidelberg. 1902 b. d. Oberpostdirektion Berlin. Im 1. Weltkrieg ab 1915 Leitung d. Telegraphen-Büros d. Großen Hauptquartiers. Von 1919–1924 Leiter d. Oberpostdirektion Dortmund. 1924 gründete er hier die NSDAP Ortsgruppe Dortmund. Im Februar 1933 Staatssekretär und am 3. 2. 1936 zum Reichspostminister ernannt. Im Mai 1945 interniert und am 10. Juni 1948 entlassen, starb Ohnesorge am 1. 2. 1962 im Alter von 89 Jahren in München.

389 Es wurden mehrere falsche Ausweise von d. RSD-Dienststelle ausgestellt, z. B. auch für Julius Schaub (»Josef Huber«), Albert Bormann usw.

390 In den stenographischen Aufzeichnungen notierte Frau Schroeder: »Mit August Körber (Angehöriger des Führer-Begleitkommandos) hatte ich einige Abende vorher erwogen, einen Wagen mit Lebensmitteln zu packen und zu versuchen, bei irgendeinem Bauern mit Körber zusammen unterzuschlüpfen. Er brachte es dann aber als der Ältere des Kommandos nicht fertig, die jungen Männer in Stich zu lassen, und entschloß sich dann doch dafür, zu den schwerkämpfenden Truppen vorzustoßen. Die Unentschlossenheit war groß. Nichts funktionierte mehr. Es war selbst schwer, eine Telefonverbindung mit dem Hintersee zu bekommen. Es stand kein Wagen mehr zur Verfügung...«

391 In den stenographischen Aufzeichnungen notierte Frau Schroeder: »Als es hieß, daß der Ami bereits am Chiemsee sei, es war entweder der 4. oder 8. Mai, sollte nachmittags die Kaverne gesprengt werden. Die einzige Fahrmöglichkeit für mich war der Lastwagen, der die Gemälde nach Schiffhorn brachte. Zunächst wollte ich mit nach Schiffhorn fahren, wo die SS-Remonte war. Mir war trostlos und verzweifelt zu Mute, als ich den Lastkraftwagen bestieg...«

392 Stenographische Notiz v. Frau Schroeder: »Der Kriminalkommissar Ertl setzte mich mit dem Gepäck auf den Wagen. Er schien Mitleid mit mir zu haben. Vielleicht war er der einzige Anständige, oder aber auch vielleicht war er froh, daß ich nun endlich weg war und daß sie nun schalten konnten, wie sie wollten...«

393 Hugo Blaschke, geb. 14. 11. 1881 in Neustadt (WPr.), kam 1885 nach Berlin und studierte nach dem Abitur 1897 Zahnmedizin a. d. Universität v. Pennsylvania in Philadelphia (USA) von 1908 bis 1911. Anschließend in London Ausbildung in Kieferchirurgie, eröffnete Ende 1911 in Berlin eine Zahnarztpraxis. Von 1914–1918 im 1. Weltkrieg Militärzahnarzt i. Frankfurt a. O. und Berlin. Praxis am Kurfürstendamm von 1919 bis 1945. Durch Behandlung v. Hermann Göring 1930 kam er mit d. NSDAP in Berührung, am 1. 2. 1931 Mitglied (NSKK-Gruppenführer). Seit Ende 1933 Zahnarzt von Hitler, den er bis 1945 behandelte. Am 1. 5. 1935

Eintritt i. d. SS, am 31. 8. 1943 zum obersten Zahnarzt im Stab d. Reichsführers SS ernannt, 9. 11. 1944 SS-Brigadenführer und Generalmajor d. Waffen-SS. Nach CIC-Verhör im Mai 1945 erst am 8. 6. 1946 interniert, war Dr. Blaschke bis zum 7. 12. 1948 in Haft und anschließend als Zahnarzt in Nürnberg tätig. Er starb am 6. 12. 1959 im Alter von 78 Jahren in Nürnberg

394 Aus den stenographischen Aufzeichnungen von Frau Schroeder: »Mein Zimmer war bereits anderweitig besetzt. |————————| |————————————| ›Einzelzimmer gibt's nicht mehr, das hat aufgehört!‹ |————————————————————| |————————————————| August bot mir eine Dienstbotenkammer auf dem Hof an. Fand dann Aufnahme im Zimmer von Ilse Lidloff und der geschiedenen Frau von Erich Kempka. Ilse Lidloff hatte ich einige Tage zuvor 1000 RM geschenkt, weil ich auf jeden Fall Schluß machen wollte, woran ich aber durch August Körber (SS-Führer im Begleitkommando) gehindert wurde, der mich einlud, mich mit seinen Leuten zusammenzusetzen, wobei getrunken wurde, so daß ich von meinem Plan wieder abkam.«

395 Sh. Anmerkung 148.

396 Werner von Blomberg, geb. 2. 9. 1878 in Stargard (Pommern), 1896 Kadett, 1897 Leutnant, 1911 nach Kriegsakademie i. Generalstab, im 1. Weltkrieg Generalstabsoffizier. 1919 bei d. Reichswehr (Döberitz), Chef. d. Truppenamtes im Reichswehrministerium bis 1929, Truppenkommando, 1932 General und am 30. 1. 1933 Hitlers Reichswehrminister. Am 20. 4. 1936 zum Generalfeldmarschall ernannt. Am 12. 1. 1938 heiratete der 60jährige Blomberg eine 25jährige mehrfach vorbestrafte Dirne. Als Hitler, der Trauzeuge gewesen war, dies erfuhr, entließ er v. Blomberg am 5. 2. 1938. Auslandsreisen, später wohnte er in Bad Wiessee, wo er im Juni 1945 von d. US-Armee interniert wurde. Blomberg starb am 14. 3. 1946 im Alter von 67 Jahren im Gefängnis in Nürnberg.

397 Die Angelegenheit Kempka ist in den »Bormann Letters« auf Seite 132 nachzulesen: »To stick to the subject: K.'s marriage was annulled on the 2nd of October [2. 10. 1944] at his request. The poor man was landed with a girl who had for years been working in so-called salon-brothels – I have no experience of that kind of thing – in Berlin, on the Kurfürstendamm, Uhlandstraße, and so forth, and in Düsseldorf and Leipzig as well. I had to report the case to the Fuehrer, he instructed me to talk about to K., who was quite ignorant if it all, and than i had to arrange the rest with the help of my lawyers. The things there exist in the world! But please, don't talk about the incident – or accident.
The poor fellow really has bad luck. First there was the engage-

ment with the daughter of the landlord at the Schaffer Inn in Berchtesgaden, which went wrong; than came the D. girl; and now this latest flop!«

398 Aus den stenographischen Aufzeichnungen von Frau Schroeder: »... Frau Kempka erfreute sich keines guten Rufs. Kempka hatte sich scheiden lassen müssen, |————————————————|
|————————————————————————————|
|————————————| Das Zusammensein mit dieser Person war unerträglich für mich. Während einer nächtlichen Szene, die sie mit Ilse Lidloff hatte, wollte ich ausziehen, nachdem sie auf meine Bitte mit ihren Vorwürfen Frau L. gegenüber nicht aufhörte. Sie verschloß mir die Tür und wollte mich nicht hereinlassen, bis ich energisch wurde. Ich zog in ein Zimmer eine Etage höher. Spät in der Nacht kam sie mit Ilse L. nochmals zu mir und wollte mich bewegen, wieder nach unten zu ziehen. Der Leute wegen: Da ich nicht einwilligte, sondern standhaft blieb, warf sie mir an den Kopf: ›Sie werden auch noch von Ihrem hohen Roß herunter kommen. Sie haben einmal eine Rolle gespielt, merken Sie sich das!‹ Und das mir! Kurze Zeit darauf hielt es auch die geduldige Ilse L. nicht mehr bei ihr aus und zog zu mir...«

399 Aus den stenographischen Aufzeichnungen von Frau Schroeder: »Die angebliche Betreuung durch August war mir eine Bedrückkung. Er war gemein zu Grete Szemkat, der Berliner Köchin, so daß sie sich schließlich weigerte, das schwierige Amt, 40 Personen zu versorgen, weiter zu handhaben. Außer dem Berliner Haus- und Büorpersonal waren noch da Friedel Böttcher, Irene Lindel, Frieda Ewert, Fräulein Käthe, die Frau vom Zahnarzt Rohkamp mit ihrer Schwester und Kindern, Frau von Puttkamer mit ihrer Mutter und den Kindern, Frau Dönitz, eine Schwester von Dönitz, Familie Linge usw. Das Essen war sehr mager, aber ich tauschte hin und wieder eine Flasche Schnaps gegen Zigaretten. Damit ging es immer wieder. Der Wirt lebte aus dem Vollen heraus. |———|
|————————————————————————————|
|———| zu |———| Bohnenkaffee Schlagsahne und die Kinder von Linge und Puttkamer hungerten. Es war nicht zu beschreiben...
Eines Tages bezog eine Kompanie Amerikaner das Haupthaus der Pension. Alle Gäste mußten in die Dependance übersiedeln. Verbrüderung der Mädchen mit den Amis. Schaubs ehemalige Geliebte bandelte sofort mit dem amerikanischen Oberleutnant an. Außerdem sollte sie ein Verhältnis mit Schaubs ehemaligem Fahrer haben, Heini..., der sich auf einer Almhütte versteckt hielt und sich ab und zu mit ihr traf.«

400 Wie aus dem CIC-Bericht Berchtesgaden von Mr. Erich Albrecht und George Allen ersichtlich, war es nicht der Pensionsinhaber, sondern ein anderer Informant, der in das Haus Bartel kam und

dort hörte, daß Frau Schroeder Hitlers Sekretärin gewesen war. Er informierte später die CIC auch über die Anwesenheit von Erich Kempka, der dann am 18. 6. 1945 in Hintersee verhaftet wurde.

401 In dem CIC-Bericht heißt es: »... Mr. Albrecht went out to bring Frl. Schroeder in, and later interrogated her. She was rather stupid, dumpy, and an ardent Nazi. We notified higher echelons of her presence and we later sent her to Augsburg under officer escort to give testemony for the Nuremburg trial.«

402 Es handelt sich hier um Microfilme im Bestand der University of Pennsylvania, the Charles Patterson Van Pelt Library, die im Dezember 1946 dort gelagert wurden (46 M – 11 FU, U.S. Army 101st Airborne Division. Counter-Intelligence Corps... Besprechung zwischen Herrn Albrecht und Frl. Christa Schroeder, früher Sekretärin von Hitler, Berchtesgaden, 22. 5. 1945. Typescript).

403 Herr Erich Albrecht war Deutscher, der früher beim Reichswirtschaftsministerium gearbeitet hatte, wegen seiner Zugehörigkeit zur Mormonen-Sekte in die USA auswanderte und 1945 als CIC-Offizier der 101st Airborne Division arbeitete.

404 In den stenographischen Aufzeichnungen notierte Frau Schroeder: »... Nach der Beendigung des Verhörs brachte mich Oberleutnant Albrecht an den Hintersee zurück und unterhielt sich sehr menschlich mit mir. So sagte er zu mir, als ich bedauerte, nun sei mein ganzes Leben, die ganzen Jahre zwecklos gewesen: »Nein, es hat alles einen Sinn, zwecklos ist nichts.« Er fügte hinzu, daß dieser Ausspruch von seiner Frau stamme.

405 In den stenographischen Aufzeichnungen notierte Frau Schroeder: »Nach Aufnahme der Personalien und flüchtiger Gepäckkontrolle, wobei die Gemälde nicht gefunden wurden, Abliefern des Geldes (mit Johanna Wolf's 29 400 RM), nach Abnahme meiner letzten Flasche franz. Cognac wurde ich in eine kleine Wohnung geführt, in der bereits Frau Winter, die Haushälterin des Führers, Fräulein Müller, die Privatsekretärin von Ley und Madaleine Wanderer, seine letzte Geliebte, wohnten. Auch diesen war gesagt worden, sie kämen nur für einige Tage nach Augsburg. Inzwischen waren sie aber schon 14 Tage dort.
Nach 2 Tagen Verhör durch Capitaine Albert Bernhard, Franzose, sehr verbindlich. Ich wurde aufgefordert, schriftliche Arbeiten anzufertigen und über die Einstellung des Führers zu seinen ersten Mitarbeitern. B. kam zunächst alle paar Tage und gab mir immer neue schriftliche Aufgaben.
Frau Winter wurde nach einigen Wochen entlassen. Auch die anderen beiden Mädchen. Samstags fanden beim Commander kleine Parties statt, zu denen außer Leni Riefenstahl, Annemarie Schauermann, Gräfin Czerniceck, Fräulein Müller und Mada-

leine Wanderer eingeladen waren. Sie kamen erst früh am Morgen nach Hause...«

406 Inga Ley, die Frau von Dr. Robert Ley, hatte 1943 aus noch nicht geklärten Gründen, Selbstmord verübt.

407 Sh. Anmerkung 278.

408 Hier kann es sich nicht um den Mann handeln, den Geli 1931 heiraten wollte. Dieser Mann war nach Aussage ihrer Mutter 1945 16 Jahre älter, ein Musiker (Violinist) und außerdem war Geli damals schon volljährig. Hier muß es sich um eine Bekanntschaft vor dem 4. Januar 1929 handeln, denn am 4.1.1929 wurde Geli 21 und damit volljährig. Der Brief mußte also von Ende 1928 oder früher datieren.

409 In der Anlage 2 sind die Ölgemälde aufgeführt, die Frau Schroeder damals in ihrem Besitz hatte.

410 Dies wurde damals auch der Presse bekannt: »... Ein anderes Mal wurde entdeckt, daß Hitlers frühere Privatsekretärin, Christine Schroeder, die als Zeugin ins Gefängnis gebracht wurde, in dem Saum ihres Rockes eine winzige Messingkapsel eingenäht hatte, worin sich eine Phiole mit Zyankali befand, also demselben Gift, womit Himmler Selbstmord beging...« (Rheinische Zeitung vom 19.10.1946).
Unter dem 13./14.9.1945 finden sich folgende Stenonotizen von Frau Schroeder:
»13.9.45.
Noch am selben Morgen wurde ich zum Verhör geholt. Vereidigung. Ein Jude dolmetschte. Einer tippte alles mit. Das Verhör war sachlich. Mir wurde eine Ansprache des Führers an die Generäle vorgelegt, die er im September 39 am Obersalzberg gehalten hat, ob ich diese geschrieben habe. Fräulein Wolf hätte es gesagt! Mir war nun klar, daß ich meinen Aufenthalt in Nürnberg der Wolf zu verdanken hatte. Wie B. [Bernhardt, alias Zoller] vorausgesagt hatte.
14.9.45.
Am nächsten Tag wurde das Verhör fortgesetzt. Durch wen ich das Gift bekommen hätte. Ob Schaub mit KZ gedroht hätte etc. Zum ersten Mal geimpft. Kam an deren Zellen vorbei, sah die unglückliche Gestalt von Rheinwald, die wie irre aussehende Blondine mit feinem Haar.«

411 Leonardo Conti, geboren am 24.8.1900 in Luzern, studierte Medizin in Erlangen und Berlin (Promotion 1923). Bereits 1923 SA-Mitglied in Erlangen (Organisation d. SA-Sanitätsdienstes). Ab 1925 Arztpraxis in Berlin. Eintritt in die SS am 1.2 1933. Am 20.4. 1933 Preußischer Staatsrat, Leiter d. Abt. f. Volksgesundheit d. Reichsführung. Am 20.4.1939 Reichsgesundheitsführer und Staatssekretär f. d. Gesundheitswesen. Seit 1941 Mitglied des

Reichstages. Leiter des Hauptamtes für Volksgesundheit d. NSDAP. Durch Führererlaß ab 28. 7. 1942 Verantwortung für das gesamte zivile Gesundheitswesen. Im Mai 1945 verhaftet, verübte Conti am 6. 10. 1945 im Alter von 45 Jahren im Nürnberger Gefängnis Selbstmord.

412 Frau Schroeder notierte in ihren stenographischen Aufzeichnungen:

»... Gestern Abend gab es Brotsuppe. Einige Stunden nach dem Essen traten fast überall starke Vergiftungserscheinungen auf. Ich hatte eine schreckliche Nacht. Bekam am nächsten Morgen ›Belladonna‹ gleich für mehrere Tage.

Ich trank heute morgen die restliche ›Belladonna-Tinktur‹ und vergiftete mich dadurch von neuem. Meine Schleimhäute waren vollkommen ausgetrocknet. Meine Pupillen wurden riesengroß. die Augenlider rot, tiefe Schatten unter den Augen, Gesicht aufgedunsen, sah alles verschwommen. Furchtbares Hautjucken. Jetzt, wo ich diese Zeilen schreibe, sehe ich noch jedes Zeichen doppelt. Der Lagerführer wollte wissen, daß diese Vergiftungserscheinungen von der Umstellung auf deutsches Essen, von toter auf lebendige Nahrung gekommen sei.

Der Chef nahm im Herbst 1944 dauernd ›Anti-Gas-Tabletten‹, die 2 starke Gifte enthalten, u. a. auch ›Belladonna‹. Ich entsinne mich an die Affaire, als Dr. Giesing, der Hals-, Nasen- und Ohrenarzt, diese Tabletten bei ihm entdeckte und behauptete, alle Beschwerden, die der Chef habe, kämen von dem regelmäßigen Einnehmen dieser starken Gifte. Der Chef klagte über das starke Nachlassen seiner Sehkraft. Aufgedunsen. Ich entsinne mich, wie oft er sich juckte. All die mir nun bekannten Symptome einer Belladonna-Vergiftung.

Am 8. 11. 1946:
Heute sind Frau Himmler, Frau Streicher und Gudrun entlassen worden. Die SS-Aufseherinnen haben gestern gegen die Entlassung von Himmlers protestiert. 53 Weiber haben unterschrieben. Heute wollten sie einen Skandal vom Zaun brechen. Zum Glück ist es aber nicht dazu gekommen. Mir tat Frau H. schrecklich leid... Adele Streicher brauchte bis zur letzten Minute ›Publikum‹. Sie hatte erst kurz vor dem Zusammenbruch geheiratet und ihre heroisch hervorgebrachte Äußerung, mit ihm [Streicher] damals gemeinsam am Kampf um Nürnberg teilzunehmen, konnte nicht ausgeführt werden, da ihr Auto in Richtung Chiemsee ›abgedrängt‹ wurde.«

Personenregister

Kursive Zahlen weisen auf den Anmerkungsteil hin und bezeichnen die Anmerkungsziffer.

A

Aga Khan III. 193, *358*
Ahrens, Karl 109, *216*
Albrecht, Alwin-Broder 59, 209, *132*
Albrecht, Erich 223 ff., 229, *261, 361 400, 402, 403*
Alkonic, Lav 15, 108 f., *22, 23, 24, 207, 215*
Allan, George 80, *400*
Amann, Max 67, 157, *97, 150, 151, 161, 202*
Andersen, Gerhardine (siehe auch: Troost, Gerhardine) *341, 342*
Andrus, Burton C. 239 ff.
Antonescu, Johann 79, 145, *169*
Arent, Benno von 107, 280, *204*
Arndt, Wilhelm 148, 204, 229, *266, 371, 372*
Axmann, Artur *12*

B

Badoglio, Pietro *152*
Bahls, Ernst *191*
Basler, Eugen *372*
Baumgarten, Eduard 23, 275
Baur, Hans *355, 371*
Bechstein, Edwin 170, *332*
Bechstein, Helene 170, *332*
Beck, Ludwig *268*
Becker, Gerhard *372*
Below, Frau von 118, *233*
Below, Nicolaus von 203, 276 ff., *13, 233, 368*
Benfer, Frederico 290, *366*
Benrath, Henry 135
Bentheim 87
Bernadotte, Folke Graf *193, 320*
Bernhard siehe: Zoller, Albert
Bilfinger, Rudolf 241
Bircher Benner, Max *259*
Blank, Margarete 242
Blaschke, Hugo 172, 221, 264, 274, *393*
Blomberg, Werner von 222, 241, *109, 396*
Blüthgen, Ellen 214
Boley, Friedrich 241
Borchert 87
Bormann, Adolf Martin 59
Bormann, Albert 31, 41, 133, 143 f., 210, 214 f., 221 ff., 237, *65, 87, 88*
Bormann, Gerda (siehe auch: Buch, Gerda) 59
Bormann, Martin 30 ff., 41, 43, 116 f., 146, 165, 178 ff., 184, 189, 195, 210, 257, 263, 274 f., 277, *30, 31, 41, 58, 59, 62, 63, 64, 66, 74, 88, 131, 224, 225, 226, 355, 397*
Böttcher, Friedel *399*
Bouhler, Philipp 17, 87, *132*
Brandt, Anni (siehe auch: Rehborn, Anni 9, 165, 208, *9*

Brandt, Karl 9, 13, 84, 125, 142, 173 ff., 201 f., 205, 208, 210, 216, 265, *9, 11, 12, 20, 377, 378, 379*
Brauchitsch, Walther von *242*
Braun, Anna Paula Eva 9, 19, 33, 61, 70, 118, 131, 142, 148, 156, 163 ff., 173, 176, 178, 181 f., 184, 186 f., 189, 191, 196, 205, 209, 212, 215 f., 226, 228, 235, 237, 252, 264, 274, *10, 36, 78, 94, 281, 296, 310, 311, 318, 320, 326, 327, 353, 363, 371, 386*
Braun, Franziska 205
Braun, Margarete (siehe auch: Fegelein, Margarete) 167, *10, 262, 320, 325, 371*
Breker, Arno 118, 278, *63, 203, 230, 231, 344*
Bruckmann, Elsa 67, *153*
Bruckmann, Hugo *153, 342*
Brückner, Wilhelm (»Owambo«) 13, 36 ff., 44 f., 49, 57 ff., 84, 109 f., 174, 177, 191, 250, 265, *9, 11, 17, 18, 20, 30, 78, 96, 128, 131, 210, 211, 211 a, 217*
Brüning, Heinrich 44, 56, 57
Brüninghoff, Hildegard 242, 247
Buch, Gerda 30 f., *59*
Buch, Walter 30 f., *59, 60, 273*
Büchner 170
Budak, Wilhelm *372*
Bügge 40
Burgdorf, Wilhelm *382*

C

Canaris, Wilhelm 279
Cantacuzène, Elsa (siehe auch: Bruckmann, Elsa) *153*
Capito, Helene (siehe auch: Bechstein, Helene) *332*

Christian, Eckhard *133*
Christian, Gerda 117, 194, 224, 257, *37, 221*
Churchill, Winston 78 f., *165*
Ciano, Galleazzo Graf *206*
Clemenceau, Georges *359*
Conrad, Walter 241
Conti, Leonardo 242, *411*
Czerniceck, Gräfin *405*

D

Dachs, Frau 153, *279*
Daranowski, Gerda (»Dara«, siehe auch: Christian, Gerda) 60, 84, 86, 88, 90, 101, 105 ff., 114, 127, 144, 151, 207, *133, 230*
Darges, Fritz 167, *31, 125, 131, 262*
Degano, Alois 176, *340, 348*
Dietl, Eduard 128, *244*
Dietrich, Otto 49, 59, 173, 185, *113, 193, 196, 241*
Dietrich, Josef, »Sepp« 46, 59, 128, *95, 102, 103*
Dirksen, Viktoria von 69, 264, *157, 288*
Dirr, Adolf *95*
Döhring 167
Dönitz, Frau 222, *399*
Doose, Heinrich 213, *382*
Drexler, Anton 162, *86, 308*
Dülfer, Prof. *342*

E

Ebert, Friedrich *86*
Ebhardt *17*
Eckart, Dietrich 41, 65 f., 110, 170, 260, *20, 71, 86, 146, 151, 332*

Eduard Albert (Eduard VIII., König von England, siehe: Windsor, Herzog von)
Eicke, Theodor 52
Endres 167, 179
Engel, Gerhard 114, 118, 122, *232, 238*
Epp, Franz Ritter von 52
Epp, Inge 157, *302*
Epp, Lola 157, *302*
Ertl, Richard 221, *392*
Esser, Hermann 170, *329*
Ewert, Frieda *399*
Exner, Helene Maria von 144 ff., *31, 260, 262*

F

Fath, Hildegard 246
Feder, Gottfried *71*
Fegelein, Margarete 167 f., 205, 212 f., *10, 363*
Fegelein, Hermann 167 ff., *10, 36, 320, 327, 328*
Fick, Roderich 183, *348*
Fiebers, Max *372*
Fiehler, Karl 76, *163*
Filoff, Bogdan *206*
Fisett, Sergeant 245
Fleischner, Jack 230
Foch, Ferdinand *200*
Forster, Albert 74, *162*
Fraenkel, Heinrich 22
Franco, Francisco 277
Frank, Hans 20, *35 c*
Freisler, Roland 274
Frentz, Walter 7, 106, *1*
Frey, Herta 39 f.
Frick, Wilhelm 89, 226, *38, 40, 42*
Friedländer *79*
Frobenius 40
Funk, Walter 34, *38*
Fußer 223

G

Gahr, Otto 107, *205*
Gebhardt, Karl, Prof. 210
Gelzenleuchter, Bodo 95
Genoud, François 277
George, Lloyd 193, *359*
Gesche, Bruno (Conny) 49 f., *95, 116, 117*
Giesing, Erwin 207 f., 264, *378, 379, 380, 412*
Giesler, Hermann 7, 226, 233, *5, 164, 203*
Gildisch, Kurt 95
Glaser, Alexander *20*
Goebbels, Helmuth 263, *56*
Goebbels, Joseph 49, 51, 54, 185, 195, 225, 263, *70, 79, 80, 111*
Goebbels, Magda 79, 144, 156, *79*
Göhler, Johannes 216, *386*
Göring, Emmy 79, 144
Göring, Hermann 164, 174, 177, 184, 209 ff., 218, 228, 263, *9, 38, 40, 41, 57, 80, 109, 174, 314, 316, 340, 393*
Graefe-Goldebee, Albrecht von *56, 332*
Graf, Ulrich 95
Granz *11*
Groener, Wilhelm 57
Gröpke, Adolf *312*
Gröpke, Erna 164, *311, 312*
Gruber, Paul Kurt 53
Gun, Nerin E. *371*
Gundelfinger, Friedrich *370, 372*
Günsche, Otto 117
Günther, Otto 119, *235*

H

Haase, Werner 175, 205, *11, 377*
Haberstock, Karl 53, *127*
Haberstock, Magdalene 53, 56 f., 231, *127*
Hacha, Emil 87 f., *182, 183*
Halifax, E. F. Viscount Lord *97*
Hamilton, Lord *69*
Hammitzsch, Angelika 223, 227, *139, 142 f.*
Hammitzsch, Martin 165, *143, 319*
Hamsun, Knut 194, *361*
Hanesse, General *24, 107*
Hanke, Frau *59*
Hanssen, K. W. *226*
Hasselbach, Hans-Karl von 175, 205, 208 f., *11, 274, 378*
Haushofer, Albrecht *69*
Haushofer, Karl 33, *67, 69*
Hayn, Hans *120*
Heidemann, Gerd *371*
Heiden, Erhard *95*
Heim, Heinrich 116 f., *131, 170, 256, 277, 35 c, 224, 225, 226, 227*
Heinemann, General *60*
Heines, Edmund *119*
Henkel, Annelies *181*
Herzberger, Willi *95*
Heß, Rudolf 31 ff., 36, 39, 41, 67, 86, 192, 209, 228, *20, 54, 58, 59, 62, 66, 67, 69, 74, 82, 87, 88, 97, 155, 224, 354*
Heusermann, Katharina *264*
Hewel, Walter 167, *322*
Heydebreck, Peter *120*
Hildebrandt, Christel *248*
Hilgenfeldt, Erich 104, *198*
Himmler, Gudrun 244, 265, *412*

Himmler, Heinrich 48, 51, 150, 167, 209 f., 228 f., *11, 37, 40, 56, 106, 116, 193, 320, 412*
Himmler Marga 246, *412*
Hindenburg, Paul von 42, 66, *56, 57, 75, 109*
Hitler, Alois 64 f., *144*
Hitler, Angelika (siehe: Raubal, A. und Hammitzsch, A.), *143*
Hitler, Brigid *144*
Hitler, Paula Wolf 64, 223, 227, *138, 139, 142, 143*
Hitler, William Patrik 65, *144*
Hofer, Franz *59*
Hoffmann, Erna *173*
Hoffmann, Gunther *10*
Hoffmann, Heinrich 18, 26, 72, 132 ff., 143, 154, 156, 163 ff., 173, 177 f., 190, 231, *3, 10, 13, 30, 83, 236, 250, 261, 296, 310, 311, 312, 325*
Hoffmann, Henriette siehe: Schirach, Henriette von
Högl, Peter *10, 320, 328*
Hölsken, Kurt 39, *82*
Holters, Wilhelm *158*
Höpfner, Geschwister 156, *289*
Horthy, Miklós 79, *170, 367*
Hoßbach, Friedrich *194*
Hugenberger, Alfred *45*
Humps, Gertraud (siehe auch: Junge, Traudl) *100*

I

Ihne, von *87*
Innitzer, Theodor 85, *178*
Inönü (Innonü, Mustapha Ismet) 79, *171*
Irving, David 18, 69 f., 262 ff., *26, 188*

J

Jahaya, Iman von Jemen *126*
Jetzinger, Franz *285*
Jochmann, Werner 116, *227, 230, 356*
Jodl, Alfred 16, 102, 149, *25, 41, 92*
Jugo, Jenny (Walter, Jenny) 156, *290*
Junge, Ewald 256
Junge, Hans Hermann 46, 143, 275, *100*
Junge, Traudl 117, 224
Junkers, Hugo *110*

K

Kahn 239
Kaltenbrunner, Ernst 220
Kampf *17*
Kannenberg, Arthur 39, 53 ff., 167, *80, 124, 235*
Kannenberg, Freda 53 f., 57, 167, 205, *123*
Keitel, Wilhelm 102, 106, 149, *41, 92, 197*
Kelley, Douglas M. 23, 242, 267 ff.
Kempka, Erich 66, 107, 222, 247, *17, 95, 118, 119, 148, 397, 398, 400*
Kielleuthner, Prof. 152 f.
Kirdorf, Emil 67, *154*
Klein, Ada (siehe auch: Schultze, Ada) 70 ff., 153, 155 ff., 162, 180, 187, *27, 161*
Koeppen, Werner 274
Köhler, Bernhard 34 f., *71*
Körber, August 221, *95, 390, 394*
Kraftczik, Helene 242
Krause, Karl 46, 73, *13, 99, 101*
Kriebel, Hermann *76*
Krüger, Else *374*

L

Laffert, Sigrid von 69 f., 155, 264, *288*
Lahousen, Erwin 241
Lammers, Hans Heinrich 22, 42, 47, 59, *41, 75*
Lang, Jochen von 165
Lattre, de, General *32*
Leipold, Karl *224*
Ley, Robert 20, 194, 220, 232 f., 241 f., *175, 360, 406*
Ley, Inga 79, 232 f., *175, 406*
Lidloff, Ilse 230, *394, 398*
Limburger *35*
Linde, Karl von 170
Lindel, Irene *399*
Linge, Heinz 46, 148, 153, 209, 229, 263 f., 274 f., *13, 101, 275*
Lippert, Michael *52, 79*
Lobjoies, Charlotte 158
Lohse, Hinrich 231
Lorenz, Heinz 101, *193*
Loret, Jean-Marie 152, 158
Ludendorff, Erich *52, 56*
Ludwig, Christel 246

M

Mafalda (siehe: Maria-José)
Magnus, Professor 265, *11, 377*
Maisel, Ernst *382*
Mandtal, Erich *95*
Mannerheim, Carl von 79, *172*
Manziarly, Constanze 145 f., *260*
Maria-José, Kronprinzessin von Italien 58, *130, 180*
Marzelweski, Hilde 214, 222
Maser, Werner 153, 274 f., *78*
Maurer, Hansgeorg *95*

Maurice, Emil 153, 157, 173, 265, *9, 95, 147, 155, 276, 280, 281*
Mayer, Mauritia 170
Meissner, Frau 263
Meyer 17
Michael, König von Rumänien *169*
Mitford, Unity 156, *294*
Mittelstrasser 167, 214
Möller *45*
Montgomery, Bernhard *32*
Morell, Frau 165, *261, 378*
Morell, Theodor 18, 145, 148, 184, 205 ff., 224, 226, 263 ff., 276, *11, 38*
Mosley, Oswald *295*
Müller, Heinrich *11, 12, 17*
Müller, Adolf 67, *151*
Müller, Renate 227, *405*
Mussolini, Benito 79, 86 f., 148, 263, *152, 168, 180, 267, 367*

N

Neuhausen, von, Generalkonsul *24*
Neumayer, Architekt 172
Nusser, Johanna 16, 93, 98, 107, 111 f., 120 ff., 129, 131, 135, *24, 26*

O

Oberhäuser, Hertha 210
Oetting 241
Ohnesorge, Wilhelm 218, *388*
Olbricht, Friedrich *268*
Oshima, Hiroshi *206*
Ostermeier, Herta *363*

P

Pascha, Kemal (Attatürk) *171*

Patchs, Alexander, General *32*
Pétain, Philippe 105
Petzl, Marianne (Schönmann, Marianne) *311*
Pfeffer von Salomon, Franz 26 ff., *44, 45, 48, 50, 52*
Pfeffer von Salomon, Fritz 26
Pfeiffer, Hans *191*
Picker, Henry 116 ff., *134, 159, 167, 256, 260* f., *277, 224, 225, 226, 228, 229, 230, 251*
Pöchmöller, Emmerich 217
Poniski, von *87*
Porsche, Ferdinand *156*
Puttkamer, Frau von 222, *399*
Puttkamer, Karl-Jesko von 205, *132, 375*

Qu

Quandt, Ello 156
Quandt, Günther *79, 111*
Quandt, Harald *79*
Quandt, Herbert *292*
Quandt, Magda (siehe auch: Goebbels, Magda) 38, 262 f., *111*

R

Raeder, Erich *132*
Rattenhuber, Johann 49 f., *115, 118*
Raubal, Angela (siehe auch: Hammitzsch, A.) 64, 153 ff., 164 f., 167, 170 ff., 179, 235, *10, 34, 143, 318, 334*
Raubal, Elfriede 171, *143*
Raubal, Angela, »Geli« 19, 61, 153 ff., 163, 175, 180 f., 213, 234 ff., *10, 34, 143, 276, 280, 281, 284, 339, 408*

Raubal, Leo (Schwager v. Hitler) 143, *141*
Raubal, Leo (Neffe v. Hitler) *143*
Rehborn, Anni 173f., 265, *9*
Reichel, Maria 153, *279*
Reiner, Rolf 36, *76*
Reiniger, Prof. 244
Reiter, Mizzi (Maria) 155, *286*
Reynaud, Paul 105, *201*
Ribbentrop, Joachim von 20, 55, 87, 131f., *125, 181, 322*
Riefenstahl, Leni 156, 227, *36, 273, 294, 405*
Ritschel, Johanna Maria Magdalena (siehe: Goebbels, Magda und Quandt, Magda)
Rohkamp *399*
Röhm, Ernst 28, 36, 50ff., *44, 45, 51, 52, 76, 119*
Rommel, Erwin *382*
Roosevelt, Frank D. 78f., 123, *166, 189*
Roper, Trevor 18, 277
Rosenberg, Alfred 207, 274
Rosenwink, Alois *95*
Rostock, Professor *11*
Rotte, Kurt Emil *211a*

S

Schädle, Franz *95*
Schaub, Julius 39, 42ff., 47ff., 53, 59, 66, 72, 85, 101f., 104, 107, 133f., 154, 157, 173, 178, 180, 190, 203, 213f., 216, 221, 225, 231, 235, 242, 256, 263f., 267, *3, 17, 36, 38, 81, 92, 95, 131, 142, 143, 218, 284, 296, 382, 389, 399, 410*
Schauermann, Annemarie *35, 405*
Scheidt, Wilhelm 241
Schenk, Carl 14
Schirach, Baldur von 194, 195, *83*
Schirach, Henriette von 40, 152, 194f., 217, 280, *13, 53, 83, 84*
Schirach, Klaus von 156
Schleicher, Kurt von *56, 57*
Schmidpeter, Georg 10, *4, 7*
Schmidt, Wilhelm *120*
Schmidt, Ernst *202*
Schmitt, Kurt *45*
Schmundt, Rudolf 101, 106, 114, 148f., *194, 195*
Schneider, Edmund *95*
Schneider, Herta 196, 205, 212
Schneidhuber, August *120*
Scholter, Nelly 156
Scholz, Robert 207
Schönmann, Fritz *311*
Schönmann, Marianne 164, 167, 181
Schreck, Julius 66, 100, 173, *17, 95, 147, 148*
Schulenburg, Graf von der *75*
Schuler, Anni (siehe auch: Winter, Anni) *278*
Schultze, Ada 157f.
Schultze, Walter *159, 160, 161*
Schulze, Richard 55, *125, 220, 237*
Schwarz, Xaver 34, 36, *54, 73*
Seitz, Karl 170
Seldte, Franz 241
Simpson, Wallis *357*
Skorzeny, Otto 201, *367*
Slezak, Leo 159, *214, 305*
Slezak, Margarete (Gretl) 109, 118, 143, 156, 159ff., 167, 191, *214*
Sonnemann, Emmy (siehe auch: Göring, Emmy) 164f., *174, 314*
Speer, Albert 132, 160, 183, 201f., *12, 75, 164, 249*

Sperr, Inge 246
Spreti, Hans Graf *119, 120*
Spitzy, Reinhard 264
Stalin, Josef 55, 79, *167*
Starklauf, Anni 246
Stasch *87*
Stauffenberg, Claus Graf Schenk von 148, *268*
Steinbinder, Michael *95*
Stoeckel, Prof. 84
Stork, Sofie 38, 174, 177, 216, 78, *345*
Strasser, Gregor 29f., *20, 56, 57, 106, 111*
Strasser, Otto *56*
Streicher, Adele 246, *412*
Streicher, Julius *162*
Stuckart, Wilhelm 22, 89, *42*
Stumpfegger, Dr. Ludwig *11, 58*
Szemkat, Grete *399*

T

Tarnow 131
Terboven, Josef 49, 194, *109, 362*
Tessenow, Heinrich 249
Thieß, Frank 138
Todt, Fritz *245, 249*
Treufels, von *58*
Troost, Gerhardine 144, 177, *341*
Troost, Paul 176f., 219, *54, 75, 249, 342, 343*
Turner, H. A. 29, *55*

U

Uhl, Julius *119, 120*
Umberto, Kronprinz von Italien 86, *180*

V

Vierthaler 34f.
Viktor Emanuel, König von Italien 67, *152, 180*
Volz, Hans *50*

W

Wagener, Otto William Heinrich 26ff., 34, 153, 262f., *45, 50, 55, 310*
Wagner, Eduard *268*
Wagner, Adolf 167, *324*
Wagner, Ernst *95*
Wagner, Richard *176*
Wagner, Siegfried *176*
Wagner, Winifred 79, 144, 179, 277
Wanderer, Madeleine 232, 241, *405*
Weber, Christian 170, *86, 95, 103, 330*
Weinberg, Gerhard L. 18
Werlin, Jakob 90, *156, 187*
Wernicke, Paul 109, *17, 96, 129, 211, 211a*
Westermayer, Franz *372*
Weygand, Maxime 105, *200*
Wiedemann, Fritz 44f., *17, 97, 98, 352*
Wiegerhans, Franz *111*
Williams, Winifred (siehe auch: Wagner, Winifred) *176*
Wilm *374*
Wilson, Woodrow *359*
Windsor, Herzog von 192, *357*
Windsor, Herzogin von 192f., *357*
Winter 170
Winter, Anni 153, 170, 232ff., *313, 405*

Winter, Georg *278*
Winter-Wachenfeld, Margarete *333, 334*
Wittmann 41, *87*
Witzleben, Erwin von *268*
Wolf, Johanna 13, 16, 20, 40 f., 60, 66, 73, 83 f., 86, 87, 93, 107, 117 f., 135 f., 143, 200 ff., 211 ff., 215, 220, 224, 241 f., 260, *20, 34, 213, 272, 405, 410*

Wolff, Gustav *45*
Wolff, Karl *321*
Wolzogen, Ernst von 65, 110
Wünsche, Max 57 f., 247, *31, 128, 131*

Z

Zabel 145 ff.
Zoller, Albert (Bernhard, Captaine) 18 ff., 134, 238, *3, 10, 20, 30, 32, 35, 36, 38, 405*

Bildnachweis

Alle Fotos aus dem Privatarchiv der Autorin bzw. des Herausgebers, außer:
Bildarchiv Preußischer Kulturbesitz (1)
Walter Frentz (3)
Zeitgeschichtliches Archiv Heinrich Hoffmann (20)